Histoire des relations internationales

de 1919 à 1945

CHEZ LE MÊME ÉDITEUR

Collection Classic

Jean-Jacques CHEVALLIER, *Histoire des institutions et des régimes politiques de la France de 1789 à 1958,* 2001.

Charles DEBBASCH, Jean-Marie PONTIER, *La société française,* 2001.

Jean-Baptiste DUROSELLE, André KASPI, *Histoire des relations internationales de 1945 à nos jours,* 2001.

Avertissement

En 1993, un an avant sa mort, Jean-Baptiste Duroselle publiait la onzième édition de son Histoire diplomatique de 1919 à nos jours. *Depuis la première édition de 1953, l'ouvrage faisait l'objet d'une mise à jour régulière. C'est dire le succès qu'il avait remporté auprès d'un large public. Jean-Baptiste Duroselle lui attribuait, pourtant, une mission modeste : « Ce livre, écrivait-il, est un manuel d'enseignement supérieur et un guide, tendant à exposer les événements et à en montrer les enchaînements. Il est une synthèse provisoire. Puissent les chercheurs et les étudiants continuer à y trouver une base de connaissances et de réflexions. » Un manuel, une synthèse provisoire, voire... Pour plusieurs générations de lecteurs, l'ouvrage servit d'initiation, claire, objective et parfaitement informée, aux bouleversements de notre temps. Avec les nuances et les compléments que son auteur ne manquait pas d'y ajouter d'une édition à l'autre, il devint une référence, un instrument de travail, l'indispensable outil des chercheurs, des étudiants, mais aussi des diplomates, des journalistes, de celles et de ceux qui voulaient comprendre le monde d'aujourd'hui.*

Les années quatre-vingt-dix ont profondément transformé les relations internationales. L'Union soviétique a sombré corps et biens dans les oubliettes de l'histoire. Seuls, les États-Unis ont conservé leur statut de superpuissance. Mieux encore, ils occupent une place qu'aucun État n'a jamais occupé dans le passé. L'Union européenne poursuit, cahin caha, sa marche en avant. La Chine fait une entrée fracassante dans le commerce international, tout en conservant — pour combien de temps encore ? — un régime inspiré par le marxisme-léninisme. Des foyers d'incendie s'allument, s'éteignent, reprennent vigueur, se déplacent. Les nouvelles technologies de l'information, la globalisation de l'économie et la mondialisation des menaces métamorphosent les liens entre les individus, entre les peuples, entre les États. Autant dire qu'au texte de Jean-Baptiste Duroselle il convenait d'ajouter une suite.

*Madame Christiane Duroselle et les éditions Armand Colin m'ont demandé d'assumer la tâche, flatteuse et terriblement lourde, de rédiger les chapitres qui traitent de la dernière décennie du XX*e *siècle. Non sans témérité, j'ai accepté leur proposition. Certes, la cinquième partie ne manquera pas de souffrir de la comparaison avec les quatre précédentes, d'autant plus qu'elle ne saurait relater tous les événements internationaux de la période. Mais elle permettra, je l'espère de prolonger l'existence d'un ouvrage, désormais en deux tomes, avec pour titre, plus conforme aux travaux récents,* Histoire des relations internationales de 1919 à 1945 *et* Histoire des relations internationales de 1945 à nos jours.

André Kaspi
30 novembre 2000

PREMIÈRE PARTIE

La paix illusoire (1919-1933)

Les premières conséquences des traités de paix

Les traités de paix de 1919-1920 ont tenté de résoudre les innombrables problèmes posés par la guerre, ou même antérieurs à celle-ci. Dès le début on a pu se rendre compte qu'ils ne répondaient qu'imparfaitement aux besoins profonds — souvent contradictoires — des peuples et des gouvernements. Il importe donc d'analyser les résultats politiques des traités de paix et les premières difficultés d'application, pendant la période qui s'étend de 1919 à la fin de 1921.

La principale des puissances centrales étant évidemment l'Allemagne, c'est d'elle que les traités se sont occupés avec le plus de minutie. Son sort a été réglé par le traité de Versailles du 28 juin 1919. Dans ce document volumineux et complexe, on peut distinguer le problème des frontières et le problème des garanties de tous ordres qui sont prises contre l'Allemagne. Pour prolonger leurs travaux et faire appliquer le traité, les Alliés utilisèrent :

— des réunions périodiques du Conseil suprême interallié ;

— une conférence des ambassadeurs, présidée par le Français Jules Cambon (France, Grande-Bretagne, Italie, Japon, puis Belgique) ;

— divers organismes de contrôle : commission des réparations ; commissions de contrôle du désarmement de l'Allemagne ; haute commission interalliée des territoires rhénans ; commissions de plébiscite ; commissions de navigation sur le Rhin, le Danube, l'Elbe, l'Oder, etc.

I. Les nouvelles frontières de l'Allemagne

Le principe admis à la conférence de Paris est celui des nationalités, fondé sur le droit des peuples à disposer d'eux-mêmes. On trouve néanmoins dans les nouvelles frontières de l'Allemagne, quelques traces du « réalisme » de Clemenceau. Celles de l'ouest sont rapidement fixées. À l'est, par contre, la situation reste confuse jusqu'en 1921.

L'Alsace-Lorraine

À l'Ouest, le fait principal est la restitution de l'Alsace-Lorraine à la France. Une telle restitution avait été le principal but de guerre de la France, proclamé notamment par Viviani le 22 décembre 1914, par Briand le 10 janvier 1917 et par les ordres du jour du 5 juin 1917 à la Chambre des députés et du 6 juin au Sénat. Dès la fin de la guerre, les quelques réticences qui subsistaient chez les Anglais et les Américains à ce sujet ont disparu. Comme il s'agit d'une restitution, la France obtient que la cession territoriale se fasse selon une procédure exceptionnelle. Elle prend effet à dater de l'armistice du 11 novembre 1918, et non de la mise en vigueur du traité de paix (10 janvier 1920). Les Allemands d'Alsace-Lorraine n'ont pas la faculté d'opter entre les nationalités française et allemande. C'est au gouvernement français qu'il appartiendra de décider des naturalisations. L'État français ne prendra à sa charge aucune fraction de la dette de l'État allemand. Enfin (art. 65), le port de Kehl sera administré par un directeur français pendant sept ans.

La Sarre

En mars 1919, la France avait émis une autre revendication territoriale : l'annexion de la partie sud de la Sarre, française de Louis XIV à 1815 [1], avec l'établissement d'un régime politique spécial pour la partie nord et la pleine propriété des mines pour la France. La région minière de la Sarre n'avait jamais constitué une unité administrative distincte. Elle appartenait pour sa plus grande part à la Prusse rhénane et l'est du pays au Palatinat bavarois. La délégation française ne put faire admettre sa position, Wilson rejetant énergiquement tout argument d'ordre historique.

1. Le premier traité de Paris (1814) y avait ajouté la région de Sarrebruck.

Finalement, le 9 avril, on se mit d'accord sur un statut particulier pour le territoire de la Sarre *(Saargebiet)* : le gouvernement du territoire serait transféré à la Société des Nations, qui le déléguerait à une commission de 5 membres, et cela pour une durée de quinze ans à dater de la mise en application du traité. Une union douanière serait établie avec la France qui aurait la propriété des mines (comme compensation pour la destruction systématique des mines du Nord et du Pas-de-Calais par les troupes allemandes en retraite). Au bout de quinze ans, un plébiscite aurait lieu, et les Sarrois opteraient entre les trois solutions suivantes : maintien du régime international ; rattachement à l'Allemagne ; rattachement à la France.

C'est en février 1920 que le Conseil de la Société des Nations nomma les 5 membres de la commission de gouvernement. Dès le début, des difficultés se produisirent sous l'impulsion de la *Saarverein*, puis du *Bund des Saarvereins*, dont le quartier général se trouvait à Berlin. Une grève de fonctionnaires, suivie d'une grève générale de vingt-quatre heures, obligea la commission de gouvernement à proclamer la loi martiale et à faire appel aux troupes françaises pour maintenir l'ordre. D'autres incidents furent suscités par l'introduction du franc dans la Sarre. Mais au début de 1921, la situation était devenue plus calme.

Les revendications belges

La frontière ouest de l'Allemagne fut légèrement modifiée au profit de la Belgique qui annexait les deux cantons allemands d'Eupen et de Malmédy [1]. La Belgique avait soumis d'autres revendications à la conférence de Paris. Elle désirait être libérée du traité de 1839 qui l'obligeait à la neutralité. Elle avait réclamé par la voix de son délégué, Hymans, le rétablissement des frontières de 1830, c'est-à-dire l'annexion des territoires hollandais de la rive gauche de l'Escaut et du Limbourg hollandais. En échange, la Hollande pourrait annexer la Gueldre prussienne ou la Frise orientale et le comté de Bentheim. Enfin, elle réclamait le Luxembourg. Ces revendications échouèrent devant l'opposition néerlandaise

---

1. Selon Pierre Van Zuylen, *Les Mains libres*, p. 75 : « Cette annexion en miniature ne se justifiait guère, ni du point de vue stratégique, ni du point de vue sentimental ou ethnique, car il n'y avait pas d'irrédentisme... Elle sera une gêne dans nos relations avec l'Allemagne. Sans nous satisfaire, on a réussi à nous compromettre. »

(14 février 1919) et dans une certaine mesure anglaise [1]. D'autre part, le président Wilson s'opposait à ce que l'Allemagne cédât des territoires à un pays neutre. Les Belges n'obtinrent pas non plus que la Hollande fût soumise à des servitudes internationales, sur la rive gauche de l'Escaut et en Limbourg. Quant à la neutralité, le traité n'y mit pas fin explicitement. Mais dès le 22 novembre 1918, le roi Albert en proclama la suppression et la Belgique considéra toujours que son adhésion à la Société des Nations impliquait l'abandon de la neutralité. Il fallut attendre le traité de Locarno, en 1925, pour que celle-ci fût officiellement abolie.

La Rhénanie

Ainsi, le démembrement de l'Allemagne à l'ouest était-il peu important. Pourtant le gouvernement français, inspiré par le mémorandum du maréchal Foch, en date du 27 novembre 1918, aurait voulu détacher la Rhénanie occidentale de l'Allemagne et fixer la frontière de celle-ci au Rhin. Certaines autorités françaises locales, et notamment le général Mangin, encourageaient les mouvements autonomistes locaux, dirigés par Dorten et l'archiprêtre Kostert. L'opposition absolue des alliés amena Clemenceau à refuser son appui aux autonomistes. Mangin ayant approuvé, le 1er juin, la proclamation de la République rhénane, reçut le 2 juin de Clemenceau l'ordre formel de ne pas intervenir.

Le Slesvig

La frontière nord de l'Allemagne ne resta pas indemne. Le traité de paix décida qu'un plébiscite serait organisé dans la partie nord du Slesvig. En 1920, le gouvernement socialiste danois, dirigé par Zahle, était au fond peu favorable à ce plébiscite. Celui-ci, en mars 1920, donna dans le Slesvig du Nord une majorité des deux tiers pour le Danemark. Dans la partie centrale, l'Allemagne obtint les trois quarts des voix. Ainsi, le Slesvig du Nord fut rattaché au Danemark.

Le corridor de Dantzig

Plus importantes furent les modifications que subit le territoire allemand, à l'est principalement, au profit de la Pologne, dont la conférence de la

1. L'Amirauté craignait de voir des bouches de l'Escaut aux mains des seuls Belges. Pendant la guerre, les Allemands n'avaient pu y installer des repaires de sous-marins.

paix avait décidé la reconstitution. D'abord, l'Allemagne dut abandonner la Posnanie et une partie de la Prusse occidentale, avec Thorn. Celle-ci constituait un « corridor », permettant à la Pologne d'accéder à la mer, et coupant par conséquent la Prusse orientale du reste de l'Allemagne. La population y parlait un dialecte polonais. Mais le port et la grande ville de Dantzig, qui occupaient la basse vallée de la Vistule étaient presque purement allemands. Il fallait, d'une part, assurer à la Pologne la disposition d'un port, d'autre part, appliquer le principe des nationalités. La conférence de la paix décida donc que Dantzig et la région voisine constitueraient une « ville libre », contrôlée par la Société des Nations. L'article 104 du traité de Versailles prévoyait que la ville libre de Dantzig devrait conclure une convention avec la Pologne pour garantir son inclusion dans les frontières douanières polonaises, pour assurer aux Polonais le libre accès du port, et pour éviter toute mesure discriminatoire à l'égard des citoyens polonais. Le 9 novembre 1920, grâce aux efforts de la conférence des ambassadeurs, fut signée la convention de Paris, qui réglait ces problèmes. L'article 103 déclarait que les représentants élus de la ville libre devraient élaborer une Constitution. Celle-ci fut adoptée le 11 août 1920 et acceptée le 17 novembre par le Conseil de la Société des Nations. Les organes essentiels étaient le *Volkstag,* Assemblée du peuple, de 72 membres, jouant le rôle de chambre basse, et le sénat, élu par le *Volkstag,* à la fois chambre haute et pouvoir exécutif et qui avait le droit de veto sur les décisions du *Volkstag.* La Société des Nations était représentée par le haut-commissaire.

Le plébiscite de haute Silésie

D'autres régions devaient être soumises au plébiscite : la partie sud de la Prusse orientale (régions de Allenstein et Marienwerder), et la haute Silésie. Dans le premier cas, l'Allemagne l'emporta aisément le 11 juillet 1920, par 96 et 92 % des voix. Pour la haute Silésie, le problème fut beaucoup plus difficile à résoudre. Le plébiscite eut lieu le 20 mars 1921. L'Allemagne obtint 717 122 voix et la Pologne 483 154. Mais 195 000 émigrés, amenés d'Allemagne par trains spéciaux pouvaient avoir modifié sensiblement le résultat du vote. L'Allemagne voulait annexer la totalité du pays, ne serait-ce que pour pouvoir payer les réparations. Elle était soutenue par Lloyd George. Contre cette attitude, le Polonais Korfanty, fils d'un mineur, qui avait représenté son pays à la commission pour le plébiscite, déclencha un soulèvement le 2 mai. Les Allemands ripostèrent avec l'aide de « corps francs ». Pour mettre fin au désordre, Briand, alors président du Conseil décida, le 16 juin, d'y envoyer des troupes. Restait à régler le problème. L'opposition franco-anglaise ne permit pas au Conseil suprême, réuni le 12 août à Paris, de prendre une décision. Il confia à la Société des Nations le soin d'opérer un partage. Celui-ci fut accompli le 20 octobre. Le nord et l'ouest revenaient à l'Allemagne qui gardait donc les deux tiers du territoire ; le sud à la Pologne. La région industrielle était ainsi divisée en deux, ce qui devait donner lieu à d'innombrables conflits. D'autre part, dans les villes industrielles de la zone polonaise, il y avait beaucoup d'Allemands dont quelques-uns tenaient les leviers de la vie économique et devaient, par la suite, obtenir des résultats favorables lors des élections municipales.

Teschen

On remarquera que la région silésienne de Teschen, qui, avant 1918, faisait partie de l'Autriche-Hongrie, était disputée entre la Pologne et la Tchécoslovaquie depuis 1918. Sur 426 000 habitants, on comptait 55 % de Polonais, 27 % de Tchèques, 18 % d'Allemands. Les mines de houille du bassin d'Ostrawa rendaient très important ce petit territoire. Les Polonais l'occupèrent d'abord. En juillet 1920, la conférence des ambassadeurs décida de le partager en laissant à la Tchécoslovaquie les principales mines et la voie ferrée qui reliait la Bohême à la Slovaquie. Il y restait une importante population polonaise, de forte natalité. C'était, entre les deux pays, le germe d'un conflit durable.

Memel

Enfin, à l'extrême est de la Prusse orientale, l'Allemagne perdit la région de Memel, sur la rive droite du Niémen. Ce territoire, long de 150 km et large de 20, peuplé de 130 000 habitants, avait une population très partagée : un peu plus de la moitié, parlant le lituanien, et habitant les campagnes ; les villes étaient de langue allemande. D'une façon générale, les Allemands étaient plus riches et plus instruits que les Lituaniens. La Lituanie, désirant un port, revendiquait Memel. Les bourgeois et les grands propriétaires demandaient le rattachement à l'Allemagne, qui offrait un marché plus important aux produits du territoire. Le traité de Versailles avait décidé de détacher le territoire de l'Allemagne, sans plébiscite. Une administration internationale, dirigée par un haut-commissaire français, assurait provisoirement la direction du territoire, qui aurait pu recevoir un statut analogue à celui de Dantzig. L'administration provisoire devait subsister jusqu'en 1923. À cette date, les Lituaniens firent un coup de force que la Société des Nations sanctionna dès le 16 février en remettant le territoire à la Lituanie, sous réserve d'un statut spécial. Celui-ci fut établi le 8 mai 1924 ; il prévoyait un régime international pour le port et une large autonomie administrative pour le territoire.

Au total, l'Allemagne perdait un septième de son territoire et un dixième de sa population. Si les amputations à l'ouest et au nord (Sarre exceptée) pouvaient lui paraître tolérables, elle se considérait comme sérieusement lésée par les pertes subies à l'est, d'autant plus que celles-ci se trouvaient en général assez mal justifiées par le principe des nationalités, et répondaient surtout à des considérations stratégiques ou économiques.

II. Les garanties contre l'Allemagne et les réparations

Les puissances victorieuses, et surtout la France et la Belgique, considéraient, en 1918-1919, qu'il était essentiel d'assurer la sécurité du monde contre une éventuelle résurrection de la puissance allemande. Pour y parvenir, elles établirent toute une série de garanties militaires et politiques. Les garanties militaires prévues furent de trois sortes : limitation des armements allemands, démilitarisation de la Rhénanie, occupation.

Le désarmement

La France n'eut pas de peine à obtenir le désarmement partiel de l'Allemagne. Tous ses alliés et les États-Unis voulaient la destruction du militarisme. La Grande-Bretagne songeait surtout à l'élimination de la flotte allemande. Le traité limita la marine à un certain nombre de garde-côtes et interdit les sous-marins. Le reste devait être réparti entre les Alliés. Mais le 21 juin 1919, 70 navires de guerre, livrés conformément à l'armistice, se sabordèrent en rade de Scapa Flow. Foch, commandant suprême interallié, avait d'abord proposé une limitation de l'armée allemande à 200 000 hommes recrutés par conscription, avec service d'un an. Lloyd George fit, sans difficulté, adopter une autre solution : l'armée allemande serait une armée de métier de 96 000 hommes et 4 000 officiers. Le grand état-major serait supprimé ainsi que les écoles militaires ; l'artillerie lourde, les tanks et l'aviation interdits. L'Allemagne devrait se contenter de 288 canons de campagne. La fabrication du matériel de guerre serait prohibée, sauf dans les usines autorisées par les Alliés. On notera que le désarmement allemand était considéré comme la préface à un désarmement général (art. 8 du traité — pacte de la Société des Nations — et début de la partie V du traité). Cette façon de présenter le désarmement était maladroite, car elle pouvait justifier un réarmement allemand éventuel. En fait, en juin 1919, l'Allemagne avait encore 400 000 hommes sous les armes. Pour aboutir à l'exécution des clauses militaires du traité, une Commission de contrôle interalliée fut créée.

La démilitarisation de la Rhénanie

La démilitarisation de la rive gauche du Rhin et d'une zone de 50 km sur la rive droite fut acceptée sans difficulté par les Alliés et les États-Unis. On se rallia à un texte proposé par Wilson, le 28 mars, qui prévoyait notamment que dans la zone démilitarisée il n'y aurait pas de fortifications ni de forces armées et que les manœuvres militaires y seraient interdites.

L'occupation

Plus délicat était le problème de l'occupation. Clemenceau, après avoir abandonné son projet de détachement de la Rhénanie occidentale, s'était rallié à l'idée d'une simple occupation militaire. Mais il la voulait définitive. Wilson et Lloyd George se refusèrent d'abord à toute occupation, puis finirent par admettre les 20 et 22 avril 1919, une occupation temporaire de quinze ans des territoires de la rive gauche du Rhin, avec des têtes de ponts sur la rive droite. L'évacuation serait opérée de cinq en cinq ans, c'est-à-dire qu'elle aurait lieu en janvier 1925 pour la zone nord (Cologne), en janvier 1930 pour la zone centrale (Coblence), en janvier 1935 pour la zone sud (Mayence). Si la sécurité contre les risques d'agression était jugée insuffisante, on pourrait suspendre l'évacuation. Si l'Allemagne, après coup, manquait à ses obligations, on pourrait réoccuper (art. 429). Toutefois, l'occupation pourrait être supprimée avant les délais prescrits après accord avec les intéressés. Les frais d'occupation payables par l'Allemagne ne devraient pas dépasser 240 millions de marks-or par an.

L'échec des traités de garantie

Aux garanties militaires devaient s'ajouter des garanties politiques. Lloyd George et Wilson avaient proposé à Clemenceau, en échange de l'abandon de ses revendications sur la rive gauche du Rhin, des traités de garantie franco-anglais et franco-américain. Ces deux traités furent annexés au traité de Versailles et signés comme lui le 28 juin. Ils prévoyaient une aide immédiate de l'Angleterre et des États-Unis en cas d'agression non provoquée de l'Allemagne contre les frontières françaises ; les frontières belges étaient assimilées aux frontières françaises. Les Dominions — à moins d'une adhésion après vote de leurs Parlements respectifs — n'étaient pas engagés par le traité franco-anglais. Cette garantie devait durer « jusqu'à ce que sur la demande de l'une des parties[...] le Conseil (de la SDN) décide, s'il y a lieu, à la majorité, que la Société elle-même assure une protection suffisante ». La clause la plus grave, qui devait provoquer l'échec du système, était la solidarité existant entre deux traités. Si l'un d'entre eux n'était pas ratifié, l'autre n'aurait pas effet. Or, précisément, le Sénat américain refusa d'approuver l'ensemble du traité de Versailles à la majorité constitutionnelle des deux tiers et le traité de garantie, qui ne lui fut même pas soumis, devint caduc.

Dans ces conditions, le traité franco-anglais tombait, à la grande satisfaction, semble-t-il, de Lloyd George et de l'opinion britannique. Celle-ci ne cessait d'accuser la France d'impérialisme. Elle ne se rendait pas compte qu'un pays exsangue, qui avait perdu 1 394 000 tués et dont le territoire était en partie ruiné, pouvait difficilement se permettre une politique d'hégémonie en Europe. On assiste, dès 1920, aux premiers heurts entre la politique française, dominée par le souci de la sécurité, et la politique anglaise, préoccupée surtout de l'« équilibre européen ». Ces heurts vont nuire considérablement à l'exécution des clauses du traité de paix.

L'alliance franco-belge

La seule alliance que la France obtint contre l'Allemagne fut celle de la Belgique. Il y avait eu en 1919 un certain malaise entre les deux pays. La Belgique se jugeait insuffisamment soutenue dans ses revendications à l'égard de la Hollande. Elle accusait la France de chercher à annexer politiquement le Luxembourg (quoique Ribot, le 9 juin 1917, eût déclaré que la France ne le souhaitait pas)[1]. Le 11 février 1919, Hymans au nom de la Belgique, renonça également au Luxembourg. Le 28 septembre 1919, le Luxembourg vota son rattachement économique à la France, et le maintien de la dynastie des Nassau. Pour obtenir l'alliance militaire de la Belgique, la France était prête à sacrifier le rattachement économique avec le Luxembourg. Une conférence décisive se réunit à Ypres, le 28 janvier 1920. Les délégués français étaient Poincaré, Millerand et le maréchal Foch ; les délégués belges : le Premier ministre Delacroix, le ministre des Affaires étrangères Hymans et l'ambassadeur à Paris, de Gaiffier. Les Belges réclamèrent l'abandon de toute emprise économique française sur le Luxembourg et même sur ses chemins de fer, et l'admission de la Belgique à la conférence des ambassadeurs qui réglait l'application du traité de Versailles. Ils souhaitaient une participation de l'Angleterre à tout accord militaire franco-belge. Mais celle-ci refusa définitivement le 12 juillet 1920, lors d'un entretien entre Lloyd George et Delacroix à la conférence de Spa.

Dans ces conditions, le gouvernement belge se rallia, le 16 juillet, au principe d'un accord militaire secret avec la France seule. Le 7 septembre 1920, cet accord fut signé. Il fut complété par un échange de lettres des 10-15 septembre. L'accord militaire était défensif et devait jouer dans le « cas d'une agression militaire non provoquée ». Certains Belges le considéraient comme un simple « arrangement technique ». Pour la France, c'était une alliance.

Le principe des réparations

La question des réparations est étroitement liée à celle des garanties contre l'Allemagne. Jusqu'en 1924, en effet, ce pays fit tous ses efforts pour payer le moins de réparations possible, et l'on en vint à considérer l'occupation militaire moins comme un facteur de sécurité que comme un moyen de pression pour le paiement de la dette allemande.

Dans la note du 4 novembre 1918, les Alliés, acceptant de conclure la paix avec l'Allemagne « sur la base des quatorze points » du président Wilson, déclarèrent que l'Allemagne devait « compenser les dommages

1. Il y eut, après l'armistice, une renaissance des vues annexionnistes françaises. En tout cas, le 15 avril 1919, Clemenceau admit l'ajournement de tout plébiscite au Luxembourg.

causés aux populations civiles des nations alliées et à leurs propriétés, du fait de l'agression par l'Allemagne des pays alliés sur terre, sur mer et par la voie de l'air ». En fait, les Alliés, au lieu de rester fidèles à cette déclaration, en élargirent la portée en ajoutant aux dommages civils, à la demande anglaise, les pensions militaires qui accroissaient considérablement le montant des réparations. Après de multiples débats, les Alliés et Associés élaborèrent, à la conférence de Paris, un plan incomplet qui fut inséré dans le traité de Versailles.

L'article 231 du traité posait le principe : « L'Allemagne reconnaît qu'elle est responsable, pour les avoir causés, de tous les dommages subis par les gouvernements alliés et associés par leurs nationaux, par suite de la guerre, qui leur a été imposée par son agression. » Pour l'opinion publique des divers pays et notamment en Allemagne, c'était là une déclaration de « culpabilité morale ». Les nationalistes allemands se complurent à enflammer l'opinion de leurs compatriotes en dénonçant cet article. En fait — Pierre Renouvin et Camille Bloch l'ont prouvé dans un article publié en 1931, par l'étude critique de sa genèse — l'article 231 n'établissait qu'une responsabilité financière de droit civil. Il donnait une base de droit à la réparation intégrale des dommages subis.

Les clauses du traité de Versailles

Mais ayant posé le principe, les Alliés n'allèrent pas jusqu'au bout. Ils ne fixèrent pas immédiatement le montant des réparations. Ils rejetèrent l'idée d'un forfait de 120 milliards de marks-or, proposé le 20 mars par trois experts (dont Loucheur pour la France). Ils optèrent pour une solution d'attente, ce qui avait pour effet de rendre encore plus difficile le rétablissement de la situation économique en Allemagne.

1. L'Allemagne paierait 20 milliards de marks-or avant le 1er mai 1921 dont deux cinquièmes en priorité pour la Belgique — qui avait obtenu ce privilège grâce à l'appui français. Les frais d'occupation en seraient déduits.

2. On créerait une commission des réparations chargée de surveiller la rentrée des 20 milliards et de fixer, avant le 1er mai 1921, le montant réel des dommages de guerre, dans lesquels on avait inclus, à la demande de l'Angleterre, les pensions militaires. Cette commission, siégeant à Paris, devrait comporter 5 membres : France, Grande-Bretagne, Italie, États-Unis et, selon les cas, Belgique, Japon ou Yougoslavie. Après le refus

de ratification du traité, les États-Unis se contentèrent d'y envoyer des délégués officieux. Lloyd George admit alors qu'en cas de partage des voix celle du président français fût prépondérante. La commission n'avait pas une autorité contraignante en Allemagne. On crut pourtant dans ce pays, qu'elle exerçait, sous la tutelle de la France, une vraie dictature. En cas de non-paiement, les seules garanties étaient « des actes de prohibitions et de représailles économiques et financiers et, en général, telles autres mesures que les gouvernements respectifs pourront estimer nécessitées par les circonstances ».

La résistance allemande à l'application du traité

L'année 1920 et le début de 1921 furent marqués par une énergique résistance de l'Allemagne à toutes les clauses du traité et, avant tout, aux réparations. Le pays entier était agité par un violent mouvement de protestation nationale. Celui-ci fit sur plus d'un point reculer les Alliés, notamment lorsque ceux-ci cherchèrent à obtenir l'extradition de Guillaume II, réfugié en Hollande ; ou lorsque, le 7 février 1920, ils réclamèrent l'extradition de 895 Allemands parmi lesquels Hindenburg, Ludendorff, von Tirpitz, Bethmann-Hollweg, le Kronprinz, etc.

Des débris de l'armée constituèrent un peu partout des corps francs et l'un d'entre eux, la Brigade baltique du capitaine Ehrhardt, réussit à Berlin, le 13 mars 1920, un coup d'État qui donna pendant quelques jours le pouvoir au Dr Kapp. Par protestation, une grève générale se déclencha dans la Ruhr, et la résistance de la gauche obligea Kapp à se retirer. Mais la Reichswehr, commandée par le général von Seeckt, qui n'avait pas marché contre Ehrardt, pénétra dans la Ruhr et y rétablit l'ordre de façon sanglante. À cette occasion, se manifesta un profond désaccord entre la France, gouvernée par Millerand, et l'Angleterre de Lloyd George. La France réagit contre la pénétration de troupes régulières allemandes dans la zone démilitarisée, en occupant Francfort et Darmstadt, sans avertir l'Angleterre. La conférence de San-Remo en décida peu après l'évacuation qui eut lieu le 17 mai.

L'état des paiements

Le problème des réparations amena pourtant les deux pays alliés à prendre l'année suivante une mesure similaire, et cette fois en plein accord. La commission des réparations s'efforçait s'évaluer les dommages subis ;

elle surveillait également la rentrée des 20 milliards, dont une partie devait être payée en nature (2 741 000 tonnes de navires, livraisons de charbon, etc.). Parallèlement, le Conseil suprême interallié, dans ses réunions périodiques, précisait la répartition de réparations et le mode de paiement. La conférence de Spa (5-16 juillet 1920), à laquelle participait l'Allemagne, fixa les pourcentages ; 52 % pour la France ; 22 % pour l'Angleterre ; 10 % pour l'Italie ; 8 % pour la Belgique ; 6,5 % pour la Grèce, la Roumanie et la Yougoslavie ; 0,75 % pour le Japon et 0,75 % pour le Portugal. La conférence de Londres (mars 1921) mit en lumière le désaccord total qui existait entre les prétentions alliées et les propositions de l'Allemagne, présentées par le Dr Simons, ministre des Affaires étrangères. Aussi, le 8 mars, les Alliés décidèrent-ils d'appliquer les sanctions. Düsseldorf, Ruhrort et Duisbourg furent occupées [1].

Le 30 avril, une nouvelle conférence se réunit à Londres. Il s'agissait de faire accepter par l'Allemagne le plan établi par la commission des réparations. Celle-ci, après avoir évalué à 150 milliards de marks-or les dommages subis, avait abaissé le chiffre à 132 milliards (dont 12 représentant ce que l'Allemagne n'avait pas payé des 20 milliards dus au 1er mai 1921), sous la pression du délégué anglais John Bradbury. Un véritable ultimatum fut adressé à l'Allemagne pour l'obliger à accepter [2] ; les Alliés songeaient à occuper la Ruhr. Le gouvernement allemand démissionna et fut remplacé par un cabinet dirigé par Wirth, assisté du grand homme d'affaires Rathenau. Le nouveau ministère se résigna à accepter « l'état des paiements ». Momentanément, il adoptait donc une « politique d'exécution » (*erfüllungspolitik*).

Au cours de l'été de 1921, l'Allemagne paya régulièrement ses dettes. Le 6 octobre 1921, Loucheur, ministre français des Régions libérées, signa avec Rathenau l'accord de Wiesbaden, établissant une entente directe entre les sinistrés français et un organisme privé allemand pour des livraisons en nature. Cet accord se heurta à une double opposition :

---

1. Sur l'évacuation de ces villes, en août 1925, voir chap. 2, § III, p. 70.
2. À ces 132 milliards s'ajoutent 5,5 milliards pour la dette de guerre belge ; mais en en défalquant 11 milliards pour la valeur des biens d'État cédés par l'Allemagne il reste environ 126,5 milliards. L'Allemagne paierait 2 milliards par an, plus 26 % de ses exportations. En fait, il s'agissait d'un faux-semblant : sur la dette allemande, 76 milliards, dits « obligations C » seraient remboursés « ultérieurement ». En fait, la dette allemande réelle était de 50 milliards — à peu près le forfait proposé par les Allemands en 1919.

celle d'industriels français qui se plaignaient de subir, du fait des livraisons en nature, une forte concurrence allemande ; celle des Alliés qui craignaient que la France ne perçût ainsi une part de réparations supérieure aux 52 % qui lui étaient alloués, si bien qu'en fait, l'accord ne fut pas appliqué. Cet échec d'une politique incontestablement réaliste fut à l'origine d'une crise grave qui allait durer près de trois ans et qui, à propos des réparations, devait mettre fin à ce que l'on appelait encore l'alliance franco-britannique. Nous en parlerons dans le prochain chapitre.

À la fin de 1921, on avait déjà vu se dessiner les grandes lignes de la politique des États occidentaux. L'Allemagne, sûre de sa puissance économique, résistait pied à pied aux prétentions des Alliés et profitait de leurs divisions. L'Angleterre, soucieuse d'équilibre européen, s'inquiétait des velléités françaises d'expansion. D'autre part, en partie sous l'influence du grand économiste Keynes auteur du livre *Les Conséquences économiques de la paix*, le gouvernement et l'opinion publique favorisaient le relèvement économique de l'Allemagne, client incomparable pour l'Angleterre, et étaient de plus en plus disposés à adoucir les réparations et à les limiter à un niveau compatible avec la « capacité de paiement » de l'Allemagne. La France, au contraire, était préoccupée par sa sécurité et l'opinion publique voulait une application rigoureuse de toutes les garanties militaires prévues par le traité. D'autre part, les Français exigeaient, au nom de ce qui leur paraissait être la justice la plus stricte, le paiement intégral des réparations. La formule « L'Allemagne paiera » était alors un excellent thème de propagande électorale.

III. La dislocation de l'Autriche-Hongrie et ses conséquences

La dislocation de l'Autriche-Hongrie se produisit dès les mois d'octobre et novembre 1918. Nous ne relaterons pas ici les événements complexes qui se déroulèrent alors. Nous examinerons la situation telle qu'elle se présentait à la signature des traités et la façon dont elle se stabilisa en 1920 et 1921. Deux faits essentiels dominent cette évolution : les Alliés cherchèrent à appliquer le principe des nationalités mais ils le firent d'une façon imparfaite, avantageant dans les cas douteux les pays qui combattirent à leurs côtés (Serbie, Roumanie, Grèce), ainsi que les Tchèques. Il en résulta la formation de deux groupes d'États : les États mécontents de la paix, « révisionnistes » : Autriche, Hongrie, Bulgarie, et les États à peu près satisfaits : Tchécoslovaquie, Roumanie, Yougoslavie. Dans celle-ci, toutefois, Croates et Slovènes se plaignaient d'avoir dû laisser plusieurs centaines de milliers de leurs concitoyens à l'Italie, à l'Autriche, etc. Pour ces deux groupes, l'Italie et la France allaient jouer le rôle d'arbitres et de protectrices.

Examinons d'abord les clauses territoriales des traités de Saint-Germain-en-Laye (19 septembre 1919) réglant le sort de l'Autriche, de Trianon (2 juin 1920) avec la Hongrie, de Neuilly (27 novembre 1919) avec la Bulgarie.

La frontière austro-italienne

La frontière de l'Autriche avec l'Allemagne et avec la Suisse n'était pas modifiée. Par contre, l'Autriche cédait à l'Italie le Trentin et le Tyrol méridional, jusqu'au col du Brenner. L'Italie n'avait pas eu de peine à obtenir cette concession du Conseil suprême interallié malgré l'existence d'une population de langue allemande dans le Sud Tyrol — que les Italiens devaient appeler Haut-Adige —. Plus compliquées furent la question de la Vénétie julienne, avec le grand port de Trieste, et la question dalmate.

Les revendications italiennes étaient fondées principalement sur le traité secret de Londres du 26 avril 1915. Celui-ci, œuvre du ministre des Affaires étrangères, Sidney Sonnino, hanté par le souci stratégique de dominer l'Adriatique, promettait à l'Italie toute la Vénétie Julienne, nom donné en 1920 à une région englobant l'Istrie, la Carniole occidentale avec Gorizia, une partie de la Carinthie, mais non le port de Fiume (Rijeka) ; et une grande partie de la province de Dalmatie, jusqu'au Cap Planca y compris les principales îles, mais sans Split. Le traité de Londres était en contradiction avec le point 9 du président Wilson et, en novembre 1918, l'Italie fit des réserves à l'égard de ce point. Prétextant d'autre part que le traité de Londres avait été signé à une époque où l'on croyait que le Monténégro et la Croatie resteraient indépendants de la Serbie, alors qu'en 1918 se créait le royaume unifié des Serbes, des Croates et des Slovènes, le gouvernement italien, sous l'influence du Premier ministre Orlando, revendiqua également Fiume. Fiume était un petit port artificiel qui servait avant la guerre de débouché au commerce hongrois. Le 30 octobre 1918, le conseil municipal de Fiume affirma le caractère italien de la cité, et des troupes italiennes et alliées y débarquèrent. Ces revendications italiennes se heurtaient à une vive opposition des Yougoslaves qui estimaient qu'à l'exception de quelques petites villes côtières toute la région julienne jusqu'à l'Isonzo était slovène ou croate et que Trieste n'était de langue italienne que par suite de pressions artificielles. Wilson soutenait en partie les thèses yougoslaves. L'opposition entre Orlando et Wilson se plaçait sur le terrain des principes : « Italianità » et droit des peuples à disposer d'eux-mêmes. Le président américain, s'adressant directement au peuple italien, et sans avoir consulté le gouvernement du pays, déclara formellement, le 23 avril 1919, que l'Italie n'avait aucun droit sur Fiume, débouché naturel de l'Europe danubienne. La ligne frontière qu'il proposait, la « ligne Wilson », laissait le sud-est de l'Istrie à la Yougoslavie. Le 24 avril, Orlando, par dépit, et se sentant soutenu par une opinion surchauffée, quitta la conférence de Paris. Il n'y revint que le 7 mai et suggéra que le problème de Fiume fût réglé directement entre Italiens et Yougoslaves. Un compromis suggéré par Tardieu, le 30 mai (création d'un État tampon, contrôlé par la SDN, composé de Fiume et son territoire, au total 200 000 habitants, qui serait soumis à un plébiscite au bout de quinze ans), fut rejeté par les Yougoslaves. Le 12 septembre 1919, le poète Gabriele d'Annunzio, à la tête d'un groupe de volontaires, occupa Fiume, évacué par les Alliés, et s'empara du pouvoir. Il fit de la ville un État indépendant, avec l'intention de prouver le caractère italien de Fiume et d'en préparer l'annexion à l'Italie. Un compromis fut élaboré à la conférence de Paris, en janvier 1920. Mais il se heurta, en février, à l'opposition du président Wilson. Le 6 mars 1920, il fut finalement décidé de laisser aux Italiens et aux Yougoslaves le soin de régler eux-mêmes le problème. Les difficultés intérieures des deux pays les amenèrent progressivement à composer, mais la situation favorisait l'Italie : d'une part Millerand et Lloyd George entretenaient d'excellentes relations avec le comte Sforza, nouveau ministre italien des Affaires étrangères. Sur sa demande, ils firent pression sur le président du Conseil yougoslave Vesnitch ; d'autre part, les Yougoslaves perdirent l'appui bienveillant du président des États-Unis, après l'élection du républicain Harding. Le 8 septembre 1920, d'Annunzio constitua un gouvernement, la « régence du Carnaro » qui théoriquement devait s'étendre à tous les anciens territoires vénitiens de Dalmatie. Le traité de Rapallo, signé le 12 novembre 1920, entre l'Italie et Yougoslavie, fixa la frontière assez nettement à l'est de la « ligne Wilson ». L'Italie renonçait seulement à la Dalmatie, excepté Zara et les îles de Cherso, Lussin, Lagosta et Pelagosa. L'indépendance complète de l'État de Fiume était reconnue par les deux parties. Ce traité, une fois signé, fut approuvé le 14 février 1921 par la France et l'Angleterre. Les nationalistes italiens s'y opposèrent ainsi que d'Annunzio. Sommé d'évacuer par le général italien Caviglia, d'Annunzio avait déclaré la guerre à l'Italie le 1er décembre 1920. Les troupes italiennes obtinrent sans difficulté la reddition de la ville. Mais les Yougoslaves étaient profondément hostiles au *Diktat* de Rapallo qui démembrait la Slovénie et ne fut jamais soumis au Parlement yougoslave. Pour eux, une grande puissance, l'Italie, avait imposé sa volonté à une petite, la Yougoslavie.

Le démembrement de l'Autriche au nord

Au nord-est, l'Autriche était bornée aux frontières des anciens archiduchés de Haute et Basse-Autriche. L'ancien royaume de Bohême — y compris les régions des Sudètes, habitées par 3 millions de germanophones — la Moravie et la Silésie autrichienne — y compris la zone de Teschen, de population principalement polonaise — constituaient l'un des éléments de la nouvelle République tchécoslovaque proclamée à Prague le 28 octobre 1918, dont le fondateur, Thomas Masaryk, devait être le président jusqu'à sa démission en décembre 1935. On notera que les minorités allemandes du nouvel État essayèrent, en décembre 1918, de proclamer la Bohême allemande et de se rattacher à l'Allemagne. Masaryk s'y opposa avec énergie et se contenta de leur faire donner quelques garanties que les Sudètes jugèrent toujours insuffisantes.

Le démembrement de l'Autriche à l'est et au sud-est

L'Autriche céda encore la Bukovine, avec Czernovitz, à la Roumanie. Quant à la Galicie, elle fut enlevée à l'Autriche, mais remise aux puissances alliées et associées et non à la Pologne. Le « traité des frontières » du 20 août 1920 fut repoussé par la Pologne car il ne lui cédait pas encore la Galicie orientale, essentiellement ukrainienne. On songea à lui accorder seulement un mandat de vingt-cinq ans sur ce territoire. Il fallut attendre le 15 mai 1923, pour que la Pologne pût l'annexer véritablement.

Au sud-est, l'Autriche cédait au royaume des Serbes, Croates et Slovènes les régions peuplées par des Slovènes (duché de Carniole amputé à l'ouest, Styrie méridionale, y compris Maribor et une petite partie de la Carinthie orientale). De même la Dalmatie, la Bosnie et l'Herzégovine. Par contre, le 10 octobre 1920, un plébiscite décida par 22 000 voix contre 16 000 que le bassin de Klagenfurt (Carinthie méridionale) resterait autrichien et n'irait pas à la Yougoslavie. De même, en septembre 1922, les Autrichiens, après plébiscite, annexèrent le Burgenland en Transleithanie, Sopron restant à la Hongrie.

Au total, l'Autriche devenait un petit pays de 84 000 km^2 avec 6 500 000 habitants dont un quart vivaient à Vienne. Son armée était réduite à 30 000 hommes. Évidemment, elle devait être tentée de fusionner avec l'Allemagne voisine, tant pour des raisons culturelles et sentimentales que pour des motifs économiques. Dès le 12 novembre 1918, avait été proclamée une République d'Autriche « faisant partie du Reich allemand ». La majorité de la population était favorable à cette solution. Deux plébiscites officieux furent organisés au Tyrol et à Salzbourg, et une majorité de 99 % réclama le rattachement à l'Allemagne. Mais les alliés s'opposèrent à une solution qui aurait agrandi l'Allemagne vaincue et singulièrement menacé la nouvelle Tchécoslovaquie. L'article 80 du traité de Versailles et l'article 88 du traité de Saint-Germain-en-Laye interdirent l'Anschluss. À partir de mai 1922, le nouveau chancelier, Mgr Ignace Seipel, s'efforça de rendre l'Autriche économiquement viable. En septembre 1922, par le protocole de Genève, il obtint de la Société des Nations son appui pour un emprunt, permettant de créer une monnaie nouvelle ; l'emploi des fonds fut surveillé par un commissaire de la Société des Nations, le Néerlandais Zimmerman. En échange, Mgr Seipel affirma la volonté d'indépendance de l'Autriche.

Les pertes territoriales de la Hongrie

La Hongrie — ancienne Transleithanie — perdait des territoires aussi étendus, et fut réduite à 92 000 km^2, avec 8 millions d'habitants et une armée de 35 000 hommes. Au sud, elle céda la région de Fiume, ainsi que le royaume de Croatie et Slavonie. Ces territoires, sauf Fiume, passèrent à la nouvelle Yougoslavie. De même la Batchka entre le Danube et la Tisza, et le Banat occidental à l'est et au nord de Belgrade, sur la rive gauche du Danube. La capitale de la Serbie cessait ainsi d'être une ville frontière.

Au nord, la Hongrie perdit la Slovaquie et la Ruthénie subcarpathique qui constituèrent une partie de la nouvelle Tchécoslovaquie. Les Slovaques (3 millions en 1919), séparés politiquement depuis plusieurs siècles des Tchèques (6 millions en 1919) essayèrent en vain d'obtenir un régime autonome et leur leader, l'abbé Hlinka, réclama même un plébiscite en septembre 1919.

Les acquisitions de la Roumanie

Enfin, à l'est, la Hongrie perdit la plus grande partie de la Transylvanie au profit de la Roumanie, la Tisza restant en Hongrie. La frontière, au grand mécontentement des Roumains, passait à 30 km à l'est de la ligne qui leur avait été promise en 1916. Le Banat oriental resta à la Roumanie après un début de conflit armé avec les Serbes. La Roumanie gardait, malgré les protestations soviétiques, la Bessarabie [1] et se voyait confirmer l'annexion de la Dobroudja du Sud aux dépens de la Bulgarie. La Roumanie était, de tous les « États successeurs », celui qui comportait les plus importantes minorités allogènes (en 1927 pour 12 500 000 Roumains, 1 308 000 Hongrois, 780 000 Juifs, 723 000 Allemands, 448 000 Ukrainiens, 358 000 Bulgares, 308 000 Russes, 57 000 Serbes). En faveur de ces minorités, le traité de Saint-Germain prévoyait des mesures spéciales de protection.

En juin 1919, le président du Conseil, Jean Bratianu, refusa d'accepter ces clauses, sous prétexte qu'elles portaient atteinte à la souveraineté roumaine, et quitta la conférence de Paris. Il fallut un véritable ultimatum de l'Entente pour qu'en octobre 1919 Bratiano démissionnât. Après de nouvelles élections, le nouveau président du Conseil, Voïda Voevod signa les traités de Saint-Germain et de Neuilly et les accords sur les minorités.

La Yougoslavie

La Yougoslavie — d'abord royaume des Serbes, des Croates et des Slovènes — était comme la Roumanie l'un des grands bénéficiaires des traités, au moins dans sa composante serbe. Outre les territoires pris à l'Autriche et à la Hongrie, elle annexa le Monténégro, où une Assemblée nationale vota l'union avec la Serbie. La Bulgarie lui céda les districts de Stroumitza, partie de la Macédoine, Tsaribrod, Timok, Bosilegrad. Tandis que la Serbie passait de 2 millions d'habitants en 1912 à 4 millions en 1914, le nouvel État en englobait plus de 14 millions. Sur ce territoire

1. Voir ci-après, § V, p. 38.

agrandi, l'on trouvait de fortes minorités : 467 000 Hongrois, 505 000 Allemands, 439 000 Albanais, 150 000 Turcs, 231 000 Roumains [1]. Les aspirations à l'autonomie des Croates (catholiques et d'écriture romaine, héritiers d'une tradition millénaire) donnèrent beaucoup de soucis au régent Alexandre qui succéda en août 1921 à son père Pierre 1er, retiré depuis 1914, et soutint avec vigueur le centralisme Serbe. Un fort « parti paysan croate », dirigé par Raditch, essaya d'intéresser les puissances au nationalisme croate.

Le révisionnisme hongrois et l'appui français

Le mécontentement hongrois se manifesta par une violente opposition au traité de Trianon. Après l'échec de la révolution communiste de Bela Kun (juillet 1919) fut créé un gouvernement contre-révolutionnaire qui restaura la Constitution monarchique et prépara le retour des Habsbourg. Les alliés s'y opposèrent par une note du 2 février 1920. En 1920 [2], Millerand, président du Conseil français, et le secrétaire général du ministère des Affaires étrangères, Maurice Paléologue, paraissaient favorables à une révision des frontières hongroises. Un agent officieux français négocia en Hongrie. Le 29 mars 1920, Paléologue eut des entretiens avec le comte Csaky, diplomate hongrois, et lui proposa l'appui de la France pour récupérer des territoires « nettement hongrois ». En échange, la Société française du Creusot aurait obtenu des avantages économiques dans les chemins de fer hongrois et dans la Banque hongroise de crédit général. En fait, cette tentative fut abandonnée quand on sut que l'amiral Horthy négociait secrètement avec Ludendorff en vue d'un coup de main germano-hongrois sur l'Autriche et la Tchécoslovaquie. Ces négociations inquiétèrent les voisins de la Hongrie et le 14 août 1920 fut signé un traité d'alliance armée tchéco-yougoslave contre une agression non provoquée de la Hongrie. La Roumanie y adhéra, sans signer explicitement de traité,

1. D'après le recensement yougoslave du 31 janvier 1921.
2. Pour les négociations franco-hongroises, P. Renouvin insiste sur le fait qu'elles ne sont connues que par des documents hongrois. Ceux-ci ont été étudiés par Toscano (Mario) dans « Le origini della piccola intesa secondo i documenti diplomatici ungheresi » (*Rassegna italiana*, juillet 1941) et dans « l'accordo revisionista franco-ungherese del 1920 » (*Politica*, XX, 1942).

le 19 août. Le 1er septembre, Benès, alors ministre des Affaires étrangères tchécoslovaque, parla publiquement de l'entente ainsi constituée entre les trois pays et à laquelle on donna le nom de Petite Entente. La Petite Entente se manifesta avec vigueur lors des tentatives de restauration monarchique en faveur des Habsbourg.

Les deux tentatives de Charles Ier

L'ex-empereur Charles, réfugié en Suisse, n'avait pas renoncé à remonter sur le trône et fit en 1921 deux tentatives dont l'importance dépasse le cadre de l'histoire intérieure hongroise. Il semble que le nouveau gouvernement français, dirigé par Briand depuis janvier 1921, avec Philippe Berthelot comme secrétaire général des Affaires étrangères, ait donné des encouragements à l'ex-empereur par l'intermédiaire du prince Sixte de Bourbon-Parme, frère de l'impératrice Zita. Le 27 mars 1921, Charles arriva à Szombathely. Mais il ne fut pas soutenu par le régent Horthy et dut regagner la Suisse. La Tchécoslovaquie et la Yougoslavie avaient immédiatement menacé la Hongrie d'une action militaire. Quelques semaines après le 23 avril, à Bucarest la Roumanie s'alliait explicitement à la Tchécoslovaquie. L'ensemble fut complété par un traité roumano-yougoslave (Belgrade, 7 juin 1921).

Le 20 octobre 1921, Charles, accompagné de sa femme, arriva en avion à Sopron, à l'extrême ouest de la Hongrie, avec l'intention de marcher sur Budapest. Cette fois, il se présentait en adversaire du régent Horthy. Celui-ci, non sans hésitation, dirigea les troupes contre l'ex-empereur et le fit prisonnier. Il fut embarqué vers Madère où il devait mourir cinq mois plus tard, à l'âge de trente-cinq ans. Lors de cette seconde tentative, la Yougoslavie et la Tchécoslovaquie avaient commencé à mobiliser. Elles craignaient que la restauration d'un Habsbourg ne rétablît l'union austro-hongroise et n'amenât la constitution d'une confédération danubienne incompatible avec leur indépendance. La solidarité entre les membres de la Petite Entente fut renforcée en 1922 par le mariage d'Alexandre de Yougoslavie avec la princesse Marie de Roumanie et par un nouveau traité tchéco-yougoslave (Marianske Lazne, 31 août 1922). L'Autriche était en bons termes avec la Petite Entente, et surtout avec la Tchécoslovaquie. La Roumanie avait signé, en mars 1921, un traité d'alliance avec la Pologne.

Aussi la France abandonna-t-elle sa politique de soutien à la Hongrie et décida-t-elle d'appuyer désormais la Petite Entente en attendant la signature de traités d'alliance avec ses membres [1].

IV. Les Balkans et la dislocation de l'Empire ottoman

Dans la région balkanique, les deux pays vaincus étaient la Bulgarie et l'Empire ottoman. Mais entre vainqueurs se posaient divers problèmes fort complexes, notamment celui de l'Albanie et celui des frontières nord de la Grèce.

La Macédoine

Nous avons signalé [2] les cessions territoriales que la Bulgarie était forcée de faire à la Roumanie et à la Yougoslavie. À cela s'ajoutait la perte de la Thrace orientale, annexée par la Grèce. Elle perdait ainsi son port de Dédéagatch et tout débouché sur la mer Égée. Le plus grave aux yeux des Bulgares était évidemment la perte de la Macédoine, donnée aux Serbes depuis le traité de Bucarest de 1913, et légèrement accrue à leur profit par le traité de Neuilly. De très nombreux Bulgares macédoniens se réfugièrent en Bulgarie et y entretinrent une vive agitation, tandis que l'organisation révolutionnaire intérieure macédonienne (ORIM) reprenait ses activités. La Macédoine fut pendant plusieurs années ensanglantées par des guérillas, et la tension demeura vive entre Bulgares et Yougoslaves.

La politique italienne en Albanie

En ce qui concerne l'Albanie, créée en 1913, le traité de Londres de 1915 avait admis que la partie nord irait au Monténégro et à la Serbie, la partie sud à la Grèce, tandis qu'au centre serait constitué un petit État neutre sous protectorat italien. Ainsi serait écartée la menace que constituerait pour l'Italie l'installation d'une grande puissance sur l'autre rive de l'Adriatique. Mais la Serbie, considérablement agrandie et devenue Yougoslavie, faisait à nouveau peser cette menace, si bien que l'Italie en était venue en 1919 à l'idée d'un protectorat italien sur la grande Albanie de 1913. Tittoni, nouveau ministre des Affaires étrangères, après le départ

---

1. Voir ci-après, chap. 2 et 3 , p. 76, 77, 83, 97, 102.
2. Voir ci-avant, § III, p. 21.

de Sonnino, signa, le 29 juin 1919, un accord secret avec le ministre grec Venizelos : l'Italie soutiendrait les revendications grecques sur la Thrace et l'Épire du Nord ; la Grèce soutiendrait les prétentions italiennes : mandat sur l'Albanie et annexion de Valona. Le nord de l'Albanie était administré provisoirement par les Alliés à Scutari (troupes françaises, anglaises et italiennes) ; le sud, par une Assemblée nationale réunie à Durazzo, sous influence italienne.

L'échec de la politique italienne

Dès juillet 1919, les Grecs rendirent public l'accord Tittoni-Venizelos. Les Albanais et les Yougoslaves en furent vivement irrités. En novembre 1919, une émeute anti-italienne se déclencha à Valona. Le gouvernement italophile de Durazzo fut renversé en janvier 1920 et un gouvernement hostile s'installa à Tirana. En janvier 1920, un compromis italo-yougoslave prévoyant des rectifications de frontières au nord en faveur de la Yougoslavie, au sud en faveur de la Grèce, échoua par suite de l'opposition du président Wilson qui y vit une atteinte au principe des nationalités. L'insurrection anti-italienne se développait ; Valona fut assiégée ; des renforts italiens se mutinèrent à Ancône. Dans ces conditions, l'Italie abandonna ses visées et dénonça l'accord Tittoni-Venizelos ; le 2 août 1920, le gouvernement Giolitti signa à Tirana un traité d'amitié avec les Albanais : l'Italie renonçait à Valona et ne gardait en Albanie que l'île de Saseno. Les Albanais arrêtèrent d'autre part les Grecs, en juin 1920. En décembre, l'Albanie fut admise à la Société des Nations sur proposition de l'Italie. Le 9 novembre 1921, la conférence des ambassadeurs (Italie, France, Angleterre, Japon) nomma une commission pour fixer les frontières albanaises et, peu après, décida qu'en cas d'attaque contre l'Albanie, c'est l'Italie qui serait chargée de la secourir. Ainsi se stabilisait la frontière du nouvel État, et l'Italie, à défaut de protectorat, entretenait avec lui des rapports amicaux.

La Turquie et le traité de Sèvres

La situation créée par la guerre à l'est des Balkans, et surtout en Asie Mineure, fut singulièrement plus complexe et plus tragique

Nous distinguerons, pour plus de clarté, ce qui concerne la Turquie proprement dite, et ce qui concerne les pays arabes.

Lorsque l'armistice de Moudros eut été signé, le 30 octobre 1918, les destinées de l'Empire ottoman paraissaient réglées par divers accords entre Alliés, et dont les principaux étaient l'accord franco-anglais Sykes-Picot du 16 mai 1916 et l'accord de Saint-Jean-de-Maurienne, franco-anglo-italien d'avril 1917. Ce dernier, qui reconnaissait les droits de l'Italie sur une large partie de l'Anatolie du sud, avec Smyrne, Adalia et Konieh, devait être soumis à l'approbation du gouvernement russe. La révolution russe ayant empêché cette approbation, la France et l'Angleterre en tirèrent prétexte pour considérer l'accord comme périmé. Les deux gouvernements se montraient très favorables aux prétentions grecques soutenues par Venizelos, et qui s'étendaient notamment à la zone de Smyrne. Cette ville fut occupée par les Grecs en mai 1919. Sans attendre les décisions de la conférence de la paix, les Italiens débarquèrent des troupes dans la région d'Adalia, ce qui suscita une note de protestation de Lloyd George et de Clemenceau, datée du 28 juin 1919. Mais la signature de l'accord Tittoni-Venizelos, dont nous avons déjà parlé à propos de l'Albanie, amena un apaisement. L'Italie reconnaissait à la Grèce la région de Smyrne jusqu'à la vallée du Méandre, et même les îles du Dodécanèse (qu'elle gardera néanmoins par la suite).

Finalement, la conférence de Londres (février 1920) décida que les Turcs garderaient Constantinople, que les Grecs s'installeraient dans la région de Smyrne, les Italiens dans celle d'Adalia et les Français en Cilicie. La conférence de San-Remo (avril 1920) ajouta quelques précisions. La Grèce posséderait toute la Thrace orientale. Les Détroits seraient démilitarisés et neutralisés sous le contrôle d'une commission internationale. Les États-Unis refusèrent un mandat sur l'Arménie et un mandat sur Constantinople et les Détroits. Un État indépendant d'Arménie serait créé en Anatolie orientale ainsi qu'un Kurdistan autonome. Dans la partie de l'Anatolie qui resterait à la Turquie, la France et l'Italie auraient des zones d'influence. Le 10 août 1920, ces clauses furent sanctionnées par le traité de Sèvres. La Turquie devait au surplus livrer sa flotte. Son armée était réduite à 50 000 hommes.

Mustapha Kemal

Mais, à cette date, les décisions des Alliés étaient déjà battues en brèche par le mouvement nationaliste que Mustapha Kemal avait lancé en Anatolie, en juin 1919. Le faible sultan Mehmed VI mit hors la loi Mustapha

Kemal et signa le traité de Sèvres. Mustapha se présenta en adversaire du Sultan, du traité et des Anglais qui protégeaient ouvertement le Sultan et les Grecs.

L'année 1920, fut marquée par des victoires grecques. Mais le 7 janvier 1921, les Grecs furent battus à Inonu. Ils avancèrent à nouveau dans les mois suivants, et arrivèrent à 100 km d'Ankara. Mais en septembre, ils subirent une grave défaite sur la Sakaria. La déposition de Venizelos, la chute de la république et le rétablissement de la monarchie en faveur du roi Constantin (février 1921) affaiblirent la volonté de résistance des Grecs.

Simultanément, Kemal obtint de grands succès diplomatiques : le 16 mars 1921, par le traité de Moscou, la Russie lui céda les districts arméniens de Kars et Ardahan, dépeuplés par les massacres et l'exil. Elle reconnut la pleine souveraineté turque sur les Détroits, sous réserve de la liberté commerciale. En juin 1921, l'Italie évacua Adalia, ne conservant que le droit d'exploiter le charbon d'Heraclée. Elle gardait par contre Rhodes et le Dodécanèse. Le 20 octobre 1921, la France, par l'accord Franklin-Bouillon, signé à Ankara, renonça à la Cilicie, à l'exception du Sandjak d'Alexandrette. Elle reconnut *de facto* le gouvernement de Mustapha Kemal et lui fournit des armes.

Le traité de Lausanne

C'est en août 1922 que celui-ci remporta sur les Grecs la victoire décisive et les rejeta à la mer, non sans que ses troupes en eussent massacré des dizaines de milliers. Simultanément, les soldats grecs évacuèrent Andrinople et la Thrace orientale. Lloyd George ne put obtenir l'appui militaire français, italien, yougoslave, roumain, ni celui des Dominions. En septembre 1922, Poincaré ordonna aux troupes françaises d'évacuer Tchanak, sur la rive est des Dardanelles, et l'Italie agit de même au grand mécontentement des Anglais. Une discussion d'une extrême violence eut lieu entre Poincaré et lord Curzon, chef du *Foreign Office*. Le 11 octobre, Turcs, Anglais et Grecs signèrent l'armistice de Moudania qui autorisait les Kémalistes à administrer Constantinople. Le 2 novembre 1922, le sultanat de Constantinople fut aboli. Le traité de Lausanne, signé le 24 juillet 1923, après de longues négociations auxquelles participèrent les Russes, rendait à la Turquie toute l'Asie Mineure ; en Europe elle gardait la Thrace orientale (23 000 km^2). Les Détroits étaient démilitarisés mais les capitulations, privilèges juridictionnels et commerciaux qui remontaient au XVIe siècle, étaient abolies, contrairement au traité de Sèvres. Les populations turques de Grèce et grecques de Turquie (1 400 000 personnes) seraient obligatoirement échangées. Sur des bases nationales solides, la nouvelle République turque, qui succédait à l'Empire ottoman, allait cesser d'être l'enjeu de querelles politiques et devenir la puissance la plus stable du Proche-Orient.

Les mandats en pays arabe

Par rapport à l'Empire ottoman de 1914, le territoire turc était considérablement réduit. En effet, tous les pays arabes, Égypte, Arabie et zone du Croissant fertile cessaient d'appartenir à la Turquie. La révolte arabe de 1916, dirigée par le chef de la famille hachémite, l'émir Hussein du Hedjaz, appuyé par des troupes britanniques, permit en 1918 la conquête des pays arabes aux dépens de la Turquie. Les accords dits Hussein-MacMahon paraissaient indiquer un appui total des Britanniques aux prétentions arabes. Le fils aîné de Hussein, Fayçal, entra triomphalement à Damas le 3 octobre 1918.

Mais le rêve des Hachémites de créer un vaste État arabe indépendant se heurta aux prétentions franco-anglaises. Celles-ci avaient été formulées dans les accords secrets Sykes-Picot du 16 mai 1916. D'après ces accords, la France administrerait — outre la Cilicie dont nous avons déjà parlé — la côte syrienne et libanaise. La Grande-Bretagne administrerait le sud de la Mésopotamie, avec Bagdad et, en Palestine, les ports d'Acre et Haïfa. D'autre part, le 2 novembre 1917, Balfour, au nom du gouvernement anglais, avait annoncé la fondation en Palestine d'un Foyer national juif. Pour résoudre ces contradictions, la formule des mandats parut la plus appropriée. La France et l'Angleterre recevaient de la Société des Nations le mandat d'administrer les territoires du Croissant fertile pour les amener à la pleine indépendance.

Au cours de 1919, Fayçal essaya de renforcer son pouvoir en Syrie en signant un accord avec Chaïm Weizmann, qui représentait l'Organisation sioniste. Il fit élire un Congrès syrien qui, le 2 juillet 1919, à Damas, s'opposa vigoureusement au statut de mandat pour la Syrie (y compris la Cilicie), l'Irak, la Palestine, le Liban, et rejeta les prétentions sionistes sur la Palestine. Le président Wilson envoya dès juin, en Syrie et en Palestine, une commission américaine d'enquête (dite King-Crane) qui remit son rapport le 28 août. Ce rapport était hostile au programme sioniste, ainsi qu'aux prétentions arabes sur la Cilicie. Il se déclarait favorable au système des mandats. Mais, par ailleurs, le président Wilson rejeta en octobre 1919 la proposition faite le 13 mai par Lloyd George de donner aux États-Unis le mandat sur l'Arménie. De même, l'Angleterre déclina tout mandat sur la Syrie, et conseilla à Fayçal de se rapprocher de la France. Les populations chrétiennes du Liban se déclaraient favorables à la France. Fayçal essaya donc de s'entendre avec Clemenceau en octobre 1919. Mais les troupes françaises, commandées par le général Gouraud, débarquèrent en Syrie et en Cilicie pour relever les troupes anglaises. Fayçal essaya alors de résister et, poussé par l'Anglais Lawrence, se fit proclamer roi de Syrie le 8 mars 1920, son frère Abdallah étant proclamé roi d'Irak. Mais il était déjà trop tard. La conférence de San-Remo le 25 avril 1920, donna à la France le mandat sur la Syrie (y compris le Liban), à l'Angleterre les mandats sur la Palestine et l'Irak. En juillet, Gouraud, après des troubles sérieux, s'empara de Damas et expulsa Fayçal. Gouraud donna d'abord au pays une structure morcelée (État du Liban, État des Alaouites, État d'Alep, État de Damas, Djebel Druze). Puis il fédéra les États des Alaouites, d'Alep et de Damas. En décembre 1920, il créa l'État du Liban composé du « Mont Liban », déjà autonome à l'époque ottomane et agrandi au nord et au sud. Désormais le Liban restera toujours séparé de la Syrie. Mais cet accroissement territorial y introduisit une forte minorité musulmane. Weygand, successeur de Gouraud (avril 1923), transforma la Syrie en État unitaire (5 décembre 1924). Au nord, les Alaouites, musulmans hérétiques, reçurent un statut autonome. Il en fut de même pour le Sandjak d'Alexandrette à partir d'octobre 1921.

En Irak, les Anglais remplacèrent Abdallah par son frère Fayçal, en août 1921. Ils détachèrent de la Palestine les territoires situés à l'est du Jourdain et en firent la Transjordanie dont Abdallah fut nommé émir en 1922, après approbation du Conseil de la Société des Nations. La Transjordanie était ainsi exclue des territoires où s'établirait le Foyer national juif.

Notons enfin que la conférence de San-Remo rattacha à l'Irak et non à la Syrie le district pétrolier de Mossoul que les accords Sykes-Picot avaient placé dans la zone d'influence française, mais que Clemenceau avait accordé à la Grande-Bretagne en décembre 1918. Il est à noter que les gisements pétroliers de Kirkouk n'avaient pas encore été découverts.

La France recevait d'ailleurs la part allemande (25 %) de la *Turkish Petroleum Company* (accords Bérenger-Long de 1919).

L'Égypte

Parmi les pays arabes, l'Égypte tient une place à part. Le 18 décembre 1914, le gouvernement britannique, par un acte unilatéral, avait aboli la suzeraineté turque et pris le pays sous son protectorat — protectorat qu'elle exerçait en fait depuis 1882. L'Égypte avait servi de base de départ pour l'offensive du général Allenby contre la Palestine en 1917-1918, mais n'avait pas participé directement aux opérations militaires. Dès le 13 novembre 1918, un ancien ministre, Saad Zaghloul Pacha, à la tête d'une délégation (Wafd) de l'Assemblée législative, réclama au haut-commissaire anglais, Reginald Wingate, l'indépendance totale de l'Égypte. Le *Foreign Office* ayant refusé, Zaghloul créa le parti de la Délégation, ou Wafd, et entreprit un mouvement d'agitation nationale. Les Anglais l'arrêtèrent et le déportèrent à Malte le 8 mars 1919. Mais ils chargèrent lord Milner de faire une enquête et celui-ci conclut qu'il fallait remplacer le protectorat par un système de *self-governement*. On l'établirait par un traité anglo-égyptien que l'on négocierait avec les représentants du Wafd. Ces négociations commencèrent en 1920 et 1921, mais n'aboutirent pas. Le 28 février 1922, par un nouvel acte unilatéral, le gouvernement anglais proclama la fin du protectorat britannique avec certaines réserves [1].

Dès le 15 mars, le sultan Fouad 1er, de sa propre autorité, se proclama roi d'Égypte. Mais il faudra attendre 1936, pour que le traité anglo-égyptien puisse être signé.

V. Le problème soviétique

La révolution bolchevik et l'établissement d'un régime soviétique en Russie posèrent aux Alliés des problèmes très complexes : quels rapports les Alliés entretiendraient-ils avec le gouvernement soviétique ? Quelles seraient les frontières du nouvel État russe ?

1. Voir ci-après, chap. 4, § III, p. 117.

La politique de soutien aux Russes blancs

L'attitude de l'Entente à l'égard du gouvernement soviétique fut constamment méfiante, mais elle revêtit plusieurs formes successives. Nous n'étudierons pas les événements compris entre la paix de Brest-Litovsk (3 mars 1918) et la fin de la guerre contre l'Allemagne. Pendant cette période, l'Entente soutint les divers mouvements contre-révolutionnaires et maintint en Sibérie la « légion tchécoslovaque », formée d'anciens prisonniers de l'armée austro-hongroise. Les Anglais débarquèrent dès le 11 mars 1918 à Mourmansk, les Japonais et les Américains en août à Vladivostok. On avait l'espoir de créer à nouveau contre l'Allemagne l'embryon d'un front oriental, idée de Foch et Clemenceau, non de Wilson qui craignait d'irriter le peuple russe par une intervention alliée et ne s'y résigna que pour protéger les Tchèques.

À partir du 11 novembre 1918, les bolcheviks dénoncèrent le traité de Brest-Litovsk. Les Alliés et les États-Unis hésitèrent entre trois formules : une négociation avec les bolcheviks ; la lutte armée et le soutien aux Russes blancs ; la politique du blocus et, selon l'expression du Français Stéphen Pichon, du « cordon sanitaire ».

On entreprit d'abord la lutte armée. Le 1er décembre 1918, le gouvernement « panrusse » de Sibérie fut accaparé par des éléments de droite sous la direction de l'amiral Koltchak, qui bénéficiait de l'appui anglais. D'autre part, le général Berthelot, qui commandait les troupes alliées en Roumanie, annonça l'envoi de 150 000 hommes à Odessa, et la fourniture aux Russes blancs d'une partie de ses stocks. Le 19 décembre, une division française arriva à Odessa. Quant aux Anglais, ils envoyèrent dès novembre une division à Batoum.

La tentative de l'île des Princes

Mais cette attitude se modifia, tandis que les bolcheviks faisaient, en novembre et décembre, la reconquête de l'Ukraine, de la Russie blanche et des pays baltes et infligeaient en Sibérie des échecs aux Tchèques et aux troupes de Koltchak. Les 1er, 16 et 21 janvier 1919, Lloyd George, Wilson et Clemenceau se prononcèrent contre les projets du général Berthelot ; Lloyd George en particulier croyait au succès final des bolcheviks. Aussi, tandis que ceux-ci multipliaient les propositions tendant à ouvrir des pourparlers de paix (23 décembre 1918, 12 et 17 janvier 1919), Lloyd George fit adopter un projet nouveau : on convoquerait à Paris les représentants des divers gouvernements de fait qui se partageaient la Russie. Wilson suggéra que cette conférence eût lieu non à Paris, mais dans l'île des Princes, près de Constantinople. Le délégué italien Sonnino était hostile à cette entrevue. Clemenceau, peu favorable, s'y rallia et un appel fut publié par Wilson le 22 janvier. La condition préalable était l'arrêt des hostilités. Après quelques hésitations, Tchitchérine, commissaire du Peuple aux Affaires étrangères, accepta, le 4 février, d'« entamer immédiatement » des discussions, sous réserve que rien n'entraverait l'organisation d'un gouvernement socialiste. En fait, la conférence n'eut pas lieu. Les gouvernements russes antibolcheviks s'y opposèrent dès le 16 février, sans doute parce qu'ils espéraient vaincre les Rouges par la force ; Koltchak préparait en effet une offensive.

La mission Bullitt

Néanmoins, Wilson, d'accord avec Lloyd George, décida de poursuivre la tentative. Il envoya, le 22 février, un expert de la délégation américaine à la conférence de la paix, William Bullitt, à Moscou, pour s'informer des conditions des bolcheviks, Bullitt rencontra Tchitchérine et Lénine avec lesquels il eut de nombreux entretiens. Le 14 mars, Lénine et Bullitt aboutirent à un projet de paix : tous les gouvernements de Russie conserveraient leurs territoires. Les relations commerciales reprendraient avec la Russie bolchevik. L'amnistie générale serait proclamée. Les troupes alliées seraient immédiatement retirées de Russie. Lénine espérait ainsi que les gouvernements russes blancs s'effondreraient d'eux-mêmes. Mais, quand Bullitt revint à Paris, son plan ne fut pas pris en considération.

La politique du « cordon sanitaire »

Il est encore assez difficile d'expliquer ce revirement. Sans doute la cause en est-elle le déclenchement de la révolution communiste en Europe. Celle-ci avait déjà échoué à Berlin (6-11 janvier 1919 : les spartakistes, probolcheviks y furent écrasés. Leurs chefs, Karl Liebknecht et Rosa Luxembourg massacrés). Mais, le 21 mars, Bela Kun prit le pouvoir en Hongrie ; il devait le garder jusqu'en juillet. Un congrès communiste tenu à Moscou annonça la création de la IIIe Internationale et le début d'une « Nouvelle ère révolutionnaire » (manifeste du 10 mars 1919). D'autre part, en mars, eurent lieu, peut-être sous la direction de l'ingénieur mécanicien André Marty, des mutineries parmi les marins français de la mer Noire. Enfin, Koltchak commença, en mars, une offensive foudroyante ; il avait auprès de lui comme conseiller le général français Janin, représentant le Commandement suprême interallié. Au sud, un autre Russe blanc, Denikine, prit aussi l'offensive. En Lettonie, une division irrégulière allemande, commandée par von der Goltz, repoussa l'Armée rouge. Au nord-ouest, le général blanc Youdenitch marchait sur Petrograd.

Ainsi les Alliés, d'une part se méfiaient davantage des bolcheviks, d'autre part croyaient à la victoire possible des Blancs. Wilson proposait de « laisser la Russie aux bolcheviks : — ils cuiront dans leur jus jusqu'à ce que les circonstances aient rendu les Russes plus sages ». Le 26 mai, la France, l'Angleterre, les États-Unis et l'Italie adressèrent à Koltchak une note dans laquelle ils se déclaraient prêts à le reconnaître à condition qu'il adoptât les méthodes démocratiques et reconnût l'indépendance de la Finlande et de la Pologne. Ils adoptaient donc une politique nouvelle que Foch préconisait dès le 25 mars 1919, que Clemenceau appelait le « barrage continu », et que l'on a ensuite nommée le « cordon sanitaire ». Elle consistait à ne pas intervenir directement (les troupes françaises de la mer Noire furent rappelées dès mars). Odessa fut évacué le 3 avril. Les Anglais abandonnèrent Bakou et Tiflis entre juin et août, mais les Alliés continuèrent à encourager les Russes blancs. Youdenitch, en octobre, s'avança jusqu'à Krasnoie Selo ; mais il ne fut pas soutenu par les Estoniens qui refusaient d'être réannexés à la Russie, « blanche » ou « rouge », ni par la flotte anglaise de la Baltique. Lloyd George, malgré le chef du *War Office,* Winston Churchill, qui voulait écraser les bolcheviks, renonça, en novembre 1919, à financer les opérations de Youdenitch et lui conseilla de traiter avec Moscou. Son « gouvernement démocratique » fut dissous le 5 décembre. Koltchak, dès mai, aux prises avec d'immenses difficultés intérieures, battit en retraite vers la Sibérie, abandonna Omsk en novembre, ne fut pas soutenu par les Tchèques qui gardaient le Transsibérien et avaient reçu de leur gouvernement l'ordre de rester neutres. Il démissionna le 14 janvier 1920, fut livré aux bolcheviks et fusillé le 7 février, tandis que les débris de son armée se réfugiaient autour de Vladivostok sous la protection japonaise. Denikine, après la prise d'Orel (13 octobre) ne put entraîner les cosaques vers Moscou. Ceux-ci se retirèrent jusqu'à la mer Noire. Le plus grand nombre d'entre eux capitulèrent. Les autres furent évacués vers la Crimée. Denikine s'exila. La dernière tentative fut celle de son successeur, le général Wrangel, à partir de la Crimée. L'Angleterre refusa de le soutenir. La France l'aida et, le 10 août 1920, le reconnut officiellement. Mais les Rouges, après la fin de la guerre de Pologne (*cf.* ci-après) forcèrent l'isthme de Perekop (8-9 novembre). Wrangel dut s'embarquer avec ses troupes et se réfugier à Constantinople. Quand il voulut reprendre la lutte, la France ne le soutint plus et cessa de le reconnaître le 17 avril 1921.

L'échec de la politique de soutien aux Russes blancs fut compensé du côté allié par divers succès en ce qui concerne l'établissement des frontières soviétiques. Nous distinguerons les efforts faits en Europe, en Moyen et en Extrême Orient.

La frontière russo-finlandaise

Dans la région de la mer Baltique, la Finlande (l'ancien grand-duché de Finlande, peuplé par une population de langue finnoise et par une minorité de langue suédoise), se proclama indépendante dès le 5 décembre 1917. Le général allemand von der Goltz soutint la lutte des Blancs contre les Rouges. Après l'armistice, le régent Mannerheim, qui avait écrasé les Russes à Tampere, éloigna von der Goltz. Le 14 octobre 1920, fut signé le traité de paix avec la Russie à Youriev, nom russe de Tartu (Dorpat), en Estonie. La Finlande recevait la plus grande partie de la Carélie, et à l'extrême nord, hors des limites de l'ancien « grand-duché de Finlande », la Petchenga, qui coupait la Russie de la Norvège. Il était toutefois stipulé que les Russes auraient le droit d'y transiter librement. La Carélie orientale fut laissée à la Russie sous réserve qu'une administration autonome lui serait accordée. Dès 1921, la Finlande protesta, car cette clause ne fut pas observée, et des groupes armés finlandais soutinrent la révolte qui s'y déclencha en novembre 1921.

En fait, cette révolte échoua. La Société des Nations, saisie de la question par la Finlande, n'aboutit à aucun résultat. Les îles d'Aaland furent également cédées à la Finlande à la condition qu'elles gardassent leur statut de neutralité de 1856. La Suède revendiquait ces îles. Une conférence se réunit en 1921 à Marienheim pour délibérer de leur sort. La Russie soviétique n'y avait pas été invitée. Sur intervention anglaise, la Société des Nations décida de les laisser à la Finlande, mais en les démilitarisant. Non seulement elles ne seraient pas fortifiées, mais elles n'auraient même aucune garnison. Ainsi l'Angleterre pourrait les occuper facilement si elle voulait attaquer la Russie. Celle-ci protesta énergiquement contre ce statut où elle voyait une manifestation de l'impérialisme anglais.

La frontière russo-estonienne

Au sud de la Finlande, les trois pays baltes, Estonie, Lettonie, Lituanie, avaient aussi proclamé leur indépendance en février 1918, puis en novembre de la même année. Le 20 août 1919, les puissances alliées reconnurent provisoirement cette indépendance en réservant la décision définitive à un arbitrage de la Société des Nations.

Les Estoniens avaient aidé les forces de Youdenitch dans sa marche vers Petrograd. Mais ils se méfiaient de lui et avaient accueilli favorablement, le 31 août, les ouvertures de paix des Soviets, fondées sur l'indépendance absolue de l'Estonie. Des pourparlers s'engagèrent à Pskov. Les Occidentaux et notamment la France, qui organisaient alors le blocus de la Russie soviétique, obtinrent l'interruption de ces pourparlers. Ceux-ci reprirent le 5 décembre à Youriev, après l'échec de Youdenitch. En même temps, les Soviets firent un nouvel effort (10 décembre) pour entamer des négociations de paix avec les grands Alliés (France, Angleterre, Italie, Japon) et les États-Unis. Leurs propositions ne furent pas reçues. La France aurait voulu créer contre la Russie un bloc des États de la Baltique (Finlande, Estonie, Lettonie, Lituanie, Pologne) et une conférence se réunit à Helsingsfors, en janvier 1920. Mais la Lituanie était en mauvais termes avec la Pologne et l'Estonie préférait une paix immédiate. La conférence échoua et le 2 février 1920, à Youriev (Tartu) la paix russo-estonienne fut signée. Lénine déclara à cette occasion : « Ce traité est une fenêtre que les ouvriers russes ont percée sur l'Europe occidentale ; c'est une victoire inouïe sur l'impérialisme mondial, une victoire qui change le cours de la révolution prolétarienne russe et qui concentre toutes ses forces sur la reconstruction intérieure du pays. » Les Soviets préféraient reconnaître l'indépendance de l'Estonie et assurer ainsi la paix qui leur permettrait de stabiliser leur régime.

La frontière russo-lettone

Les Lettons eurent à lutter, non seulement contre les bolcheviks, mais aussi contre les Allemands. Von der Goltz, avec des troupes plus ou moins régulières et des corps francs, s'empara du pays au printemps

1919. Mais l'Entente, au moment de la signature du traité de Versailles, exigea de l'Allemagne le rappel de von der Goltz. Celui-ci céda en juillet puis reprit la lutte d'août à octobre, au nom d'un « mouvement de Russie occidentale », russe blanc, dirigé par le « prince » Avalov (l'aventurier russe Bermondt). Les Lettons et les Estoniens furent soutenus par des vaisseaux français et anglais. En novembre, les Russes et les Allemands évacuèrent le pays. La paix fut signée le 15 juillet 1920 avec l'Allemagne, le 11 août à Riga avec les Soviets. La Lettonie, elle aussi, devenait indépendante.

La paix russo-lituanienne

La Lituanie dut lutter contre les bolcheviks, qu'elle refoula au début de 1919, avec l'aide des Allemands. Mais en octobre se constitua un gouvernement favorable à l'Entente et la lutte commença contre les Allemands qui, par suite de la pression alliée, évacuèrent le pays en décembre. Le 12 juillet 1920, fut signé à Moscou un traité de paix séparée russo-lituanien. Mais les difficultés n'étaient pas terminées. Restait encore à résoudre le problème de Vilna, ancienne capitale du grand-duché de Lituanie, annexée en 1386 par la Pologne, russe depuis 1772, et où les populations étaient très mélangées. Le 8 décembre 1919, le Conseil suprême interallié attribua Vilna à la Lituanie. La ville était occupée par les Polonais. En juin 1920, ceux-ci en furent chassés par les Russes. Les Russes la laissèrent à la Lituanie qui en prit possession. Le 3 septembre, les Lituaniens attaquèrent les troupes polonaises qui marchaient vers Grodno. Le gouvernement polonais déclara, le 7 octobre, qu'il acceptait provisoirement cette solution (Convention de Suvalki). Mais le 9 octobre, le général polonais Zeligowski, sans doute sur l'ordre de Pilsudski, principal membre du gouvernement polonais et originaire de Vilna, s'empara brusquement de la ville. La Société des Nations, en 1923, finira par reconnaître le fait accompli. Nous avons vu ci-dessus que la Lituanie s'empara de Memel en janvier 1923.

La guerre russo-polonaise

La reconstitution de la Pologne, décidée par le traité de Versailles, posait un problème de frontière plus sérieux. Elle était dévastée par la guerre. Joseph Pilsudski y avait fait proclamer la république le 22 novembre 1918. Mais il était en mauvais termes avec les Alliés (il avait commandé jusqu'en juillet 1917 la Légion polonaise contre les Russes). Il fallut faire fusionner son gouvernement avec celui du Comité national polonais patronné par l'Entente. On y parvint (janvier 1919) grâce à l'intervention d'un Polonais prestigieux, le grand pianiste Ignace Paderewski. À la fin de 1918 et au début de 1919, les Polonais luttèrent contre les Allemands. Le 16 février, ceux-ci durent cesser les hostilités sous la pression des Alliés.

Simultanément, les Polonais combattaient à l'est contre les Ukrainiens et s'emparèrent de Lwow. Une commission alliée, présidée par le général sud-africain Botha, ne réussit pas à interrompre cette lutte : la Pologne rejeta les conditions proposées le 12 mai par la commission et conquit toute la Galicie orientale. Le 27 mai la conférence de Paris menaça de couper le ravitaillement de la Pologne. Plus au nord, les Polonais luttaient contre les Russes et, en mai 1919, ils occupaient une frontière qui s'étendait jusqu'à Minsk. Les Soviets proposèrent, le 22 décembre 1919, la paix à la Pologne, sur la base de l'indépendance totale, et s'engagèrent à ne pas franchir les lignes sur lesquelles ils étaient installés. De leur côté, en décembre 1919, les Alliés envisageaient de limiter la Pologne aux territoires purement polonais. Une commission aux affaires polonaises créée au sein de la conférence de Paris avait fixé la limite de ces territoires et Clemenceau avait publié, le 8 décembre, une déclaration rendant officielle la volonté de l'Entente : la frontière devrait passer par Grodno, Valovka, Nemurov, Brest-Litovsk et à l'est de Przemysl.

Les Polonais rejetèrent à la fois les propositions de paix soviétiques et la frontière fixée par l'Entente. Un grand nombre d'entre eux voulaient les frontières de 1772 et même conquérir l'Ukraine entière. Le 25 avril 1920, ils reprirent l'offensive contre les Soviets.

La défaite polonaise

Après quelques succès initiaux (prise de Kiev le 6 mai), ils furent attaqués par les Russes de Toukhatchevski et Boudienny ; ils perdirent en juillet Minsk, Vilna, Grodno, Brest-Litovsk. Les Russes coupèrent même la voie ferrée Varsovie-Dantzig. Les Tchèques, l'Allemagne, l'Autriche refusaient de laisser passer des armes et des munitions.

Les dirigeants de l'Entente étaient alors réunis à la conférence de Spa. Il faut distinguer parmi eux deux attitudes, celle de l'Angleterre et celle de la France. Pour l'Angleterre, la Pologne était battue. Beaucoup d'Anglais pensaient avec l'économiste Keynes qu'elle était économiquement inviable. Dès le 12 juillet, lord Curzon proposa à la Russie la conclusion d'un armistice, ses troupes s'arrêtant à 50 km à l'est de la ligne fixée en décembre 1919 par l'Entente ou « Ligne Curzon ». Il proposait, après cet armistice, la réunion à Londres d'une conférence avec des représentants des Soviets, de la Pologne et des États baltes. La Russie n'accepta pas ; le 17 juillet, elle exigea que la Pologne traitât directement avec elle. Elle rejetait donc la médiation des Britanniques. Le 22 juillet, la Pologne demanda l'armistice. Les Soviets proposèrent aux Polonais d'envoyer des plénipotentiaires pour le 30 juillet. Le gouvernement britannique, tout en menaçant les Soviets de blocus, encourageait les Polonais à accepter leurs conditions, qui pourtant auraient rapidement abouti à la constitution d'une Pologne communiste.

La contre-offensive polonaise et le traité de Riga

Mais tandis que certains Polonais, le 7 août, songeaient à accepter, le gouvernement Millerand les encourageait à la résistance, leur promettait un appui massif, leur envoyait des armes, des officiers et notamment le général Weygand. Le 15 août, la bataille de Varsovie redressa la situation et les Polonais prirent l'offensive, faisant reculer les Rouges de 400 km. D'un échec total, la Pologne, en quelques jours, en était venue à une prestigieuse victoire. Les pourparlers de paix furent rompus. Il n'était plus question de la ligne Curzon. Alors, le 25 septembre, le comité exécutif central de Russie renonça aux conditions posées en août et entama de nouvelles négociations. Le 12 octobre, des préliminaires de paix furent signés. La Pologne aurait une frontière située à 150 km à l'est de la ligne Curzon, comprenant des territoires habités par des Ukrainiens et des Biélorussiens. Ces préliminaires furent transformés en paix définitive par le traité de Riga du 12 mars 1921. Dans l'intervalle, la France et la Pologne signèrent un traité d'alliance en janvier 1921. La France complétait ainsi l'établissement de sa sécurité contre l'Allemagne.

La Bessarabie

Il restait à fixer la frontière soviétique avec la Roumanie. La Bessarabie s'était séparée de la Russie en 1917. 66 % de ses habitants étaient de langue roumaine. Le Conseil suprême décida, le 8 avril 1919, d'attribuer la Bessarabie à la Roumanie et, le 28 octobre 1920, fut signé un traité à

Paris entre la France, l'Empire britannique, le Japon, l'Italie et la Roumanie, qui reconnaissait cette annexion et invitait la Russie à se joindre à cette décision « dès qu'existera un gouvernement russe reconnu par elles ». Les Soviétiques protestèrent et réclamèrent en vain un plébiscite. On notera que la frontière russo-roumaine fut la seule des frontières européennes de la Russie qui n'eût pas été fixée par un accord librement signé. Aussi la Bessarabie fut-elle considérée par les Soviétiques comme terre « irrédente ».

Les républiques indépendantes de Transcaucasie

Le problème des frontières soviétiques en Moyen-Orient fut encore plus complexe. La révolution russe donna libre cours dans les régions frontières aux mouvements nationalistes. Le 22 avril 1918, se créa une Fédération transcaucasienne qui se scinda à la fin de mai en trois États indépendants, la Géorgie, l'Azerbaïdjan et l'Arménie. Des troupes allemandes et turques envahirent ces trois États sans rencontrer de résistance. Les Anglais réagirent par l'envoi, de Mésopotamie, du général Dunsterville, avec une poignée d'hommes, à travers l'Iran occidental, en direction de Tiflis. Il s'arrêta d'abord en Iran à cause de la faiblesse de ses effectifs, tandis que Bakou était aux mains des bolcheviks. Mais le 26 juillet, ceux-ci furent renversés par les « social-révolutionnaires » qui firent appel à Dunsterville. Le général anglais, le 17 août, débarqua à Bakou avec un millier d'hommes. Il dut quitter la ville devant la menace turque. Mais l'armistice de Moudros (30 octobre 1918) mit fin à la domination turque et les Anglais occupèrent une grande partie de la Transcaucasie y compris Bakou, Tiflis et Batoum. Les gouvernements des trois républiques transcaucasiennes s'en trouvèrent renforcés et elles se donnèrent des constitutions républicaines. Le Conseil suprême interallié reconnut *de facto* la Géorgie et l'Azerbaïdjan le 13 janvier 1920 et l'Arménie le 23 avril. Le traité de Sèvres du 10 août 1920 donnait à l'Arménie les vilayets turcs de Trébizonde, Erzeroum, Van et Bitlis.

Mais, là comme ailleurs, le traité de Sèvres se heurta au mouvement nationaliste de Mustapha Kemal. Les Anglais évacuèrent la Transcaucasie en juillet 1920, le cabinet anglais étant peu désireux de continuer à soutenir les mouvements antisoviétiques : c'est, on s'en souvient, la date de l'avance maximum des Russes en Pologne. Les kemalistes, en octobre

1920, avaient reconquis toute l'Arménie turque. Les Américains avaient, par ailleurs, rejeté la proposition d'un mandat des États-Unis sur l'Arménie.

La reconquête de la Transcaucasie par les Soviets

Dès le 28 avril 1920, un coup d'État communiste eut lieu en Azerbaïdjan et, le 30 avril, les troupes rouges débarquèrent à Bakou, à la poursuite des débris de l'armée de Denikine. Le même jour, fut créée une République soviétique d'Azerbaïdjan, qui envoya un télégramme à Moscou pour demander à la Russie soviétique une « fraternelle alliance » (laquelle fut conclue le 30 septembre 1920).

La Russie avait, le 8 mai 1920, reconnu formellement l'indépendance de la Géorgie et échangé avec elle des missions diplomatiques — ce qui lui permit d'y préparer un mouvement révolutionnaire. Le 16 mars 1921, fut signé le traité russo-turc par lequel la Russie cédait à la Turquie les districts de Kars et Ardahan, Mustapha Kemal s'engageait à ne pas intervenir dans l'ancienne Transcaucasie russe [1]. Aussitôt le 21 mars, fut proclamée, avec la protection de l'Armée rouge, la République socialiste soviétique de Géorgie. Restait l'Arménie. Le 18 avril, les troupes soviétiques entrèrent dans la capitale, Erivan, et, le 21 avril fut établie la République soviétique d'Arménie. Le 13 octobre 1921, le traité de Kars entre la Russie et la Turquie résolvait définitivement les problèmes de frontières. La Transcaucasie avait cessé d'être indépendante, et, dans cette région, les Soviets ne perdaient, par rapport à l'Empire des Tsars, que les districts de Kars et Ardahan.

La frontière russo-iranienne

La révolution bolchevik amena également de sérieuses perturbations de part et d'autre de la frontière russo-iranienne. Les bolcheviks étaient solidement installés à Tachkent. Mais ils eurent à faire face à plusieurs mouvements séparatistes. Dès 1918, les Khans de Khiva et de Boukhara proclamèrent leur indépendance. Les Soviets s'emparèrent des Khanats de Khiva entre janvier et juin 1919 et de Boukhara le 2 septembre 1920. Une autre révolte avait éclaté à Ashkhabad, à l'est de la Caspienne. Là, les

1. Voir ci-avant, § IV, p. 26, 27.

Anglais intervinrent, en partie par hostilité à l'égard des bolcheviks, en partie pour empêcher les prisonniers austro-hongrois libérés par la révolution de s'infiltrer dans l'Inde. Des troupes anglo-indiennes, des Turcomans et des Russes blancs s'emparèrent de l'oasis de Merv. Mais en août 1919, elles furent battues et se replièrent. En octobre, les Soviets occupèrent Ashkhabad. Les Anglais cherchaient alors à consolider leur influence en Iran. Le 9 août 1919, fut signé un traité anglo-iranien qui donnait à la Grande-Bretagne la responsabilité d'organiser l'armée et les finances iraniennes. Des conseillers britanniques devaient assister les divers ministres iraniens. La Grande-Bretagne prêterait 2 millions de livres au gouvernement iranien pour la construction de chemins de fer. C'était un véritable protectorat que lord Curzon essayait ainsi d'instituer. Mais cette politique échoua. Le Parlement iranien (le Majlis) ne ratifia jamais la convention. En février 1921, un coup d'État donna le pouvoir à Seyyid Zia-ed-Din, jeune politicien et journaliste, et à Reza Khan, commandant de la division de cosaques de l'Iran. Le premier acte du nouveau gouvernement fut de conclure un traité avec la Russie, le 26 février, et de dénoncer le pacte avec l'Angleterre. En mai 1921, les dernières troupes anglaises évacuèrent l'Iran.

Le traité russo-iranien

Dès le 26 juin 1919, les Soviets avaient adressé une note au gouvernement iranien en lui annonçant qu'ils renonçaient aux privilèges, aux créances, aux concessions, aux propriétés russes en Iran et aux capitulations. D'autre part, au Congrès des peuples d'Orient, réuni à Bakou le 1er septembre 1920, sous la présidence de Zinoviev, les bolcheviks prirent fortement position contre l'« impérialisme » des puissances coloniales, et notamment de l'Angleterre. Cependant, les troupes soviétiques en 1920 et 1921, envahirent la partie nord du pays, sous prétexte de poursuivre les Russes blancs de Denikine, et occupèrent la province de Gilan au nord-ouest. Le traité du 26 février 1921 confirmait la note de juin 1919, et adoptait pour frontière entre les deux pays celle de 1881. L'Iran pourrait avoir une flotte de guerre en Caspienne. Chacun des deux pays renonçait à intervenir dans les affaires intérieures de l'autre. Si des forces étrangères pénétraient en Iran, la Russie pourrait y envoyer aussi des troupes. Le traité n'amena pas une évacuation immédiate de l'Iran par l'Armée rouge. En juin-juillet, celle-ci marcha sur Téhéran. Puis, brusquement, le 8 septembre, elle reçut l'ordre de se retirer. Il est difficile d'expliquer ce brusque revirement. Peut-être avait-il pour but de prouver la bonne foi soviétique en ce qui concerne l'application du traité russo-iranien, et de faciliter ainsi la propagande du communisme en Iran.

En Extrême-Orient, la révolution bolchevik eut également d'immenses répercussions. On peut distinguer trois faits essentiels : l'occupation japonaise en Sibérie et Mandchourie, l'élimination provisoire des Russes du nord de la Mandchourie et du *Chinese Eastern Railway,* la création d'un État prosoviétique en Mongolie extérieure.

L'occupation japonaise en Sibérie

L'idée de rétablir un front oriental après la Révolution russe et surtout après le traité de Brest-Litovsk préoccupait Clemenceau, Lloyd George et surtout Foch et le chef du *War Office,* Winston Churchill. D'autre part, il fallait faciliter le passage aux Tchèques qui essayaient de gagner Vladivostok. On envisageait donc une expédition interalliée où le Japon jouerait évidemment le plus grand rôle. Mais cette perspective inquiétait les Américains qui, craignant d'irriter les populations russes, ne donnèrent leur accord que le 3 août 1918. Dès avril 1918, les Japonais avaient débarqué quelques contingents à Vladivostok. Le 11 août, ils amenèrent d'importants renforts s'élevant bientôt à 70 000 hommes auxquels se joignirent seulement 8 000 Américains et de petites unités françaises et anglaises. L'occupation s'étendit à la province maritime puis au lac Baïkal. Les Japonais soutinrent Koltchak, envoyèrent des troupes en Mandchourie du Nord. Après la victoire contre l'Allemagne, les États-Unis, qui répugnaient à lutter contre les bolcheviks, voulaient retirer leurs troupes. Wilson, le 9 mai 1919, accepta d'ajourner cette décision. Mais les Japonais restèrent sous prétexte de maintenir l'ordre, en réalité pour se créer une zone d'influence. Koltchak ayant été éliminé en janvier 1920, ils appuyèrent le gouvernement russe blanc de l'Ataman Semenov, mais celui-ci échoua également. Une partie de l'opinion nippone était hostile au maintien de l'occupation. Les Japonais évacuèrent alors la Transbaïkalie, tout en restant dans la province maritime. D'autre part, les Japonais occupaient également la partie nord de l'île de Sakhaline, restée russe après 1905.

Pour lutter contre eux, les Soviets créèrent à Tchita, en Sibérie orientale, une République d'Extrême-Orient, théoriquement indépendante de Moscou. Son but avoué était d'éliminer l'occupation japonaise et de reconquérir l'« État tampon » que les Japonais songeaient à constituer avec la province maritime. En septembre 1921, des négociations s'engagèrent à Dalny entre envoyés de la République d'Extrême-Orient et Japonais, mais elles échouèrent devant la volonté japonaise de garder au moins Sakhaline. C'est seulement en août 1922, après la conférence de Washington [1] que le Japon entreprit l'évacuation, qu'il termina en octobre. Il devait garder toute l'île de Sakhaline jusqu'en 1925.

La Mandchourie

En Mandchourie, la Chine était désireuse de profiter des circonstances pour récupérer sa souveraineté sur la zone du *Chinese Eastern Railway,* jusqu'alors sous influence russe, et pour mettre fin aux « traités inégaux », conclus avec la Russie, et notamment aux divers privilèges d'exterritorialité. L'ambassadeur tsariste en Chine, le prince Koudachev, était resté en fonction, ainsi que les consulats russes. Il vivait grâce au paiement par la Chine de l'indemnité annuelle des Boxers (versée depuis 1901) et exerçait sa juridiction sur 300 000 Russes environ, installés en Mandchourie et en Chine depuis longtemps, ou émigrés récents. Mais il ne représentait plus aucun gouvernement. Le 23 septembre 1920, le gouvernement de Pékin annonça qu'il mettait fin aux relations officielles avec le prince Koudachev et avec les consuls russes, et qu'il plaçait sous sa protection et sa juridiction les citoyens russes résidant en Chine. Les autorités chinoises prirent aussitôt le contrôle des concessions russes à Tientsin et à Han-Kéou tout en y laissant fonctionner les municipalités existantes. Cette décision mécontenta les représentants diplomatiques alliés à Pékin, et surtout le Japon et la France. Le 11 octobre, le ministre des Affaires étrangères chinois reçut une note des Alliés demandant quelles garanties donnerait son gouvernement pour le statut des Russes. Il dut leur accorder quelques satisfactions, notamment sur la police des anciennes concessions russes.

Plus sérieuse fut l'affaire de la Mandchourie septentrionale. Dans la zone du *Chinese Eastern Railway,* les Russes avaient jusqu'alors le contrôle de l'administration, de la justice, de la police, et celui du chemin de fer. Le

1. Voir ci-après, chap. 4, § I, p. 101-104.

gouvernement chinois essaya d'y introduire les tribunaux chinois. Dès mars 1920, il établit son contrôle sur la police. Mais les Japonais avaient plusieurs dizaines de milliers de soldats en Mandchourie du nord et de nombreuses frictions se produisirent entre eux et les Chinois. Les Alliés et Associés, France, Grande-Bretagne, États-Unis, Chine, Italie, Tchécoslovaquie, protestèrent, le 14 avril 1920, contre la politique d'expansion japonaise dans la zone du chemin de fer. Le résultat fut que le chemin de fer fut placé sous une administration interalliée. Cette solution ne satisfaisait pas les Chinois qui, le 2 octobre 1920, quelques jours après leur décision de rompre les relations officielles avec Koudachev, annoncèrent qu'ils voulaient reprendre provisoirement le contrôle suprême sur le chemin de fer, en attendant qu'un accord pût être conclu avec un gouvernement russe, reconnu par la Chine. Le problème n'était donc pas résolu.

La Mongolie extérieure

En ce qui concerne la Mongolie extérieure, vaste pays peuplé de 300 000 habitants, pour la plupart Mongols (à la différence de la Mongolie intérieure où la population, dans son immense majorité, est chinoise), son statut resta très indécis jusqu'en 1921. Il était jusqu'alors fixé par l'accord russo-sino-mongol du 7 juin 1915, reconnaissant la suzeraineté théorique de la Chine sur la Mongolie extérieure. Ni les Chinois ni les Russes ne pouvaient y envoyer des troupes et la colonisation chinoise était interdite. Les Russes y avaient quelques avantages commerciaux. C'était une sorte d'État tampon.

Après la Révolution russe, les Chinois rétablirent leur autorité effective en Mongolie extérieure. En avril 1919, l'ambassadeur chinois à Ourga essaya de persuader le Kutukhtu ou Bouddah vivant et les princes mongols qu'ils auraient avantage à faire appel aux Chinois. Devant leur refus, le général Sou Chou-tseng, avec 4 000 hommes, marcha sur Ourga et adressa un ultimatum à l'Assemblée législative mongole. Le 16 novembre 1919, le président du Conseil des ministres céda et fit appel à la protection chinoise en disant que la Mongolie extérieure avait décidé de renoncer à son autonomie.

Cette domination chinoise fut très brève. Sou appartenait à la « clique d'Anfou » dont le gouvernement à Pékin fut renversé par Wu Pei-fu en juillet 1920. Sou fut « limogé ». Sa dure administration avait créé un grand mécontentement. Pour renverser l'autorité chinoise, les princes mongols firent appel à un aventurier russe blanc, le baron Ungern-Sternberg. Celui-ci avait, en 1919, participé au « mouvement panmongol ». Réunis à Tchita, puis à Verkhine-Vidursk, des représentants de la Mongolie intérieure, de la Mongolie extérieure, du Tibet et de la Transbaïkalie avaient décidé de créer un vaste État mongol-bouriate de 2 millions de km^2 sous la souveraineté de l'Ataman Semenov. La conférence de Paris avait reçu une délégation panmongole. Mais on n'avait pas voulu la reconnaître par crainte de mécontenter les Japonais, et le mouvement avait échoué avec la défaite de Koltchak en janvier 1920. Ungern-Sternberg avait repris l'idée à son compte. En octobre 1920, il essaya avec une troupe de 2 000 hommes, de chasser les Chinois d'Ourga. Il n'y parvient pas, mais en février 1921, une nouvelle tentative fut couronnée de succès. Le Kutukhtu déclara immédiatement l'indépendance des deux Mongolies et fut proclamé empereur. Ungern était son conseiller militaire suprême [1]. Il avait les plus grandes ambitions : « Avec mes Mongols, dit-il, j'irai jusqu'à Lisbonne. »

Mais Ungern se rendit très vite impopulaire. Le 15 juin, Tchitchérine, commissaire du Peuple aux Affaires étrangères, annonça que les troupes soviétiques pénétraient en Mongolie pour détruire les forces d'Ungern. Le 6 juillet, 1921, elles s'emparèrent d'Ourga. Ungern fut fait prisonnier et exécuté.

L'intervention soviétique aboutit à la création d'un État satellite en Mongolie extérieure. Un Parti national révolutionnaire mongol s'empara du pouvoir, qui restait sous la direction nominale du Kutukhtu. Le 5 novembre 1921, fut signé un accord russo-mongol. La Mongolie était reconnue comme un État indépendant (la région d'Urianghaï en était exclue. Elle devait devenir la petite République de Tannu-Tuva, plus directement soumise aux Soviets). Mais, en réalité, le nouveau gouvernement était docile aux Soviets qui lui avaient envoyé des conseillers économiques. Sur sa demande les troupes russes furent maintenues provisoirement sous prétexte de s'emparer des Russes blancs. Les Chinois protestèrent en vain contre cet accord.

1. P. Dufour, « L'aventure du baron Ungern-Sternberg » in *Bulletin de l'université Aurore*, 1942, p. 599 et s., et 942 et s. Les lettres du baron Ungern ont été publiées par la République d'Extrême-Orient, pendant la conférence de Washington, 1921-1922.

La Russie soviétique reste isolée

Au total, à la fin de 1921, on peut dire qu'en Europe et en Asie à peu de détails près, la frontière soviétique était fixée. Mais le problème soviétique n'était pas résolu pour autant. Aucun grand pays ne reconnaissait encore le nouveau gouvernement malgré les efforts de celui-ci. Sans doute, le 16 janvier 1920, le Conseil suprême de l'Entente autorisa-t-il l'échange des marchandises entre la Russie et l'extérieur, ce qui constituait une levée du blocus. Divers accords furent conclus sur l'échange des prisonniers de guerre. Mais la reconnaissance *de jure* était encore lointaine. Du côté de la Chine, les espoirs soviétiques d'aboutir à ce type de reconnaissance ne furent pas réalisés. Le 25 juillet 1919, Karakhan, commissaire adjoint aux Affaires étrangères avait publié un manifeste « au peuple chinois et aux gouvernements du nord et du sud de la Chine », dans lequel il dénonçait les traités inégaux conclus par le gouvernement tsariste, envisageait un plébiscite en Mandchourie, abandonnait l'indemnité des Boxers, s'engageait à ne pas intervenir dans les affaires intérieures de la Chine. Les Chinois restèrent sceptiques, mais engagèrent des négociations commerciales, d'abord au sujet du Sin Kiang ou Turkestan chinois (mai 1920). En août 1920, une mission commerciale envoyée par la République d'Extrême-Orient et dirigée par Ignatius Yourin, arriva à Pékin. Les négociations se prolongèrent jusqu'en 1921, mais, finalement, la nouvelle de l'entrée des troupes soviétiques en Mongolie extérieure amena les autorités chinoises à y mettre fin.

VI. Les problèmes coloniaux

À l'exception de la question des concessions européennes en Chine, les problèmes coloniaux furent assez facilement résolus par la conférence de la paix.

Le système des mandats

Dès novembre 1918, des experts américains et anglais, et notamment le général sud-africain Smuts, réunis à Londres, s'étaient mis d'accord pour confisquer à l'Allemagne ses colonies et pour les répartir entre puissances alliées et associées, sans procéder à des annexions. La Société des Nations, « héritière des Empires », conférait des « mandats » aux pays successeurs de l'Allemagne. Ils n'auraient pas la souveraineté totale et devraient fournir un rapport annuel. On prétextait la mauvaise administration coloniale des Allemands et leur brutalité dans la répression des révoltes du Sud-Ouest africain. Le système avait aussi l'avantage que, juridiquement, il ne s'agissait pas d'annexions et que, par conséquent, l'on n'aurait pas à fournir des compensations aux pays auxquels on en avait promis, par exemple à l'Italie. D'autre part, on hâterait ainsi l'élaboration du statut de la Société des Nations. La France et l'Australie étaient peu favorables à ce système, mais s'y résignèrent. L'article 22 du pacte de la Société des Nations prévoyait que pour amener certains peuples, hors d'état de se gouverner, à leur plein développement, quelques puissances, en raison de leurs ressources, de leur expérience et de leur position géographique, devraient exercer une tutelle comme mandataires au nom de la Société des Nations.

On distinguait trois types de mandats. Les mandats A : divers pays ayant appartenu à l'Empire ottoman étaient capables de s'administrer eux-mêmes et devaient être soumis à une puissance tutrice choisie conformément à leurs vœux, qui les amènerait à la pleine indépendance. Les mandats B : pays d'Afrique, incapables de s'administrer eux-mêmes. Ils seraient partagés entre puissances mandataires, avec quelques restrictions de caractère militaire, et le principe de l'égalité commerciale. Les mandats C : le Sud-Ouest africain et certaines îles du Pacifique, à population faible ou dispersée, pourraient être administrés par la puissance mandataire d'après ses propres lois, comme partie intégrante de son territoire.

La répartition des mandats

La plupart des mandats B et C furent répartis le 6 mai 1919 par le Conseil suprême (France, Grande-Bretagne, Japon, États-Unis). La délégation italienne était absente. Orlando et Sonnino n'arrivèrent à Paris que le 7 mai au matin et la réunion de l'après-midi ne fit que consacrer la décision prise la veille sans eux. Malgré les protestations des Italiens, qui se fondaient sur l'article 13 du traité de Londres, l'Italie n'obtint rien et lord Balfour fit ressortir que l'article 13 se référait à l'accroissement des domaines coloniaux français et anglais, non au système des mandats.

Il fut décidé que le Sud-Ouest africain serait confié à l'Union sud-africaine, que la France et l'Angleterre se partageraient le Togo et le Cameroun (accord du 21 août 1919). Au Togo, la France garderait

700 000 habitants sur 1 million. Au Cameroun, l'Angleterre recevait seulement l'administration de la partie allemande du Bornou : 400 000 habitants sur 4 millions. On ne faisait que réviser en un sens favorable à la France les clauses des accords temporaires conclus après la conquête en 1914 et en 1916. D'autre part, la France recouvrait sa pleine souveraineté sur les territoires qu'elle avait cédés aux Allemands en novembre 1911, c'est-à-dire une partie de l'Afrique équatoriale française. Les Belges, qui avaient lutté contre les Allemands au Cameroun, aux abords de la Rhodésie, et dans l'Est-Africain allemand, furent exclus du partage, le 7 mai. C'est la Grande-Bretagne qui devait recevoir le mandat sur la totalité de l'Est-Africain allemand. Le représentant belge Hymans protesta, et il fut décidé qu'un accord serait signé entre la Belgique et la Grande-Bretagne pour le partage de ce territoire. La Belgique aurait préféré un agrandissement aux dépens de l'Angola portugais qui aurait reçu une compensation dans le Sud-Ouest africain allemand. Mais le Portugal s'y opposa. Aussi, l'accord Orts-Milner se borna-t-il à donner à la Belgique le mandat sur le Rwanda-Urundi, partie de l'Est-Africain, à l'exception d'une bande de 30 km de large où les Anglais voulaient construire un chemin de fer entre les Grands Lacs et l'Est-Africain. Le Portugal obtint en toute souveraineté le petit territoire Est-Africain de Kionga.

En Océanie, l'Australie reçut la partie allemande de la Nouvelle-Guinée et les îles allemandes du Pacifique au sud de l'Équateur ; la Nouvelle-Zélande obtint un mandat sur les îles Samoa occidentales. L'île Nauru était confiée à l'Empire britannique collectivement. Au nord de l'Équateur, le Japon recevait les îles Mariannes, Marshall, Carolines et Palaos. Une seule réserve était faite pour l'île de Yap, l'une des Carolines, dans laquelle arrivaient des câbles sous-marins. Les Américains souhaitaient qu'elle fût internationalisée. La conférence de la paix ne régla pas cette question. Le Conseil de la Société des Nations l'attribua au Japon en février 1921, mais les États-Unis protestèrent. Il fallut attendre la conférence de Washington pour que, le 11 février 1922, fût signé un accord nippo-américain reconnaissant le mandat japonais sur Yap. Les Japonais s'engageaient à laisser les Américains entretenir les câbles sous-marins.

Le problème des anciennes possessions allemandes en Chine

Beaucoup plus délicate fut la question des établissements allemands en Chine, c'est-à-dire la base navale de Tsing Tao et le territoire à bail de

Kiao Tchéou, dans la presqu'île de Chantoung, ainsi que l'exploitation de certaines mines et voies ferrées. Le Japon avait achevé la conquête de ces territoires en janvier 1915. Les accords sino-japonais du 25 mai 1915 satisfaisaient une grande partie des revendications japonaises sur la Chine, notamment en ce qui concernait le Chantoung. Une note annexe prévoyait que le territoire à bail de Kiao Tchéou serait restitué à la Chine en échange d'un autre territoire à déterminer. En 1919, à la conférence de la paix, on assista à des vifs débats entre la délégation japonaise qui demandait que le Japon reçût les « droits et intérêts allemands » dans le Chantoung, et la délégation chinoise (désignée par les deux gouvernements de Pékin et de Canton qui, à cet effet, avaient conclu une trêve en novembre 1918). Les Chinois, se fondant sur la doctrine du président Wilson et sur la sympathie de l'opinion publique américaine, réclamaient la restitution du territoire à bail de Kiao Tchéou sans conditions et l'annulation des traités imposés par le Japon « par la violence », et plus largement encore, l'abolition générale du régime d'exterritorialité et des traités « inégaux ». Nous n'entrerons pas dans le détail des négociations à la conférence de la paix, où la question fut débattue à partir d'avril 1919. Le président Wilson, craignant de voir le Japon faire adopter dans le pacte de la Société des Nations un article condamnant les mesures de discrimination raciale (et par conséquent obligeant les États-Unis à accepter sans restriction l'immigration jaune), ou refuser d'adhérer à la Société des Nations, préféra céder. Le 30 avril, le texte proposé par le Japon fut adopté (ce seront les articles 156 et 157 du traité de Versailles). L'Allemagne renonçait, au profit du Japon, à tous ses droits en Chine.

À la suite de nombreuses et violentes manifestations en Chine, la délégation chinoise refusa de signer le traité de Versailles (la Chine deviendra membre de la Société des Nations par la signature du traité de Saint-Germain-en-Laye). Aux États-Unis aussi, l'agitation était vive contre la concession faite par Wilson et ce fut l'une des raisons de la non-approbation du traité de Versailles par le Sénat. Mais celle-ci déliait les États-Unis de leurs obligations, si bien qu'ils purent soutenir les prétentions chinoises. En 1919 et en janvier 1920, le vicomte Ochida, ministre japonais des Affaires étrangères, proposa la restitution à la Chine de Kiao Tchéou, à certaines conditions très modérées : établissement d'une concession internationale et exploitation des voies ferrées du Chantoung par une société sino-japonaise. Le 22 mai 1920, le gouvernement chinois, pressé par l'opinion publique, rejeta ces propositions. Il fallut attendre l'accord sino-japonais du 4 février 1922, consécutif à la conférence de Washington, pour que le Japon s'engageât à restituer le territoire à bail dans un délai de six mois et les voies ferrées du Chan-toung moyennant une indemnité de 66 millions de francs-or.

Le mécontentement italien

L'opposition de l'Italie au règlement colonial du traité de Versailles n'aboutit pas à des concessions importantes. La France rejeta les prétentions italiennes sur Djibouti et, par l'échange de notes Bonin-Pichon du 12 septembre 1919, se contenta d'accorder une rectification de frontières entre la Libye et la Tunisie, donnant à l'Italie les oasis d'El Barkat et Fehout et la région qui séparait les saillants italiens de Ghat Ghadames et Tumno, avec une importante route de caravanes conduisant au lac Tchad.

La Grande-Bretagne fit des concessions un peu plus étendues. Dès mai 1919, le *Colonial Office* s'était déclaré prêt à céder des territoires importants à l'Italie. En 1920, lord Milner offrit au délégué italien, Scialoja, le Jubaland en échange de l'abandon de certains droits italiens à Zanzibar. Mais le problème ne fut réglé qu'en 1924-1925. De même, l'oasis égyptienne de Djaraboub fut cédée le 6 décembre 1925. Tel était le maigre résultat des promesses de compensation faites par le traité de Londres de 1915.

VII. Les débuts de la Société des Nations

L'un des aspects les plus originaux et les plus nouveaux des traités de paix fut la création de la Société des Nations. Elle répondait au besoin, profondément ressenti par les peuples victimes de la guerre, d'assurer la paix sur des bases durables et nouvelles. Beaucoup d'organisations privées et d'hommes politiques de divers pays s'en étaient préoccupés. Le président Wilson ne s'y intéressa qu'à partir de 1916, mais il en devint alors un des plus actifs partisans. Il était très hostile au vieux principe de l'« équilibre européen », dans lequel il croyait voir la source même des guerres, et il n'avait guère d'estime pour le système du « directoire des puissances », par lequel les grandes imposent leur volonté aux petites. Son 14e point (janvier 1918) déclarait qu'« une association générale des Nations doit être formée... dans le but d'apporter des garanties mutuelles d'indépendance politique et d'intégrité territoriale aux grands comme aux petits États ». Au Conseil suprême interallié, Clemenceau se montrait assez peu intéressé par un tel projet. Lloyd George hésitait. L'initiative appartient donc bien à Wilson.

Les préliminaires

Le 25 janvier 1919, la session plénière de la conférence de la paix adopta à l'unanimité une résolution d'après laquelle le pacte de la SDN serait partie intégrante des traités de paix, et décida qu'il serait préparé par une commission spéciale dont Wilson serait le président, et où 14 États seraient représentés. La commission se réunit pour la première fois le 3 février ; la France et l'Italie insistèrent immédiatement pour que des mesures de coercition puissent être prises contre un État coupable d'agression, mais ne furent pas suivies. Le délégué français, Léon Bourgeois, proposait que la SDN fût dotée d'une « armée internationale » ou, à défaut, d'un état-major international. Les Anglo-Saxons s'y opposèrent. Peut-être craignaient-ils que cet état-major fût dominé par le maréchal Foch, dont ils désapprouvaient l'attitude à l'égard de l'Allemagne. Le président Wilson présenta un projet, en partie d'inspiration anglaise (David Hunter Miller, expert américain, et Cecil Hurst, expert britannique, en étaient avec lui les auteurs). C'est ce projet qui devait, avec de légères modifications, devenir finalement le pacte de la Société des Nations. Le 28 avril, la conférence plénière adopta à l'unanimité le texte élaboré. Wilson insista pour que le premier secrétaire général fût James Eric Drummond. Le pacte fut inclus dans le texte du traité de Versailles, le 28 juin, ainsi que dans les traités de Saint-Germain, Neuilly, Trianon et Sèvres. Quand le traité de Versailles vint en application, dès sa ratification par l'Allemagne et par trois des principaux associés, le 10 janvier 1920, la Société des Nations prit naissance.

Le 16 janvier 1920, eut lieu à Paris, sur convocation de Wilson (bien que les États-Unis n'en fissent pas partie), la première réunion du Conseil de la Société des Nations. La France, le Royaume-Uni, le Japon, la Belgique, le Brésil et la Grèce y étaient représentés.

Le pacte de la Société des Nations

Les membres de la Société des Nations étaient :

— les signataires des traités de 1919-1920 du côté allié ;

— 13 autres États, neutres pendant la guerre, qui adhérèrent au pacte dans les deux mois ;

— tout autre État indépendant ayant accepté les obligations internationales découlant du pacte, et admis par l'Assemblée à la majorité des deux tiers. Les pays vaincus en étaient provisoirement exclus. On pouvait être expulsé de la Société des Nations par un vote du Conseil et de tous les autres membres de la Société. On pouvait s'en retirer de son plein gré après un préavis de deux ans.

La Société des Nations se compose de trois organismes principaux : l'Assemblée, le Conseil, le Secrétariat.

L'Assemblée comprend 3 délégués au plus par État membre. Chaque État dispose d'un vote. Les sessions sont annuelles, et ont lieu à Genève, en septembre. On peut convoquer des sessions extraordinaires. L'Assemblée élit son comité exécutif (un président et 6 vice-présidents). Elle nomme 6 comités permanents, spécialisés, où tous les États membres sont représentés. L'Assemblée vote des résolutions ou des recommandations. Elle élit les membres non permanents du Conseil et les juges à la Cour permanente de justice internationale. Un vote unanime est souvent nécessaire pour obtenir une décision, sauf dans les questions de procédure.

Le Conseil est composé de 5 membres permanents, en fait réduits à 4 du fait de l'abstention américaine, et de 4 membres non permanents (6 à partir de 1922, 9 à partir de 1926). Les membres non permanents sont élus à tour de rôle. Le président est désigné par rotation. Le Conseil se réunit au moins une fois par an. Très rapidement, il y eut quatre réunions par an. Il s'occupe de toutes les questions intéressant la paix du monde. Ses décisions doivent être votées à l'unanimité. Il est chargé de désigner les principaux fonctionnaires du Secrétariat, de formuler des plans pour la réduction des armements. En cas de menace de guerre, il agit en conciliateur. Il recommande les mesures militaires, et navales qui doivent contribuer à la défaite d'un agresseur. Il reçoit les rapports annuels des puissances mandataires ; il décide à l'unanimité si le pacte doit être amendé. Il a aussi des tâches spéciales telles que la nomination de la commission du gouvernement pour la Sarre et du haut-commissaire de Dantzig, etc. Il peut inviter les gouvernements à des réunions internationales. Ses fonctions recoupent souvent celles de l'Assemblée dont il est en quelque sorte le pouvoir exécutif.

Le Secrétariat prépare les documents et les rapports pour l'Assemblée et le Conseil. Il comprit rapidement 600 fonctionnaires, originaires de 50 pays. Le secrétaire général doit convoquer le Conseil si un État membre le lui demande. Il prépare l'ordre du jour de chaque session de l'Assemblée avec l'approbation du président du Conseil. Le Secrétariat dirige encore les publications de la Société des Nations, dont les deux langues officielles sont le français et l'anglais.

À côté de ces trois organismes, existent de nombreuses institutions auxiliaires, parmi lesquelles l'Organisation internationale de coopération intellectuelle, la Commission permanente des mandats, etc.

La première réunion de l'Assemblée eut lieu à Genève entre le 15 novembre et le 18 décembre 1920. L'on n'assista pas dès le début à un bouleversement des méthodes diplomatiques traditionnelles. Visiblement, en l'absence des États-Unis, ni la France ni l'Angleterre, ni l'Italie ni le Japon, ne croyaient sérieusement en son avenir. Il faudra attendre que toutes les questions territoriales essentielles issues de la guerre soient réglées, et que la situation se stabilise dans le monde pour que la sécurité collective commence à devenir populaire dans l'opinion publique des divers pays et pour que les hommes d'État responsables s'y intéressent réellement. Cela ne se produira guère avant l'avènement du Cartel des gauches en France, et la formation d'un gouvernement travailliste en Grande-Bretagne, c'est-à-dire en 1923-1924.

L'échec du traité de Versailles aux États-Unis

La portée du traité de Versailles et du pacte de la SDN qui y était incorporé fut singulièrement diminuée par l'abstention des États-Unis. Le président Wilson avait, par excès de confiance, omis d'inviter des sénateurs à faire partie de la délégation américaine, et celle-ci, sur 5 membres officiels, ne comprenait qu'un républicain, d'ailleurs assez effacé (Henry White). Or, la Constitution des États-Unis exige que les traités soient approuvés par le Sénat, à la majorité des deux tiers. Le Sénat comprenait 47 démocrates et 49 républicains. Wilson pouvait compter sur l'appui de 43 démocrates. 4 autres démocrates et 14 républicains (parmi lesquels de fortes personnalités, William E. Borah, Hiram W. Johnson, Philander

Knox) étaient « irréconciliables ». Il fallait gagner au moins 23 voix parmi les autres républicains. Ceux-ci, pour la plupart, auraient accepté le traité, soit avec des réserves peu importantes, soit avec des « amendements » qui auraient impliqué la reprise des négociations avec les Alliés. Telle était l'attitude du président de la Commission des Affaires étrangères, Henry Cabot Lodge, adversaire personnel de Wilson. Le Président essaya de soulever l'opinion publique et entreprit, malgré son état de santé, une vaste tournée de propagande, notamment dans le Far West. Il tomba malade et, pendant trois mois, fut complètement isolé du monde politique. Mrs Wilson ne laissant filtrer auprès de lui que les nouvelles favorables, il maintint sa position intransigeante, alors que le traité eût été approuvé avec quelques réserves que la France et l'Angleterre étaient disposées à accepter. On assista ainsi à un phénomène apparemment incompréhensible. Le 19 novembre 1919, le texte du traité, assorti de quelques amendements, n'obtint que 39 voix contre 55, presque tous les démocrates, sur ordre de Wilson, ayant voté contre. Wilson espérait pouvoir reprendre l'affaire et faire voter le traité sans amendements. Le 19 mars 1920, le traité obtint 49 voix contre 35. 7 voix manquaient pour atteindre la majorité des deux tiers. Wilson entreprit alors de faire des élections présidentielles de novembre 1920 une sorte de plébiscite. Son candidat, le démocrate Cox, fut largement battu par un républicain de second plan, Warren G. Harding, dont le programme électoral était le « retour à la normale », c'est-à-dire le rejet de l'internationalisme wilsonien. Les États-Unis durent alors signer une paix séparée avec l'Allemagne, l'Autriche et la Hongrie (août 1921). Leur absence de Genève devait avoir les plus graves conséquences.

Les problèmes européens de 1922 à 1925

I. Les conférences de Cannes, de Gênes et le traité de Rapallo

L'évolution de Briand

Les années 1922 à 1925 sont des années de crises politiques. Les plus sérieuses résultent du problème allemand et de l'attitude française à son égard. Celle-ci oscille entre deux politiques contradictoires. L'une est celle de fermeté, d'application rigoureuse du traité de Versailles : Ses principaux représentants sont le président de la République, Alexandre Millerand, et l'ancien président Poincaré. Briand qui, nous l'avons vu, avait été au début de 1921 partisan de la sévérité, évolue à partir du grand débat du mois d'octobre sur la politique générale du gouvernement. Il devient le leader d'une politique de rapprochement franco-allemand. Il n'est pas encore le partisan résolu de la sécurité collective qu'il deviendra plus tard. C'est en 1924 seulement qu'il participera pour la première fois aux travaux de l'Assemblée de Genève. Le rapprochement avec l'Allemagne n'est possible qu'au prix de concessions françaises. Ainsi, il faut aller à l'encontre des vœux de la majorité nationaliste de la Chambre bleu horizon. De plus en plus Briand va chercher à s'appuyer sur sa gauche, sur les radicaux (Herriot) et les socialistes (Blum et Auriol). Or, la gauche est sortie très diminuée des élections de 1919 : 180 députés au lieu de 360. Il y a donc pour Briand un danger certain de se voir abandonné par la majorité. Mais peut-être préfère-t-il un déclin momentané et préserver sa position pour l'avenir. Peut-être croit-il pouvoir convaincre une partie notable de la majorité. Au fond, la politique de conciliation est beaucoup plus conforme à son tempérament. Elle représente de plus un avantage évident : elle est analogue à celle que pratique le gouvernement britannique dirigé par Lloyd George. Dans l'esprit de Briand, mieux vaut sacrifier quelques avantages accordés par le traité de Versailles et maintenir l'amitié franco-anglaise.

Dans son discours du 21 octobre, Briand formule sa politique : « Paix intérieure, paix politique et sociale, je crois qu'elle est ardemment désirée par le pays tout entier... Vouloir la paix, c'est, dans un pays qui, comme la France, a tant souffert de la guerre et, depuis l'armistice, a été soumis à un régime de défis et de provocations qui justifieraient l'impatience — c'est se montrer patient. »

Il est poussé à la conciliation par l'un des leaders de l'opposition de gauche, Édouard Herriot : « Nous avons à choisir, dit celui-ci, entre la politique de Tardieu et celle du président du Conseil. La politique de Tardieu, nous la connaissons bien : c'est celle qui monte à l'assaut toutes les fois que de grandes questions de politique extérieure se posent... En face de cette politique absolue, magnifique sur le papier, comme le disait Franklin-Bouillon, qui promet tout pour ne rien donner, nous avons une autre politique libérale, je le déclare, soucieuse des intérêts de la France, garantissant ses droits, mais plus humaine et par conséquent plus française. C'est à celle-là que je donne ma préférence. »

Le plan de Lloyd George

L'initiative du rapprochement avec l'Allemagne appartient à Lloyd George. Le 29 novembre, Rathenau, envoyé par le gouvernement allemand, lui demanda un moratoire pour le paiement des réparations. Lloyd George, très favorable à un tel moratoire, imagina alors le plan suivant : obtenir de la France des adoucissements en matière de réparations, tenant compte de la « capacité de paiement » de l'Allemagne. En échange, lui offrir un traité de garantie franco-anglais analogue à celui de 1919 que l'attitude américaine avait rendu caduc. D'autre part, Lloyd George voudrait réunir une conférence qui prendrait en main la reconstruction économique de l'Europe. À cette conférence seraient invités des représentants de l'Allemagne et de la Russie soviétique, sur un pied d'égalité. Ces deux pays seraient ainsi réintroduits dans le concert des puissances.

Le 28 octobre 1921, les Soviets avaient d'ailleurs proposé la réunion d'une conférence internationale pour discuter du problème des dettes russes.

Briand, dès son retour de Washington, entra en pourparlers avec Lloyd George. Il acceptait l'idée de l'alliance et de la conférence économique, mais il voulait élargir l'alliance franco-anglaise à de nombreux pays qui se garantiraient mutuellement leurs frontières — première ébauche de la future politique de Locarno — ; d'autre part, il voulait lier la question des réparations à celle des dettes interalliées (ce à quoi s'opposa le gouvernement américain dès le 11 décembre).

La négociation franco-anglaise se fit en deux étapes : à Londres d'abord, le 21 décembre, où Briand rencontra Lloyd George. On se rendit immédiatement compte que les points de vue des deux pays étaient très différents. La Grande-Bretagne acceptait de garantir les frontières orientales de la France, mais non l'ensemble des frontières européennes, en particulier celles de l'Europe de l'Est : « Le peuple anglais avait l'impression que les populations de cette partie de l'Europe étaient instables et excitables. »

La conférence de Cannes

La négociation se poursuivit ensuite à Cannes, les 4 et 5 janvier 1922, où les deux hommes d'État se rencontrèrent immédiatement avant l'ouverture de la conférence qui devait préparer la réunion éventuelle d'une conférence économique et discuter du problème des réparations. À Cannes comme à Londres, Lloyd George refusa d'élargir l'alliance franco-britannique et de créer une entente européenne analogue à celle que la conférence de Washington avait établie pour le Pacifique [1]. Tout en reconnaissant que la Société des Nations était encore peu efficace, il craignait qu'une entente purement européenne ne fît que la doubler sans utilité.

---

1. Voir ci-après, chap. 4, § I, p. 103.

Au total, on s'en tint donc aux propositions de Lloyd George. La conférence s'ouvrit le 6 janvier ; la France y était représentée par Briand, Doumer et Loucheur ; l'Angleterre par Lloyd George, Robert Horne, chancelier de l'Échiquier, et lord Curzon ; l'Italie, la Belgique (Theunis et Jaspar) et le Japon avaient également envoyé des délégués. Les États-Unis avaient un observateur. La conférence se déroula très vite, et aboutit dès le premier jour à un accord sur la convocation d'une « conférence économique » au début de mars et sur les principes qui devaient être appliqués pour la reprise du commerce avec la Russie des Soviets. Par ailleurs, Lloyd George remit à Briand, le 11 janvier, un projet de pacte de garantie [1]. Mais le véritable problème posé par la conférence de Cannes était celui de l'attitude française. Briand avait contre lui le président de la République, Millerand, et certains ministres, notamment Barthou, ministre de la Guerre, et Doumer, ministre des Finances. Une âpre controverse se déroula entre Cannes et Paris. Dès le 7 janvier, Millerand adressa à Briand un mémoire l'invitant :

— à ne faire aucune concession sur les réparations ;

— à ne pas convoquer à Cannes les délégués allemands chargés de discuter du problème des réparations. Celui-ci dépendait de la commission des réparations, seul organisme interallié qualifié. Millerand ne voulait pas qu'elle fût dessaisie au profit du Conseil suprême interallié, ni surtout que les Allemands fussent introduits dans celui-ci ;

— à ne pas inviter la Russie soviétique à la conférence économique sans qu'elle eût accepté certaines conditions.

Poincaré succède à Briand

Ainsi, Millerand insistait sur l'aspect négatif, les concessions françaises, et paraissait omettre l'aspect positif, l'offre de garantie anglaise. De son côté, l'opinion publique s'échauffait. Le dimanche 8 janvier, Briand se fit donner une leçon de golf par Lloyd George ; il fut naturellement battu. Tous les journaux reproduisirent des photos de ce match et l'on répandit le bruit que Briand aurait dit : « C'est la première fois de ma vie que je perds une partie. » On attachait évidemment à cette parole un sens

---

1. Ce pacte proposait le rétablissement de la neutralité belge et ceci suscita les protestations des Belges qui préféraient la conclusion d'un accord anglo-belge analogue à l'accord anglo-français.

symbolique. Finalement Briand décida de venir s'expliquer à Paris. Il y arriva le 12 janvier. Il comprit tout de suite que sa politique était plus violemment attaquée qu'il ne le croyait. Dès l'après-midi, il prononça à la Chambre un long discours où il se justifia d'avoir préféré l'alliance franco-britannique à une politique d'application intégrale du traité : « Voilà ce que j'ai fait, dit-il en terminant, voilà où nous en étions lorsque j'ai quitté Cannes. D'autres feront mieux. » Il donnait ainsi de façon inattendue et spectaculaire sa démission ; il eût pourtant vraisemblablement réussi à obtenir une majorité à la Chambre. Immédiatement, le 14 janvier, un ministère fut constitué sous la direction de Poincaré avec Barthou, principal adversaire de Briand, comme vice-président du Conseil.

Poincaré, partisan d'une politique opposée à celle de Briand, se trouvait en présence des décisions prises à Cannes : la conférence économique avait été convoquée à Gênes ; la Russie soviétique y avait été invitée ainsi que l'Allemagne. De plus, la négociation était entamée sur le principe du traité de garantie franco-anglais. Sur tous ces points l'intransigeance de Poincaré devait conduire à un échec.

L'échec du pacte de garantie

Dès le 29 janvier, Poincaré adressa à Lloyd George un mémorandum sur le projet de pacte. Poincaré demandait que ce ne fût pas un pacte de garantie unilatérale, mais un traité d'alliance où les deux partenaires seraient placés sur un pied d'égalité. Il voulait y ajouter une convention militaire (que Lloyd George rejetait). Il voulait que le pacte fût en vigueur plus de dix années, qu'il garantît les frontières orientales de l'Europe, ce qui était contraire, on le sait, aux vues anglaises. Enfin, il réclamait que l'accord jouât en cas d'agression allemande non seulement contre le sol français, mais encore contre la zone démilitarisée de l'Allemagne. Dès le 9 février, lord Curzon répondit qu'on risquait de compromettre le pacte en cherchant à l'améliorer au-delà du possible. Les 26 et 27 février, Poincaré et Lloyd George se rencontrèrent à Boulogne. L'entrevue n'aboutit à rien. On ne parla même pas du pacte, et le 4 mars Poincaré écrivit à Saint-Aulaire, ambassadeur à Londres : « À la fin de notre entretien à Boulogne, Lloyd George m'a dit qu'il aurait été prêt à en parler. Je lui ai répondu que je regrettais que l'heure du train ne me permît pas de résoudre cette question. » Ainsi, Poincaré y attachait peu d'importance et Lloyd George, qui n'y avait vu qu'une concession à la France, destinée à adoucir son intransigeance à l'égard de l'Allemagne, en profita pour temporiser. Lorsqu'après la conférence de Gênes et le traité germano-russe de Rapallo, Poincaré, le 11 mai, estima le moment venu de reprendre la négociation, le chef du *Foreign Office,* lord Curzon, était malade, et son remplaçant, Balfour, subordonna cette négociation à la solution d'autres problèmes pendants. C'était l'échec définitif.

La conférence de Gênes

Sur le plan économique, la conférence de Gênes, qui se réunit du 10 avril au 19 mai, échoua complètement du fait de l'absence des États-Unis, qui ne voulaient pas délibérer avec les Russes, des différends franco-anglais, des prétentions soviétiques et du rapprochement soviéto-allemand.

Le but avait été de rétablir le commerce international et la conférence de Cannes avait, à ce sujet, posé un certain nombre de principes, parmi lesquels la reconnaissance des dettes d'État, la restitution aux étrangers des propriétés confisquées, la suppression de toute propagande pour abattre le régime existant et l'engagement de ne pas commettre d'agression contre une autre puissance. Poincaré essaya de réduire la conférence de Gênes à une simple discussion du problème russe et du problème des réparations. Une conférence des créanciers de la Russie se tint à Paris, en février, sous la présidence de l'ancien ambassadeur Noulens. Cette conférence exigea que les gouvernements alliés obtinssent la reconnaissance par la Russie de toutes les dettes et des conditions posées à Cannes. La Russie soviétique avait accepté de participer à la conférence de Gênes dans un but purement commercial. Tchitchérine dirigeait la délégation soviétique qui arriva à Riga le 29 mars où elle participa à une réunion avec des représentants lettons, polonais et estoniens sur des problèmes économiques. Le 1er avril, les délégués russes passèrent par Berlin où ils rencontrèrent le chancelier Wirth et le ministre des Affaires étrangères Rathenau. Il y fut décidé que les deux délégations à Gênes resteraient en étroit contact.

La conférence de Gênes comprenait des délégués de 29 nations (34 en comptant les Dominions britanniques). Tchitchérine proposa d'inclure dans le programme de la conférence le problème du désarmement. Barthou s'y opposa. Les gouvernements alliés cherchèrent à obtenir des Soviétiques :

1. La reconnaissance des dettes de l'État russe : emprunts de 11 à 12 milliards de francs-or surtout aux Français dont plus de 1 600 000 étaient détenteurs de titres.

2. Celle des dettes envers les étrangers, principalement Français et Anglais, qui avaient investi des capitaux considérables dans les entreprises industrielles russes nationalisées par les Soviets. Ils voulaient aussi obtenir un régime spécial pour les étrangers en Russie et la liberté d'y établir des entreprises industrielles. Enfin, ils cherchaient à se partager le pétrole russe, soit en créant comme le désiraient les Anglais et les Hollandais de la *Royal Dutch* un consortium international, soit en faisant adopter, comme le proposait la France, le principe de la « porte ouverte ». Les querelles entre la *Royal Dutch* et le grand trust américain *Standard Oil* firent échouer le projet. Ces revendications se heurtèrent à une contre-proposition russe du 15 avril : Tchitchérine réclamait 30 milliards de roubles-or à titre d'indemnité pour les dommages causés par l'intervention des Alliés dans la guerre civile russe. La conférence aboutissait ainsi à un échec total.

Le traité de Rapallo

Elle eut toutefois un résultat imprévu. Le 16 avril, Tchitchérine et Rathenau se rencontrèrent près de Gênes, à Rapallo, et signèrent un accord. Les deux pays renonçaient simultanément aux dettes de guerre et aux réparations pour dommages militaires qu'ils pouvaient se devoir mutuellement. L'Allemagne renonçait à revendiquer les anciennes entreprises allemandes de Russie nationalisées par les Soviets, à condition que ceux-ci ne satisfassent pas les revendications analogues des autres États. Les relations diplomatiques et consulaires étaient rétablies. Enfin les deux gouvernements décidaient d'appliquer dans leurs rapports commerciaux et économiques le principe de la nation la plus favorisée. Comme le dit Potemkine : « Rapallo fit échouer la tentative alliée d'un front capitaliste uni. Le plan de relèvement de l'Europe au détriment des pays vaincus et de la Russie s'effondra. » C'était l'annulation définitive du traité de Brest-Litovsk, la fin de l'isolement soviétique sur le plan économique et politique. L'Allemagne était le premier pays occidental à rétablir des relations diplomatiques normales avec l'URSS. Le traité de Rapallo avait été conclu indépendamment du général von Seeckt chef de la Reichswehr. Il était l'aboutissement d'une politique poursuivie par le baron von Maltzan, chef du département oriental de la Wilhelmstrasse, et par le comte von Brockdorff-Rantzau. Mais de son côté, von Seeckt avait inauguré une politique d'accords militaires officieux et secrets avec l'Armée rouge. Les premiers contacts furent pris en automne 1919 mais les négociations furent actives surtout en 1921 et 1922. Les Russes cherchaient à bénéficier de l'appui technique des ingénieurs allemands pour leurs fabrications d'armements ; les Allemands à tourner le traité de Versailles en expérimentant en Russie des armes interdites et en entraînant du personnel à les utiliser. Quelques usines de guerre allemandes furent créées en Russie. Surtout, de 1924 à 1932, des camps d'entraînement pour les tanks (Kama), l'aviation (Lipetzk), et d'expérimentation pour les gaz de combat (Saratov), fonctionnèrent activement, sous la direction d'un organisme secret établi en 1924, la *Zentrale Moskau*. De même, une collaboration entre les états-majors fut organisée. Ces liens disparurent au début de la période hitlérienne [1].

Le traité de Rapallo frappa les Alliés de stupeur et, le 18 avril, ils adressèrent à l'Allemagne une note l'accusant d'avoir ainsi rompu les conventions de Cannes en concluant un accord secret avec la Russie. Ils exclurent l'Allemagne de la commission politique et déclarèrent, le 23 avril, qu'ils se réservaient le droit de considérer comme non avenues les clauses de Rapallo.

Une nouvelle conférence se réunit à La Haye, du 15 juin au 20 juillet, sur le problème des dettes russes. La délégation soviétique réclamait, en échange de la reconnaissance des dettes, divers avantages : un emprunt de plusieurs milliards de roubles pour la construction d'usines ; la reconnaissance *de jure* du gouvernement soviétique, etc. On n'aboutit à aucun accord.

---

1. Wheeler-Bennet, *Twenty Years of Russo-German Relations* dans *Foreign Affairs*, octobre 1946, p. 23-43. Voir surtout l'étude fondamentale de Castellan (G.), *Reichswehr et Armée rouge* dans *Les Relations germano-soviétiques de 1933 à 1939* (J.-B. Duroselle éd.), Paris, 1954. Selon l'auteur et von Blücher, cette politique fut l'œuvre du général von Seeckt, créateur de la Reichswehr, du baron von Maltzan, chef du département oriental de la Wilhelmstrasse, du comte von Brock-dorff-Rantzau, ancien ministre des Affaires étrangères. Le colonel en retraite Nicolaï, chef du service secret pendant la guerre, avait été envoyé à Moscou au début de 1921 pour négocier le transfert d'usines d'aviation allemandes. Von Maltzan, craignant en janvier 1922 un traité franco-russe, voulait aboutir à une politique d'amitié avec la Russie contre la France.

II. L'affaire de la Ruhr

La demande de moratoire du 12 juillet 1922

La conférence de Gênes avait quelque peu laissé de côté le problème des réparations. L'affaire rebondit le 12 juillet 1922. À cette date le gouvernement allemand, dirigé par le chancelier Wirth, se déclara incapable d'exécuter l'état des paiements de 1921 et réclama un moratoire de six mois. Précisément, le 24 juin précédent, le ministre des Affaires étrangères allemand, Rathenau, favorable à la conciliation, venait d'être assassiné. Depuis 1921, le mark était victime d'une inflation accélérée. Lloyd George, encore Premier Ministre, était, comme en novembre précédent, favorable au moratoire. Poincaré fit savoir, le 30 juillet, qu'il acceptait cette solution à condition que les mines de la Ruhr fussent remises en gage aux Alliés. Il inaugurait une politique nouvelle, celle du « gage productif ».

Du 7 au 14 août, une conférence se réunit à Londres. Lloyd George s'opposait au système du « gage productif ». L'Angleterre, suivant en cela les États-Unis, réclama au même moment le paiement des dettes de guerre françaises. Poincaré rétorqua que la France ne réglerait pas ses dettes avant d'avoir touché sa part de réparations. La conférence échoua, et la tension s'accrut entre la France et L'Angleterre.

Le 31 août, Poincaré fit également échouer un projet de moratoire de six mois proposé par la commission des réparations. À cette occasion, le délégué français, Dubois, démissionna. On remarquera que c'est en septembre que Poincaré ordonna l'évacuation par les troupes françaises de Tchanak, position qui permettait aux Alliés de couvrir Constantinople contre la menace des troupes nationalistes de Mustapha Kemal. Les Anglais y demeurèrent seuls et leur mécontentement contre la France devint très vif. Lloyd George dut donner sa démission et le conservateur Bonar Law lui succéda. Mais la politique britannique resta la même. Le gouvernement allemand insista à nouveau le 14 novembre pour obtenir un moratoire, et une nouvelle conférence réunie à Londres le 9 décembre, ne fit que confirmer le désaccord franco-anglais. Notons que l'Italie y était représentée par Mussolini qui venait, en octobre précédent, de prendre le pouvoir par la Marche sur Rome. Poincaré était désormais décidé à occuper la Ruhr, et à prendre pour prétexte le premier manquement allemand au paiement des réparations. Précisément, l'Allemagne n'avait pas effectué une livraison de poteaux télégraphiques et de bois prévue pour le 30 septembre. La commission des réparations prit acte de ce manquement, le 26 décembre, sur intervention du délégué français Barthou, appuyé par les délégués belge et italien. Une dernière conférence réunie à Paris le 2 janvier 1923, accepta de prendre la Ruhr pour gage. Bonar Law protesta tout en déclarant qu'il ne s'opposerait pas par la force à une telle politique. Le 4 janvier, Poincaré annonça qu'il passerait outre à l'opposition anglaise.

L'occupation de la Ruhr et la « résistance passive »

Le 11 janvier 1923, des troupes franco-belges pénétrèrent dans le bassin de Ruhr, sous prétexte de protéger une Mission interalliée de contrôle des usines et des mines (MICUM), qui surveillerait l'action du *Kohlensyndicat* et prendrait toutes mesures propres à assurer le paiement des réparations. Le général Degoutte commandait ces troupes (deux divisions d'infanterie et une de cavalerie). Le même jour, la Chambre des députés approuvait l'action de Poincaré par 452 voix contre 72 (socialistes et communistes). Une trentaine de radicaux, parmi lesquels Herriot, s'étaient abstenus. La politique française avait deux buts : pouvoir, le cas échéant, assurer le paiement des réparations par des prélèvements sur l'industrie de la Ruhr ; obliger l'Allemagne à pratiquer une politique conforme aux intérêts français en faisant pression sur son économie.

Le gouvernement allemand, se sentant porté par l'opinion publique, protesta immédiatement et ordonna aux ouvriers et fonctionnaires de la Ruhr de pratiquer une « résistance passive », qu'ils avaient d'ailleurs commencée spontanément, suivis avec un certain retard par le patronat, tandis que le *Kohlensyndicat* s'était replié d'Essen à Hambourg. Toute livraison au titre des réparations fut ainsi interrompue et la population de la Ruhr se mit en grève, soutenue par des secours financiers du gouvernement. L'ambassadeur d'Allemagne à Paris fut également rappelé. La résistance passive se transforma parfois en résistance active, sous forme de sabotages. Le 31 mai, au cours d'une échauffourée, aux usines Krupp, 13 ouvriers furent tués. Le 26 mai, Léo Schlageter, qui avait fait sauter un train militaire, fut fusillé.

Mais la résistance passive ne découragea pas Poincaré. D'accord avec les Belges et les Italiens, il constitua une Régie des chemins de fer qui furent exploités avec l'aide d'employés français et belges et de soldats du génie. On fit venir des mineurs français et belges. Une nouvelle monnaie, le « franc-régie », fut créée. 145 000 Allemands furent expulsés de la zone occupée.

Stresemann et la fin de la « résistance passive »

La politique de « résistance passive » fit long feu. L'Allemagne était secouée par une terrible crise d'inflation aggravée au surplus par les versements aux ouvriers grévistes de la Ruhr. Ceux-ci, souffrant du chômage, craignant d'être évincés par les ouvriers français et belges, reprenaient lentement le travail et, malgré les ordres du gouvernement allemand, empruntaient les « trains français » que l'on faisait circuler à l'aube pour éviter les manifestations populaires. Le 12 août 1923, le gouvernement Cuno dut démissionner. Il fut remplacé par un gouvernement dirigé par Gustav Stresemann, chef du *Deutsche Volkspartei* (Parti populiste allemand), nationaliste modéré, qui avait le soutien de la moyenne et de la grande industrie (grâce à Hugo Stinnes).

L'un des premiers actes de Stresemann fut d'ordonner la fin de la « résistance passive » (26 septembre).

Le mouvement séparatiste rhénan

Outre ses soucis en matière financière, il était très préoccupé par l'agitation d'extrême gauche (communistes) et d'extrême droite (nationaux-socialistes) ainsi que par la reprise de l'agitation des séparatistes rhénans. Ceux-ci n'avaient guère manifesté depuis 1919. L'occupation de la Ruhr et l'inflation leur donnèrent un regain de force. À la fin de mars 1923, se réunirent les délégués de la *Rheinische Volksvereinigung*. Ils proposèrent la création d'une « monnaie rhénane », extension du franc de la régie franco-belge, et l'établissement d'un Conseil rhénan susceptible de remplacer l'administration prussienne. Le Dr Dorten fut chargé, à la fin d'avril 1923, d'aller à Paris prendre contact avec les autorités politiques françaises, avec l'ancien partisan du mouvement rhénan, le général Mangin, et avec des journalistes et écrivains, comme Maurice Barrès et Jacques Bainville. Il rencontra Loucheur, ministre des Régions libérées, mais ne put obtenir une audience de Poincaré. Il fut néanmoins favorablement impressionné par ce voyage et se sentit discrètement épaulé par le président de la Haute Commission interalliée des Territoires rhénans (HCITR), Tirard. À la suite de ce voyage, plusieurs mouvements rhénans se déclenchèrent. Les

20 et 21 octobre, à Aix-la-Chapelle, dans la zone occupée par les Belges, l'industriel Léo Deckers, soutenu par le diplomate belge Pierre Nothomb, s'empara des bâtiments publics et proclama une République indépendante. Nothomb rêvait de reconstituer une Lotharingie sous contrôle belge. Mais le mouvement fut désavoué trois jours après par le gouvernement belge, qui expulsa Deckers. À Coblence, un aventurier, Matthes, fit une sorte de coup d'État au nom d'un mouvement qui s'intitulait *Freies Rheinland* (Rhénanie libre). À Coblence, ancienne zone d'occupation américaine, les Français avaient remplacé les troupes américaines à leur départ en 1923. Matthes finit par se mettre d'accord avec Dorten. Il fut « plénipotentiaire pour le nord » tandis que Dorten, installé à Wiesbaden, était « plénipotentiaire pour le sud ». Mais les troupes de Matthes se désagrégèrent et Dorten, qui avait finalement établi son quartier général à Bad-Ems, fut proclamé, le 1er décembre 1923, chef du gouvernement provisoire de la République rhénane. La difficulté pour ce gouvernement était évidemment d'avoir des ressources financières. Le 15 novembre, Stresemann créa le *Rentenmark*. Mais celui-ci pourrait-il être introduit dans les territoires occupés ? Pour l'éviter, Dorten, qui n'était pas soutenu par Poincaré, mit au point, avec l'appui de financiers, la création d'une *Rheinische Staatsbank* (banque de l'État rhénan), possédant le privilège d'émettre des billets. Ce projet ne put se réaliser. Le maire de Cologne, Konrad Adenauer, et Louis Hagen, banquier de Cologne, « légalistes » par opposition aux « activistes » dont Dorten était le chef, élaborèrent un autre projet de banque d'émission qui eut l'appui de Poincaré. Le 4 décembre, celui-ci obligea Dorten à abandonner son plan. Ce soutien à Adenauer s'explique par le fait qu'Adenauer était considéré comme « l'homme des Anglais ». Poincaré espérait peut-être gagner les Britanniques à l'idée de l'autonomie rhénane. Il fut très vite déçu.

En novembre, Stresemann avait donné sa démission de chancelier. Mais il était resté ministre des Affaires étrangères dans le nouveau gouvernement constitué par Marx. Stresemann comprenait fort bien que l'assainissement de la situation monétaire [1] empêcherait la fondation d'une banque d'émission rhénane à laquelle Adenauer tenait au fond assez peu. Stresemann réussit à convaincre Poincaré. Le 22, Tirard convo-

1. Un dollar valait 4 marks en 1914, 4 620 455 en août 1923 et 4 trillions 200 milliards en décembre.

qua Dorten à Coblence et lui déclara que la France avait pris l'engagement vis-à-vis de l'Angleterre de mettre fin au séparatisme rhénan et de l'interdire au besoin par la force.

Le mouvement séparatiste se prolongea pendant quelque temps dans le Palatinat. Celui-ci, après avoir eu son propre mouvement autonomiste, s'était rallié à la *Rheinische Volksvereinigung*. Les autonomistes s'emparèrent de Kaiserslautern. Après l'échec de Dorten le mouvement se poursuivit. Mais le président du gouvernement autonome, Heinz-Orbis, fut assassiné le 9 janvier 1924 à Spire et le 13 février les autorités françaises laissèrent massacrer à Pirmasens 15 autonomistes qui s'échappaient de l'Hôtel de ville en flammes.

Stresemann avait également encouragé la reprise des négociations avec la France sur le plan des réparations. En octobre, des accords furent conclus entre la MICUM et les diverses industries de la Ruhr. Ils permettaient le versement au titre des réparations de divers produits industriels, à commencer par le charbon. Ainsi la politique du « gage productif » avait-elle abouti. En fait, elle n'allait être appliquée que pendant une période très brève, les gouvernements français et belge ayant accepté de replacer le problème sur le plan international.

III. La liquidation de l'affaire de la Ruhr et le plan Dawes

La reprise des négociations sur les réparations

À deux reprises, en août et en octobre 1923, le nouveau président des États-Unis, Coolidge, qui avait, comme vice-président, succédé à Harding, mort en août 1923, avait proposé ou bien de confier la solution du problème des réparations à une commission d'experts, dans laquelle le gouvernement américain se ferait représenter, ou bien d'envoyer un délégué à une conférence d'hommes politiques alliés. Le 24 octobre, le gouvernement allemand avait demandé que la commission des réparations réexaminât la capacité de paiement de l'Allemagne. Le 26 octobre, Poincaré accepta la première solution, celle de la commission d'experts, non sans quelques réserves. À la commission des réparations, le délégué français Barthou se montra favorable à la création de deux comités, l'un chargé d'étudier la restauration monétaire de l'Allemagne, l'autre, qui serait présidé par le banquier (et général) américain Dawes, de s'occuper des réparations. Poincaré accepta le 30 novembre 1923. Du même coup, il replaçait le problème sur le plan international, le livrait en quelque sorte aux Anglais et aux Américains, s'interdisait pour l'avenir toute saisie de garantie, bref semblait perdre tout le bénéfice d'une politique d'énergie. Comment s'explique cette évolution ? Certainement elle est due au tempérament de Poincaré, très attaché aux solutions légales et juridiques ; mais le facteur le plus important est la crise financière et monétaire française. Le franc connaissait à son tour l'inflation, et pour espérer y porter remède, il était nécessaire d'avoir l'appui des financiers anglais. D'autre part, les élections législatives françaises approchaient. La droite était généralement favorable au maintien des troupes françaises dans la Ruhr ; la gauche s'y opposait. Poincaré espérait jouer un rôle d'arbitre dans ce conflit.

Le plan Dawes

Le comité Dawes se réunit à Paris, en janvier, et poursuivit ses travaux jusqu'en avril 1924. Le rapport des experts fut présenté le 9 avril. Le gouvernement allemand, dès le 16 avril, fit savoir qu'il considérait le plan des experts comme une base de négociation acceptable. Dans un article du journal *Zeit*, Stresemann déclara que le gouvernement allemand avait agi « dans la pleine conscience de ses responsabilités ». Il précisa sa pensée dans un discours électoral prononcé à Hanovre, le 29 avril : « Les questions politiques sont, à mon avis, d'un ordre plus élevé que les questions économiques. Bien misérable serait le gouvernement qui ne ferait pas n'importe quel sacrifice pour libérer le Rhin et la Ruhr et qui ne chercherait pas à réunir les conditions d'une évolution telle que finalement nous puissions de nouveau être capables d'action politique. » Stresemann était d'ailleurs convaincu que le redressement économique de l'Allemagne n'était possible qu'avec un afflux de capitaux anglo-saxons, et qu'il fallait, pour les obtenir, rétablir avant tout la confiance internationale. Pressé par l'aggravation de la situation monétaire, poussé par Barthou, Poincaré décida à son tour de l'accepter.

Les élections donnèrent la majorité au Cartel des gauches et, le 1er juin, Poincaré donna sa démission. Son successeur fut Édouard Herriot. Celui-ci considérait que la politique de son prédécesseur, dans la Ruhr, avait été injuste. Toutefois, il savait qu'une large fraction de son parti pourrait se joindre contre lui à la droite si l'évacuation n'était pas précédée de garanties. Sa situation était particulièrement menacée au Sénat. Aussi, dans son programme de juin 1924, le nouveau président du Conseil promit-il l'abandon de la politique de force, l'amnistie pour les Allemands incarcérés ou expulsés, et l'évacuation de la Ruhr quand le plan Dawes aurait été mis en exécution. Le 22 juin, Herriot rendit visite, aux Chequers, au nouveau Premier Ministre anglais, le travailliste MacDonald. Tous deux furent d'accord pour demander à Stresemann une garantie supplémentaire : la reprise du contrôle militaire allié. Le 30 juin, Stresemann répondit qu'il admettrait une inspection générale des armements allemands qui, à son avis, serait l'acte final du contrôle allié. Nous verrons bientôt les résultats de cette inspection. Les deux problèmes du plan Dawes et de l'évacuation de la Ruhr avaient donc été rendus solidaires par Herriot. Une conférence devait se réunir à Londres pour l'adoption définitive du plan Dawes. Le 9 juillet 1924, l'on décida, malgré les protestations de Stresemann, que l'Allemagne ne serait pas invitée au début de la conférence. Celle-ci, réunie du 16 juillet au 5 août, groupait les alliés et les États-Unis (représentés par leur ambassadeur à Londres Kellogg). La délégation allemande composée du chancelier Marx, de Stresemann et de Luther, ministre des Finances, arriva à Londres le 5 août et les négociations se poursuivirent avec elle jusqu'au 15. Les décisions de la conférence portèrent sur deux points principaux : l'adoption du plan Dawes et l'évacuation.

Sur le premier point, l'accord avait été déjà réalisé. Une nouvelle fois en juin, malgré diverses déclarations des travaillistes britanniques, MacDonald avait suivi la politique de ses prédécesseurs et refusé de lier la question des dettes interalliées à celle des réparations (ce que les Français appelaient la « clause de sauvegarde »). Il faut noter que l'Angleterre avait signé le 18 juin 1923 avec les États-Unis l'accord dit Baldwin-Mellon par lequel elle s'engageait à leur rembourser ses dettes en 62 annuités. La France devait attendre 1926 pour signer des traités analogues tant avec les États-Unis qu'avec le Royaume-Uni et 1929 pour les ratifier.

Le plan Dawes était un plan provisoire valable pour cinq ans. Les versements allemands seraient garantis par une hypothèque sur les chemins de fer et sur l'industrie. Les annuités s'élèveraient en cinq ans de 1 milliard de marks-or à 2 milliards et demi. Le paiement se ferait en marks, les transferts étant opérés par un « agent général des réparations » installé à Berlin, sous la surveillance d'un comité des transferts, présidé par lui et comprenant 5 membres, américain, britannique, français, italien, belge. La première année, un prêt de 800 millions de marks-or serait consenti à l'Allemagne (la plus large souscription fut levée aux États-Unis). Au total, le plan Dawes aboutissait à une amputation notable sur le chiffre des réparations établi par l'« état des paiements » de 1921.

Le problème de l'évacuation

Le problème de l'évacuation fut beaucoup plus ardu. Les discussions principales se déroulèrent à partir du 7 août en marge de la conférence, entre Herriot et Stresemann. Herriot voulait subordonner l'évacuation de la Ruhr à l'achèvement du contrôle militaire et secondairement à la conclusion d'un pacte de sécurité. Stresemann refusait de lier les deux affaires, sous prétexte que cela donnerait un regain de vigueur à l'opposition nationaliste. Herriot se rendit à Paris le 9 août pour consulter le Conseil des ministres. Il revint le 11 avec un nouveau plan. L'évacuation ne serait plus subordonnée au contrôle militaire mais serait étalée sur une durée d'un an. Stresemann refusa d'abord, puis, à la suite d'un entretien où MacDonald joua le rôle de médiateur, et après avoir consulté son propre gouvernement il accepta le délai d'un an, celui-ci prenant effet du 15 août et la ville de Dortmund étant immédiatement évacuée. En échange de cette concession capitale, Herriot n'obtint aucun avantage : ni sur les réparations, ni sur les livraisons de charbon, ni sur le futur traité de commerce franco-allemand, qui devait remplacer le régime provisoire établi par le traité jusqu'à janvier 1925. Cette politique d'abandon unilatéral fut vivement attaquée en France.

Le problème de l'évacuation était complexe. Il y avait trois groupes de territoires à considérer :

— les trois villes de Duisbourg, Dusseldorf et Ruhrort, occupées le 8 mars 1921 à titre de sanction, avec l'accord britannique ;

— la Ruhr, occupée par les Français et les Belges en janvier 1923, à titre de sanction, malgré la désapprobation britannique ;

— la zone de Cologne occupée en vertu du traité de Versailles et qui, d'après celui-ci, devrait être évacuée au bout de cinq ans à dater de la mise en application, c'est-à-dire le 10 janvier 1925.

Ce dernier secteur, occupé par les Britanniques, reliait la Ruhr au reste de la zone occupée. S'il était évacué, les troupes maintenues dans la Ruhr seraient isolées. D'autre part, les premiers résultats de l'inspection générale des armements étaient défavorables à l'Allemagne. Les contrôles avaient révélé que celle-ci camouflait des armes, que les usines Krupp conservaient certains gros tours avec lesquels elles pourraient fabriquer des pièces d'artillerie lourde, que malgré les interdictions du traité, le général von Seeckt essayait de reconstituer le haut état-major. Les inquiétudes françaises étaient vives, et la France avait le plein appui du gouvernement conservateur britannique, constitué en novembre 1924 à la suite des élections générales, avec Baldwin comme Premier Ministre et Austen Chamberlain, réputé pour ses sentiments francophiles, au *Foreign Office*. Aussi une conférence d'ambassadeurs réunie à Londres le 27 décembre décida-t-elle d'ajourner l'évacuation. Le gouvernement allemand songea à rompre des négociations commerciales entreprises avec la France. Il se contenta, en fait, d'une protestation : « À mes yeux, dit Stresemann, le 30 décembre, aux représentants de la presse étrangère..., il est sûr que si un arrangement n'intervenait pas dans la question de l'évacuation et si l'on venait nous dire : “Nous resterons dans la zone de Cologne” sans entrer en pourparlers avec l'Allemagne de quelque façon que ce soit, au sujet d'un compromis quelconque et en vue d'évacuer la Ruhr et le Rhin, il est sûr, je le répète, que ce serait la faillite complète de la politique qui a été pratiquée en Allemagne relativement à l'acceptation du plan Dawes, et le peuple allemand ne s'y tromperait pas. » Cette protestation ne modifia pas l'attitude des Alliés. La Ruhr ne fut évacuée qu'entre le 1er juillet et le 17 août 1925 lorsqu'on estima suffisantes les garanties contre le réarmement allemand. Les trois villes le furent à leur tour le 25 août. En ce qui concerne la zone de Cologne, Stresemann profita de la conférence de Locarno pour poser la question et il subordonna la signature du traité par l'Allemagne à l'évacuation. Après d'ultimes négociations et après la promesse allemande, le 23 octobre 1925, que la plupart des demandes alliées concernant le désarmement allemand étaient sur le point d'être satisfaites, la conférence des ambassadeurs annonça que l'évacuation de la zone de Cologne commencerait le 1er décembre 1925. Elle fut achevée le 31 janvier 1926.

IV. Le protocole de Genève

La sécurité collective

Parallèlement au problème des rapports franco-allemands, se posait celui de la « sécurité collective » lié au désarmement. Entre Français et Britanniques, il existait une divergence profonde datant d'ailleurs de 1919. Les Anglais étaient favorables au désarmement immédiat et inconditionnel, car, à leurs yeux, une telle opération, grâce à ses effets psychologiques, assurerait une paix durable. Les Français pensaient au contraire que la supériorité de leurs forces sur celles de l'Allemagne était le meilleur gage de paix. Ils acceptaient le principe du désarmement, mais seulement *après* que la sécurité aurait été assurée. Celle-ci ne pourrait l'être que moyennant une réforme profonde de la SDN impliquant d'une part l'arbitrage obligatoire des différends, d'autre part la création d'une armée internationale. On en revenait à l'idée de Léon Bourgeois, rejetée par les Anglo-Saxons en 1919, et à laquelle les Britanniques demeuraient résolument hostiles.

Dès la première assemblée de la Société des Nations, en 1920, on avait constitué une Commission permanente consultative pour les questions militaires, navales et aériennes. Mais très vite, celle-ci s'aperçut de la complexité du problème si bien que la troisième Assemblée de la Société des Nations, le 27 septembre 1922, vota un texte connu sous le nom de « résolution XIV ». Cette résolution déclarait que, pour aboutir, un plan de réduction des armements devait être général et précédé par un accord « défensif », accessible à tous les pays, qui engagerait les parties à porter assistance effective et immédiate au cas où l'une d'elles serait attaquée, « pourvu que l'obligation de venir en aide à un pays attaqué soit limitée en principe aux pays situés dans la même partie du monde ». On se mit alors au travail pour préparer un traité d'assistance mutuelle. Plusieurs projets furent présentés ; l'un, par le colonel Réquin, proposait de conclure un grand nombre d'accords bilatéraux et multilatéraux de défense mutuelle. L'autre, par lord Robert Cecil, envisageait un traité général de garantie mutuelle ; l'homme d'État britannique craignait en effet que les traités multilatéraux ne créassent des blocs rivaux. La commission permanente consultative essaya de concilier ces deux thèses et présenta en 1923 un projet de traité d'assistance mutuelle. Celle-ci devait s'exercer par deux moyens : d'une part, la garantie générale jouant pour tous les États, d'autre part, des traités spéciaux jouant pour certains États seulement. La garantie générale n'entrerait en vigueur qu'après la réduction des armements. C'était au Conseil de la Société des Nations de déclarer quel était l'agresseur. Ce projet, transmis aux gouvernements par l'Assemblée de 1923, se heurta à diverses objections, notamment celles de MacDonald, le 5 juillet 1924. Celui-ci estimait que le projet n'entraînait pas de façon suffisamment précise la réduction des armements et que les garanties de sécurité offertes par le traité étaient notoirement insuffisantes puisqu'elles étaient subordonnées à une décision du Conseil déclarant à l'unanimité qu'il y avait eu agression. D'autre part, les attributions du Conseil étaient trop étendues et portaient atteinte à la souveraineté des États.

Le projet de protocole

L'Assemblée de 1924 eut beaucoup plus d'éclat que les précédentes, vu l'intérêt nouveau que les gouvernements français et anglais portaient à la SDN. Herriot s'y rendit lui-même, premier président du Conseil français à agir ainsi. Pour la première fois, Briand faisait partie de la délégation française. Aussi l'Assemblée de 1924 entreprit-elle l'étude d'un projet présenté par le ministre tchécoslovaque des Affaires étrangères, Édouard Benès, et connu sous le nom de « protocole pour le règlement pacifique des différends internationaux » ou « protocole de Genève ».

Le protocole introduisait un élément nouveau : l'arbitrage obligatoire. Tous les différends internationaux seraient soumis soit à la Cour permanente de justice internationale, soit à l'arbitrage. Si l'arbitrage était refusé, en cas de guerre, il y aurait une présomption d'agression. Il en serait de même si une des parties en litige ne se conformait pas à l'arbitrage rendu. Dans ce cas, l'on appliquerait des sanctions financières, économiques, militaires. C'est le Conseil de la Société des Nations qui, à la majorité des deux tiers, enjoindrait aux signataires du pacte d'appliquer les sanctions et tous les pays membres seraient dans l'obligation de suivre ces directives. Ce projet constituait une garantie beaucoup plus efficace que le pacte de la Société des Nations. En effet, d'après celui-ci : 1. La décision du Conseil devait être prise à l'unanimité ; 2. Le Conseil ne pouvait que « recommander » et non « ordonner » les sanctions militaires.

Enfin, les États signataires du protocole s'engageaient à participer à une conférence internationale pour la réduction des armements. Si celle-ci ne pouvait aboutir à un résultat, le protocole devenait caduc. Ainsi était établi un lien indissoluble entre les trois termes : *arbitrage, sécurité, désarmement.*

L'échec du projet

À l'unanimité, l'Assemblée de la Société des Nations recommanda aux États membres d'accepter le protocole. Dix États signèrent et parmi eux la Tchécoslovaquie et la France. La Grande-Bretagne demanda de reporter la discussion à la session de mars 1925. Dans l'intervalle, en novembre 1924, les conservateurs remplacèrent au gouvernement les travaillistes. MacDonald, qui avait soutenu le projet, était donc éliminé. Le nouveau chef du *Foreign Office,* Austen Chamberlain, pressé par les Dominions et soutenu par l'Italie, critiqua très vivement le protocole dans un discours du 12 mars 1925. Ses objections étaient nombreuses. Il était très hostile au système de l'arbitrage, aux sanctions économiques qu'il considérait comme inefficaces. Il avait peur que la Grande-Bretagne, étant donné l'importance de sa flotte et ses possessions à travers le monde, ne fût obligée d'intervenir perpétuellement au nom de la Société des Nations. Il craignait que l'on ne pût aboutir à une réduction des armements. De leur côté, certains Dominions envisageaient avec défaveur la procédure d'arbitrage, auquel leurs politiques concernant l'immigration risqueraient de les soumettre. Ils ne voulaient pas être obligés d'intervenir en Europe pour appliquer des sanctions. Comme le disait le délégué canadien Dandurand : « Dans cette association d'assurance mutuelle contre l'incendie, les risques assurés par les différents États sont inégaux. Pour nous, nous habitons une maison à l'épreuve du feu, loin des matériaux inflammables. »

Enfin les États-Unis, voyant dans le protocole une nouvelle Sainte-Alliance, qui permettrait aux Européens d'intervenir dans les affaires d'Amérique latine malgré la doctrine de Monroe, exercèrent une forte pression sur les Britanniques pour les amener à rejeter le protocole.

L'opposition britannique empêcha le protocole d'aboutir. Chamberlain annonça cette décision en mars 1925. La conférence prévue pour le désarmement n'eut pas lieu. C'était un échec sensible pour le système de la sécurité collective.

V. L'Europe méditerranéenne et orientale et la reconnaissance de l'URSS

L'affaire de Fiume et la question albanaise

Nous avons vu dans le précédent chapitre la constitution de la Petite Entente entre la Tchécoslovaquie, la Yougoslavie et la Roumanie. Ces pays étaient hostiles à la révision du traité de Versailles ; la France les soutenait tandis que l'Italie appuyait au contraire les pays révisionnistes, Hongrie et Bulgarie. Le principal point de friction était le dissentiment entre l'Italie et la Yougoslavie à propos de Fiume.

Après l'éviction de Gabriele d'Annunzio [1], des élections eurent lieu à Fiume le 24 avril 1921 et assurèrent le succès des autonomistes, mais les nationalistes pro-italiens et la section fasciste locale brûlèrent les urnes. L'Assemblée constituante put cependant se réunir, mais, le 3 mars 1922, les fascistes organisèrent un coup d'État qui fut couronné de succès. Une conférence italo-yougoslave se réunit en mai 1922 à Santa-Margherita et un accord italo-yougoslave fut signé à Rome le 23 octobre suivant. Les Italiens évacueraient les dernières zones de la Yougoslavie qu'ils occupaient encore ainsi que Susak en bordure du territoire de Fiume. Mais cet accord fut mal appliqué et les Yougoslaves établirent le blocus du territoire de Fiume. Mussolini, devenu, en octobre 1922, chef du gouvernement et ministre des Affaires étrangères d'Italie, se montra favorable à la ratification de la convention de Santa-Margherita. Mais en juillet 1923, il suggéra l'incorporation de Fiume à l'Italie et la cession à la Yougoslavie d'une petite fraction de son territoire. La Yougoslavie demanda secours à la France. Poincaré, alors absorbé par l'affaire de la Ruhr, lui conseilla la modération. Le 17 septembre 1923, après avoir refusé un arbitrage, Mussolini envoya à Fiume un administrateur italien. À cause de ses difficultés intérieures, la Yougoslavie finit par se résigner au fait accompli et le 27 janvier 1924, le pacte de Rome signé par Pachitch et par Mussolini, reconnut la souveraineté de l'Italie sur Fiume et de la Yougoslavie sur Port-Baros. Le roi d'Italie, Victor-Emmanuel, conféra à cette occasion le collier de l'Ordre de l'Annonciade à Mussolini et, le 16 mars 1924, il prit

---

1. Voir ci-avant, chap. 1, § III, p. 18.

possession de Fiume. Les conventions de Nettuno (juillet 1925) précisèrent le pacte de Rome.

Un autre différend séparait la Yougoslavie de l'Italie : la question d'Albanie. Nous avons déjà étudié les événements antérieurs à 1922 [1]. Une fois arrivé au pouvoir, Mussolini renforça les liens entre l'Italie et l'Albanie. Le pacte de Rome du 27 janvier 1924, entre l'Italie et la Yougoslavie, décida que les deux pays n'interviendraient pas dans les affaires intérieures albanaises. Ils le firent cependant l'un et l'autre. L'Italie soutint le gouvernement de Fan Noli, la Yougoslavie celui d'Ahmed Zogou qui renversa le précédent. Toutefois Zogou, une fois au pouvoir, se retourna vers Rome, dont il espérait de plus larges subsides, et finit par signer un pacte d'amitié et de sécurité le 27 novembre 1926.

Les rapports de l'Italie et de la France avec la Petite Entente

Avec les autres pays de la Petite Entente, les rapports de l'Italie furent moins tendus qu'avec la Yougoslavie. Avec la Tchécoslovaquie, l'Italie avait un intérêt commun, l'opposition à l'Anschluss entre l'Allemagne et l'Autriche. Dès 1920, les deux gouvernements signèrent un accord dans lequel ils s'engageaient à surveiller la stricte exécution des traités de Saint-Germain-en-Laye et de Trianon. Ce rapprochement fut renforcé en juillet 1924 par la signature d'un traité d'amitié italo-tchécoslovaque. Un traité analogue fut conclu en 1926 avec la Roumanie alors gouvernée par le général Averescu, connu pour ses sentiments italophiles.

La France s'intéressait autant que l'Italie aux problèmes d'Europe centrale. Elle était pareillement hostile à l'Anschluss.

L'Italie mussolinienne eut aussi de graves difficultés à surmonter dans ses rapports avec la Grèce. Dans le conflit de frontière qui opposait la Grèce à l'Albanie, l'Italie soutenait l'Albanie. Un officier italien membre de la commission de délimitation, le général Tellini, fut assassiné par des Grecs. Aussitôt, Mussolini riposta en faisant bombarder Corfou le 31 août 1923, puis occuper l'île. Quoique Poincaré, embarrassé par l'affaire de la Ruhr, fût peu favorable à une politique active, le conseil de la SDN réussit à obtenir l'évacuation des troupes italiennes, moyennant des excuses et une indemnité de 50 millions de lires.

1. Voir ci-avant, chap. 1, § IV, p. 24.

De même, la France entendait protéger la Tchécoslovaquie. Ainsi s'explique la signature en février 1924 d'un traité d'alliance franco-tchécoslovaque.

La reconnaissance de l'URSS par l'Angleterre et l'Italie

L'événement le plus important de cette période en Europe orientale fut la reconnaissance de l'URSS par la plupart des puissances. À la suite de l'échec des conférences de Gênes et de La Haye, en 1922, les pays occidentaux étaient peu favorables à une reconnaissance. Celle-ci, dès avant la mort de Lénine (21 janvier 1924) et même dès avant 1920, était vivement souhaitée par les Soviets. Tel était le vœu du Comité exécutif central de l'URSS qui, en 1923, avait créé un Commissariat du peuple aux Affaires étrangères commun à toutes les Républiques soviétiques. Au cours de cette même année, divers incidents avaient attesté l'état de tension qui subsistait entre l'URSS et les Occidentaux. Ainsi le gouvernement français qui détenait à Bizerte des navires de guerre russes de la mer Noire, emmenés par Wrangel, en avait vendu quelques-uns à la Roumanie.

C'est l'Angleterre qui donna la première l'exemple. La chute du gouvernement conservateur Bonar Law, dont le ministre des Affaires étrangères, Curzon, était très hostile aux Soviets, explique ce revirement. MacDonald et les travaillistes étaient beaucoup plus favorables à un rapprochement qui aurait l'avantage de faciliter les rapports commerciaux entre les deux pays. C'est le 2 février 1924, que la Grande-Bretagne reconnut *de jure* le gouvernement soviétique. Elle en profita pour conclure le 8 août un accord destiné à remplacer la convention commerciale de mars 1920 ; il comportait l'engagement des deux pays de s'abstenir de toute intervention dans leurs affaires intérieures réciproques. Mais cet accord fut utilisé par les conservateurs comme un argument électoral qui facilita la chute de MacDonald et l'avènement du cabinet Baldwin. Celui-ci refusa de ratifier l'accord du 8 août.

Mussolini avait déclaré, le 30 novembre 1923, que « le gouvernement fasciste ne voyait aucun obstacle à reconnaître *de jure* la Russie soviétique. Il réclamait seulement des avantages économiques ». La reconnaissance *de jure* par l'Italie suivit de près un accord commercial et fut décidée le 8 février 1924. L'Angleterre et l'Italie furent suivies par la Norvège (13 février), l'Autriche (25 février), la Grèce (8 mars), la Suède

(15 mars), le Danemark (18 juin), la Chine (31 mai) [1], l'Albanie (6 juillet), le Mexique (fin juillet), le Hedjaz (6 août), la Hongrie (5 septembre) (mais l'accord ne fut pas ratifié).

La reconnaissance par la France

La France ne reconnut l'URSS que plus tard. Le nouveau président du Conseil, Herriot, avait fait naguère, en 1922, un voyage en Russie, dont il était revenu très impressionné. Mais la résistance des créanciers français était vive. Inversement, la menace de voir se fermer la Russie au commerce français inquiétait les milieux d'affaires. L'un des plus actifs artisans du rapprochement fut Anatole de Monzie, qui était allé à Moscou lui aussi au cours de l'été de 1923. Le retard s'explique en partie par le fait que le 11 mars 1924, peu avant la fin du gouvernement Poincaré, la convention de Paris sur la Bessarabie, négociée en 1920, fut ratifiée par le Parlement français. La Roumanie refusa d'effectuer un plébiscite dans cette province, que l'URSS continuait à considérer comme soviétique. Enfin, le 28 octobre 1924, la France reconnut *de jure* l'Union soviétique « là où son autorité était reconnue par la population » — ce qui pouvait exclure la Géorgie, soulevée momentanément en 1924 contre le gouvernement de Moscou. Elle avait décidé de renoncer au préalable de la reconnaissance des dettes par les Soviets. Par contre, une négociation sur les dettes s'engagea à Paris, et elle était sur le point d'aboutir — moyennant une forte réduction des créances françaises et l'octroi d'un large crédit à l'URSS — lorsqu'en juillet 1926, Poincaré prit le pouvoir en France. Son intransigeance devait faire échouer la négociation.

Le 20 janvier 1925, l'accord soviéto-japonais, dont nous parlerons ci-après, compléta cette reconnaissance. Les États-Unis, par contre, gouvernés par les républicains, n'imitèrent pas les autres grandes puissances.

1. Voir ci-après, chap. 4, § II, p. 108.

L'Europe et l'apogée de la sécurité collective (1925-1929)

I. Les traités de Locarno et l'admission de l'Allemagne à la Société des Nations

Le projet de garantie de la frontière française

Dès décembre 1922, le chancelier Cuno avait suggéré que l'Allemagne garantît la frontière est de la France. Poincaré avait rejeté cette offre comme une « manœuvre grossière ». L'idée fut reprise par l'ambassadeur anglais à Berlin, lord d'Abernon, qui suggéra à Stresemann de rédiger un mémorandum destiné aux gouvernements alliés. Celui-ci leur fut adressé le 9 février 1925. Il proposait que l'Allemagne, l'Angleterre, la France et l'Italie prissent, par-devant les États-Unis, l'engagement de ne pas se faire la guerre. Un traité d'arbitrage franco-allemand serait annexé à cet accord, afin de permettre le règlement pacifique de tous les conflits Enfin, l'Allemagne garantirait les frontières de la zone rhénane — sans mentionner celles de l'est. Dès le 20 février, Herriot rendit publique cette suggestion, se déclara intéressé, mais ne manifesta aucun enthousiasme, et Austen Chamberlain adopta, le 24, une attitude analogue. Sur ces entrefaites, le ministère Herriot tomba et, le 10 avril 1925, Painlevé lui succéda avec Aristide Briand aux Affaires étrangères. Celui-ci devait garder ce poste presque sans interruption jusqu'en janvier 1932, quelques semaines avant sa mort. Or, Briand arrivait au pouvoir avec l'intention bien arrêtée d'opérer un rapprochement franco-allemand. Le 6 juin, la réponse française fut adressée à l'Allemagne. La France acceptait de discuter le mémorandum allemand, à condition que l'Allemagne entrât à la Société des Nations sans conditions particulières.

La conférence de Locarno

En Allemagne, l'attitude de Stresemann était très discutée : la proposition allemande signifiait une renonciation librement consentie à l'Alsace-Lorraine. Au début, l'Allemagne ne parlait pas de garantir les frontières belges. Peut-être voulait-elle se réserver le droit de revendiquer Eupen et Malmédy. Mais sur les représentations de la France et de l'Angleterre, il fut admis que la Belgique participerait aux discussions. Les négociations se poursuivirent et, le 8 septembre, Chamberlain, Briand et le ministre belge Vandervelde invitèrent Stresemann à une conférence qui devait primitivement se tenir à Lausanne et, en fait, se réunira à Locarno. L'Italie adhéra au projet. L'Allemagne accepta la conférence non sans avoir au préalable affirmé solennellement sa non-culpabilité dans la guerre et protesté contre le maintien de l'occupation de Cologne. Stresemann espérait, par cette négociation, éviter un pacte franco-britannique, faciliter une évacuation anticipée de la Rhénanie, et surtout « internationaliser » le problème rhénan, afin d'écarter une nouvelle action unilatérale de la France, analogue à celle de la Ruhr. La difficulté était que l'on risquait ainsi d'empêcher la France d'aller au secours de ses alliés tchèques et polonais. Aussi décida-t-on que le pacte réserverait l'application des articles 15 et 16 du pacte de la Société des Nations. Si l'Allemagne, attaquant la Pologne ou la Tchécoslovaquie, était désignée comme agresseur par la Société des Nations ou même si celle-ci n'arrivait pas à désigner l'agresseur, la France pourrait néanmoins intervenir.

La conférence se réunit à Locarno du 5 au 16 octobre 1925. Elle groupait Briand, Chamberlain, Stresemann, Vandervelde et Mussolini. On aboutit à un ensemble de traités. Le plus important fut celui qui établit une garantie mutuelle des frontières franco-allemande et belgoallemande [1] sous la garantie de l'Angleterre et de l'Italie. L'article 2 spécifie que si l'Allemagne envahit la zone démilitarisée, on pourra recourir aux armes contre elle. À ce traité principal étaient annexées des conventions d'arbitrage entre l'Allemagne d'une part, la France, la Belgique, la Pologne et la Tchécoslovaquie d'autre part. Un traité d'alliance franco-polonais et un traité franco-tchécoslovaque étaient également juxtaposés à l'ensemble des accords. La France espérait par là ouvrir la porte à des négociations sur les frontières orientales de l'Allemagne. Chamberlain déclara que l'Angleterre se réservait sa liberté d'action pour le cas où un conflit éclaterait à l'est de l'Europe, mais qu'elle interviendrait certainement si le conflit éclatait à l'ouest. Quant à Stresemann, il ne voulait à aucun prix « stabiliser » des frontières orientales de l'Allemagne qui lui paraissaient profondément injustes. On notera qu'à la demande de l'Angleterre les Dominions et l'Inde étaient exemptés d'obligations résultant du traité.

L'admission de l'Allemagne à la Société des Nations

Peu après, l'évacuation de la zone de Cologne fut enfin décidée. Le gouvernement allemand, qui avait subordonné sa signature à l'évacuation, accepta alors, le 19 novembre, de déposer un projet de loi l'autorisant à signer le traité de Locarno et à faire entrer l'Allemagne à la Société des Nations. Après d'âpres discussions du Parti national allemand de Hugenberg et grâce à l'appui de Hindenburg, depuis peu président de la République, la loi fut finalement votée.

Pour entrer à la Société des Nations, l'Allemagne formulait diverses conditions : ayant une armée réduite, à peine suffisante pour assurer l'ordre intérieur, elle ne voulait pas être tenue à appliquer les sanctions militaires. Elle demandait à être proclamée « non coupable » de la guerre de 1914 et reconnue « digne » d'avoir des colonies. Elle réclamait enfin un siège permanent au Conseil.

---

1. *Les Mains libres*, *op. cit.*, p. 213-214. Vandervelde fit remplacer le texte : les « frontières entre la France et la Belgique d'une part, et l'Allemagne d'autre part » ; par « la frontière entre la France et l'Allemagne et la frontière entre la Belgique et l'Allemagne ». Il voulait éviter que son pays n'eût l'air d'être vassal de la France. Cela fit croire à un refroidissement des rapports franco-belges.

À Locarno, on s'entendit verbalement sur certains points. L'Allemagne reçut la promesse d'un siège permanent. En tant que membre du Conseil, elle pourrait donc toujours s'opposer à une participation allemande aux sanctions militaires. C'est seulement le 8 février 1926 que le gouvernement allemand demanda l'admission à la Société des Nations. Stresemann et Luther arrivèrent à Genève le 6 mars. L'affaire échoua, à cause de l'opposition du Brésil. On se rappelle que toute réforme des statuts impliquait une décision unanime des membres du Conseil. Briand soutenait avec chaleur la cause allemande, mais son cabinet fut renversé le 5 mars. On décida alors de créer une commission d'études pour la réforme des statuts. L'Allemagne y aurait un délégué. La France, l'Angleterre, l'Italie et le Japon disposaient de sièges permanents. D'autres États, Chine, Pologne, Belgique, Espagne, Brésil réclamaient des sièges « semi-permanents ». En 1926, l'Espagne et le Brésil étaient membres du Conseil et leur accord était nécessaire pour attribuer un siège à l'Allemagne. La commission vota effectivement, le 17 mai, un projet de réorganisation de la Société des Nations. Le nombre de sièges non permanents au Conseil passerait de 6 à 9 et 3 auraient un caractère semi-permanent. La Pologne était ainsi satisfaite. Mais le Brésil refusa cette solution et fit savoir qu'il se retirait de l'organisation. Il n'y avait, dès lors, plus d'obstacles sérieux à l'admission de l'Allemagne. Le 4 septembre, l'Assemblée vota le projet de la commission d'études, portant à 15 le nombre des membres du Conseil, parmi lesquels 6 membres permanents, dont l'Allemagne. Le 10 septembre, dans un discours célèbre, Briand s'écria : « Est-ce que ce n'est pas un spectacle émouvant, particulièrement édifiant et réconfortant que, quelques années à peine après la plus effroyable guerre qui ait jamais bouleversé le monde, alors que les champs de bataille sont encore humides de sang, les peuples, ces mêmes peuples qui se sont heurtés si durement, se rencontrent dans cette Assemblée pacifique et échangent leur volonté commune de collaborer à l'œuvre de paix universelle ¿ » Et il ajouta dans un tonnerre d'applaudissements : « Arrière les fusils, les mitrailleuses, les canons ! Place à la conciliation, à l'arbitrage et à la paix. »

L'admission de l'Allemagne à la Société des Nations suivant à peu près d'un an Locarno, paraissait marquer le début d'une ère de rapprochement universel. De 1925 à 1929, on crut, partout dans le monde, à la puissance de la sécurité collective et à l'avenir de la paix.

II. Briand et Stresemann

Briand, apôtre de la paix

La période qui s'étend entre 1926 et 1929 est dominée par les personnalités des deux ministres des Affaires étrangères français et allemand, Briand et Stresemann. Briand s'est définitivement fixé dans l'attitude conciliante qui avait été la sienne à partir de l'été 1921 et qui correspondait le mieux à son tempérament. Il avait toujours, depuis son fameux rapport de 1905 sur le projet de loi de séparation de l'Église et de l'État, essayé d'apaiser les querelles. Transposé sur le plan des relations internationales, cela signifiait une volonté marquée de rapprochement entre la France et l'Allemagne. De plus, Briand, avec une incontestable sincérité, mais peut-être aussi un certain manque de réalisme, se laissait emporter vers l'idéal d'une paix universelle et définitive, fondée sur la bonne volonté des gouvernements et sur le système de la conciliation et de l'arbitrage. Briand, revenu au Quai d'Orsay, avait à nouveau fait nommer Philippe Berthelot, le 20 avril 1925, comme secrétaire général du ministère des Affaires étrangères. « L'équipe Briand-Berthelot se composait de deux hommes supérieurs dont les qualités différentes se complétaient à merveille : Berthelot détestait les « milieux » parlementaires... Briand y était chez lui. Berthelot étudiait les questions, l'histoire des questions et voyait ensuite les hommes. Briand se faisait renseigner *grosso modo* par Berthelot et voyait tout de suite les hommes. » (Auguste Bréal.)

Stresemann

Évidemment, le rapprochement franco-allemand supposait principalement des concessions de la part de la France. C'est ce qui a permis à Pierre Renouvin d'affirmer qu'entre 1924 et 1930, « c'est l'Allemagne qui a mené le jeu ». Pour juger exactement de l'attitude de Stresemann, il faut distinguer ses déclarations publiques et privées. Dans un article du journal *Hilfe* du 1er janvier 1927, Stresemann déclarait : « Depuis notre rencontre de Locarno, l'accord franco-allemand a été, pour Briand et moi, l'élément essentiel de la grande politique de paix européenne. Mais nous avons toujours été convaincus que nous n'irions vers ce but que par étapes, en tenant soigneusement compte de tous les facteurs, surtout de la situation parlementaire de nos deux pays et de la psychologie des foules... La dureté des clauses du traité et la rigueur avec laquelle elles ont été interprétées, à cause de l'acharnement des esprits pendant les premières années d'après-guerre, ont créé une situation difficile. Pour en sortir, il faut, du côté allemand, de gros sacrifices financiers et un esprit de conciliation ; du côté français, des renoncements à la lettre des traités. »

Au contraire, dans une lettre confidentielle, adressée au Kronprinz, le 7 septembre 1925, immédiatement avant Locarno, et publiée avec les papiers de Stresemann, celui-ci énumère les buts qu'il entend donner à la politique allemande : solution de la question rhénane, protection des 10 à 12 millions d'Allemands vivant à l'étranger, rectification des frontières orientales de l'Allemagne (reprise de Dantzig, du Corridor, de la haute Silésie), à plus longue échéance, rattachement de l'Autriche à l'Allemagne. « Mais l'essentiel est... la libération de notre sol, la disparition des troupes d'occupation ; il faut tout d'abord que nos étrangleurs lâchent prise ; c'est pourquoi la politique allemande devra, pour commencer, suivre la formule que Metternick, je crois, adoptait en Autriche après 1809 : "finasser" (*finassieren*) et se dérober aux grandes décisions. » On peut se demander si *finassieren* a réellement le sens péjoratif du mot français « finasser » ou si cela ne signifie pas plutôt avoir de la finesse. En fait, il serait sans doute inexact de considérer Stresemann comme un simple nationaliste allemand qui se serait contenté, sous des dehors humanitaires, d'exploiter au maximum la naïveté de son partenaire français. Dans son livre *Au fil des années*, écrit en 1935, Austen Chamberlain, qui dirigea longtemps la politique extérieure anglaise après 1923, porte un jugement plus nuancé. Parlant de Briand, il écrit : « On me dit qu'en ce moment, il y a en France une réaction contre sa réputation, qu'on se sert de quelques passages tirés des papiers de Stresemann pour le représenter comme la dupe d'un Méphistophélès allemand qui l'aurait enjôlé par des belles paroles, tout en préparant la revanche et la répudiation des traités. Pour quiconque a collaboré, comme moi, de jour en jour, avec ces deux hommes, l'accusation est absurde... C'est aussi déloyal pour Stresemann qu'injuste pour Briand. Il n'y eut ni fourbe ni dupe, mais il y eut un grand Allemand et un grand Français qui, sur les ruines d'un passé rouge de sang, ont cherché à élever un temple de la Paix. » Stresemann, à l'encontre des « nationaux allemands » de Hugenberg et des « nationaux socialistes » de Hitler, utilisait exclusivement des méthodes pacifiques. Hugenberg et Hitler l'accusaient quotidiennement de trahison. Stresemann voulait une restauration de la grandeur allemande mais, en partie, parce qu'à ses yeux c'était la première condition d'une paix durable. Notons aussi qu'il était soucieux de tenir la balance égale entre l'ouest et l'est de l'Europe.

L'entrevue de Thoiry

Quelques jours après l'entrée de l'Allemagne à la Société des Nations, la volonté de rapprochement franco-allemand se manifesta par l'entrevue de Thoiry. Stresemann paraît avoir eu le premier l'idée d'une rencontre directe avec Briand. Briand accepta et, pour éviter les journalistes, les deux hommes quittèrent presque clandestinement Genève, le 17 septembre 1926, à 11 heures. Ils se rendirent à proximité de la ville, mais en territoire français, à Thoiry. Après un excellent déjeuner, ils s'entretinrent jusqu'à 17 h 30. Hesnard, chef du service de presse à l'ambassade de France à Berlin, ami d'Aristide Briand, servait d'interprète. On ne connaît l'entrevue que grâce au compte rendu rédigé le soir même par Stresemann et aux notes de Hesnard. Briand proposa d'importantes concessions : mettre fin à l'occupation de la Rhénanie, restituer le territoire de la Sarre à l'Allemagne, supprimer le contrôle militaire. En échange, il demandait à l'Allemagne des avantages financiers : d'après le plan Dawes, l'Allemagne payait à titre de réparations les intérêts d'obligations industrielles et ferroviaires ; Briand demanda qu'elle « mobilisât » certaines de ces obligations, c'est-à-dire qu'elle en versât le capital à la France. Celle-ci était dans une situation monétaire difficile, et le gouvernement Poincaré avait été constitué en juillet précédent précisément pour sauver le franc. Ainsi, pour de simples avantages financiers, la France acceptait de faire des concessions politiques considérables : « Briand affirma d'abord sa conviction que des solutions partielles étaient inutiles parce qu'elles recelaient toujours des dangers nouveaux. Son intention était de résoudre complètement l'ensemble de problèmes pendants entre la France et l'Allemagne. » Aussitôt Stresemann prit acte des propositions de Briand, tout en s'efforçant de limiter les concessions financières allemandes. Il insista sur l'évacuation immédiate de la Rhénanie, mais il déclara qu'il se heurterait, pour les concessions financières, à une vive opposition, non seulement des nationaux allemands, mais encore de ses collègues au Conseil des ministres. Il estimait que l'Allemagne pourrait mobiliser pour 1 milliard et demi seulement de marks-or d'obligations. En vertu des propositions admises pour les réparations, la France ne pourrait en toucher que 52 %, soit un peu plus de 750 millions ; d'autre part, l'Allemagne rachèterait les mines de la Sarre pour 300 millions de marks-or. La France recevrait donc au total un peu plus d'un milliard de marks-or. Stresemann insista aussi sur la suppression du contrôle militaire, lequel relevait d'innombrables manquements allemands aux clauses du traité de Versailles. Briand lui répondit : « Quand, pour la première fois, je me suis occupé de la suppression du contrôle militaire, notre ministère de la Guerre m'a remis des kilos de documents relatifs aux manquements allemands. Je les ai jetés dans un coin, j'ai demandé qu'on m'indiquât les questions importantes restant à régler, et j'ai refusé de m'occuper de ces vétilles. »

Briand ne s'inquiétait que des manifestations organisées par l'association patriotique du Stahlhelm (casque d'acier). Stresemann en minimisa l'importance et affirma que le développement du Stahlhelm n'était qu'une conséquence du désir enfantin de la foule de voir des uniformes et des drapeaux.

L'échec de la politique de Thoiry

Le gouvernement allemand se montra assez favorable aux propositions de Thoiry et désigna un conseil de trois ministres pour en faciliter l'application. En France, la réaction fut plus vive. Les ministres s'inquiétaient d'une mobilisation des obligations allemandes : celle-ci ne serait réellement avantageuse que s'il se trouvait des capitalistes (américains entre autres) pour les acheter. De plus, avant l'évacuation de la Rhénanie, il fallait que le désarmement allemand fût achevé. Enfin, Poincaré ne se serait résigné à l'évacuation de la Rhénanie que pour sauver le franc. Or, dès le mois d'octobre 1926, le franc est raffermi. Aussi, dès le 1er novembre, fut-il acquis que l'entrevue de Thoiry n'aboutirait à aucun résultat concret. L'ambassadeur de France à Berlin insista auprès de Stresemann sur la nécessité du désarmement. Stresemann protesta et réclama l'exécution littérale des propositions faites à Thoiry. L'opinion publique française s'émut d'un mot qu'aurait prononcé un haut fonctionnaire français, Seydoux, dans une interview accordée au journal berlinois *Lokalanzeiger* : « À Thoiry, Stresemann aurait déclaré que toutes les questions en suspens entre la France et l'Allemagne tiendraient dans un verre à liqueur. » À la Chambre des députés, les 29 et 30 novembre, une opposition très nette se dessina contre la politique de Briand. En décembre, à Genève, Briand déclara lui-même à Stresemann que pour le moment il fallait renoncer

provisoirement à poursuivre la politique ébauchée à Thoiry. Ainsi, le sauvetage rapide du franc avait empêché l'évacuation immédiate de la Rhénanie. L'Allemagne obtint néanmoins un avantage. Le 12 décembre, le Conseil de la Société des Nations décida le rappel de la commission militaire de contrôle en Allemagne, à la date du 31 janvier 1927. Ce contrôle avait été insuffisant, et les gouvernements, au surplus, n'en avaient pas tenu compte. Il n'en restait pas moins vrai que désormais l'Allemagne pourrait presque librement violer les clauses militaires du traité de Versailles : seul subsistait, en effet, un vague droit de contrôle par la Société des Nations.

Sur un point seulement le rapprochement franco-allemand prit une forme concrète : la création, en juin 1926 de l'Entente internationale de l'acier (EIA), définitivement adoptée le 30 septembre, quelques jours après Thoiry. Le responsable fut l'industriel luxembourgeois Emil Mayrish dont l'entreprise, l'ARBED, se trouvait depuis 1919 écartelée entre trois zones économiques : Belgique, France, Allemagne. Il réussit à organiser une négociation entre métallurgistes français et allemands. L'EIA fixait les pourcentages de production d'acier. 43,18 % à l'Allemagne ; 31,18 % à la France ; 11,56 % à la Belgique ; 8,30 % au Luxembourg ; 5,78 % à la Sarre. Briand n'était pour rien dans cet accord de cartel et se contenta de l'approuver.

III. Le pacte Briand-Kellogg

La proposition de Briand

Au cours des années 1927-1928, la conjoncture économique du monde était satisfaisante. La foi en la sécurité collective connaissait son apogée. La Commission préparatoire du désarmement siégea à partir de 1926 et quoique ses travaux missent en évidence des divergences, quoique la France et l'Italie eussent refusé de participer, en juin 1927, à une conférence du désarmement naval, l'opinion publique croyait à une paix durable. L'idée d'introduire dans le système de la sécurité collective les deux grandes puissances qui ne faisaient pas partie de la Société des Nations, États-Unis et URSS, prenait consistance, notamment en France et en Amérique. Pour sa part, Briand, ne pouvant réaliser directement sa politique de rapprochement franco-allemand, s'orientait vers le développement de la sécurité collective. À la suite d'une conversation qu'il avait eue avec le professeur américain Shotwell, de l'université Columbia, membre éminent de la Dotation Carnegie pour la paix internationale, Briand adressa un message au peuple américain à l'occasion du 10e anniversaire de l'entrée des États-Unis dans la guerre. Il suggérait un engagement mutuel des deux pays de renoncer à la guerre comme moyen politique. En juin, il adressa une proposition plus précise au secrétaire d'État américain, Kellogg. Son but était d'amadouer l'opinion publique américaine, très irritée contre la France par la question du remboursement des dettes de guerre. L'accord dit Mellon-Béranger du 29 avril 1926, qui prévoyait le remboursement par la France en 62 annuités (donc jusqu'à 1988), n'était toujours pas ratifié, et les Américains s'en plaignaient. On notera que le 24 septembre 1927, l'Assemblée générale de la Société des Nations accepta à l'unanimité une proposition polonaise prohibant toute guerre d'agression et conseillant l'utilisation des méthodes pacifiques pour régler les différends entre nations. La sixième conférence panaméricaine, tenue en février 1928, à La Havane, adopta une proposition analogue émanant de la délégation mexicaine.

La réponse de Kellogg et les négociations

Le 28 décembre 1927, Kellogg répondit à la note française. Sous l'influence du président de l'université Columbia de New York, Nicholas Murray Butler, du sénateur Borah, président de la Commission des Affaires étrangères du Sénat et du pacifiste Levinson, champion de la « mise hors-la-loi » de la guerre, il élargissait considérablement la portée de la proposition française : il suggérait, en effet, la signature d'un pacte de renonciation à la guerre, mais au lieu d'être simplement bilatéral comme l'entendait Briand, ce pacte serait élargi à toutes les nations. Cette proposition soulevait des difficultés. En tant que membre de la Société des Nations, la France ne pouvait pas renoncer absolument à la guerre, prévue comme sanction dans certains cas (note française du 21 janvier 1928). Le 26 mars, le gouvernement français posa quatre conditions à la signature d'un tel pacte :

— il n'entrerait en vigueur que par une acceptation universelle ;

— il n'exclurait pas pour les États le droit de légitime défense ;

— les signataires seraient dégagés de leurs obligations à l'égard d'un membre contrevenant au traité ;

— le traité ne porterait pas atteinte aux obligations antérieures résultant de la Société des Nations et des accords de Locarno.

Le pacte Briand-Kellogg

Une fois ces conditions admises par les États-Unis et par les gouvernements allemand, anglais, italien, japonais, auxquels Briand avait soumis, en avril, les projets américains, la conclusion du traité devenait facile. Quinze puissances le signèrent à Paris le 27 août 1928. Le « pacte de renonciation générale à la guerre » comportait un préambule et deux articles principaux.

Article 1er : « Les Hautes Parties contractantes déclarent solennellement au nom de leurs peuples respectifs qu'elles condamnent le recours à la guerre pour le règlement des différends internationaux et y renoncent en tant qu'instrument de politique nationale dans leurs relations mutuelles. »

Article 2 : « Les Hautes Parties contractantes reconnaissent que le règlement de tous les différends ou conflits, de quelque nature ou de quelque origine qu'ils puissent être, qui pourront surgir entre elles, ne devra jamais être recherché que par des moyens pacifiques. »

Selon Briand, c'était « une date nouvelle dans l'histoire de l'humanité ». Presque tous les États y adhérèrent (57). Parmi eux, 48 membres de la Société des Nations et 9 États non membres : URSS, États-Unis, Turquie, Mexique, etc. L'URSS avait commencé par le condamner. Puis Litvinov, adjoint du Commissaire du peuple aux Affaires étrangères, Tchitchérine, alors malade, soumit, le 29 décembre 1928, aux gouvernements voisins un protocole indépendant, mais analogue, valable pour l'Europe orientale, et auquel il admit la Roumanie, malgré les revendications russes sur la Bessarabie. Le 9 février 1929, l'URSS, la Pologne, la Roumanie, la Lettonie, l'Estonie et peu après la Turquie et la Lituanie signèrent le protocole Litvinov ou accord de Moscou. Puis l'URSS adhéra au traité général. Quant aux États-Unis, ils le ratifièrent le 17 janvier 1929. Seuls l'Arabie, le Yémen, l'Argentine, la Bolivie et le Brésil refusèrent d'y participer.

Ce pacte marquait l'apogée de la vague pacifiste et de la tendance, caractéristique de la diplomatie d'alors, à la « pactomanie ». Beaucoup croyaient que, plus on signerait de pactes mêmes anodins, plus on renforcerait la fidélité des signataires à la foi jurée. C'était, évidemment, une redoutable illusion. Le pacte de Paris fut accueilli avec un grand enthousiasme. Cependant, la diplomatie secrète n'avait pas disparu. Le 30 juillet 1928, quelques jours avant la signature du pacte Briand-Kellogg, Austen Chamberlain annonça à la Chambre des communes la signature d'un compromis franco-anglais sur les armements. Ce compromis portait sur des points de détail ; mais l'opinion en Europe et en Amérique fut mécontente, et l'on crut parfois qu'un traité secret garantissant la prépondérance militaire de la France en Europe avait été signé, ce qui ne reposait sur aucun fondement.

IV. L'évacuation de la Rhénanie et le plan Young

Le problème de l'évacuation anticipée

Lorsque Stresemann vint à Paris pour la signature du pacte Briand-Kellogg, il rencontra Briand et Poincaré et les interrogea sur leur attitude à l'égard de l'évacuation de la Rhénanie. Les élections françaises étaient passées et le gouvernement plus libre, en conséquence, de prendre d'importantes décisions. Les électeurs avaient considérablement renforcé le pouvoir de Poincaré qui, même après le départ des radicaux, décidé au congrès d'Angers (fin 1928), disposait d'une substantielle majorité. Briand et Poincaré acceptèrent le principe d'une évacuation anticipée, mais en échange d'une contrepartie : celle-ci pouvait être trouvée sur le plan des réparations. Le plan Dawes avait été conclu pour cinq ans et Poincaré désirait que la dette allemande fût fixée de façon définitive. L'attitude nouvelle de Poincaré s'explique par le problème des dettes interalliées. Le Parlement français ne voulait pas ratifier l'accord Mellon-Béranger du 29 avril 1926 avant la conclusion d'un pacte définitif sur les réparations allemandes. Lors des entrevues dont nous avons parlé, Stresemann insista sur le fait que l'occupation ne se justifiait plus après la signature du traité de Locarno et du pacte Briand-Kellogg. Poincaré lui répondit qu'à son avis l'occupation n'était pas seulement une garantie de sécurité, mais encore un gage de paiement des réparations. Tout règlement concernant l'occupation ne pourrait être réalisé que concurremment avec l'établissement d'un nouveau plan de réparations. Le président du Conseil français se plaignit également des bruits d'Anschluss entre l'Allemagne et l'Autriche, qui circulaient avec insistance depuis les manifestations de la fête des chanteurs allemands à Vienne, le 22 juillet 1928.

La conférence de La Haye

Stresemann ne se rendit pas à Genève à la session de la Société des Nations. L'Allemagne y fut représentée par son nouveau chancelier, Hermann Müller, social-démocrate. Celui-ci posa ouvertement les problèmes du désarmement et de l'évacuation. Sur le désarmement, Briand lui répondit avec vivacité dans un discours prononcé le 10 septembre. Par contre, on décida, le 16 septembre, l'ouverture de négociations sur les deux problèmes que le gouvernement français voulait relier : l'évacuation et les réparations.

La conférence de La Haye, où la France était représentée par Briand et Loucheur, l'Angleterre par Snowden (chancelier de l'Échiquier du nouveau gouvernement travailliste de MacDonald), l'Allemagne par Stresemann, décida, le 30 août 1929, que l'évacuation de la Rhénanie (2e et 3e zones) commencerait en septembre 1929 et se terminerait au plus tard le 30 juin 1930. Elle serait commencée par les troupes belges et anglaises, terminée par les Français.

Le plan Young

En ce qui concerne les réparations, le problème était singulièrement plus complexe. Le plan Dawes avait été appliqué de façon satisfaisante. L'Allemagne était en mesure de payer grâce à l'afflux de capitaux américains privés (investissements, prêts) dont elle bénéficiait. Une large partie des paiements allemands se faisait en nature. Ainsi, sur les 3 939 millions de marks-or transférés à la France en vertu de ce plan, 2 394 millions, soit plus de 60 %, étaient constitués par des prestations en nature : charbon (1 039 millions), produits chimiques, engrais azotés, colorants, produits pharmaceutiques, bois, sucre, pâte à papier, etc. Le reste était payé en marks, et il appartenait à l'agent général des réparations, Parker Gilbert, de faire les transferts en devises étrangères, sous la surveillance d'un « comité des transferts » qu'il présidait et qui comprenait 5 membres : américain, britannique, français, italien, belge. L'agent général Parker Gilbert estimait que ce système était défectueux. Il suggérait que l'Allemagne payât elle-même en devises étrangères et qu'en échange de ce sacrifice ses annuités fussent diminuées. Poincaré admit cette solution. En février 1929, des experts financiers furent nommés par les divers pays bénéficiaires et par l'Allemagne qui, on s'en souvient, n'avait pas de représentant au comité d'experts ayant élaboré le plan Dawes. Le comité travailla du 11 février au 7 juin 1929. Grâce aux efforts de conciliation de son président, l'Américain Young, qui avait déjà fait partie du comité Dawes, on aboutit à un rapport unanime en date du 7 juin 1929.

Le plan Young prévoyait une première série de 36 annuités croissant de 1 685 millions à 2 429 millions de reichsmarks (théoriquement égaux aux marks-or). Chaque annuité comprendrait deux parties, l'une « non différable » de 660 millions de reichsmarks, l'autre « différable » [1] en cas de difficultés. L'Allemagne se chargeait elle-même des transferts en devises étrangères. Elle recouvrerait sa pleine autonomie financière. La commission des réparations serait supprimée. À la place fonctionnerait une « banque des règlements internationaux », organisme purement financier sans aucun pouvoir politique. Les livraisons en nature seraient supprimées au bout de dix ans. Après la première phase, les réparations continueraient à être payées jusqu'en 1988. Les annuités fixées représentaient une diminution sensible par rapport à celles du plan Dawes. Les experts du plan Young croyaient que l'Allemagne serait en mesure de les payer pendant de longues années. On remarquera aussi qu'ils n'avaient pas lié la question des réparations à celle des dettes interalliées (« clause de sauvegarde »), sinon pour le délai de paiement, jusqu'à 1988. Poincaré l'admit le 16 juillet à la Chambre des députés, mais il réussit néanmoins à faire ratifier l'accord Mellon-Béranger et l'accord similaire conclu en juillet 1926 avec l'Angleterre. Les votes aboutirent à une faible majorité, le 20 juillet à la Chambre et le 26 au Sénat. Le plan Young fut ratifié simultanément. À la conférence de La Haye, le délégué anglais Philip Snowden fit diverses objections au plan Young. Celui-ci, en attribuant à la France la plus grande partie de l'indemnité non différable, paraissait contraire aux dispositions convenues en 1920, à la conférence de Spa, sur les pourcentages attribués à chaque nation. D'autre part, Snowden était hostile au maintien pendant dix ans des livraisons en nature. Il obtint quelques aménagements et le 31 août la conférence adopta le plan Young.

---

1. Le gouvernement allemand était autorisé : 1. à en différer pendant deux ans le *transfert* en devises étrangères ; 2. à différer le *versement* jusqu'à concurrence de la moitié en période de gène exceptionnelle.

La mort de Stresemann

La conférence de La Haye devait être le dernier succès important obtenu par Stresemann. Il fit encore, le 9 septembre, à la Société des Nations, un grand discours dans lequel il posait un certain nombre de problèmes nouveaux : désarmement, protection des minorités. Il avait été question à la conférence de La Haye d'un plan de fédération européenne. Briand avait développé l'idée, dans un discours du 8 septembre à Genève, d'une Union européenne avec un lien fédéral. Dans son discours du 9, Stresemann se déclara très favorable à ce plan, et refusa de le considérer comme une utopie. Mais il donnait déjà aux témoins l'impression d'être très malade. Ayant travaillé presque jusqu'au bout, il mourut à Berlin le 3 octobre 1929.

V. L'Europe orientale et méditerranéenne de 1925 à 1929

En Europe orientale et méditerranéenne la période qui s'étend de 1925 à 1929 est moins agitée que la précédente. L'URSS, dont le gouvernement est maintenant reconnu par la plupart des États européens, subit de 1924 (mort de Lénine) à 1927 (Trotsky exclu du parti communiste) une grave crise intérieure qui l'empêche de se mêler activement à la politique européenne. Elle craint la constitution d'un « front antisoviétique » et considère le traité de Locarno comme une menace. Elle condamne formellement la SDN : « Il n'est qu'un seul moyen pour échapper au joug des impérialistes, déclare le comité exécutif du Komintern en avril 1926 : la destruction de la Société des Nations. » Toutefois l'exil volontaire de Tchitchérine (printemps 1928), par suite de sa mésentente avec son adjoint Litvinov, amènera une certaine évolution.

La politique italienne est au contraire plus active, notamment dans les régions danubienne et balkanique et cette activité suscite un renforcement des alliances françaises.

Dans la zone méditerranéenne enfin, les faits essentiels sont les conflits qui opposent la Grèce à ses voisins : Turquie, Bulgarie, Yougoslavie, Albanie et Italie.

Le traité de Berlin

Les rapports germano-soviétiques étaient à peu près cordiaux depuis que le traité de Rapallo (16 avril 1922) avait posé les bases d'une certaine collaboration politique et économique entre les deux pays. Pendant la conférence de Locarno, le commissaire du peuple aux Affaires étrangères Tchitchérine, en séjour dans une ville d'eaux allemande, fit des démarches auprès du gouvernement allemand pour la conclusion d'un traité d'amitié et de neutralité. Stresemann essaya d'abord de se dérober. Puis, soucieux de tenir la balance égale, peut-être comme moyen de pression sur les Occidentaux, il accepta la signature d'un accord économique (12 octobre 1925), enfin celle d'un accord politique qui fut signé à Berlin le 24 avril 1926. C'était un traité d'amitié et de neutralité. L'article 2 prévoyait qu'au cas où malgré son attitude pacifique, l'une des Parties contractantes serait l'objet d'une agression de la part d'une tierce puissance, l'autre partie garderait sa neutralité. L'article 3 obligeait chacun des deux contractants à ne pas adhérer à une coalition qui aurait pour but de soumettre l'autre à un boycottage financier ou économique. Quelques mois après, l'entrée de l'Allemagne à la Société des Nations inquiéta de nouveau les Russes qui considéraient alors cet organisme comme un instrument de la politique capitaliste dirigé contre l'Union soviétique.

La Russie, la Pologne et les pays baltes

La Pologne essaya en 1925 de faire aboutir un traité de garantie des frontières orientales. Sur son initiative, plusieurs conférences des représentants polonais, lettons, estoniens et finlandais se réunirent en 1925. En janvier, à Helsingfors, fut signé un traité d'arbitrage entre les quatre pays. Le 11 septembre 1925, une nouvelle conférence analogue eut lieu et étudia un système de garantie des frontières. De son côté, la Lituanie, restée très hostile à la Pologne depuis l'affaire de Vilna, essaya de créer une « Petite Entente balte ». Pour empêcher la signature d'un tel accord qu'elle estimait dirigé contre elle, l'URSS offrit à la Pologne et aux États baltes la signature de traités bilatéraux de non-agression et de neutralité. Les Polonais répondirent en proposant au contraire un pacte de garantie d'ensemble, et les pays baltes firent des réponses identiques (5 mai 1926). La Lituanie accepta la proposition soviétique. Le 28 septembre 1926, son président du Conseil et ministre des Affaires étrangères, Slezevicius, signa à Moscou un « traité d'amitié et de neutralité » : chacune des deux parties respecterait l'inviolabilité du territoire de l'autre et resterait neutre en cas d'agression contre l'autre partie. La Lettonie parapha de même un traité de neutralité avec l'URSS, le 9 mars 1927. Déjà, des traités analogues avaient été signés avec la Turquie (17 décembre 1925) et l'Afghanistan (31 août 1926). En fait, les craintes de l'URSS n'étaient pas entièrement injustifiées. Au cours des années 1926-1928, les relations entre les Soviets d'une part, la France, l'Angleterre et l'Italie d'autre part, empirèrent sensiblement, sans parler des difficultés avec la Pologne, la Lettonie et l'Estonie.

La tension franco-russe

En France, malgré les échecs de 1922, on conservait encore un fragile espoir d'obtenir le remboursement des dettes russes. En février 1925, une conférence franco-soviétique s'ouvrit à Paris pour étudier ces problèmes. Mais la délégation soviétique, présidée par l'ambassadeur Rakovsky, réclamait la restitution de la flotte russe de la mer Noire qui avait été internée à Bizerte, et de divers autres biens. Elle acceptait le remboursement des emprunts d'avant-guerre moyennant l'octroi de crédits correspondants. La délégation française, présidée par de Monzie, aurait accepté le compromis. Mais Poincaré estima qu'il était illusoire. La conférence prit fin par un échec en mars 1927. Dans l'intervalle, un autre événement avait accru la tension : la signature du traité franco-roumain.

Depuis 1920, la Roumanie cherchait à obtenir la garantie de ses frontières et notamment de la Bessarabie. Le protocole de 1920, qui lui avait reconnu la Bessarabie, avait été ratifié par la France et l'Angleterre, non par le Japon et par l'Italie. En 1926, la Roumanie renouvela son alliance militaire du 3 mars 1921 avec la Pologne. Elle chercha également à se rapprocher de l'Angleterre (le président du Conseil Averescu se rendit à Londres), de l'Italie et de la France : le 10 juin 1926, Briand et le ministre de Roumanie à Paris, Diamondi, signèrent un traité d'alliance. C'était, selon Briand, l'exécution de promesses faites par Poincaré à la Roumanie, et l'on en avait hâté la signature car l'on savait que la Roumanie négociait également avec l'Italie.

À ce traité, l'URSS riposta par une note du 2 octobre 1926, protestant contre un traité qui sanctionnait l'annexion de la Bessarabie par la Roumanie. Après cette note et l'échec définitif des pourparlers sur la dette russe, un fort mouvement se dessina en France en faveur d'une rupture des relations diplomatiques entre les deux pays. Mais Briand préféra ne pas pousser les choses à l'extrême.

La tension italo-russe

L'Italie faisait depuis 1924 un gros effort pour se rapprocher des pays de la Petite Entente. Mussolini signa, en juillet 1924, un traité d'amitié avec la Tchécoslovaquie. Avec le général Averescu, qui avait la réputation d'être italophile, il signa de même un traité d'amitié italo-roumain, le 16 septembre 1926. Par ce traité, l'Italie reconnaissait formellement les droits de la Roumanie sur la Bessarabie. Dès le 6 octobre, quatre jours après la note de protestation à la France, l'URSS en adressa une semblable à l'Italie.

La tension anglo-russe

C'est avec l'Angleterre que les rapports furent les plus mauvais. L'origine de la tension réside dans la grève générale, lancée en mai 1926, par les *Trade Unions* et qui dura une semaine, suivie par la grève des mineurs qui se prolongea jusqu'à l'automne et aboutit à un échec. Or, cette grève avait été annoncée en décembre 1925, par Zinoviev au 14e Congrès du parti communiste. Les syndicats russes firent des collectes en faveur des mineurs anglais. En juillet 1926, eut même lieu à Paris une conférence entre représentants des *Trade Unions* et des syndicats russes. En fait, la collusion était moins réelle qu'il ne paraissait. Mais le gouvernement conservateur britannique adressa, le 12 juin 1926, une note de protestation aux Soviets contre le fait que les syndicats soviétiques finançaient les syndicats anglais. Le gouvernement soviétique répondit le 15 juin pour justifier son attitude. Le 24 juin, le gouvernement Baldwin publia un *Livre bleu,* recueil de documents destinés à montrer l'ingérence des Soviets dans la politique britannique. Un peu plus tard, Chamberlain menaça l'URSS de rompre l'accord commercial, voire les relations diplomatiques normales. Le 12 mai 1927, une perquisition fut organisée dans les locaux de l'« Arcos », société commerciale anglo-soviétique. La police anglaise s'empara des archives du représentant commercial des Soviets. L'URSS protesta contre cette violation de l'immunité diplomatique. La question fut débattue le 24 mai à la Chambre des communes où seuls Lloyd George et quelques rares députés désapprouvèrent le gouvernement. Baldwin annonça que celui-ci avait décidé d'annuler l'accord commercial et de rompre les relations diplomatiques avec l'URSS. La Chambre des communes l'approuva, le 26 mai. Le même jour fut publié un *Livre blanc* de 17 documents sur les intrigues antibritanniques de l'URSS. Le gouvernement soviétique protesta en vain le 28 mai.

L'isolement de l'URSS

Quelques jours après, le 15 juin 1927, eut lieu à Genève une conférence entre Chamberlain, Stresemann, Briand, Vandervelde et le comte Ishii, où fut abordé le problème des rapports avec l'URSS. Chamberlain proposa à Stresemann — qui a laissé un récit de l'entretien — d'exercer son influence sur le gouvernement russe pour aboutir à un rapprochement économique entre la Russie et l'Europe. Il se refusait à toute « croisade antibolchevique ». Stresemann, pour sa part, déclara au Reichstag, le 23 juillet, que l'Allemagne ne voulait pas participer à une action commune contre l'URSS. Après l'assassinat d'un de ses diplomates, l'URSS rompit également les relations diplomatiques avec la Suisse. Il faut attendre 1929, et l'adhésion de l'URSS au pacte Briand-Kellogg pour voir s'améliorer les rapports de l'URSS avec les principaux pays européens.

Le premier traité italo-albanais

De son côté, l'Italie mussolinienne s'efforçait de renforcer sa position dans l'Europe danubienne et balkanique. Elle s'y heurtait à l'influence française, hostile à la révision des traités. Nous avons déjà vu la compétition entre les deux pays, en ce qui concerne la Roumanie. Tous deux participèrent activement à la querelle qui opposait l'Albanie à la Yougoslavie. Ahmed Zogou, protégé yougoslave, s'était rangé finalement dans le camp italien après avoir chassé Mgr Fan Noli d'Albanie. Élu président pour sept ans, il annonça à Mussolini, le 31 janvier 1925, qu'il désirait établir un gouvernement solide en Albanie pour contribuer à la paix dans les Balkans. Mussolini le reconnut immédiatement. Le 27 novembre 1926, les deux pays signèrent à Tirana un « pacte d'amitié et de sécurité » valable cinq ans. Le *statu quo* politique et territorial de l'Albanie était garanti. Les Hautes Parties contractantes promettaient de ne pas conclure avec d'autres puissances des engagements politiques ou militaires préjudiciables aux intérêts de l'autre partie. En cas de conflit, elles s'engageaient à se soumettre à l'arbitrage.

L'alliance franco-yougoslave

Le traité de Tirana suscita immédiatement des inquiétudes en France et en Yougoslavie. Il maintenait l'indépendance de l'Albanie mais donnait à l'Italie une prépondérance incontestée sur l'Adriatique. Les Yougoslaves considéraient qu'il violait le « pacte d'amitié et de collaboration mutuelle cordiale », signé à Rome, lequel prévoyait des consultations préalables au cas où l'un des pays entreprendrait une action pouvant affecter les intérêts de l'autre. Or, la Yougoslavie, membre de la Petite Entente, considérait le pacte de Rome comme virtuellement aboli. Aussi la tension s'accrut-elle entre les deux pays. En mars 1927, Mussolini adressa à la France, à la Grande-Bretagne, à l'Allemagne et à la Bulgarie, une note où il se plaignait des préparatifs militaires yougoslaves. La Yougoslavie cherchait à lier la ratification des accords de Nettuno — à laquelle elle n'avait pas encore procédé — avec le problème du traité de Tirana qu'elle voulait porter devant la Société des Nations. Au cours de l'été 1927, les relations diplomatiques furent rompues entre l'Italie et la Yougoslavie.

Depuis mars 1926, ce dernier pays négociait un accord avec la France. Briand songea quelque temps à y admettre l'Italie et à en faire un traité tripartite. Mais Mussolini refusa. Le 11 novembre 1927, le ministre des Affaires étrangères yougoslaves, Marinkovitch, signa l'accord à Paris. C'était, d'une part, un traité d'amitié et d'alliance, d'autre part, un traité d'arbitrage. Briand déclara qu'il n'était pas dirigé contre l'Italie, mais Mussolini se plaignit amèrement du traité et aussi du fait que l'on avait choisi, pour le signer, l'anniversaire de l'armistice.

Le deuxième traité italo-albanais

Dès le 22 novembre, il riposta en signant avec l'Albanie un second traité à Tirana, alliance défensive cette fois, conclue pour une durée de vingt ans. En cas de guerre, les deux pays ne concluraient pas de paix séparée. De plus en plus, l'Albanie passait dans la zone d'influence italienne. On la qualifiait en Italie de « Belgique italienne » ; on comparait aussi sa situation à celle du Portugal vis-à-vis de l'Angleterre.

Toutefois, Briand ne chercha pas à envenimer les rapports franco-italiens et quelques jours après fut signé un *modus vivendi* temporaire réglant la situation des citoyens français en territoire italien et italiens en territoire français. Mussolini en profita pour déclarer qu'il n'avait pas d'objection à faire au traité franco-yougoslave. De son côté, la Yougoslavie finit par ratifier, avec trois ans de retard, les conventions de Nettuno de 1925. Mais le « pacte d'amitié et de collaboration cordiale », signé à Rome en 1924, vint à expiration en janvier 1929 et ne fut pas renouvelé.

Par ailleurs, en septembre 1928, Ahmed Zogou prit le titre de roi des Albanais, avec la pleine approbation de l'Italie.

Le révisionnisme italien et la Hongrie

Celle-ci avait également consolidé ses liens avec la Hongrie, en concluant, le 5 septembre 1925, un traité de commerce et, le 4 avril 1927, un traité d'amitié. Les deux États n'étaient pas alliés ; ils s'engageaient seulement à se soumettre aux procédures de conciliation et d'arbitrage en cas de différend. Mais le gouvernement hongrois déclara que la Hongrie entrait ainsi « dans la sphère des intérêts italiens ».

Cette politique italienne trouva sa pleine expression en 1928. Mussolini qui, dès novembre 1922, avait déclaré que les traités devaient être exécutés, mais qu'ils n'étaient pas éternels, prit franchement position en faveur d'une révision prochaine. Il accorda une interview au journal anglais *Daily Mail,* dont le directeur, lord Ruthermore, était lui aussi favorable à la révision, et surtout, dans un discours prononcé le 5 juin 1928, déclara que « l'éternité d'un traité signifierait qu'à un moment donné, l'humanité, par quelque prodige monstrueux, aurait été soumise à la momification, en d'autres termes, serait morte ». Il donna l'exemple de l'éphémère traité de Sèvres. Il ironisa en attribuant les traités non pas à la justice divine, mais à l'influence lunaire. Il annonça qu'entre 1935 et 1940 l'Europe arriverait à un point délicat de son histoire. Pour éviter les complications, il faudrait réviser les clauses de 1919. En particulier, il se déclara favorable à une révision au profit de la Hongrie.

La Grèce et ses voisins

La situation en Europe centrale et dans les Balkans restait donc troublée. La Grèce, en particulier, était en conflit avec tous ses voisins. Avec la Turquie les échanges de populations n'étaient pas encore terminés en 1925. Ils posaient quantité de problèmes notamment financiers, et occasionnaient d'innombrables frictions entre les deux pays. Avec la Bulgarie, les incidents de frontière étaient nombreux. Le 22 octobre 1925, des coups de feu furent tirés. Les Grecs avancèrent en territoire bulgare et s'apprêtèrent à marcher sur Petritch. Dès le lendemain, le gouvernement bulgare adressa un appel à la Société des Nations. Briand, alors président, convoqua le Conseil de la Ligue. En attendant, il enjoignit aux deux parties de s'abstenir du recours à la guerre. Le Conseil se réunit et envoya des attachés militaires sur les lieux. Les troupes grecques évacuèrent la Bulgarie. Ce fut pour la Société des Nations un succès appréciable, peut-être le seul qu'elle ait jamais obtenu. Mais la tension subsistait. La Grèce était également en mauvais termes avec l'Albanie à laquelle elle réclamait le territoire d'Argyrocastro, peuplé de Grecs (Épire du Nord). D'autre part, les musulmans albanais vivant en Grèce, se plaignaient de leur sort, et firent intervenir en leur faveur la Société de Nations. Enfin, il existait des difficultés sérieuses entre la Grèce et la Yougoslavie. La Grande-Bretagne, toujours intéressée à la Grèce à cause de sa situation géographique, essaya de la rapprocher de la Yougoslavie et de la Bulgarie, pour réaliser un « Locarno balkanique ». Des négociations s'ouvrirent dès janvier 1926, entre la Grèce et la Yougoslavie, et ces deux pays signèrent à Athènes, le 17 août 1926, un « traité d'amitié et de collaboration » [1]. Mais la France était assez peu favorable au « Locarno balkanique », auquel elle préférait le système de la Petite Entente. D'autre part, il fut impossible d'intégrer la Bulgarie à ce système. Son hostilité à la Grèce, son appui à l'Organisation révolutionnaire intérieure macédonienne, qui multipliait les attentats terroristes en Yougoslavie, rendaient cette solution impossible. Finalement, le Parlement grec refusa, le 25 août 1927, de ratifier le traité gréco-yougoslave.

1. La Yougoslavie obtint une zone franche dans le port de Salonique.

Les problèmes extra-européens de 1921 à 1929

I. La conférence de Washington

Les républicains au pouvoir aux États-Unis

Les États-Unis étaient gouvernés depuis 1921 par le nouveau président républicain Warren G. Harding, lequel avait choisi comme secrétaire d'État une très remarquable personnalité, l'ancien rival républicain de Wilson aux élections de 1916, Charles Evans Hughes. L'élection s'était faite principalement sur l'idée du « retour à la normale » (*back to normalcy*) que préconisait Harding. Sur le plan extérieur, la « normale », c'était le maintien de l'isolement traditionnel, incompatible avec les obligations imposées par la SDN. Harding n'avait pas pris formellement position contre l'adhésion américaine avant son élection. Mais, dès son arrivée au pouvoir, il interpréta le vote populaire comme un rejet de la SDN. Le 24 août 1921, les États-Unis signèrent un traité de paix séparée avec l'Allemagne. L'évacuation des troupes d'occupation américaines en Allemagne fut entreprise et prit fin au début de 1923.

Quelques jours avant le traité, le 11 août 1921, le président Harding avait pris l'initiative d'inviter à Washington des représentants de la France, de la Grande-Bretagne, de l'Italie, des Pays-Bas, de la Belgique, du

Portugal, du Japon et de la Chine. Les buts officiels de la conférence étaient :

— le désarmement en général, et spécialement le désarmement naval ;

— la solution des problèmes de l'Extrême-Orient et du Pacifique.

La conférence siégea à Washington du 12 novembre 1921 au 6 février 1922. Briand y représenta la France jusqu'au 24 novembre.

La limitation des armements navals

En ce qui concerne le désarmement, Briand obtint le rejet d'une proposition anglaise tendant à ce que l'on discutât, non seulement du désarmement naval, mais du désarmement terrestre. La France estimait nécessaire d'avoir des forces importantes pour assurer sa sécurité contre l'Allemagne, jugée toujours menaçante. On aborda donc le seul désarmement naval. Dès l'ouverture de la conférence, Hughes proposa un vaste plan comportant, outre la suspension de certaines constructions, l'établissement de « quotas » pour les principales marines. En fait, l'Angleterre avait déjà accepté le principe de la parité navale. Contrairement à ce qu'elle avait escompté, la France avait contre elle une vraie coalition anglo-américaine. Elle avait élaboré un programme étendu d'extension de sa flotte destiné à combler les vides occasionnés par la guerre, tant par la destruction de certains navires que par le ralentissement des constructions navales. À la différence de l'Angleterre et des États-Unis, la France avait en effet consacré à la guerre terrestre l'essentiel de son effort financier et industriel. Pour les États-Unis, représentés par Hughes, l'ancien secrétaire d'État Elihu Root, Henry Cabot Lodge, président de la Commission sénatoriale des Affaires étrangères jusqu'à sa mort, en 1924, et le démocrate Oscar W. Underwood, il s'agissait surtout d'arrêter une coûteuse course aux armements navals. Sans doute étaient-ils sûrs de pouvoir gagner cette course. Mais la menace japonaise dans le Pacifique serait grave si le Japon exécutait son vaste programme naval. Quant à l'Angleterre, elle se résignait, par la force des choses, à abandonner la règle du *Two powers standard*, qu'elle s'était toujours imposée jusqu'en 1914 : avoir une flotte au moins égale à la somme des deux autres flottes les plus fortes du monde. Cela impliquait qu'elle laisserait les États-Unis prendre le contrôle naval de certaines zones qu'elle avait jadis dominées — celle du golfe du Mexique et de la mer des Caraïbes par exemple — et qu'elle leur laisserait une part de responsabilité dans la défense du Canada. Quant au Japon, représenté par Kato, il subissait de façon particulièrement sérieuse les effets de la crise économique mondiale de 1920-1921 ; un fort courant d'opinion s'y manifestait contre les dépenses militaires et navales. Le congrès des Chambres de commerce avait voté, en juin 1921, un vœu en faveur de la réduction des crédits militaires. L'Angleterre n'avait pas demandé le renouvellement de l'alliance militaire anglo-japonaise de 1902 qui venait à expiration en juillet 1921. Les Britanniques voulaient ainsi donner satisfaction aux États-Unis et au Canada, et se souciaient fort peu de favoriser un pays qui, en Extrême-Orient, devenait leur rival.

Le traité sur la limitation des armements navals ou « traité des cinq puissances » fut signé, le 6 février 1922, par les États-Unis, la Grande-Bretagne, le Japon, la France et l'Italie, pour une durée de quinze ans. Il fixait ainsi les proportions de navires de ligne que pourraient garder les 5 signataires : 5 pour les États-Unis, 5 pour l'Angleterre, 3 pour le Japon, 1,75 pour la France et l'Italie. De plus, un *Naval Holiday* (arrêt des constructions de navires de ligne) était décidé pour dix ans. Le négociateur anglais, Balfour, avait ainsi obtenu un succès réel au détriment de la France, réduite au niveau de la flotte italienne, alors qu'elle devait répartir ses navires entre l'Atlantique et la Méditerranée, et qu'elle avait un plus vaste empire à défendre. Par contre, Briand, puis Sarraut obtinrent qu'aucune limitation ne fût apportée à la construction des sous-marins — malgré les protestations de Balfour — ni des petites et moyennes unités. Pour obtenir l'assentiment du Japon, qui aurait voulu la parité avec les États-Unis et l'Angleterre, il fut aussi précisé que l'on maintiendrait le *statu quo* pour les fortifications des possessions insulaires des États-Unis, de l'empire britannique et du Japon dans le Pacifique (sauf l'archipel japonais proprement dit et les îles voisines, la Nouvelle-Zélande et les îles Hawaï). Cette clause était favorable au Japon qui venait d'achever de fortifier les îles Bonin, alors que les États-Unis se voyaient ainsi interdire la création de bases navales dans l'île de Guam ou dans les Philippines.

Le traité des quatre puissances sur le Pacifique

En ce qui concerne l'Extrême-Orient, Briand eut une certaine peine à faire admettre la France parmi les négociateurs ; on prenait prétexte du fait que les îles françaises du Pacifique n'étaient pas menacées. En fait, l'opposition venait surtout de l'Angleterre. Celle-ci cherchait à substituer au traité anglo-japonais un accord plus large garantissant le *statu quo* dans le Pacifique. Elle désirait, pour y parvenir, décider les Américains à adhérer à l'alliance anglo-japonaise. Tel était le projet que Balfour suggéra à Hughes dès le 11 novembre 1921. Hughes refusa, mais, le 26 novembre, le Japon approuva la proposition de Balfour. Aussi Hughes finit-il par adopter une solution de compromis qui consistait à inclure la France dans un traité de garantie des possessions dans le Pacifique. C'était d'ailleurs là un moyen de la décider à accepter les clauses navales qu'elle rejetait encore. Finalement, le 13 décembre, fut signé le « traité des quatre puissances ».

Ce traité était valable dix ans. Il rendait sans objet l'alliance anglo-japonaise (art. 4). Les signataires convenaient de « respecter leurs droits touchant leurs possessions insulaires... dans la zone du Pacifique ». Si un différend se produisait entre eux à ce sujet, une nouvelle conférence serait convoquée. Si une tierce puissance menaçait ces possessions, les quatre signataires se consulteraient sur les mesures à prendre. Les Dominions d'Australie et de Nouvelle-Zélande, ainsi que l'archipel japonais étaient primitivement inclus dans les « possessions insulaires ». Le Japon obtint ultérieurement (6 février) que l'archipel japonais, territoire métropolitain, ne fût pas rangé dans cette catégorie. C'était en somme un traité de non-agression pour le Pacifique.

Les discussions sur la Chine

Aussi importantes furent les discussions concernant la Chine. La délégation chinoise se composait exclusivement de représentants du gouvernement de Pékin, Alfred Sze, ministre de Chine aux États-Unis, Wellington Koo, ministre à Londres, Ching Hui Wang. Sun Yat-sen, qui avait été élu, le 7 mai 1921, président de la République de Chine, à Canton, avait refusé d'envoyer un représentant aux côtés de ceux de Pékin. La délégation chinoise avait essentiellement trois objectifs : obtenir qu'aucune limitation nouvelle ne fût apportée à la souveraineté chinoise ; éliminer la pénétration étrangère lorsque celle-ci ne reposait sur aucun traité ; obtenir la révision des traités existants. Cette politique était largement soutenue par Hughes et la délégation américaine, favorables au principe de la « porte ouverte » en Chine et hostiles à l'extension de l'influence japonaise depuis le « traité des 21 demandes » de 1915. Les Anglais s'étaient ralliés au principe de la porte ouverte. Ils admettaient de renoncer à leurs droits d'exterritorialité sur Weï Haï Weï (Balfour le déclara explicitement le 3 février 1922), mais non sur la zone à bail de Kowloon et les « nouveaux territoires » également à bail, qui protégeaient Hong-Kong du côté du continent. Les Français et notamment l'ancien gouverneur général de l'Indochine, Albert Sarraut, qui secondait Viviani, chef de la délégation après le départ de Briand, admettaient tout au plus une éventuelle évacuation du territoire à bail de Kouang Tchéou Wan. Les Japonais, soucieux de maintenir leurs avantages acquis, voire de les développer, avaient l'intention de défendre pied à pied leur position. Mais bien qu'appuyés parfois par la délégation française, ils se sentaient en général isolés. Leur meilleur argument était le désordre régnant en Chine ; le gouvernement de Pékin était au bord de la banqueroute. L'équipe dirigée par Sou Chou-tseng dut se retirer le 17 décembre à la suite de l'arrivée du dictateur de la Mandchourie, Tchang Tso-lin, qui constitua un gouvernement ; celui-ci fut d'emblée impopulaire, car plusieurs ministres étaient accusés d'être vendus aux Japonais. Le président du Conseil Liang Shin-yi dut démissionner. La guerre civile, le banditisme étaient florissants dans toute la Chine.

Aussi, après d'âpres discussions, soit en séance plénière, soit surtout au sein du « comité pour l'Extrême-Orient », les Chinois n'obtinrent que des satisfactions limitées.

Leur première revendication : pas de nouvelle emprise étrangère sur la Chine, fut seule entièrement acceptée. On se mit d'accord sur un texte proposé le 21 novembre 1921 par le délégué américain Elihu Root. Les huit puissances qui participaient aux discussions de Washington avec la Chine s'engageaient à « respecter la souveraineté, l'indépendance et l'intégrité territoriale et administrative de la Chine », à favoriser la constitution d'un gouvernement stable en Chine, à maintenir le principe de la porte ouverte pour le commerce et l'industrie de toutes les nations sur l'ensemble du territoire chinois, à ne pas profiter des conditions régnant en Chine pour obtenir des privilèges nuisibles aux citoyens des autres États. Mais ce texte, qui devait devenir les articles 1 à 4 du « traité des neuf puissances », signé le 6 février 1922, n'avait pas d'effet rétroactif.

Dans le domaine des avantages de fait acquis par les étrangers, sans qu'il y eût de traite, les Chinois obtinrent satisfaction sur un nombre de points limité : les puissances acceptaient de supprimer leurs services de postes spéciaux, et de n'utiliser leurs services de radio et leurs télégraphes particuliers que pour des buts gouvernementaux, non commerciaux. Ils refusaient de retirer leurs troupes. Les Américains auraient voulu remplacer le contrôle interallié établi en 1921 sur le *Chinese Eastern Railway* en Mandchourie — soumis à l'influence russe avant 1917 — par un comité financier international exerçant les mêmes pouvoirs. Une force de police internationale composée de Chinois, maintiendrait la sécurité dans la zone du chemin de fer. La Chine obtint que l'administration du chemin de fer et le droit de police fussent remis à un conseil de direction de 5 Chinois et 5 Russes blancs représentant la banque russo-asiatique. La Russie soviétique était ainsi éliminée.

Une convention spéciale unifia les droits de douane sur les frontières terrestres et maritimes et décida de porter ces droits à 5 % *ad valorem*. La Chine n'avait pu obtenir l'indépendance douanière ni même que les droits fussent élevés à 12 1/2 %.

Une autre convention prévoyait que l'exterritorialité serait supprimée quand l'organisation judiciaire chinoise donnerait suffisamment de garanties. C'était retarder indéfiniment l'abolition de ce privilège, particulièrement odieux aux nationalistes chinois. La Chine s'engageait à ne pas établir de discriminations pour l'usage de ses chemins de fer.

Les négociations sino-japonaises

La Chine aurait voulu que la conférence examinât le problème des articles du traité de Versailles cédant au Japon les droits allemands dans le Chantoung, et réclamait du Japon la renonciation au « traité des 21 demandes » de mai 1915. Le Japon accepta d'étudier ces questions dans des entretiens bilatéraux sino-japonais. Les États-Unis firent pression sur le Japon pour l'obliger à céder. Ils le menacèrent de reprendre la course aux armements navals, course dans laquelle le Japon était certain d'être battu. Le Japon n'accepta pas de renoncer au « traité des 21 demandes » puisque, disait le négociateur nippon, le baron Shidehara, la Chine avait signé ce traité comme État souverain. Cependant, il accepta d'abandonner en fait la plupart des privilèges à lui conférer par ce traité. Par l'accord sino-japonais du 4 février 1922, il s'engagea à restituer à la Chine, dans un délai de six mois, le territoire à bail de Kiao Tchéou, les biens ex-allemands de ce territoire, et moyennant 66 millions de francs-or, les voies ferrées ex-allemandes du Chantoung. La garnison japonaise de Tsing Tao serait évacuée dans les trente jours.

Parallèlement à la conférence de Washington, et sur pression de Hughes, le Japon annonça l'évacuation de la province maritime « dans un délai rapproché ». En fait, après une vaine négociation avec la République d'Extrême-Orient, qui refusa de lui consentir des avantages commerciaux, le gouvernement japonais se résigna à rappeler ses troupes entre août et octobre 1922. Ainsi, la conférence de Washington, quoique n'ayant pas satisfait — et de loin — à toutes les revendications chinoises, marquait-elle pour le Japon, comme le dit Pierre Renouvin, un véritable « coup d'arrêt ». Les seuls avantages sérieux qu'il eût obtenus étaient la limitation de la flotte américaine et l'engagement des États-Unis de ne pas fortifier certaines de leurs îles du Pacifique.

II. L'Extrême-Orient après la conférence de Washington

L'abandon momentané des prétentions japonaises sur la Chine, la modération de Shidehara, ministre nippon des Affaires étrangères de 1924 à 1927 et de 1929 à 1931, caractérisent la période qui suivit la conférence de Washington en Extrême-Orient. Par ailleurs la Chine était en proie à de graves difficultés internes — que nous exposerons seulement dans la mesure où elles eurent des répercussions internationales.

L'URSS et la Chine du Sud

On sait que la Chine était partagée entre deux gouvernements, celui de Pékin, seul reconnu par les puissances, celui du sud, dominé jusqu'à sa mort, le 12 mars 1925, par la personnalité de Sun Yat-sen et le Kouomintang ou parti nationaliste. Les deux gouvernements, surtout celui de Pékin, étaient agités par des coups d'État incessants. Sun Yat-sen lui-même fut plusieurs fois écarté du pouvoir L'un et l'autre ne dominaient que quelques provinces. Les autres étaient disputées entre un certain nombre de généraux. Le problème qui se posait aux puissances était de savoir avec quel gouvernement négocier.

Une mission soviétique dirigée par Joffe alla à Pékin (1922-janvier 1923) ; mais pour l'URSS le véritable gouvernement chinois était celui du sud. Le 26 janvier 1923, Joffe, qui s'était rendu en Chine du Sud, signa avec Sun Yat-sen, momentanément réfugié à Shanghai, un accord reconnaissant que la Chine n'était pas mûre pour l'adoption du régime communiste. Sun Yat-sen admettait l'occupation temporaire de la Mongolie extérieure par les troupes soviétiques ; en mai 1924, la mort du Kutukhtu permit de transformer le pays en une République populaire de Mongolie extérieure. Les Soviets s'engageaient à favoriser l'unification de la Chine et son indépendance vis-à-vis des puissances qui lui avaient imposé des « traités inégaux ». Joffe se rendit ensuite à Tokyo pour négocier la rétrocession de la partie nord de Sakhaline. Il y fut longtemps retenu par la maladie. En octobre 1923, une autre mission russe dirigée par Borodine vint à Canton où, travaillant en étroit accord avec Sun Yat-sen, elle entreprit la réforme du Kouomintang, dans lequel s'introduisirent des éléments du Parti communiste chinois. Des instructeurs militaires russes améliorèrent les armées sudistes et établirent leur influence sur l'Académie militaire de Whampoa. Cette influence russe dura jusqu'en 1926-1927. Après la mort de Sun Yat-sen, Tchang Kaï-shek, principal chef militaire du Kouomintang, s'éloigna des Soviétiques. Le 20 mars 1926, il expulsa de Canton les communistes russes. Ceux-ci se réfugièrent à Hankéou où ils constituèrent un gouvernement. Mais en décembre 1927, Tchang Kaï-shek réprima un soulèvement communiste à Canton, ordonna la fermeture des agences commerciales russes en Chine. Le gouvernement d'Hankéou s'effondra et Borodine quitta le pays. Le gouvernement russe, après avoir cru en 1925 à une révolution communiste prochaine en Chine, dut reconnaître que celle-ci était bien compromise ; le 14 décembre 1927, il rompit les relations diplomatiques avec le gouvernement national du Kouomintang.

L'URSS et la Chine du Nord

Simultanément, l'URSS négociait un accord avec le gouvernement de Pékin. Le 14 août 1923, un autre envoyé soviétique, Karakhan, arriva à Kharbin puis se rendit à Pékin le 2 septembre. Après quelques mois de négociations, un accord préparatoire fut paraphé le 14 mars 1924, malgré la sourde opposition des autres puissances. Le 31 mai, l'accord définitif fut signé entre Karakhan et le ministre chinois des Affaires étrangères, Wellington Koo. L'article 1er stipulait la reconnaissance du gouvernement soviétique par la Chine. L'article 3 annulait tous les traités conclus entre la Chine et le gouvernement tsariste et annonçait qu'ils seraient remplacés par des traités conclus sur la base de l'égalité. L'article 5 concernait la Mongolie extérieure ; celle-ci était considérée comme une « partie intégrante de la République de Chine ». Ainsi, cet article constituait pour les Russes un recul, au moins apparent, par rapport au traité soviéto-mongol, lequel reconnaissait l'indépendance totale de la Mongolie extérieure [1]. Les deux parties s'engageaient à « ne pas permettre dans leurs territoires respectifs, l'existence et l'activité de groupes et organisations » dont le but serait de « lutter par des actes de violence » contre le gouvernement de l'autre partie, à ne pas faire de propagande « dirigée contre les systèmes politique et social de l'autre partie ». Quant au chemin de fer de l'est chinois (art. 9), on déclarait qu'il était une entreprise purement commerciale. La Chine pourrait le racheter « avec des capitaux chinois » sans qu'une tierce puissance pût s'en mêler. La Russie n'entretiendrait plus de troupes dans la zone de chemin de fer. En attendant le rachat par la Chine, elle continuerait à la diriger, mais il y aurait des membres chinois dans le conseil d'administration. La Russie renonçait enfin à ses concessions, à l'« indemnité des Boxers » qui serait versée à un fonds destiné à améliorer le système d'éducation en Chine, à ses droits d'exterritorialité, à ses juridictions consulaires. Les droits de douane entre les deux pays seraient fixés librement « en accord avec les principes d'égalité et de réciprocité ». Ce traité, le premier que la Chine eût conclu avec une autre puissance sur un pied d'égalité, entrait en vigueur à dater de sa signature. L'opinion publique chinoise l'accueillit avec enthousiasme.

Le chemin de fer de l'est chinois

En fait, la portée de l'accord en ce qui concerne le chemin de fer de l'est chinois était limitée par le fait que la Mandchourie était sous le contrôle du maréchal Tchang Tso-lin, qui refusait de reconnaître le gouvernement de Pékin. Il fallut une négociation directe et la signature d'un accord spécial à Moukden, le 20 septembre 1924, entre Tchang Tso-lin et l'URSS, pour que les principes de l'accord du 31 mai fussent acceptés par lui. Naturellement, le gouvernement de Pékin adressa à Moscou une protestation contre la signature du traité de Moukden, mais un coup d'État renversa ce gouvernement ; Koo dut se réfugier à Tientsin et Tchang Tso-lin donna son appui à la nouvelle équipe. Puis, pour exercer une influence plus directe, en avril 1926, Tchang s'empara de Pékin et,

1. Voir ci-avant, chap. 1, § V, p. 45.

brouillé avec les Russes, réclama le rappel de Karakhan. Il cessa de respecter l'accord en 1927 et fit arrêter le directeur russe du chemin de fer. Tchang Tso-lin mourut, le 4 juin 1928, victime d'un attentat et son fils se réconcilia avec les Russes.

Mais cette bonne entente ne dura guère. En effet, Tchang Kaï-shek était en train de faire la conquête de la Chine et de l'unifier sous la direction du Kouomintang. En 1926, il avait conquis la région d'Hankéou, puis celle de Shanghai. En 1927, il prit Nankin dont il fit la capitale du « gouvernement national » chinois. En janvier 1928, il entreprit la lutte contre le gouvernement de Pékin, avec l'aide du « général chrétien » Fong Yu-siang, qui dominait certaines provinces du nord-ouest. Il s'empara du Chantoung entre février et juin 1928, de Pékin le 8 juin — quatre jours après la mort de Tchang Tso-lin. Le fils de Tchang Tso-lin, Tchang Hiue-leang, dut reconnaître son autorité. Le 10 juillet 1929, Tchang Kaï-shek expulsa de Kharbine le directeur russe du chemin de fer de l'est chinois, et y installa un directeur chinois. L'URSS exigea le rétablissement du directeur russe. Tchang refusa.

Le 18 novembre, les Russes envahirent la Mandchourie du Nord et battirent les Chinois. Un armistice fut signé à Khabarovsk le 22 décembre 1929. Il fut décidé que les troupes russes et les troupes chinoises évacueraient la Mandchourie du Nord et qu'une conférence russo-chinoise réglerait la question du chemin de fer. En fait, en 1931, ce résultat n'était pas encore atteint et lorsque les Japonais entreprirent la conquête de la Mandchourie, les chemins de fer étaient toujours dirigés par un Chinois.

L'application des accords de Washington

Sur la question des droits de douane, qui devaient être portés, on s'en souvient, à 5 %, une commission se réunit à Shanghai à partir du 31 mars 1922. Elle aboutit aisément à un accord, malgré l'opposition momentanée de l'Italie, et les nouveaux droits furent appliqués à partir du 17 janvier 1923. Il en fut de même des accords concernant les postes étrangers en Chine, et de l'évacuation du Chantoung par les Japonais. Ceux-ci refusèrent toutefois de renoncer à l'accord de 1915 qui portait de vingt-cinq à quatre-vingt-dix-neuf ans la cession à bail de Port-Arthur et Dalny. D'autre part, malgré de longues négociations, les Chinois ne purent se mettre d'accord avec les Anglais sur les modalités de rétrocession de Weï

Haï Weï à la Chine et, en novembre 1924, le gouvernement britannique décida d'interrompre *sine die* les pourparlers.

En ce qui concerne les juridictions consulaires, on se souvient qu'elles devaient être supprimées quand une commission d'enquête aurait établi que toute garantie était assurée aux étrangers sur le territoire chinois. Le gouvernement de Pékin affirmait qu'il en était ainsi ; mais l'état de guerre civile perpétuelle qui régnait en Chine n'incitait pas les observateurs étrangers à partager ce point de vue optimiste. Par exemple, le 5 mai 1923, l'express Pékin-Tientsin avait été attaqué par des bandits, et de nombreux étrangers avaient été retenus prisonniers pendant cinq semaines, tandis que le gouvernement chinois négociait avec leurs geôliers... pour les incorporer dans l'armée régulière. De plus, la France, mécontente de voir le gouvernement chinois renoncer à payer l'« indemnité des Boxers » en francs-or, refusait de coopérer avec la commission jusqu'à ce que le problème eût été réglé — ce qui ne fut réalisé que le 12 avril 1925.

L'agitation nationaliste

Mais quelques jours après, le 30 mai, eut lieu à Shanghai, dans la concession internationale, une émeute nationaliste. L'inspecteur de police britannique, qui était de service, ordonna de tirer sur la foule et 9 Chinois furent tués. Immédiatement, une grève générale fut déclenchée à Shanghai, qui devait durer tout l'été. L'agitation xénophobe se développa dans toute la Chine. À Canton, le 23 juin, un Français ayant été tué, les marins français mitraillèrent la ville. Aux yeux des étrangers, c'étaient là des mesures de légitime défense. Mais les patriotes chinois y virent le résultat des « traités inégaux » et insistèrent pour leur révision immédiate. Le gouvernement de Pékin ayant protesté contre l'incident de Shanghai, bénéficia de ce fait d'un regain de popularité dans la Chine entière. Il adressa le 24 juin aux puissances une note demandant la révision des traités, en ce qui concernait notamment les droits d'exterritorialité, les concessions étrangères, les territoires à bail et le tarif douanier. Il exprimait l'espoir d'un nouveau statut « sur une base équitable, propre à satisfaire les légitimes aspirations nationales du peuple chinois ». C'était aller fort au-delà des accords de Washington. Les puissances signataires répondirent, le 4 septembre, au gouvernement chinois qu'elles n'étaient pas encore disposées à abandonner le programme de Washington.

Une conférence sur la question des tarifs douaniers se réunit à Pékin à partir du 26 octobre 1925 et admit le droit de la Chine à jouir de l'autonomie douanière à partir du 1er janvier 1929. Mais la conférence ne put poursuivre ses séances à cause de l'intensification de la guerre civile.

Quant à la commission sur l'exterritorialité, elle finit par se réunir le 12 janvier 1926. Treize nations y étaient représentées. À partir de mai furent entreprises des enquêtes dans les provinces. Le rapport qui en résulta était favorable aux principes judiciaires adoptés par le gouvernement chinois, non à leur application pratique (abus des tribunaux militaires, médiocrité des prisons, etc.) et suggérait tout un ensemble de réformes.

Les puissances se détournent du gouvernement de Pékin

Ces négociations étaient entreprises avec le gouvernement de Pékin. Mais, depuis 1925, celui-ci perdait de plus en plus son prestige et son autorité. En 1926 et 1927, nous l'avons vu, Tchang Kaï-shek remportait victoire sur victoire. Or, le Kouomintang avait, à l'égard des traités inégaux, une attitude plus intransigeante encore que le gouvernement de la Chine du Nord. L'agitation xénophobe, dirigée surtout contre les Anglais, était intense en Chine du Sud. Le gouvernement britannique, impressionné par cette attitude, adressa, le 18 décembre 1926 un mémorandum à toutes les puissances signataires des accords de Washington. Ce mémorandum montrait la disparition progressive de l'autorité du gouvernement de Pékin, le développement du pouvoir du gouvernement nationaliste en Chine du Sud. Il proposait la reconnaissance des gouvernements locaux, et la publication par les puissances d'une déclaration annonçant « qu'elles étaient prêtes à négocier sur la révision des traités et sur toutes les autres questions pendantes aussitôt que les Chinois eux-mêmes auraient constitué un gouvernement ayant autorité pour négocier... ».

À la suite d'une émeute à Hankéou, le gouvernement britannique, soucieux d'éviter des incidents analogues à ceux de 1925, décida de retirer ses navires de guerre, puis d'évacuer les femmes et les enfants des concessions britanniques d'Hankéou et Kin Kiang (janvier 1927). Les ministres des Affaires étrangères du Japon (Shidehara) et des États-Unis (Kellogg) se montrèrent favorables au mémorandum britannique et à l'autonomie douanière de la Chine.

Cependant, cette attitude de conciliation fut momentanément compromise par un nouveau mouvement xénophobe à Nankin. Le 24 mars 1927, peu après la conquête de la ville par les troupes du Kouomintang, les étrangers résidant dans la ville furent attaqués. Des nationaux américains, britanniques, français, italiens et japonais furent assassinés, blessés, maltraités. Les consulats américain, britannique et japonais furent violés, de nombreuses maisons brûlées. L'émeute ne cessa que lorsque les navires de guerre britanniques et américains eurent commencé à bombarder la ville. Le 11 avril, les États-Unis, la Grande-Bretagne, le Japon, la France et l'Italie adressèrent une note au gouvernement nationaliste, exigeant la punition des responsables, des excuses écrites, l'engagement de réprimer toute violence, la réparation intégrale des dommages subis, faute de quoi les cinq pays prendraient des mesures appropriées. Le ministre des Affaires étrangères nationaliste déclara que l'émeute était le fait des agents provocateurs nordistes et attribua aux traités inégaux la responsabilité de ces événements. Les cinq puissances trouvèrent cette réponse peu satisfaisante, mais renoncèrent à toute mesure de coercition, de façon à ne pas entraver l'action de Tchang Kaï-shek qui venait de constituer à Nankin un gouvernement hostile à celui de Hankéou.

Au printemps 1928, les négociations entre les puissances et le gouvernement de Pékin prirent fin du fait de la victoire de Tchang Kaï-shek et de l'unification de la Chine. Le gouvernement nationaliste décida de s'installer à Nankin, et Pékin — qui signifie « la capitale du nord » — reçut le nom de Peiping — « la paix du nord ». L'un des premiers gestes du gouvernement de Nankin fut de faire exécuter 19 soldats responsables des désordres de cette ville. Il s'occupa ensuite de négocier la révision des traités, en commençant par les traités conclus avec la Belgique, l'Espagne, le Portugal, l'Italie et le Danemark. Le Japon refusa toute révision du traité de 1896, et la tension s'accrut entre ce pays et la Chine. Divers incidents sanglants entre troupes chinoises et nippones avaient eu lieu, notamment en mai 1928, à Tsi Nan Fou. Le Japon avait en effet envoyé des troupes en avril dans le Chantoung pour y protéger ses intérêts durant la campagne de Tchang Kaï-shek contre Pékin. Elles occupèrent notamment Tsi Nan Fou et Tsing Tao et menacèrent d'intervenir en Mandchourie pour y maintenir l'ordre.

La conquête de l'autonomie douanière

Finalement, le gouvernement nationaliste obtint la signature de divers traités reconnaissant à la Chine l'autonomie douanière : le 21 juillet 1928 avec les États-Unis, le 17 août avec l'Allemagne, le 22 novembre avec la Belgique (avec des clauses mettant fin au droit d'exterritorialité), le 27 novembre avec l'Italie, sur des bases analogues, le 12 décembre avec le Danemark, le 19 avec le Portugal, le 27 avec l'Espagne. De même avec la Norvège (12 novembre), la Grande-Bretagne (20 décembre), les Pays-Bas (19 décembre), enfin la France (22 décembre). En échange d'une totale autonomie douanière, la Chine accordait à la plupart de ces pays la clause de la nation la plus favorisée. Isolé, le Japon finit par signer, le 28 mars et le 7 mai 1929, des accords sur la réparation des dommages causés lors des incidents du Chantoung et ses troupes furent retirées d'Hankéou et du Chantoung. Quant à l'autonomie douanière, le Japon ne la reconnut à la Chine que par un traité signé à Nankin le 6 mai 1930.

Le problème de l'exterritorialité

Les traités avec l'Italie, le Danemark, l'Espagne et le Portugal admettaient l'abandon des privilèges d'exterritorialité, mais seulement lorsque les autres puissances signataires des traités de Washington auraient signé des accords analogues. Tout en admettant les progrès du système judiciaire chinois, les principales puissances intéressées : États-Unis, Angleterre, France, etc., posèrent diverses conditions et réclamèrent notamment que les codes chinois fussent complétés et améliorés. Le 28 décembre 1929, le gouvernement chinois publia un manifeste où il déclarait : « Aussi longtemps que l'exterritorialité n'est pas abolie, la Chine sera incapable d'exercer sa pleine souveraineté. » En conséquence, il décidait qu'à dater du 1er janvier 1930, tous les étrangers se trouvant sur le territoire chinois seraient soumis aux lois chinoises. Par cette déclaration unilatérale, le gouvernement chinois espérait forcer la main des puissances. Mais il n'obtint pas le succès escompté.

Toutefois, entre 1927 et 1930, l'Angleterre abandonna ses concessions à Hankéou, Kin Kiang, Tchin Kiang et Amoy. Le statut de la concession internationale à Shanghai fut révisé de façon à inclure dans le conseil une représentation chinoise. Enfin, le retour de Weï Haï Weï à la Chine, au sujet duquel les négociations de 1922 et 1924 avaient échoué, fut décidé par un accord du 18 avril 1930.

III. Les problèmes de l'Afrique et du Moyen-Orient

Tandis que la Chine cherchait à s'émanciper de la tutelle étrangère, l'Afrique restait presque entièrement une aire coloniale. Les seuls territoires indépendants étaient l'Union sud-africaine — dont les liens avec la Grande-Bretagne se relâchaient [1] — la petite république de Liberia, dont le rôle international était insignifiant, l'Éthiopie et l'Égypte. Seule, cette dernière posa des problèmes sérieux. Les autres questions diplomatiques concernant l'Afrique étaient liées à la rivalité coloniale entre les puissances.

Les revendications coloniales italiennes

Nous avons vu que l'Italie, dirigée depuis 1922 par Mussolini, n'avait pas réussi à obtenir sur le plan colonial des compensations appréciables. Cela créait en Italie un mécontentement sérieux : « Nous avons faim de colonies, dit Mussolini en 1926, parce que nous sommes prolifiques, et avons l'intention de le rester. » Aux yeux du dictateur, la colonisation était d'autant plus nécessaire à l'Italie que les lois américaines de 1921 et 1924 sur l'immigration interdisaient pratiquement aux Italiens de s'installer aux États-Unis. Néanmoins, avant 1932, l'Italie n'avait pas d'ambition avouée au sujet de l'Éthiopie. Dès novembre 1919, le gouvernement italien avait proposé à la Grande-Bretagne un accord sur les zones d'influence en Éthiopie ; elle refusa tout d'abord. Mais, ayant pour sa part échoué en 1924 dans des pourparlers directs avec le régent, le ras Tafari Makonnen, l'Angleterre accepta de négocier avec l'Italie en 1925. Entre temps, l'Éthiopie, en 1923, était devenue membre de la Société des Nations avec l'appui italien. La négociation anglo-italienne aboutit à un échange de lettres des 14 et 20 décembre 1925. L'Italie aiderait l'Angleterre à obtenir du gouvernement éthiopien la construction d'un barrage près du lac Tsana, qui alimente le Nil bleu, et d'une route reliant ce barrage au Soudan. En échange, l'Angleterre rendrait un service analogue à l'Italie pour la construction d'une voie ferrée reliant l'Érythrée à la Somalie italienne à travers le territoire éthiopien. La zone traversée par ce chemin de fer et tout l'ouest de l'Éthiopie seraient sous l'influence économique de l'Italie. Mais l'Italie s'engageait à ne pas faire de travaux suscep-

1. Voir ci-après, § V, p. 131.

tibles de modifier le régime du Nil et de ses tributaires. La Grande-Bretagne ne réclamait aucune zone d'influence. La France protesta contre cet accord au nom d'un traité de 1906 qui prévoyait le maintien des droits souverains de l'empereur d'Éthiopie. L'Éthiopie protesta également en juin 1926 auprès de la Société des Nations, déclarant que l'accord était une menace pour la souveraineté éthiopienne.

Finalement l'Italie réussit à apaiser le gouvernement éthiopien et à signer avec lui, le 2 août 1928, un traité d'amitié, de conciliation et d'arbitrage, valable pour vingt ans. Ce traité prévoyait que chacun des deux partenaires n'entreprendrait aucune action nuisible à l'indépendance de l'autre (art. 2). Le commerce entre les deux pays serait développé. Leurs différends seraient réglés par une procédure de conciliation et d'arbitrage, « sans recours à la force des armes ». Une route serait construite de Dessyé en Éthiopie, jusqu'au port érythréen d'Assab, et l'Éthiopie recevrait dans ce port, pour cent trente ans, une zone franche. En fait, l'Italie n'obtint aucun avantage économique entre 1928 et 1935 ; et lorsque le Négus fit appel à des techniciens étrangers, il ne s'adressa qu'exceptionnellement aux Italiens.

Les négociations anglo-égyptiennes

En Égypte, la période qui s'étend entre 1922 et 1932 fut marquée par une longue suite de vaines négociations avec l'Angleterre.

Nous avons vu que la déclaration britannique du 28 février 1922 avait proclamé la fin du protectorat britannique. Cette déclaration n'établissait pas l'indépendance effective du pays. L'Angleterre avait, en effet, réservé jusqu'à la conclusion d'un accord :

— la sécurité des communications de l'Empire britannique en Égypte ;

— la défense de l'Égypte contre toute agression ou ingérence étrangère ;

— la protection des intérêts étrangers en Égypte et des minorités ;

— le Soudan et son statut de condominium.

D'autre part, Fouad Ier, le 15 mars 1922, abandonna son titre de Sultan et prit celui de « Majesté et roi d'Égypte ». Un an après, le 18 avril 1923, fut promulguée une Constitution de type parlementaire. Les premières élections (1924) donnèrent une écrasante majorité au parti de Saad Zaghloul (récemment rappelé de déportation), le Wafd. Très vite on put constater qu'il y avait en Égypte deux forces politiques, le Wafd et la Couronne, qui, tantôt collaboraient, tantôt s'opposaient l'un à l'autre. Le gouvernement anglais entreprit de négocier tantôt avec des gouvernements du Wafd, tantôt avec des gouvernements minoritaires, soutenus par la Couronne.

En avril 1924, le Premier Ministre travailliste, MacDonald, invita Zaghloul, président du Conseil égyptien, à venir à Londres. Il s'y rendit en septembre, tandis qu'avaient lieu, au Soudan, des manifestations et des rixes entre soldats égyptiens et anglais. Zaghioul, n'ayant pu s'entendre avec les Anglais, revint au Caire le 9 octobre, en pleine agitation terroriste. Le 19 novembre, Lee Stack, sirdar et gouverneur général du Soudan, fut assassiné en pleine rue, près du haut commissariat britannique, par sept étudiants. L'Angleterre réagit aussitôt. Le maréchal Allenby remit un ultimatum au gouvernement égyptien, exigeant la punition des coupables, une indemnité de 500 000 livres et l'évacuation immédiate du Soudan par toutes les troupes égyptiennes. Une armée soudanaise indigène serait créée, dépendant exclusivement du gouvernement général du Soudan, c'est-à-dire de l'Angleterre.

Le roi Fouad constitua alors une suite de gouvernements minoritaires et, le 24 novembre 1927, après une visite de Fouad à Londres, le président du Conseil Sarwat Pacha et Austen Chamberlain signèrent un projet de traité. Mais le gouvernement égyptien rejeta ce projet et Sarwat donna sa démission. Nahas Pacha, devenu chef du Wafd après la mort de Zaghloul (1927), lui succéda ; mais Fouad désireux de reprendre les négociations, fit un véritable coup d'État (25 juin 1928), modifiant la Constitution, et donnant le pouvoir à un libéral, Mohammed Mahmud pacha. Fouad se rendit à Londres en juin 1929, avec Mahmud et, le 3 août, on aboutit à un nouveau projet de traité. Mais à la suite d'élections favorables au Wafd, ce projet fut à nouveau rejeté. Il en fut de même d'une négociation engagée en 1932 par Sidky Pacha. Il semblait impossible d'aboutir à un résultat.

La conquête de l'Arabie par Ibn Séoud

En Moyen-Orient, la période qui s'étend de 1921 à 1933 n'est pas entièrement calme. La zone la plus troublée est au début celle de l'Arabie. Le chef de la secte religieuse wahabite, Abdul Aziz Ibn Séoud, souverain du Nejd dont la capitale est Riyadh, avait signé un traité d'alliance avec les

Anglais le 26 décembre 1915. Mais contrairement à Hussein, chef de la famille hachémite, roi du Hedjaz, chérif de La Mecque, il n'avait pas participé activement à la guerre contre les Turcs [1]. Aussi les Anglais avaient-ils accordé de préférence leur protection à Hussein. Cependant, la rivalité était vive entre Hussein et Ibn Séoud et dès juin 1918, des combats eurent lieu entre leurs troupes. En mai 1919, Abdallah, fils d'Hussein, fut vaincu par une troupe wahabite et perdit l'oasis de Turaba. Le gouvernement britannique cessa alors de verser à Hussein des subsides (février 1920) ; en 1923, le roi du Hedjaz rompit avec le gouvernement égyptien. Hussein refusa de ratifier le traité de Versailles par suite de son opposition au système des mandats, et en 1923-1924, les tentatives britanniques pour fixer avec lui le sort futur de la Palestine aboutirent à un échec.

Le gouvernement anglais essaya alors de régler les problèmes d'Arabie en convoquant une conférence qui se tint à Koweït, du 17 décembre 1923 au 26 janvier 1924, avec des délégués du Hedjaz, du Nejd, de l'Irak et de la Transjordanie. Cette conférence échoua complètement. Ibn Séoud attaqua l'Irak. Hussein se proclama, le 7 mars 1924, Calife, c'est-à-dire chef religieux des Musulmans. Il fut reconnu par la Transjordanie, la Palestine, la Syrie et l'Irak, mais le reste du monde de l'Islam protesta. Ibn Séoud décida alors de faire la conquête du Hedjaz. Le 29 août, ses troupes franchirent la frontière. Hussein demanda en vain le secours des Britanniques et abdiqua le 3 octobre en faveur de son fils Ali. Mais celui-ci fut battu, perdit Médine le 5 décembre, abdiqua le 18 et s'enfuit en Irak auprès de son frère Fayçal. Hussein se réfugia à Chypre. Le 14 octobre 1925, achevant leurs conquêtes, les Wahabites entrèrent à La Mecque. Ibn Séoud avait unifié la plus grande partie de l'Arabie sous son sceptre, et le 8 janvier 1926, il fut proclamé roi du Hedjaz et sultan du Nejd par une assemblée de notables musulmans. Pour rassurer le monde musulman, il convoqua une conférence musulmane à La Mecque en juin 1926. Des délégués turcs, afghans, égyptiens y assistèrent. La conquête d'Ibn Séoud était ainsi progressivement reconnue.

L'Angleterre craignait qu'il n'attaquât les deux États gouvernés par les Hachémites sous mandat britannique, l'Irak et la Transjordanie. Ibn Séoud revendiquait en effet Mahan et le port d'Akaba attribués à ce

---

1. Voir ci-avant, chap. 1, § IV, p. 28.

dernier État. Aussi envoya-t-on Gilbert Clayton en mission auprès d'Ibn Séoud, en septembre 1925. Deux accords furent signés, l'accord de Bahra (1er novembre 1925) réglant le problème des tribus nomades à la frontière de l'Irak et de l'Arabie Saoudite ; l'accord de Hadda, du 2 novembre, fixant les frontières avec la Transjordanie. Ibn Séoud ne put faire aboutir une revendication tendant à donner à son royaume une frontière commune avec la Syrie. Cela aurait coupé les communications entre les deux mandats britanniques de Transjordanie et d'Irak. Ces accords furent complétés par le traité de Djeddah du 20 mai 1927 par lequel l'Angleterre reconnaissait l'indépendance de l'Arabie Saoudite, celle-ci s'engageant à faciliter aux sujets britanniques le pèlerinage de La Mecque. Ibn Séoud ne voulut pas reconnaître *de jure* l'attribution d'Akaba et de Mahan à la Transjordanie, mais en fait il s'abstint de toute opération contre ce pays.

L'Angleterre et l'Irak

En ce qui concerne l'Irak, les Anglais eurent d'abord à lutter contre une importante révolte, dans la région de l'Euphrate au cours de l'été 1920. Ils durent, pour la réprimer, envoyer 100 000 hommes. Le but des révoltés était de placer sur le trône Fayçal, qui venait d'être expulsé de Syrie par les Français. Les Anglais déclarèrent qu'ils étaient prêts à accorder le plus tôt possible une pleine indépendance à l'Irak. En mars 1921, une conférence, réunie au Caire, décida de créer un royaume héréditaire en Irak et d'en confier la couronne à Fayçal. Le Conseil d'État irakien accepta, et Fayçal fut proclamé roi au mois d'août. Une Assemblée constituante fut élue qui, en 1924, vota une Constitution et se proclama hostile au maintien du mandat. Les Anglais réussirent toutefois à le conserver grâce à l'affaire du Vilayet de Mossoul. Ce territoire, riche en produits pétroliers, peuplé en majorité par des Kurdes, par des Arabes musulmans et des chrétiens nestoriens, était revendiqué à la fois par la Turquie et par l'Irak. Pour faire aboutir sa revendication, l'Irak avait besoin de l'appui britannique. L'Angleterre préférait d'ailleurs voir la région pétrolifère aux mains des Irakiens qu'en celles des Turcs. Aussi, en 1924, il fut convenu que l'Irak ne réclamerait pas son indépendance immédiate, et qu'en échange l'Angleterre appuierait sa revendication sur Mossoul. Les Anglais portèrent le différend devant la Société des Nations qui attribua à l'Irak la plus grande partie du Vilayet. La Turquie s'y résigna en 1926. Le pétrole de l'Irak, véritable enjeu de ce conflit, avait été concédé avant la guerre par les

Turcs à une compagnie anglaise, la *Turkish Petroleum Company*. En avril 1920, la part de 25 % que possédait la *Deutsche Bank* dans cette compagnie fut transférée à un groupe financier français. Un peu plus tard, un accord attribua une part à la *Standard Oil* et à d'autres compagnies américaines, si bien que l'*Irak Petroleum Company* fut finalement possédée pour 47,5 % par les capitaux anglais, 23,75 % par les capitaux français, 23,75 % par les capitaux américains, 5 % restant aux mains d'un capitaliste irakien (24 mars 1925).

En 1929, le haut-commissaire britannique, Gilbert Clayton, proposa au gouvernement irakien la signature d'un traité anglo-irakien permettant à l'Irak de devenir indépendant et d'adhérer à la Société des Nations. Les négociations aboutirent et le traité fut signé à Bagdad le 30 juin 1930. Il était conclu pour vingt-cinq ans. Les deux pays, négociant « en complète liberté, égalité et indépendance », resteraient étroitement alliés. En temps de guerre, l'Irak permettrait à l'Angleterre d'utiliser son territoire. Les Anglais gardaient deux bases aériennes en permanence à Henaydi et près de Bassorah. Les capitulations devaient être abolies. En janvier 1932, le Conseil de la Société des Nations accepta l'admission de l'Irak à condition que ce pays publiât une déclaration donnant des garanties sur le traitement des minorités, l'administration de la justice et les principes du droit international.

L'Angleterre et la Transjordanie

La Transjordanie, peuplée de 200 000 habitants, détachée de la Palestine par le gouvernement britannique en 1922, reçut comme souverain l'émir Abdallah, fils d'Hussein. Le 20 février 1928, Abdallah signa un accord avec le gouvernement anglais. Celui-ci se déclarait prêt à reconnaître l'indépendance de la Transjordanie, à condition que ce pays eût un régime constitutionnel. Abdallah acceptait de suivre en politique extérieure les avis du gouvernement britannique, de même qu'en politique financière et économique. Certaines lois transjordaniennes devraient être soumises à l'approbation du gouvernement anglais. Ainsi l'indépendance de la Transjordanie resta-t-elle plus limitée que celle de l'Irak après le traité de 1930.

L'Angleterre et le golfe Persique

L'Angleterre exerçait également son protectorat sur les États du golfe Persique. À la différence des pays sous mandat, ceux-ci avaient reçu leur statut politique dès le XIXe siècle. Leur importance provenait de leur richesse en produits pétroliers. Le sultanat d'Oman et Mascate fut occupé par les troupes britanniques de 1915 à 1921. En 1923, le Sultan s'engagea à ne pas faire explorer ou exploiter les terrains pétrolifères sans l'accord de l'agent politique britannique. En 1925, une concession fut accordée à la d'*Arcy Exploitation Company*. L'État de Koweït, au nord-ouest du golfe Persique, était placé depuis 1899 sous protectorat britannique. En 1934, une concession pétrolifère y fut accordée à une compagnie anglo-américaine, la *Koweït Oil Company*. L'État de Qatar se plaça en 1916 sous le protectorat britannique. De même, depuis 1892, les *Trucial States*. En 1923, ceux-ci s'engagèrent à consulter le résident britannique à propos des concessions pétrolières. Enfin l'île de Bahrein était également sous protectorat britannique depuis le XIXe siècle. En 1927, le gouvernement persan réclama la souveraineté sur Bahrein. Le gouvernement britannique rejeta cette prétention le 18 janvier 1928 ; le pétrole y fut exploité par la *Bahrein Petroleum Company*, que possédait la *Standard Oil of California.*

La France, la Syrie et le Liban

En Syrie, la France devait s'efforcer de créer un régime donnant satisfaction à la fois aux musulmans et aux nombreuses minorités chrétiennes (quinze sectes religieuses différentes). Nous avons vu que la France établit d'abord plusieurs États, pour aboutir finalement à la création de la Syrie centralisée et du Liban. Le haut-commissaire était alors le général Weygand, qui fut rappelé en novembre 1924. Son successeur, le général Sarrail, anticlérical violent, s'aliéna les populations chrétiennes du Liban et les Druses. En août 1925, ceux-ci se révoltèrent, imités par des nombreux Syriens qui forcèrent la garnison de Damas à se réfugier dans la citadelle, d'où elle bombarda la ville. Sarrail, responsable de ce bombardement, fut rappelé. L'ordre fut rétabli en 1927. Cette révolte avait retardé l'établissement de lois organiques pour le pays sous mandat (divisé finalement en République libanaise et République syrienne). Le Liban reçut une Constitution en 1926, la Syrie en 1930, celle-ci promulguée par le haut-commissaire français Henri Ponsot, de sa propre autorité.

Le problème palestinien

En Palestine, la situation était compliquée par l'arrivée des Juifs qui entreprenaient d'y constituer le Foyer national juif prévu par la déclaration Balfour de 1917 [1]. Néanmoins, dans la période qui s'étend jusqu'à l'automne 1933, aucune révolte sérieuse n'éclata contre la puissance mandataire. En 1920, la population était de 673 000 habitants dont 60 000 Juifs. Contre la politique prosioniste de l'Angleterre, fut créé le Comité exécutif arabe unissant les Arabes chrétiens et musulmans. Dès mai 1921, eut lieu une attaque contre les Juifs de Jaffa. Le gouvernement anglais essaya de rassurer les Arabes en déclarant qu'il n'était absolument pas question que la Palestine devienne entièrement juive. Sous le premier haut-commissaire, Herbert Samuel, qui se retira en janvier 1925, la population juive était passée à 121 725. Aucun incident ne se produisit pendant l'administration de son successeur, lord Plumer (1925-1928), l'immigration juive ayant été presque arrêtée. On put croire pendant quelques mois que les Juifs et le Comité exécutif arabe allaient se mettre d'accord pour administrer en commun le pays. Mais cet accord même incita lord Plumer à réduire dangereusement les forces d'occupation britanniques. Quelques jours après son départ, en août 1929, un incident à propos du « Mur des lamentations » déclencha une violente émeute contre les Juifs dans plusieurs villes de Palestine. 133 Juifs furent assassinés. Les Anglais durent ramener des troupes en toute hâte, et le nouveau haut-commissaire britannique, arrivé en décembre, John Chancellor, se trouva aux prises avec une situation critique caractérisée notamment par le boycott réciproque des produits arabes et juifs, arrêtant toute la vie économique du pays. De religieuse, la rivalité judéo-arabe était devenue politique. Une commission d'enquête nommée par la Chambre des communes, présidée par Walter Shaw, fit un rapport où il était rappelé que l'Organisation sioniste n'avait aucun droit à l'administration de la Palestine. Le Grand Mufti de Jérusalem, Hadj Amin el Hussein, fut accusé de ne pas avoir fait d'efforts suffisants pour arrêter la foule arabe. La garnison britannique était considérée comme trop faible. Le rapport Shaw louait les efforts des Juifs sur le plan économique. Il fut transmis à la commission des mandats de la Société des Nations, réunie en session

---

1. Voir ci-avant, chap. 1, § IV, p. 28.

extraordinaire. Celle-ci reprocha au gouvernement anglais de ne pas avoir su prévoir l'émeute. À la fin de l'année 1928, le Dr Weizmann président de l'Organisation sioniste, réussit à fonder une Agence juive, déjà prévue dans le mandat et représentant tous les Juifs, sionistes ou non, désireux de favoriser le Foyer national. En août 1929, l'Agence juive fut reconnue par le gouvernement britannique.

Lors de ces incidents, la politique britannique était encore relativement prosioniste, comme l'atteste une lettre du Premier Ministre MacDonald. Cette attitude va évoluer lentement par la suite.

L'Iran et l'Afghanistan

En Perse ou Iran, Reza Khan, qui avait pris le pouvoir en février 1921, fut proclamé Shah, en 1925. En Afghanistan, l'émir Amamillah, successeur en 1919 de son père Habibullah, attaqua l'Inde britannique. Il fut naturellement battu, mais contribua à organiser des soulèvements dans le Waziristan, au nord-ouest de l'Inde. La Grande-Bretagne mit fin au contrôle qu'elle exerçait avant 1914 sur la politique extérieure afghane. En février 1921, l'Afghanistan et la Perse conclurent des traités avec la Russie soviétique [1]. En mars, furent signés un traité russo-turc et un traité turco-afghan. Enfin, en 1926, la Turquie conclut un traité avec la Perse. Certains historiens ont vu là l'ébauche d'une Petite Entente au service des Soviets. En fait, il y avait surtout chez ces États le désir très vif de se rendre indépendants de l'Angleterre, particulièrement active en Iran depuis que le financier australien William Knox d'Arcy avait obtenu en 1901 une concession pour l'exploitation du pétrole dans tout le pays, sauf les cinq provinces du nord. C'est en 1908 que le pétrole jaillit pour la première fois et que fut fondée l'*Anglo-Persian Oil Company*. Depuis 1914, l'Amirauté britannique détenait une importante part du capital de la Compagnie.

Très vite, le gouvernement iranien estima que les *royalties* payées par la Compagnie étaient notoirement insuffisantes (11 000 000 millions de dollars de 1901 à 1932). Le 17 novembre 1932, l'Iran notifia à la Compagnie que la concession, quoique faite pour soixante ans, était annulée. L'Angleterre réagit avec vigueur, menaça d'employer la force, envoya des vaisseaux de guerre dans le golfe Persique, en appela à la Cour perma-

---

1. Voir ci-avant, chap. 1, § V, p. 41.

nente de justice internationale de La Haye. L'Iran protesta, considérant que c'était là une affaire purement intérieure. Le Conseil de la Société des Nations fut saisi ; mais avant qu'il eût à prendre une décision, les négociations directes reprirent et, le 28 mai 1933, le gouvernement iranien accorda une nouvelle concession de soixante ans à l'*Anglo-Iranian,* plus avantageuse pour l'Iran que l'ancienne. Les *royalties* étaient augmentées, passant de 16 à 20 %, plus diverses taxes. Le territoire de la concession était réduit. Le personnel anglais de la Compagnie devait être progressivement remplacé par des Iraniens. C'était pour Reza Shah un important succès diplomatique.

Quant aux éventuels gisements des provinces du nord, des négociations avaient été entreprises par les Anglais et par le trust américain *Standard Oil*. Celui-ci reçut, le 22 novembre 1921, une concession valable, pour cinquante ans : le gouvernement iranien recevait 50 % du pétrole produit sans avoir aucune dépense à faire. Cette concession suscita l'opposition de l'Angleterre et de la Russie soviétique. L'Angleterre réussit à obtenir que la *Standard Oil* renonçât à son monopole et partageât la concession avec l'*Anglo-Iranian*. Mais une protestation soviétique du 15 janvier 1922 amena le gouvernement iranien à rompre les négociations à la fois avec la *Standard Oil* et l'*Anglo-Iranian*.

En juin 1923, l'Iran accorda la concession à la *Sinclair Oil Corporation,* compagnie américaine alors en négociations avec les Soviets pour l'exploitation des pétroles du nord de Sakhaline ; la *Sinclair Oil* demandait aussi l'autorisation de transporter le pétrole par le pipe-line Bakou-Batoum. Mais ces négociations échouèrent et en 1924 la *Sinclair Oil* renonça à la concession des pétroles de l'Iran septentrional.

IV. Les relations interaméricaines

L'Amérique et la Société des Nations

La plupart des États américains avaient adhéré à la Société des Nations. L'article 21 du pacte reconnaissait la validité de la doctrine de Monroe de 1823, considérée comme une convention générale. Le gouvernement du Mexique, qui était alors révolutionnaire et suspect de bolchevisme, n'avait pas été invité à faire partie de l'Organisation internationale. L'Argentine, mécontente des décisions de la première Assemblée de la Société des Nations en 1920, s'abstint désormais de participer à ses travaux. De même, le Pérou et la Bolivie en 1921. La République de Costa Rica notifia son retrait en décembre 1924. Enfin, le Brésil fit de même en 1926 lors des débats sur l'admission de l'Allemagne comme membre du Conseil. En général, les républiques de l'Amérique latine avaient compté sur la Société des Nations pour résister à l'impérialisme des États-Unis. Elles furent rapidement déçues.

Les interventions des États-Unis en Amérique latine

La politique des États-Unis à l'égard des autres nations américaines était fondée sur la doctrine de Monroe et sur le « corollaire » qu'en avait tiré le président Théodore Roosevelt en 1904, avec le plein accord de son secrétaire d'État Elihu Root. D'après ce « corollaire », Washington admettait l'intervention dans les affaires des républiques américaines, mais en excluant les Européens et se la réservait donc exclusivement. La politique d'intervention américaine était surtout appliquée dans les grandes Antilles et en Amérique centrale. Le démocrate Wilson l'avait pratiquée tout autant que ses prédécesseurs républicains.

Lorsque les républicains revinrent au pouvoir en 1921, ils entreprirent d'adoucir cette politique et, sans renoncer au droit d'intervention, de l'utiliser le moins possible. En effet, aucun danger d'intervention d'une puissance non américaine n'était à prévoir en Amérique centrale. Au contraire, c'est vers les États-Unis que se tournaient les Européens pour assurer la protection de leurs nationaux et de leurs intérêts dans cette région. Le secrétaire d'État du président Harding, Charles E. Hughes, qui devait rester en fonction jusqu'au 4 mars 1925 (après la mort de Harding, 2 août 1923), décida de mettre fin à l'occupation dans la République dominicaine. L'évacuation fut annoncée le 14 juin 1921 et les derniers fusiliers marins des États-Unis en furent retirés en 1924 après qu'un accord eut garanti les intérêts américains dans le pays. L'évacuation du Nicaragua fut de même accomplie en août 1925. Mais nous verrons bientôt qu'elle y eut des conséquences sérieuses.

La conférence de Washington pour l'Amérique centrale

Pour assurer la paix dans cette région — un conflit avait manqué éclater au cours de l'été 1922 entre Nicaragua, San Salvador et Honduras — Hughes convoqua à Washington une « conférence pour les affaires d'Amérique centrale » dans laquelle il joua un grand rôle ainsi que son adjoint, spécialiste des questions interaméricaines, Sumner Welles, futur sous-secrétaire d'État de Franklin D. Roosevelt. Sous la présidence du secrétaire d'État, les cinq républiques d'Amérique centrale signèrent 13 traités tendant à conserver la paix, à assurer le désarmement, à coordonner leurs programmes scolaires, sociaux, financiers etc. Deux actes de la conférence eurent une importance particulière : d'abord la création d'un Tribunal de l'Amérique centrale (remplaçant la Cour de justice créée en 1907) chargé d'arbitrer les conflits entre les républiques à l'exception de ceux qui concernaient l'existence indépendante et la souveraineté des parties contractantes. Le Honduras, San Salvador et Costa Rica avaient l'intention d'utiliser ce tribunal pour protester contre ce qu'ils considéraient comme une atteinte à leurs droits : le traité Bryan-Chamorro conclu entre les États-Unis et le Nicaragua en 1914 sur le percement éventuel d'un canal interocéanique dans ce dernier pays. En fait, le problème fut résolu par la voie diplomatique.

D'autre part, la conférence aboutit à un « traité de paix et d'amitié » par lequel les Parties contractantes s'engageaient à ne pas intervenir dans les affaires intérieures de leurs voisines même en cas de guerre civile. Une révolution ayant éclaté au Honduras en 1923, les États-Unis rompirent les relations avec les insurgés et débarquèrent des troupes, mais contrairement aux usages de naguère, ils n'occupèrent pas totalement le pays, se mirent d'accord avec les quatre autres républiques d'Amérique centrale, et organisèrent des élections libres.

L'affaire du Nicaragua et la rivalité entre le Mexique et les États-Unis

Les troupes américaines n'évacuèrent le Nicaragua en août 1925 qu'après l'élection, en février, d'un président conservateur, Solorzano. Mais, aussitôt après leur départ, le général Chamorro, celui-là même qui avait signé le traité sur le canal, organisa un coup d'État et se fit proclamer président. Les États-Unis intervinrent alors à nouveau avec des troupes et un nouveau congrès du Nicaragua élut président Adolfo Diaz, qui fut reconnu par les républiques d'Amérique centrale et par les grands États européens. Diaz demanda aux États-Unis la signature d'un traité d'alliance avec son pays, mais le président Coolidge refusa d'agir ainsi pour bien montrer sa volonté de ne pas établir un protectorat des États-Unis sur le Nicaragua. Contre le gouvernement Diaz se dressa l'ancien vice-président libéral,

Sacasa, soutenu par le Mexique. L'affaire du Nicaragua se présentait ainsi comme une lutte d'influence entre le Mexique et les États-Unis. Le Mexique, en pleine révolution de 1901 à 1921, était depuis 1923 gouverné par le général Calles, révolutionnaire et anticlérical. Les États-Unis craignaient que les Mexicains n'étendissent au Nicaragua l'influence « bolcheviste ». En 1927, le président Coolidge et son secrétaire d'État Kellogg y envoyèrent un enquêteur, le colonel Henry L. Stimson. Celui-ci conclut à la nécessité de développer l'assistance des États-Unis et d'organiser des élections libres. En 1931, Stimson étant devenu secrétaire d'État, les forces d'occupation américaines furent réduites. En janvier 1933, elles furent entièrement retirées.

Au Mexique, les intérêts américains étaient compromis par les expropriations, la nationalisation du pétrole, la guerre civile, la crise financière. Certains créanciers poussaient le gouvernement américain à intervenir militairement. Hughes préféra négocier. Il obtint en 1923 des garanties sur la question du pétrole (accords de Bucareli). En 1925, ces accords n'étaient pas observés par le Mexique. Mais le 25 janvier 1927, le Sénat américain vota à l'unanimité une résolution en faveur d'une solution pacifique du différend par voie d'arbitrage. Kellogg envoya comme ambassadeur à Mexico le banquier Dwight W. Morrow, qui, très habilement, obtint du gouvernement mexicain la remise en vigueur des accords de Bucareli.

Progressivement, les Américains abandonnaient donc le « corollaire Roosevelt » et la méthode de l'intervention militaire. Le *Memorandum Clark sur la doctrine de Monroe,* daté du 17 décembre 1928 et rendu public en 1930 par le Département d'État, constitue une répudiation officielle du « corollaire Roosevelt » : « La doctrine de Monroe, y est-il dit, était une déclaration des États-Unis adressée à l'Europe... et non à l'Amérique latine. »

Les conférences panaméricaines

Cette attitude, qui annonce la politique de « bon voisinage », que Franklin Roosevelt inaugurera en 1933, se manifesta dans les réunions des conférences panaméricaines, et dans les efforts américains pour mettre fin aux conflits entre pays de l'Amérique du Sud.

Deux importantes conférences panaméricaines se tinrent pendant l'« ère républicaine ». Celle de Santiago de Chili (la cinquième) en 1923, celle de La Havane au début de 1928 (la sixième). Le panaméricanisme, jusqu'alors, était essentiellement apolitique, consacré aux questions culturelles, juridiques et commerciales. « Aucune question politique ne doit être discutée ici », avait dit Elihu Root à la troisième conférence, tenue en 1906 à Rio de Janeiro. On se préoccupait toutefois d'assurer le règlement pacifique des disputes interaméricaines, d'élaborer un *Pan-American Peace System*.

À Santiago, fut élaboré le traité Gondra, imité du traité de Washington, signé au début de l'année par les États-Unis et les cinq républiques d'Amérique centrale. Les États-Unis et de nombreux États latino-américains le ratifièrent. C'était une convention multilatérale prévoyant l'utilisation de la méthode de la conciliation pour tout conflit, quelle qu'en soit la nature.

En 1928, à la conférence de La Havane, certains États, et notamment l'Argentine, essayèrent d'obtenir des États-Unis la renonciation au système de l'intervention. Le représentant de San Salvador, le Dr Guerrero, tenta de faire passer une résolution selon laquelle : « Aucun État n'a le droit d'intervenir dans les affaires intérieures d'un autre. » Les États-Unis, représentés par l'ex-secrétaire d'État Hughes, refusèrent, mais adoptèrent une résolution condamnant l'agression. 1928 était l'année du pacte Briand-Kellogg, signé en août. L'Argentine, on l'a vu, refusa d'y adhérer. Peu après, en décembre, une conférence sur la conciliation et l'arbitrage se réunit à Washington et le traité d'arbitrage qui en résulta, signé le 5 janvier 1929, condamna la guerre comme moyen de politique nationale et institua un système d'arbitrage par un tribunal où les Latino-Américains seraient en majorité.

Quand le président Hoover vint au pouvoir, en 1929, il put, avec son nouveau secrétaire d'État Henry Stimson, développer l'attitude conciliante de ses prédécesseurs. Nous verrons que l'affaire de Mandchourie l'amènera à formuler la doctrine Hoover ou doctrine Stimson, d'après laquelle les États-Unis refusent de reconnaître toute situation résultant d'actions contraires aux obligations créées par le pacte Briand-Kellogg. Plusieurs conflits de frontières se produisirent pendant la période que nous étudions entre républiques d'Amérique latine. Nous nous contenterons de les évoquer rapidement.

Le conflit de Tacna-Arica

Le premier en date concerne les provinces de Tacna et d'Arica, à la frontière entre le Chili et le Pérou. Celles-ci, d'abord péruviennes, avaient été concédées au Chili en 1883 pour dix ans, période à la fin de laquelle devait avoir lieu un plébiscite. Celui-ci n'avait pas été réalisé et le Chili avait consolidé sa position par l'expulsion de citoyens péruviens et la colonisation. En décembre 1921, le Chili proposa de faire le plébiscite. Le Pérou refusa et proposa un arbitrage sous les auspices des États-Unis. En mars 1925, l'arbitre américain conclut au plébiscite, mais des violences se produisirent et une nouvelle fois le plébiscite prévu n'eut pas lieu. Les États-Unis réussirent finalement à obtenir des deux parties, en juin 1929, un accord tendant au partage des territoires contestés.

Le conflit du Chaco

Entre la Bolivie et le Paraguay, un vaste territoire, le Chaco du Nord, s'étendant sur 300 000 km^2 entre les fleuves Paraguay et Picolmayo, peuplé d'Indiens, était contesté. Les deux pays y avaient construit des fortins. Un effort de médiation de l'Argentine échoua en 1927. En décembre 1928, des soldats paraguayens attaquèrent le fort bolivien de Vanguardia. Le gouvernement paraguayen les désavoua, mais la Bolivie rompit les relations diplomatiques et s'empara du fort paraguayen de Boqueron. Une rapide intervention de la conférence panaméricaine suspendit les hostilités le 18 décembre et, le 3 janvier 1929, fut créée une commission d'enquête et de conciliation formée de représentants des deux adversaires et de cinq autres nations américaines. En septembre, la commission conclut en faveur du *statu quo ante*. Cependant, les hostilités reprirent en janvier 1930, puis en juillet 1931. Le 10 mai 1933, le Paraguay déclara officiellement la guerre à la Bolivie. C'est la guerre du Chaco. En juillet, la Société des Nations désigna une commission d'enquête qui fut composée de représentants argentins, brésiliens, chiliens et péruviens. Elle proposa, en février 1934, un projet de traité qui fut repoussé par les deux adversaires. Le 24 mai, les Boliviens annoncèrent qu'ils venaient de remporter une grande victoire. Eden, au nom du gouvernement britannique, fit adopter par 28 nations un embargo sur les armes, qui fut levé en janvier 1935 pour la Bolivie et intensifié contre le Paraguay, celui-ci s'étant montré moins docile. Cela permit aux Boliviens de repousser les attaques des Paraguayens et les hostilités se terminèrent le 14 juin 1935.

Le conflit de Leticia

Enfin, un autre conflit opposait le Pérou à la Colombie. Un traité signé en mars 1922 accordait au Pérou une bande de territoires situés au nord-est de l'Équateur, au nord du fleuve Putumayo. En échange, la Colombie obtenait une pointe vers le sud, jusqu'à l'Amazone, où fut fondée la petite bourgade de Leticia. Le traité fut ratifié par la Colombie en 1925, par le Pérou en 1928. Cependant, le 1er septembre 1932, des irréguliers péruviens s'emparèrent de Leticia. Ils furent désavoués par le gouvernement mais encouragés par les autorités locales péruviennes. La Colombie, pour les expulser, dut faire passer des troupes par le canal de Panama et l'Amazone. Le gouvernement péruvien, poussé par l'opinion publique du pays, soutint alors les agresseurs. Le 14 janvier 1933, le président du Conseil de la Société des Nations envoya un télégramme aux deux parties pour éviter la guerre. Ce fut en vain. Les Péruviens bombardèrent la flottille colombienne, prirent puis perdirent la ville colombienne de Tarapaca. La Colombie fit alors appel à la Société des Nations. Le Conseil adopta, le 18 mars, un rapport condamnant l'agression du Pérou. Le délégué péruvien protesta. Le 25 mai, après l'assassinat du président péruvien, un accord fut signé. Le territoire contesté devait être administré pendant un an par une commission de la Société des Nations avec l'appui des forces colombiennes. Après quelques difficultés, le 24 mai 1934, un traité fut signé par lequel le Pérou exprimait ses regrets. On revenait au traité de 1922.

V. L'indépendance des Dominions

L'émancipation des Dominions

À la suite de la guerre de 14-18, les Dominions cherchèrent à s'émanciper davantage de la tutelle britannique. La Grande-Bretagne seule avait jusqu'alors assuré la sécurité commune sous l'autorité d'un « comité de défense de l'Empire ». En 1917, une « conférence impériale » promit que les Dominions deviendraient « des nations autonomes du Commonwealth de l'Empire ». On pensait alors à créer une vaste fédération qui aurait une Constitution écrite. Mais ce projet fut abandonné par une autre « conférence impériale » réunie en 1918.

Les Dominions prirent part aux négociations de la paix, sans être admis aux délibérations des quatre Grands. Ils signèrent le traité de Versailles, non dans l'ordre alphabétique des puissances, mais immédiatement après la Grande-Bretagne. Ils nommèrent rapidement des représentants diplomatiques (dès 1920, un ministre canadien à Washington) et agirent à la Société des Nations indépendamment de la Grande-Bretagne. Cette indépendance se manifesta lors de l'affaire de Tchanak en 1922 où Lloyd George aurait voulu entraîner les Dominions dans la guerre contre Mustapha Kemal. Ceux-ci refusèrent de le suivre.

D'autre part, c'est la pression du Canada autant que celle des États-Unis qui amena l'Angleterre à abandonner son alliance avec le Japon en 1921. C'est l'opposition des Dominions qui amena en 1925, le gouvernement conservateur à rejeter le projet de protocole de Genève élaboré avec la collaboration de MacDonald en 1924.

Le Commonwealth

L'année décisive, « peut-être la plus importante de l'histoire de l'Empire britannique », fut 1926. Une « conférence impériale » se réunit et adopta à l'unanimité une motion dont l'auteur était lord Balfour aidé du Premier ministre canadien, le libéral Mackenzie King. Cette motion reconnaissait l'indépendance des Dominions et substituait le mot « Commonwealth » au mot « Empire ». « Les membres de la conférence sont des groupements de nations autonomes égales en statut, qui ne sont subordonnées les unes aux autres pour aucun aspect de leurs affaires intérieures ou extérieures, bien qu'unies par une allégeance commune envers la Couronne et librement associées comme membres du Commonwealth. » Toutefois, une transition était prévue : Sur le terrain des affaires extérieures comme sur celui de la défense, la majeure partie de la responsabilité incombait nécessairement pendant quelque temps encore au gouvernement britannique.

En 1930, une nouvelle « conférence impériale » décida que les conflits entre membres du Commonwealth continueraient à être tranchés par le « comité judiciaire du conseil privé du roi », présidé par le lord chancelier et composé exclusivement de Britanniques. Les Dominions préféraient cette solution à celle d'un tribunal dans lequel chaque membre du Commonwealth pourrait avoir ses représentants. D'autre part, à la demande de l'Afrique du Sud et de l'Irlande, le droit de sécession pour les Dominions fut reconnu à l'unanimité.

Le statut de Westminster

Toute cette évolution fut codifiée en 1931 par le vote, au Parlement britannique, du « statut de Westminster ». Ce statut ne ressemble pas à une Constitution. Il précise les attributions des Parlements de chaque Dominion. Ceux-ci peuvent annuler, en ce qui les concerne, les lois votées à Londres. Ce texte se substitue à une loi de 1865 prévoyant que les lois votées par les Parlements coloniaux ne devaient pas être en contradiction avec les lois votées à Londres. Le statut de Westminster fut ensuite voté par les Parlements de chaque Dominion, avec quelques réserves de l'Irlande et de l'Afrique du Sud.

En 1930, et surtout en 1932, à la conférence d'Ottawa, furent réglées les affaires économiques entre les membres du Commonwealth. C'est au début de 1932 que la Grande-Bretagne, en proie à la crise, rétablit le protectionnisme, et mit fin au libre-échange, traditionnel depuis l'abolition des *Corn Laws* en 1846. À Ottawa, la délégation britannique, présidée par Stanley Baldwin, ne réussit pas à faire adopter un texte unique, mais des accords bilatéraux furent signés entre la Grande-Bretagne, d'une part, chaque Dominion, d'autre part, établissant le régime de la « préférence impériale ». La Grande-Bretagne s'engageait à accorder aux produits des Dominions un traitement de faveur par rapport à ceux de l'étranger. En revanche, les Dominions ne prirent que des engagements assez vagues. Ce système, qui permit à, la Grande-Bretagne d'atténuer les effets désastreux de la crise économique, ne fonctionna pas sans à-coups.

CHAPITRE 5

Les premiers échecs de la sécurité collective (1929-1933)

Quelques jours après la mort de Stresemann, le 24 octobre 1929 une formidable débâcle affecta la Bourse de Wall Street. La surproduction, l'abus de la vente à crédit suscitèrent l'effondrement massif des valeurs. De nombreuses banques et entreprises furent acculées à la faillite, un chômage considérable se développa. Les États-Unis arrêtèrent leurs prêts à l'étranger et rapatrièrent leurs capitaux. La crise américaine, coïncidant avec la baisse des prix mondiaux, allait se répercuter dans le monde entier et déclencher presque partout une tempête économique, financière et monétaire. Elle atteignit son paroxysme en Autriche en mai 1931, en Allemagne un peu plus tard, en Angleterre en août 1931, en France en 1931 et surtout 1932. Un événement d'une pareille ampleur ne pouvait manquer d'avoir de graves répercussions sur l'évolution des relations internationales. Nous ne pouvons en faire ici directement l'étude détaillée, mais seulement indiquer comment s'enchaînent ces répercussions. Dans la période 1929-1933, elles ne manifestent pas immédiatement leurs effets, et l'on pouvait encore, avec un peu d'optimisme, croire au succès durable de la sécurité collective, au retour rapide de la prospérité et du calme international.

La crise économique suscita naturellement un peu partout de vifs mécontentements générateurs de troubles sociaux et d'agitation politique.

Aux États-Unis, la crise développa incontestablement la mentalité « isolationniste ». Les Américains essayèrent de régler leurs difficultés en se repliant sur eux-mêmes, laissant ainsi le champ libre aux puissances qui désiraient modifier la répartition des territoires et des richesses par la force. Simultanément, la France, de tous les pays le plus favorable au maintien du système de Versailles, vit s'ouvrir avec la maladie et le départ de Poincaré (juillet 1929), une période d'extrême instabilité ministérielle. On assista à une véritable désagrégation de la IIIe République dont le système, adapté aux périodes de prospérité, s'avérait peu efficace en temps de crise. La France joua donc un rôle plus restreint sur le plan international. Ses alliances s'affaiblirent. Son empire lui-même fut secoué par des troubles dus à la crise, notamment en Indochine en 1930 et 1931. Quant à l'Angleterre, elle essaya de résoudre la crise en supprimant le libre-échange, en dévaluant la livre et en renforçant ses liens avec le Commonwealth par le système de la « préférence impériale ». Elle fut ainsi conduite à se désintéresser davantage des affaires de l'Europe et même de l'Extrême-Orient.

Face à cet isolement ou à cet affaiblissement des grandes démocraties, la crise, en déconsidérant la République de Weimar aux yeux de l'opinion publique allemande, en multipliant le nombre des chômeurs en Allemagne, en mécontentant gravement la petite bourgeoisie allemande, créa un terrain favorable pour un prodigieux développement du national-socialisme. Le parti nazi obtint un grand succès aux élections de 1930, un succès plus grand encore aux élections de 1932, qui permirent à Hitler d'accéder au pouvoir le 30 janvier 1933. En Italie, la crise orienta progressivement Mussolini vers la politique de force à l'écart de laquelle il avait semblé jusqu'alors se tenir. Au Japon, le ministre des Affaires étrangères Shidehara, résolument pacifique, fut débordé, à partir de 1931, par l'influence des militaires et des marins, soutenus par des courants de plus en plus forts de l'opinion publique.

Ainsi la crise économique fut-elle la principale responsable du déséquilibre qui se créa et s'accentua entre les démocraties, profondément pacifiques, mais affaiblies, et les régimes dictatoriaux ou militaires, désireux de bouleverser le *statu quo* au risque d'une guerre. Mais, comme nous l'avons dit, cela ne se manifesta que progressivement, et ne devint évident qu'à partir de 1933. Les années 1929-1932 virent seulement se dessiner ce mouvement.

I. L'échec du projet Briand d'Union européenne

Après le départ de Poincaré, Briand resta, jusqu'en janvier 1932, membre des gouvernements nombreux qui se succédèrent, soit sous sa direction en 1929, soit sous celle de Chautemps et de Tardieu en 1930, de Steeg et de Laval en 1931. Mais son action avait moins de succès, se heurtait en France et dans le Monde à des résistances plus fortes. Tel fut le cas pour son projet d'Union européenne.

Le projet Briand

Briand observait avec sympathie les mouvements très divers qui tendaient à la création d'« États-Unis d'Europe » : mouvement Paneuropa du comte Coudenhove-Kalergi, Comité fédéral de coopération européenne, présidé par Émile Borel, Union douanière européenne présidée par le sénateur Yves Le Trocquer. Le 5 septembre 1929, lors de la dixième Assemblée de la Société des Nations, Briand prononça un grand discours où, en termes assez vagues, il préconisait une sorte de fédération européenne. « Je pense qu'entre les peuples qui sont géographiquement groupés comme les peuples d'Europe, il doit exister une sorte de lien fédéral ; ces peuples doivent avoir à tout instant la possibilité d'entrer en contact, de discuter leurs intérêts, de prendre des résolutions communes, d'établir entre eux un lien de solidarité, qui leur permette de faire face au moment voulu, à des circonstances graves, si elles venaient à naître. C'est ce lien que je voudrais m'efforcer d'établir. » Il ajouta que l'on commencerait par les liens économiques, en raison de la crise menaçante, mais que l'on pourrait ensuite établir des liens politiques, « sans toucher à la souveraineté d'aucune des nations » — ce qui diminuait singulièrement la portée de sa déclaration.

Stresemann, qui assistait à la réunion — il allait mourir quelques jours après — approuva chaleureusement Briand. Les délégués des 27 États européens, membres de la Société des Nations, chargèrent le ministre français de rédiger un mémorandum sur le problème. Ce memorandum, œuvre d'Alexis Léger, leur fut adressé le 1er mai 1930. Il prévoyait l'extension à tous les États du régime de sécurité créé par le pacte de Locarno. Briand plaçait son système européen dans le cadre de la Société des Nations, mais prévoyait des organismes indépendants calqués sur ceux de la Société des Nations :

— une *conférence européenne*, groupant des représentants de tous les États européens, membres de la Société des Nations ;

— un organe exécutif, le *comité politique permanent* ;

— un service de *secrétariat*.

Ainsi, contrairement aux principes énoncés en 1929, on commencerait d'abord par établir des liens politiques. Briand restait très vague sur l'organisation économique. Il continuait à parler du maintien de la souveraineté politique pour chaque État.

Les réponses et l'échec du projet

Les 26 autres gouvernements européens envoyèrent leurs réponses au mémorandum entre le 25 juin 1930 (Espagne) et le 4 août (Suisse). Seules la Yougoslavie et la Bulgarie adhérèrent entièrement au projet Briand. Les autres adressèrent des critiques plus ou moins nettes. Retenons celles des grandes puissances : l'Allemagne craignait que l'Union européenne ne stabilisât ses frontières orientales. L'Italie acceptait le principe de la coopération européenne, non celui de l'unité européenne. Elle désirait de plus y introduire des États non membres de la Société des Nations, l'URSS, la Turquie. La Grande-Bretagne enfin, soucieuse de développer sa collaboration avec les Dominions, s'opposait à la création d'organismes européens particuliers. Elle souhaitait seulement qu'à l'intérieur de la Société des Nations on organisât des réunions périodiques des États membres européens.

À la 11e session de l'Assemblée, le 8 septembre 1930, Briand fit paraître un *Livre blanc* contenant son memorandum, les réponses et un rapport. On engagea ensuite la discussion. Très vite l'opposition se fit sentir entre l'attitude de Briand qui parlait d'établir un « lien fédéral » européen — faute de quoi son projet n'aurait pas eu de sens — et le délégué britannique Henderson, qui employait seulement le terme « collaboration ».

Sur proposition de la France et de la Yougoslavie, on décida de constituer une commission d'études pour l'Union européenne. Celle-ci fonctionna pendant toute l'année 1931, sous la présidence de Briand. Elle s'occupa surtout des questions économiques. Mais elle n'obtint aucun résultat et l'affaire en resta là. C'était pour Briand un échec sensible qui se combinait avec le développement des campagnes hostiles dirigées contre lui en France. On l'accusait de pratiquer, à l'égard d'une Allemagne de plus en plus nationaliste et menaçante, une politique de concessions unilatérales. En mai 1931, les adversaires de Briand remportèrent un grand succès en faisant élire contre lui, à la présidence de la République, Paul Doumer.

II. La tentative d'Anschluss économique

Le projet Curtius-Schober

Après la mort de Stresemann, la direction des Affaires étrangères de l'Allemagne fut confiée au Dr Curtius qui poursuivit la même politique que son prédécesseur. En Autriche, une certaine tension politique se manifesta en 1930, et le chancelier Schober démissionna en septembre 1930. Mais en novembre 1930, se constitua un nouveau ministère où Schober lui-même dirigeait les Affaires étrangères. Des trois tendances qui se partageaient l'opinion autrichienne à cette époque, aucune ne refusait formellement l'union à l'Allemagne. Les socialistes la souhaitaient avec une Allemagne socialisée — tel fut le thème d'une série d'articles publiés par leur leader, Otto Bauer, en juillet 1927. Les Heimwehren, nationalistes à tendance fasciste, en bons termes avec l'Italie mussolinienne, étaient aussi en liaison avec le Stahlhelm (Casque d'acier), organisation nationaliste allemande. Enfin les chrétiens sociaux étaient attachés sentimentalement à l'idée d'un Anschluss. Mais leur chef, Mgr Seipel, avait réussi, semblait-il, à créer une Autriche économiquement et politiquement viable, et ils remettaient la réunion avec l'Allemagne à une date ultérieure. Leur formule préférée à propos des rapports entre les deux pays était la suivante : « Deux États, une Nation. »

En janvier 1930, la conférence de La Haye, qui était chargée de mettre en application le plan Young, décida également que l'Autriche serait désormais dispensée de toute réparation. Au début de mars 1931, Briand fit au Sénat une déclaration tendant à montrer que l'Autriche avait pris une plus nette conscience de sa nationalité et que l'Anschluss n'était pas en vue. Or, le 3 mars, Curtius arriva à Vienne et, le 14 mars, Curtius et Schober signèrent un projet sur « l'assimilation des conditions douanières et politico-commerciales entre l'Allemagne et l'Autriche ». Chaque pays garderait son administration douanière, mais ils unifieraient leurs tarifs et leurs législations douanières et supprimeraient entre eux toute barrière. C'était un vrai projet d'union douanière. Il avait essentiellement pour but de contrecarrer les tentatives amorcées en 1930, entre la Petite Entente et la Pologne, pour créer un « bloc des pays agricoles ». À celui-ci le bloc germano-autrichien essaierait de substituer une entente économique régionale avec les pays du sud-est, une *Mitteleuropa*.

Il n'était évidemment pas question d'Anschluss politique. Mais étant donné les liens sentimentaux qui existaient entre les deux pays, l'union douanière serait un pas vers l'union politique. Le *Zollverein* prussien, au XIXe siècle, avait de même préparé la formation de l'unité allemande. Sur le simple plan économique, c'était un moyen de conjurer la crise menaçante.

Les réactions françaises

L'opinion française réagit avec une extrême vigueur, car cet événement se produisait précisément au moment où, conformément aux décisions prises à la conférence de La Haye, les dernières troupes françaises avaient évacué la Rhénanie. Dès mai 1931, la Chambre des députés vota un ordre du jour hostile à l'Anschluss économique. Herriot publia un article dans l'*Ère Nouvelle* du 26 mars 1931 dans lequel il écrivait : « On nous prend pour des ânes si l'on nous croit capables d'oublier que l'unification politique de l'Allemagne a été réalisée par la voie de l'unification douanière. »

La Tchécoslovaquie s'inquiéta aussi des menaces d'union politique ainsi que la Yougoslavie et — moins nettement — la Roumanie. Une conférence de la Petite Entente se tint le 3 mai à Bucarest et décida que les trois États s'opposeraient à l'Union douanière. Le 16 mai, la commission d'études pour l'Union européenne fut saisie du projet et le Conseil de la Société des Nations l'examina à son tour le 18 mai 1931. La France, l'Italie, et l'Angleterre manifestèrent leur opposition. Le délégué anglais Henderson fit adopter à l'unanimité le renvoi de la question à la Cour permanente de justice internationale de La Haye. Il s'agissait en effet de savoir si l'Anschluss économique était compatible avec les traités de Versailles et de Saint-Germain et avec le protocole de Genève sur l'Autriche d'octobre 1922. Le gouvernement autrichien s'engagea à ne prendre aucune mesure préparatoire en attendant la décision de la Cour.

L'échec du projet

Simultanément, la crise économique atteignit l'Autriche ; le 12 mai 1931, se produisit la faillite de la principale banque autrichienne : *Oesterreichische Kredit-Anstalt für Handel und Gewerbe*. Une panique générale s'ensuivit. Le cabinet autrichien tomba le 16 juin. Schober resta d'ailleurs aux Affaires étrangères dans le nouveau gouvernement, dirigé par Buresch, avec l'appui des pangermanistes, soutenus par l'Allemagne. Dès juillet, l'Allemagne fut atteinte à son tour, ferma ses banques, réclama un moratoire pour les réparations. L'Angleterre, créancière de l'Allemagne en subit les répercussions (au moment où, le 24 août 1931, se constituait un gouvernement d'union nationale présidé par MacDonald). Le 7 août, l'Autriche fit appel à la Société des Nations pour remédier à ses difficultés financières. Comme la France était le seul pays qui semblait échapper à l'influence de la crise, cela équivalait à faire appel à la France. Or, la France n'accepterait d'aider l'Autriche que si celle-ci renonçait à l'union douanière.

La Cour permanente de La Haye étudia la question du 20 juillet au 6 août. Le point de vue français était défendu par Joseph Paul-Boncour et Jules Basdevant. Elle devait donner le 5 septembre son « avis consultatif ». Dès le 3 septembre, Curtius et Schober, devant la commission d'études pour l'Union européenne déclarèrent qu'ils n'avaient plus le désir de poursuivre leur projet. Le 5, la Cour de La Haye, par 8 voix contre 7, déclara que l'union douanière, n'était pas compatible avec le protocole de Genève du 4 octobre 1922. L'affaire prit donc fin par un succès français. Néanmoins, la menace n'avait pas été sans nuire gravement au prestige de Briand. En janvier 1932, constituant un nouveau ministère, Pierre Laval ne fit pas appel à celui qui paraissait être l'hôte inamovible du Quai d'Orsay. Briand était d'ailleurs épuisé et il mourra deux mois plus tard, en mars, deux ans et demi après son partenaire allemand Gustav Stresemann, quelques mois avant l'avènement d'Hitler.

III. La fin des réparations

La mise en application du plan Young

Le plan Young du 7 juin 1929, adopté par la conférence de La Haye (août), et mis en vigueur en janvier 1930, fixait définitivement les réparations et dans leur montant, et dans leur durée. Plaçant en 1988 la fin du paiement des réparations, il négligeait évidemment de tenir compte des circonstances économiques. Les Allemands ne dissimulaient pas leur espoir de cesser bientôt tout paiement.

Le problème des dettes interalliées

Depuis 1921, la France essayait de rendre solidaires les réparations et les dettes interalliées (« clause de sauvegarde »). Les Américains exigeaient le remboursement de ces dettes ; les Anglais (note de Balfour du 1er août 1922) acceptaient « la réduction des créances britanniques sur les Alliés et sur l'Allemagne aux sommes strictement nécessaires à l'acquittement de la créance américaine sur la Grande-Bretagne ». La France, qui recevait plus de réparations qu'elle n'avait à payer de dettes interalliées, rejetait cette solution. En janvier 1923, Baldwin conclut avec les États-Unis un accord au sujet de la dette britannique. En 1925, la dette belge et la dette italienne furent à leur tour consolidées. En avril 1926, l'ambassadeur français Henry Bérenger conclut un accord provisoire sur la dette française à l'égard des États-Unis. En juillet 1926, Caillaux signa un accord analogue sur la dette française à l'égard de la Grande-Bretagne. Il fallut attendre juillet 1929 pour que ces deux accords fussent ratifiés [1]. À cette date, nous l'avons vu, Poincaré se résigna à reconnaître qu'il n'y avait pas de solidarité entre les réparations et les dettes interalliées. Les paiements de la France aux États-Unis étaient simplement échelonnés sur la même période que le paiement des réparations.

Le moratoire Hoover

C'est dans ces conditions que se déclencha la crise économique. Elle atteignit, nous l'avons vu, l'Autriche et l'Allemagne en mai-juillet 1931. Aussitôt le président Hindenburg lança un appel au président des États-Unis Hoover. Celui-ci, après en avoir averti la veille les gouvernements, proposa un moratoire général de toutes les dettes intergouvernementales, pour la période qui allait du 1er juillet 1931 au 20 juin 1932. Ainsi étaient suspendues à la fois les dettes interalliées et les réparations. Hoover, d'ailleurs, réaffirmait le principe de la non-solidarité entre les réparations

1. Voir ci-avant, chap. 2, § III, p. 69 ; chap. 3, § IV, p. 92.

— purement européennes — et les créances des États-Unis. Le gouvernement Laval, soutenu par les socialistes contre une partie de sa majorité, accepta ; évidemment, la France perdait à ce régime environ 2 milliards de francs — différence annuelle entre ses créances sur l'Allemagne et ses dettes. Mais elle jouissait alors d'une plus grande stabilité économique et monétaire que les autres pays et elle ne voulait pas être rendue responsable d'une aggravation des difficultés. Le 6 juillet, un accord décida que l'Allemagne, pour des raisons de principe, paierait l'annuité non différable, mais que celle-ci serait reversée, à titre de prêt, aux chemins de fer allemands.

Cela ne suffit pas à arrêter la panique financière en Allemagne, qui se développa en juillet. Une conférence internationale se réunit alors à Paris avec Laval, le chancelier allemand Brüning, les représentants anglais, belge, italien, américain, pour étudier les moyens d'aider l'Allemagne. Un comité d'experts, nommés par les grandes banques, adopta un rapport rédigé par l'économiste britannique Walter Layton. Il conclut que les paiements internationaux que l'Allemagne devait effectuer risquaient de compromettre la stabilité financière. C'était un premier pas vers la suppression totale des réparations. Cette solution aurait convenu à la rigueur au gouvernement français si les dettes interalliées avaient été également abolies. C'est ce que Laval expliqua au président Hoover, lors d'une entrevue à Washington le 23 octobre 1931. Mais le 10 décembre, le Congrès américain rejeta toute réduction éventuelle de la dette.

La conférence de Lausanne et la fin des réparations

Cependant tous les experts estimaient que l'ampleur de la crise rendait impossible l'application du plan Young. Layton et l'économiste français Charles Rist, dans un rapport signé à Bâle, où siégeait la Banque des règlements internationaux, prévoyaient qu'après l'expiration du moratoire, l'Allemagne serait dans l'impossibilité de payer, non seulement l'annuité différable, mais même l'annuité non différable. La Grande-Bretagne et l'Italie adoptèrent le principe de la suppression des réparations. Le gouvernement français, plus réticent, était isolé. On décida de convoquer une conférence internationale à Lausanne en juin 1932, aussitôt après les élections françaises. Celles-ci amenèrent un léger progrès de la gauche. Au gouvernement Tardieu succéda un gouvernement Herriot plus conciliant.

La conférence de Lausanne se déroula du 16 juin au 9 juillet. Herriot considérait qu'il fallait se résigner à abandonner les réparations, mais il voulait faire proclamer le respect des engagements internationaux. La conférence décida que l'Allemagne paierait encore un solde de 3 milliards de reichsmarks et quelques prestations en nature, mais qu'elle serait après cela libérée de toutes autres réparations. La Banque des règlements internationaux subsisterait. L'accord était subordonné au règlement satisfaisant du problème des dettes entre États et une conférence à ce sujet devait se tenir à Londres en 1933.

Le gouvernement anglais se résigna à payer une partie de sa dette aux États-Unis. Il le fit encore symboliquement en 1933 ainsi que l'Italie et la plupart des petits États. La France, malgré Herriot, n'imita pas cet exemple. À l'approche de l'échéance du 15 décembre, le gouvernement américain exigea le paiement intégral de l'annuité française, soit 480 millions de francs. Herriot était favorable au paiement par principe. La Chambre s'y opposa le 13 décembre 1932, la droite et les socialistes s'étant coalisés contre le gouvernement ; Herriot donna alors sa démission.

En fait, l'Allemagne ne s'acquitta pas du solde des réparations. Au total, sur une dette fixée en 1921 à 132 milliards de marks or, l'Allemagne avait payé, d'après Étienne Weill-Raynal, 22 milliards 891 millions. La France avait touché 9 milliards 585 millions. Elle avait dû assurer elle-même le paiement de 70 % de la reconstruction dans les régions dévastées. Les États-Unis, de leur côté, n'acceptèrent pas les paiements symboliques de l'Angleterre et d'autres pays et, à la suite d'une décision du Congrès, en avril 1934, exigèrent le remboursement intégral. Tous les pays cessèrent alors de rembourser. Seule la Finlande continua à verser les annuités de sa dette, d'ailleurs minime, aux États-Unis.

Ces événements — que nous étudions seulement sur le plan politique — eurent une extrême importance. Non seulement ils marquèrent la fin d'une période où les traités de paix étaient à peu près appliqués et où l'on restait fidèle aux engagements internationaux, mais encore ils mécontentèrent gravement les États-Unis, au début même d'une ère de crises et de coups de force, à l'égard d'une Europe qu'ils comprenaient mal et dont l'attitude les indigna. Pendant les dernières années de paix, les démocraties occidentales durent compter sur leurs seules forces pour résister aux prétentions croissantes de l'Allemagne et du Japon.

IV. L'affaire de Mandchourie

Le Japon qui avait connu une prospérité économique inouïe pendant la guerre de 14-18, était plus que d'autres pays atteint par la crise économique mondiale. Celle-ci risquait de le priver des moyens d'acheter son ravitaillement et les matières premières nécessaires à son industrie. Le principal effet politique de la crise fut d'affaiblir les libéraux qui, avec Shidehara, étaient hostiles à une politique de conquête et désiraient sincèrement respecter l'intégrité territoriale de la Chine. Shidehara était revenu aux Affaires étrangères en juillet 1929. Mais son influence décroissait au profit de celle des militaires.

Les privilèges japonais en Mandchourie

Les Japonais, en 1929, exerçaient une influence prépondérante en Mandchourie du Sud. Ils avaient la possession à bail de la presqu'île de Liao Toung, l'administration de la « zone du chemin de fer » *South Manchuria Railway,* avec une garnison de 25 000 à 30 000 hommes, le droit d'acquérir des terres, d'exploiter le sous-sol, de s'installer comme colons dans le reste du pays. Des capitaux japonais considérables y étaient investis. Dans la partie nord, où l'influence russe ne subsistait que dans une faible mesure, le pouvoir appartenait non au gouvernement de Pékin, mais au maréchal Tchang Tso-lin, puis après sa mort en 1928, à son fils Tchang Hiue-leang, qui s'était rallié au gouvernement du Kouomintang. Il s'efforçait de reprendre en mains l'administration de la Mandchourie. Il construisait des chemins de fer, développait l'immigration chinoise et investissait des capitaux, à la grande inquiétude des Japonais. Cette inquiétude s'accrut lorsqu'en mars 1931, le Kouomintang établit à Moukden un office de propagande patriotique et antijaponaise. Réussirait-il à éliminer l'influence japonaise en Mandchourie du Sud ? Pour éviter cette éventualité, les Japonais étaient tentés d'établir leur souveraineté sur la Mandchourie entière ; certains d'entre eux voyaient là une étape préliminaire à la conquête de la Mongolie, de la Chine du Nord, voire de toute la Chine. Telle était la position de l'état-major japonais qui commandait les troupes stationnées dans la région du Kouang Toung.

L'intervention militaire

Comme pour leur donner des prétextes à intervenir, des incidents eurent lieu ; le 27 juillet 1931, le capitaine japonais Nakoumara fut tué près de

Moukden. Le 18 septembre 1931, se produisit un événement qui, quoique sans gravité, permit aux militaires d'entamer des opérations. Des Chinois endommagèrent légèrement avec une bombe la voie ferrée japonaise du *South Manchuria Railway* à proximité de soldats japonais qui faisaient l'exercice. Aussitôt l'armée occupa Moukden, puis Tchang Tchoun et Kirin. En quelques semaines, elle étendit son emprise à toute la Mandchourie. Il est curieux de constater que presque simultanément, dans la nuit du 18 au 19 septembre, toutes les troupes japonaises entrèrent en action. On peut donc estimer qu'il s'agissait d'un plan préétabli. La garnison chinoise de Moukden, qui s'élevait à 10 000 hommes, fut par contre prise entièrement par surprise et les Japonais n'eurent aucune peine à la réduire à l'impuissance. Au début d'octobre, le commandant en chef japonais déclara que le pouvoir du maréchal Tchang Hiue-leang ne serait plus reconnu. Le gouvernement libéral japonais, dirigé par Wakatsùki, le désavoua et accepta de rappeler ses troupes, « dans la mesure où seraient assurées la sécurité de ses ressortissants et la protection de leurs biens ». Cette réserve permit à l'état-major de passer outre et de continuer l'occupation de la Mandchourie.

La Chine fait appel à la Société des Nations

De son côté, le gouvernement chinois refusa de négocier, fit appel à la Société des Nations et ordonna le boycottage des marchandises japonaises. Il n'osa pas, faute de préparation militaire, aller jusqu'à déclarer la guerre.

Dès le 30 septembre 1931, le Conseil de la Société des Nations ordonna au Japon de retirer ses troupes dans la mesure où la protection des ressortissants japonais serait assurée. Il est à noter qu'un représentant des États-Unis avait été invité par la Société des Nations. Le 24 octobre, le Conseil de la Société des Nations publia une nouvelle résolution réclamant que le retrait des forces japonaises commençât immédiatement. La Chine, sous le contrôle des États neutres, assurerait la protection des Japonais. Le 26 octobre, le Japon refusa cette solution. Il exigeait au préalable la conclusion d'un accord sino-japonais qui confirmerait les privilèges japonais en Mandchourie. Le 9 décembre, le Conseil, à la demande de la Chine, décida d'envoyer une commission d'enquête présidée par lord Lytton. Le Japon accepta pour gagner du temps. Briand, alors président du Conseil de la Société des Nations, adressa en vain de pathétiques appels en faveur du rétablissement du *statu quo*.

L'affaire de Shanghai

Le 11 décembre, le cabinet libéral japonais tomba et fut remplacé par un gouvernement plus conservateur, dirigé par Inukai et appuyé par le général Araki, un des chefs du mouvement nationaliste. Dès lors la situation s'aggrava et les opérations s'étendirent. Le 19 janvier 1932, cinq Japonais furent attaqués à Shanghai par des Chinois. L'un d'entre eux, un moine bouddhiste, mourut des suites de ses blessures. Le consul général japonais communiqua aussitôt une liste de revendications au maire chinois de Shanghai ; puis, des renforts de marine ayant été débarqués le 21, il adressa le 24 un ultimatum expirant le 28 ; les Chinois devaient payer une indemnité et dissoudre les associations antijaponaises. Quoique le maire eût accepté, les soldats japonais de l'amiral Shiozowa se heurtèrent à des troupes régulières chinoises. Le 29, des avions japonais bombardèrent le quartier populaire chinois de Chapeï. Une trêve fut conclue grâce à la médiation des consuls généraux anglais et américains, mais elle ne dura que jusqu'au 2 février. Une véritable guerre s'engagea alors, qui permit aux Japonais de s'emparer des forts et d'une zone de 20 km à l'ouest de Shanghai.

Naturellement, les Chinois adressèrent une nouvelle protestation à la Société des Nations. Celle-ci, comme précédemment, évita de déclarer le Japon coupable d'agression. Le 30 janvier, le Conseil ordonna une nouvelle enquête. Le 1er mars, il recommanda aux deux parties la conclusion d'un armistice. Le 3 mars, une Assemblée extraordinaire de la Société des Nations désigna un comité spécial pour étudier ce nouveau conflit. Avec l'appui de ce comité, le ministre de Grande-Bretagne en Chine, Miles Lampson, réussit à obtenir, le 5 mai, de la Chine et du Japon, la signature d'un armistice à la suite duquel des Japonais évacuèrent Shanghai.

La création du Mandchoukouo

Mais l'affaire de Shanghai n'était qu'une diversion. Le Japon continuait systématiquement sa politique en Mandchourie, sans tenir compte d'une note du secrétaire d'État américain Stimson avertissant que les États-Unis ne reconnaîtraient pas les modifications territoriales dues à la force et condamnant « moralement » l'action japonaise (doctrine Stimson ou doctrine Hoover du 7 janvier 1932). Le 5 février 1932, les Japonais réussirent à occuper Kharbine, seconde ville de Mandchourie. Ils luttèrent avec succès contre des troupes provinciales chinoises dirigées par le général Ma Chan-shan, et la résistance des forces régulières chinoises prit fin en août 1932. En même temps, l'état-major japonais organisa, dans la province de Feng Tien, qui contient à elle seule la moitié de la population de Mandchourie, un mouvement d'« indépendance mandchoue ». Il est à noter que 10 % de la population de Mandchourie est composée de Mandchous. L'immense majorité est chinoise. Les paysans étaient passifs, désirant surtout la paix. Mais il semble bien que les marchands et les intellectuels aient été presque tous hostiles au mouvement d'« indépendance » inspiré par le Japon. Néanmoins, un Comité exécutif des provinces du nord-est, présidé par le Chinois Chao Hsin-po, publia, le 18 février 1932, une déclaration d'indépendance de la Mandchourie. Le 28 février, à Moukden, 600 personnes, réunies sans mandat par les Japonais, approuvèrent la déclaration. Le 1er mars, une « convention mandchoue » se réunit. Le 9 mars, elle confia la régence au prince Pou Yi, ex-empereur de Chine détrôné en février 1912 par la révolution républicaine alors qu'il était un enfant en bas âge. Comme empereur de Mandchourie, il prit le nom de Kang Teh. Le nouvel État reçut le nom de Mandchoukouo.

Au Japon, le 15 mai 1932, le Premier ministre Inukai, qui venait de remporter un grand succès électoral, fut assassiné par des membres d'une société secrète ultranationaliste, le « Dragon noir ». Le chef du gouvernement fut alors, jusqu'en 1934, l'amiral Saïto, qui subissait l'influence prépondérante du général Araki, ministre de la Guerre. Le nouveau gouvernement, le 24 août 1932, reconnut le Mandchoukouo. Le 2 septembre, un accord nippo-mandchou confia au Japon le soin de garantir « la défense extérieure et intérieure du pays » et lui accorda le droit d'y tenir garnison. Les Japonais, soit comme secrétaires généraux des ministères, soit comme « conseillers » exerçaient la réalité du pouvoir. Le Mandchoukouo n'était indépendant que fictivement. En réalité, c'était un véritable protectorat japonais.

Le rapport Lytton

La commission Lytton acheva son rapport le 4 septembre 1932 et le publia le 2 octobre. La Société des Nations était acculée à prendre parti.

Le Japon avait créé une situation de fait. Fallait-il l'admettre ? Le rapport Lytton y était hostile, estimant que les Japonais avaient accompli en Mandchourie une œuvre artificielle. Il proposait que la Mandchourie fût déclarée autonome, sous la souveraineté chinoise. Le Japon et la Chine pourraient alors conclure un accord sur leurs intérêts respectifs en Mandchourie.

L'Assemblée extraordinaire, réunie à Genève le 6 décembre, en délibéra après avoir entendu les délégués chinois et japonais. Les Chinois demandèrent que la Société des Nations condamnât l'agresseur et déclarât dissous l'« État fantoche » du Mandchoukouo. Les Japonais répondirent que la Chine n'était pas vraiment un « État organisé ». L'autorité du gouvernement y était précaire. Le Japon avait dû agir par la force pour protéger les intérêts de ses nationaux. Finalement, le 24 février, l'Assemblée adopta un rapport final, à l'unanimité, moins la voix du Japon. Elle ne suivit pas exactement les conclusions du rapport Lytton. Elle déclara que la souveraineté chinoise sur la Mandchourie était incontestable, que le Japon avait eu tort de prendre des mesures militaires, que l'attitude chinoise depuis septembre 1931 était irréprochable. Le Mandchoukouo ne devait donc être reconnu ni en droit, ni en fait, et les troupes japonaises devraient se retirer dans la « zone du chemin de fer ». Ainsi la Société des Nations condamnait-elle moralement le Japon, mais ne le déclarait pas officiellement « agresseur » et ne décidait aucune sanction. À la force militaire, elle opposait la force morale. Cette méthode ne donna aucun résultat. Le Japon, le 27 mars 1933, annonça qu'il quittait la Société des Nations. Celle-ci n'avait pu que faire constater sa faiblesse. Ni la Grande-Bretagne, ni les États-Unis n'envisageaient la possibilité d'une guerre. L'URSS s'était contentée de rétablir ses relations diplomatiques avec la Chine le 12 décembre 1932. Mais elle acceptait aussi l'envoi d'un consul mandchou à Vladivostok, sans doute pour pouvoir garder ses privilèges sur le « chemin de fer de l'est chinois ». Le coup de force avait parfaitement réussi.

L'invasion du Jéhol

Les Japonais complétèrent ce premier succès par l'invasion du Jéhol, région montagneuse comprise entre la Mandchourie et la Grande Muraille de Chine, à proximité de Pékin, trait d'union entre la Mandchourie et la Mongolie intérieure. Sous prétexte que le Jéhol appartenait de droit au Mandchoukouo, les Japonais occupèrent, le 1er janvier 1933, la ville de Shanhaïkouan, à l'extrémité ouest de la Grande Muraille. Le 12 janvier, le général Araki, à Tokyo, revendiqua le Jéhol au nom de la Mandchourie. Le gouverneur du pays Tchang You-lin était l'un des signataires de la déclaration d'indépendance mandchoue. Mais il avait renié cette déclaration à la fin de 1932. Le 24 février 1933, un ultimatum fut adressé au maréchal Tchang Hiue-leang, exigeant l'évacuation du Jéhol par les soldats chinois. Le 25, l'armée japonaise envahit la province où la résistance chinoise s'effondra aussitôt. La ville de Jéhol fut occupée le 4. Le 8, Tchang Hiue-leang abandonna son commandement. En quinze jours, les Japonais s'étaient emparés d'une large portion de la Grande Muraille. En avril, ils la franchirent et menacèrent Pékin. La Chine n'avait plus qu'à céder. Le 31 mai 1933, un armistice fut signé à Tang Kou entre Japonais et Chinois. Une zone de 13 000 km^2, sur le côté chinois de la Grande Muraille, devait être démilitarisée. Le gouvernement chinois adopterait une attitude de conciliation et prendrait des mesures pour réprimer les boycottages de produits japonais. Toutefois, aucune clause politique n'était incluse dans l'armistice, et la Chine n'abandonnait en principe aucun de ses droits.

L'affaire de Mandchourie, dont on a vu le lien avec la crise économique mondiale, était le premier coup décisif porté à la Société des Nations. Les succès japonais révélaient la faiblesse des traités écrits, des conventions internationales, des promesses de paix lorsqu'ils ne sont pas soutenus par la force des armes. La Société des Nations elle-même s'était révélée absolument inefficace. L'Angleterre et les États-Unis, qui auraient pu se charger de défendre le respect des engagements internationaux, étaient tout à fait opposés à la guerre. Ils en restaient au système de la condamnation morale, laquelle importait peu aux militaires japonais. Au moment où en Asie d'abord, et bientôt en Europe, se dressaient de nouveaux gouvernements belliqueux et révisionnistes, les puissances pacifiques étaient résolues à ne prendre aucune responsabilité.

DEUXIÈME PARTIE

L'époque d'Hitler (1933-1945)

Introduction

L'avènement d'Hitler (30 janvier 1933) est en apparence un phénomène proprement allemand. En réalité, peu d'événements dans l'histoire ont eu des conséquences internationales comparables. Avec Hitler ce n'est pas seulement le nationalisme le plus ardent qui conquiert le pouvoir en Allemagne, c'est encore, dans le domaine des relations entre États, une conception nouvelle qui s'affirme. Quoique les démocraties occidentales ne s'en soient aperçues que progressivement, le changement n'en est pas moins réel. Pour Hitler, la notion de l'égalité des peuples, qui prévalait à Genève, n'a pas plus de valeur que celle de l'égalité des individus. Au contraire, il existait à ses yeux une race dominante, la race aryenne, conservée en Allemagne à l'état presque pur, qui a le droit de dominer les autres et au besoin de les éliminer. Pour atteindre ce but, tous les moyens étaient bons. Autrement dit, Hitler ne reculera ni devant le mépris des traités, ni devant la guerre, ni devant l'injustice. Pour lui comme pour Rosenberg, théoricien du nazisme (cf. *Le Mythe du XXe siècle*), le respect de la personne humaine n'existe absolument pas. Le but de sa politique extérieure est donc d'assurer la domination de l'Allemagne par la ruse ou par la violence. Nous verrons que cette politique a revêtu plusieurs aspects simultanés ou successifs : Hitler a voulu d'abord rendre à l'Allemagne sa force militaire, puis rattacher à l'Allemagne de Versailles d'autres territoires habités par des Allemands (*Deutsche Raum*), enfin acquérir un vaste « espace vital » (*Lebensraum*) principalement dans l'est de l'Europe (qui l'intéressait beaucoup plus que l'Afrique) afin de procurer aux Allemands des matières premières, des vivres et surtout des terres à coloniser.

La politique nazie n'était d'ailleurs pas aussi fortement dirigée qu'il y paraît au premier abord. Plusieurs tendances s'y opposaient de manière anarchique, Hitler utilisant, pour régner, les rivalités entre ses principaux collaborateurs, Goering, Goebbels, Himmler, von Ribbentrop. À côté du ministère des Affaires étrangères, existait, dès 1934, une officine, dirigée par le nazi von Ribbentrop. Il est souvent difficile de préciser exactement les responsabilités.

Ces méthodes réalistes ne pouvaient trouver d'obstacle que dans deux camps essentiellement différents. D'une part, les grandes démocraties occidentales, France, Angleterre, États-Unis, qui, par incompréhension ou par manque d'énergie, prétendaient encore s'en tenir au juridisme des traités, à la garantie de la sécurité collective, ou se réfugiaient dans l'isolationnisme. D'autre part, l'URSS, dirigée par une équipe aussi réaliste, aussi peu embarrassée de moralisme que l'Allemagne nazie, mais également hostile à celle-ci et aux démocraties bourgeoises.

Ainsi, l'année 1933 marque-t-elle dans l'histoire des relations internationales un tournant décisif. À côté du fait principal que constitue l'avènement d'Hitler, elle est encore marquée en Extrême-Orient par le développement de la politique japonaise en Chine du Nord, aux États-Unis par l'avènement du président Roosevelt. On remarquera que celui-ci reste au pouvoir à peu près exactement pendant la même période qu'Hitler. Roosevelt est mort le 12 avril 1945, et Hitler disparaît le 30 avril 1945 à Berlin.

Dans cette période troublée, consécutive à la plus grande crise économique qu'ait connue le monde, la France, qui possède, croit-on, la plus puissante armée, est agitée par des troubles intérieurs qui accroissent l'instabilité ministérielle et retirent toute continuité à sa politique. Plus curieux est le cas de la Grande-Bretagne. Celle-ci, avec les élections de 1931 et de 1935, est dominée par une vaste majorité conservatrice. Or, à part quelques exceptions tel Winston Churchill, écarté du pouvoir, Robert Vansittart, lord Amery, qui voient clairement le danger nazi et cherchent à renforcer les liens avec la France, les principaux conservateurs sont des *appeasers*. Pour des raisons diverses, ils sont méfiants à l'égard de la France et favorables à une révision des traités en faveur de l'Allemagne, qu'ils s'obstinent, même à l'époque nazie, à considérer comme faible et digne d'appui. Telle est la thèse que soutiennent avec constance Geoffrey Dawson, directeur du *Times* entre les deux guerres, lord et lady Astor, propriétaires de ce journal, qui réunissent les *appeasers* dans leur propriété de Cliveden, Baldwin, Premier Ministre de 1935 à 1937, les chefs successifs du *Foreign Office* John Simon, Samuel Hoare, lord Halifax, et, par-dessus tout le doctrinaire des concessions à l'Allemagne, Neville Chamberlain, Premier Ministre de mai 1937 à 1940, et son homme de confiance Horace Wilson. L'entêtement britannique à céder à Hitler, sous prétexte qu'une révision des traités peut se faire sans guerre, durera jusqu'en mars 1939. L'URSS de Staline, occupée à l'intérieur par les plans quinquennaux et les purges sanglantes, s'associe alternativement aux démocraties occidentales (1934-1939) et aux nazis (1939-1941) comme si seuls comptaient son « intérêt national » et les destinées de son propre régime. Face à Hitler, l'*appeasement* britannique, l'inertie française et le neutralisme américain sont les phénomènes les plus caractéristiques de l'époque.

L'avènement d'Hitler et l'échec de la conférence du désarmement

I. L'avènement d'Hitler et le « pacte à quatre »

Le projet de « pacte à quatre »

Lorsque Hitler arriva au pouvoir comme chancelier, le 30 janvier 1933, son gouvernement ne comprenait que deux autres nazis : Goering et Frick. Von Papen était vice-chancelier et von Neurath ministre des Affaires étrangères. Mais, en peu de temps, Hitler transforma son pouvoir en dictature. Après l'incendie du Reichstag et les élections du 5 mars, eut lieu dans l'église de la garnison à Potsdam une cérémonie au cours de laquelle la Constitution de Weimar fut abolie, le IIIe Reich proclamé. Le 23 mars, le Reichstag lui accorda les pleins pouvoirs dont il profita pour dissoudre les partis politiques et réorganiser l'administration, tandis que les SA entreprirent, le 1er avril, une persécution systématique des Juifs.

Pour prévenir le danger que présentait l'institution d'un gouvernement ultranationaliste en Allemagne, plusieurs politiques étaient possibles : ou bien constituer une coalition contre l'Allemagne, ou bien limiter les risques en signant des accords avec elle. On commença par essayer ce dernier système. Dans un discours prononcé à Turin, le 23 octobre 1932, Mussolini avait déclaré que la Société des Nations, gênée par le nombre de ses membres, ne pouvait assurer la paix en Europe. Inspiré peut-être par l'homme politique et journaliste italophile Henry de Jouvenel (ambassadeur de France à Rome en 1933), il préconisait un accord entre les quatre grandes puissances occidentales : France, Italie, Allemagne, Angleterre. On reconstituerait ainsi sous une forme nouvelle le « concert des puissances » qui avait dirigé l'Europe au XIXe siècle. Lors d'un voyage du Premier Ministre anglais MacDonald et du chef du *Foreign Office*, John Simon, à Rome, Mussolini leur soumit le projet d'un « pacte d'entente et de collaboration entre les quatre puissances occidentales » en 6 articles. Le but de ce traité était de maintenir la paix. Pour y parvenir il fallait que les quatre puissances adoptassent une ligne politique commune dans les questions européennes et coloniales. L'article 2 évoquait la possibilité de réviser les traités de paix dans le cadre de la Société des Nations, conformément à l'article 19 du pacte. Dans l'esprit de Mussolini qui, on le sait, avait toujours soutenu les pays révisionnistes (Bulgarie, Hongrie), le « pacte à quatre » avait pour but d'aboutir à une modification de la carte de l'Europe. L'Allemagne, également désireuse de réviser le traité de Versailles, et à qui un article du projet italien promettait l'égalité des droits en matière d'armement, accepta avec enthousiasme, et le vice-chancelier von Papen déclara même que l'idée de Mussolini était « géniale ».

Pour la France, le projet avait un tout autre sens. Elle était liée aux pays qui avaient bénéficié des traités de paix : Petite Entente et Pologne. Or, la réaction des petites puissances fut très vive. Le 25 mars, les États de la Petite Entente qui avaient créé en février 1933 un Conseil permanent, publièrent une déclaration d'après laquelle les grandes puissances ne devaient sous aucun prétexte disposer du territoire des petites sans leur consentement. La Pologne adopta une attitude identique et déplora au surplus de n'être pas comptée parmi les grandes puissances. Le 30 mai, le Conseil de la Petite Entente, réuni à Prague, manifesta à nouveau son opposition. Le 2 avril, le gouvernement belge remit un mémorandum analogue.

Dans ces conditions, le gouvernement français, dirigé alors par Daladier, proposa des modifications au projet italien : il ne suffisait pas de mettre au premier plan l'article 19 du pacte, il fallait encore rappeler l'importance des articles 10 et 16 qui garantissaient les droits des États membres. Le gouvernement britannique adopta une position intermédiaire. Finalement, les négociations aboutirent à un texte beaucoup plus subtil, d'inspiration plus française qu'italienne, que l'on parapha à Rome le 7 juin. Le « pacte à quatre » était conclu pour dix ans. Il n'était plus question d'une politique commune pour l'ensemble des questions européennes et extra-européennes, mais seulement d'une « politique de collaboration effective en vue de maintenir la paix », limitée aux seules questions concernant les quatre pays. L'article 2 déclarait que l'on appliquerait efficacement les articles 10, 16 et 19 du pacte. Il était spécifié que l'on ne pourrait disposer des États sans leur assentiment, et qu'en cas de révision la décision serait prise non par les quatre, mais par le Conseil de la Société des Nations. Il n'était plus question de l'égalité des droits pour l'Allemagne.

L'échec final

Mussolini continuait à interpréter le « pacte à quatre » comme un instrument de révision graduelle des traités. Mais la France, dans ses notes des 7 et 8 juin aux trois pays de la Petite Entente et à la Pologne, précisa que le traité ne modifierait pas sa politique et que, pour une révision des frontières, la Société des Nations devrait se prononcer à l'unanimité, y compris les pays intéressés. Ces deux attitudes étaient tellement contradictoires que le pacte, signé, ne fut pas ratifié. Dans un article publié le 31 décembre 1933, Mussolini déclara : « À défaut de révision par le pacte à quatre, c'est sa majesté le canon qui parlera. »

Ainsi, l'échec du « pacte à quatre » exclut l'impossible espoir d'une révision pacifique des traités. Hitler qui, le 17 mai, avait prononcé un discours apaisant, ne manquera pas d'en tirer les conséquences.

II. L'échec des plans de désarmement

La conférence du désarmement

Le problème du désarmement, que nous avons déjà évoqué, se posait de la façon suivante. Le traité de Versailles prévoyait un désarmement général, dont le désarmement allemand n'était que le prélude. Une commission préparatoire siégea à Genève de mai 1926 à janvier 1931. Elle était chargée de préparer les travaux d'une « conférence du désarmement » qui grouperait les chefs d'État et qui prendrait les décisions. Vingt-six pays étaient représentés à la commission parmi lesquels l'URSS et les États-Unis, non membres de la Société des Nations. La commission ne fixa pas les chiffres de réduction. Elle établit seulement un cadre : Comment procéder au désarmement ? Comment assurer le contrôle ? Quelles étaient les catégories d'armement à réduire ?

La conférence se réunit le 2 février 1932 sous la présidence d'Arthur Henderson. Soixante-deux pays étaient représentés. Brüning était le délégué de l'Allemagne, MacDonald celui du Royaume-Uni, Tardieu celui de la France, Grandi représentait l'Italie, etc. La conférence se réunit en assemblée plénière, puis nomma une commission générale avec des délégués de tous les États, et une commission politique à laquelle se rattachaient : un comité de désarmement moral ; une commission terrestre ; une commission aérienne ; une commission navale ; une commission des dépenses de la défense nationale avec des comités des effectifs et des armes chimiques et bactériologiques.

Le plan Tardieu

Dès le début, le délégué français André Tardieu, fit une proposition hardie, mais qui avait été inspirée par un état-major soucieux avant tout de ne pas désarmer :

— on mettrait les armes les plus puissantes (avions de bombardement, artillerie lourde, cuirassés), sous le commandement de la SDN. Une nation déterminée ne pourrait les utiliser qu'en cas de défense de son territoire ;

— on créerait une police internationale, renforcée par des contingents nationaux (On retrouve ici, une fois de plus, l'idée émise par Léon Bourgeois en 1919) ;

— l'arbitrage serait rendu obligatoire et les sanctions organisées.

À cette proposition, les réactions furent confuses. John Simon (Royaume-Uni) et Gibson (États-Unis) proposèrent simplement un désarmement limité et qualitatif (les armes lourdes). Brüning (Allemagne) demanda pour son pays l'égalité des droits (*Gleichberechtigung*), et la réduction des armements des autres pays jusqu'au niveau fixé par le traité de Versailles à l'armée allemande. Il obtint l'appui de Grandi (Italie). Litvinov (URSS) proposa le désarmement absolu. Le Japon se déclara hostile à tout désarmement.

En fait, la conférence se divisa entre partisans de la France et partisans de l'Allemagne. En avril, Brüning proposa que l'armée allemande soit portée à 200 000 hommes avec service de six ans au lieu de douze, et le droit d'avoir des armes lourdes, mais seulement à titre d'échantillon. Il obtint l'appui de l'Italie et des puissances anglo-saxonnes. D'ailleurs, l'attitude allemande va se raidir avec l'arrivée au pouvoir de von Papen (30 mai 1932), et les progrès spectaculaires des nazis aux élections. La querelle porte alors sur la distinction entre armes « offensives » et « défensives ». Tardieu suggère un autre point de vue : « Toute arme est à la fois offensive et défensive. L'offensive en soi n'est pas condamnable, car elle peut être un moyen de se défendre contre l'agression. C'est l'agression qui doit être condamnée. » Mais cela ne fit que compliquer les discussions, car on ne put se mettre d'accord pour définir l'agresseur.

Le plan Hoover

Dans ces conditions, le 22 juin 1932, le président des États-Unis Hoover proposa un plan nouveau, de caractère plus concret : Sur terre, les effectifs seraient réduits d'un tiers. On supprimerait totalement les chars et l'artillerie lourde. Sur mer, on réduirait d'un tiers le tonnage et le nombre des cuirassés, d'un tiers le tonnage des sous-marins, d'un quart celui des porte-avions, croiseurs et contre-torpilleurs. Dans les forces aériennes, on supprimerait tous les avions de bombardement. L'Angleterre s'inquiéta des clauses navales. Le délégué français Paul-Boncour se concerta avec le nouveau président du Conseil, Herriot [1], qui assistait alors à la conférence de Lausanne, et d'accord avec lui, refusa d'accepter le plan Hoover tel quel. La France restait fidèle au principe : Sécurité d'abord.

Ainsi, le désaccord subsistait. On finit par adopter le 23 juillet 1932 un compromis élaboré par Benès : « La conférence... décide dès maintenant... en s'inspirant des principes généraux qui sont à la base de la proposition Hoover :

— qu'il sera effectué une réduction substantielle des armements mondiaux, qui devra être appliquée dans son ensemble par une convention générale aux armements terrestres, navals et aériens ;

— qu'un but essentiel à atteindre est de réduire les moyens de l'agression. »

Ce compromis, qui ne fixait ni chiffres, ni proportions, ne signifiait évidemment pas grand-chose.

---

1. Voir ci-avant, partie I, chap. 5, § III, p. 141.

Mais l'Allemagne, prétextant que l'égalité des droits ne lui était pas accordée, refusa d'accepter ce compromis, si vague fût-il. Le 16 septembre 1932, elle quitta la conférence. Pour l'y faire rentrer, il fallut réunir à Genève, au début de décembre, une conférence à cinq (France, Grande-Bretagne, Allemagne, Italie, États-Unis) qui, le 11 décembre reconnut à l'Allemagne « l'égalité des droits dans un système qui assurerait la sécurité de toutes les nations ». Une nouvelle fois, comme en 1924, Herriot avait cédé à la pression des Anglais et des Allemands, sans contrepartie. Ainsi, au moment où Hitler arrivait au pouvoir, le principe de *l'égalité des droits* avait été admis. Mais sa réalisation pratique était subordonnée, comme le désirait la France, à l'établissement préalable de la *sécurité*.

Le plan Herriot et le plan MacDonald

Avant et après l'avènement d'Hitler, la conférence entreprit la discussion de deux nouveaux plans :

1. Un « Plan constructif français » (14 novembre) élaboré par Herriot et Paul-Boncour. Le plan français, dans le domaine militaire, perfectionnait le plan Tardieu : réduire toutes les armées européennes à un type uniforme de milice avec service à court terme, lentes à mobiliser et peu aptes à l'offensive.

Réserver le matériel offensif (canons lourds, chars, etc.) au maintien de l'ordre international. Ce matériel serait stocké dans chaque État sous contrôle international. Les milices nationales ne pourraient l'utiliser. Il servirait à défendre tout État victime d'une agression et bénéficiant de l'intervention collective.

Sur le plan politique, il préconisait la création d'une Entente régionale des pays européens continentaux, impliquant l'assistance obligatoire sur décision du Conseil de la SDN prise à la majorité, et non à l'unanimité.

2. Le plan anglais ou plan MacDonald (16 mars 1933). Ce plan, plus concret que le précédent, fixait à 200 000 hommes les effectifs des armées des principaux pays d'Europe continentale : France, Allemagne, Italie, Pologne. Une conférence spéciale se réunirait en 1935 pour discuter des armements navals. L'aviation militaire serait progressivement supprimée et les bombardements interdits. Une commission permanente du désarmement contrôlerait l'exécution du plan. Un délai de cinq ans serait nécessaire pour que l'Allemagne puisse bénéficier de l'égalité effective.

L'Allemagne fit des objections. La commission générale avait décidé, le 11 mai, que les SA et les SS seraient comptés comme troupes. L'Allemagne s'en inquiétait et se plaignait au surplus que la France fût autorisée à conserver des troupes coloniales en plus des 200 000 hommes de la métropole. Selon l'historien nazi Freytagh-Loringhoven, la France et ses alliés auraient disposé de 1 250 000 hommes, l'Allemagne de 200 000 seulement. Toutefois, dans son discours du 17 mai, Hitler accepta en principe le projet MacDonald, que la Commission générale adopta le 7 juin, jour même où le « pacte à quatre » était paraphé à Rome. Puis, le 29 juin, la conférence s'ajourna au mois d'octobre. Au cours de l'été, un fait nouveau intervint : le 12 mai 1933, la Société des Nations avait été saisie d'une plainte des Juifs de Silésie. L'opinion publique et les gouvernements de France, de Grande-Bretagne et des États-Unis furent fort émus et ces trois États raidirent leur attitude. La France et la Grande-Bretagne se mirent d'accord pour que le contrôle des armements, c'est-à-dire, la sécurité, fût établi avant le désarmement. La France fit adopter l'idée que la période transitoire devrait être de huit ans au lieu de cinq. Les quatre premières années constitueraient une phase probatoire. La France ne commencerait à désarmer et l'Allemagne à réarmer que dans les quatre années suivantes. La thèse allemande était au contraire qu'il fallait commencer par le désarmement et n'établir le contrôle qu'après coup. Aussi, le 15 septembre, von Neurath déplora-t-il le « revirement » des démocraties. À la 14e session de la Société des Nations qui s'ouvrit le 26 septembre à Genève, les représentants italiens (baron Aloysi et Suvitch) proposèrent une solution intermédiaire : on commencerait à désarmer avant d'établir le contrôle mais on entreprendrait celui-ci avant l'achèvement du désarmement. La France et l'Angleterre refusèrent. Une entrevue du 28 septembre entre Paul-Boncour et von Neurath n'aboutit à rien.

L'Allemagne quitte la Société des Nations

C'est dans une atmosphère très tendue que se réunit la conférence, le 9 octobre. Immédiatement se produisit un coup de théâtre : le 14 octobre Hitler adressa à Henderson, qui présidait, un télégramme annonçant que l'Allemagne quittait la conférence du désarmement. Le 19 octobre, l'Allemagne donna sa démission de membre de la Société des Nations. Le même jour, Hitler entreprit de justifier ce geste en déclarant que l'Allemagne n'acceptait pas d'être traitée en « peuple de seconde zone ». Le 12 novembre un plébiscite approuva la politique d'Hitler par 95 % des voix.

La conférence du désarmement allait mener désormais une vie ralentie jusqu'en avril 1935. Beaucoup plus importantes furent les négociations directes entre l'Allemagne et les démocraties.

Le plan allemand

Le 24 novembre 1933, François-Poncet, un normalien, agrégé d'allemand, qui avait été sous-secrétaire d'État, et était lié aux milieux sidérurgiques et à leur presse, ambassadeur de France à Berlin depuis octobre 1931, rendit visite à Hitler. Celui-ci, assisté de von Neurath, proposa un nouveau plan. Des pactes de non-agression valables pour dix ans seraient conclus entre les différents pays. L'Allemagne réaffirmerait sa fidélité au pacte de Locarno. La guerre chimique, bactériologique, le bombardement des lieux habités seraient interdits. En revanche, l'Allemagne constituerait une armée de 300 000 hommes basée sur le service militaire à court terme avec des armements de même nature que ceux des autres pays. Ainsi elle disposerait de 100 000 hommes de plus que ne le prévoyait le plan MacDonald et de 200 000 hommes de plus que la Reichswehr du traité de Versailles. Elle accepterait un contrôle international. Enfin, Hitler réclamait l'annexion de la Sarre sans plébiscite, en échange de quoi la France pourrait continuer à exploiter certaines des mines.

Ces déclarations furent reprises dans un mémorandum que l'Allemagne adressa à la France le 18 décembre. On allait négocier sur ces bases jusqu'au 17 avril 1934. La France répondit le 1er janvier au mémorandum allemand : avant toute discussion, il fallait que l'Allemagne revînt à Genève. Une fois cette condition réalisée, la France accepterait de ramener les armées françaises et allemandes à un type uniforme de milice à court terme. Les effectifs des troupes allemandes et des troupes françaises métropolitaines seraient égaux. On unifierait progressivement les types d'armées.

Le 19 janvier, l'Allemagne répondit qu'elle ne pouvait accepter ni l'inégalité des armements, ni le retour à la Société des Nations, ni l'inégalité causée par le maintien en surnombre des troupes coloniales françaises. Elle s'en tenait à ses propositions du 18 décembre en les précisant : armée de 300 000 hommes avec une artillerie allant jusqu'au calibre 155, chars de 6 tonnes, aviation égale à la moitié de celle de la France ou au tiers des aviations française et alliées réunies. La France répondit le 14 février par une note beaucoup plus intransigeante. En effet, dans l'intervalle, le 26 janvier 1934, l'Allemagne avait signé un pacte de non-agression avec la Pologne alliée à la France [1]. Le 6 février, avaient eu lieu à Paris des troubles révolutionnaires d'extrême droite et l'ancien président de la République Doumergue avait constitué un gouvernement d'Union nationale avec Barthou aux Affaires étrangères, André Tardieu et Édouard Herriot y figurant comme ministres d'État.

La rupture

Pour éviter la rupture, l'Angleterre tenta une médiation. On s'efforcerait de réaliser la parité, avec des effectifs compris entre les 200 000 hommes du plan MacDonald et les 300 000 hommes du plan allemand. Eden, lord du Sceau privé, fit le tour des principales capitales. Il vint à Paris le 17 février, à Berlin le 21. Il y vit Hitler qui accepta le nouveau plan MacDonald à condition que ses propositions du 19 janvier concernant l'aviation fussent admises. Le 26 février, Eden rencontra Mussolini qui accepta également les grandes lignes du plan britannique. La solution dépendait en somme du gouvernement français. Mais celui-ci était divisé. Barthou et l'ambassadeur François-Poncet (venu à Paris le 9 avril) penchaient pour l'acceptation. Sans doute avaient-ils assez peu confiance dans la valeur des promesses d'Hitler. Mais la signature d'un accord aurait au moins l'avantage d'imposer à l'Allemagne des liens juridiques. Si ceux-ci n'existaient pas, rien ne pourrait limiter un réarmement qu'elle avait déjà entrepris. Au contraire, le président du Conseil, Doumergue, Tardieu et le maréchal Pétain, ministre de la Guerre, étaient hostiles à la signature d'un accord. Ils croyaient que le régime hitlérien était sur le point de s'écrouler et qu'il serait plus facile de négocier avec les successeurs d'Hitler.

Le gouvernement français se rallia à ce point de vue et publia le 17 avril 1934 une note déclarant qu'il « se refuse solennellement à légaliser le réarmement allemand, que celui-ci a rendu les négociations inutiles et que la France assurera désormais sa sécurité par ses moyens propres ».

---

1. Voir ci-après, § III, p. 164, 165.

C'était la rupture. Elle se faisait dans des conditions désavantageuses pour la France qui, aux yeux des Anglo-Saxons, en portait la responsabilité. Elle partait d'une illusion du chef de l'état-major français. Celui-ci déclara, en effet, à François-Poncet : « Nous verrons combien de temps il faudra à l'Allemagne pour rattraper les 20 milliards que nous avons mis dans nos armements. » On sait qu'Hitler engloutit dans le réarmement des sommes bien plus considérables. Au surplus, ni la France, ni l'Angleterre n'étaient disposées à accepter la suggestion faite par Mussolini dans le *Popolo d'Italia* du 13 mai : empêcher le réarmement de l'Allemagne par une guerre préventive.

III. Les crises de l'été 1934

L'année 1934 fut donc pour l'Allemagne celle du réarmement. Hitler ne possédait pas encore l'instrument militaire de sa politique. Mais il s'efforçait patiemment de disloquer le système des alliances françaises, tout en mettant à l'épreuve les intentions de l'Italie et des démocraties occidentales.

Le pacte germano-polonais

L'un de ses premiers succès fut la signature, le 26 janvier 1934, d'une déclaration de non-agression avec la Pologne, valable pour dix ans. La préparation de ce traité avait été tenue tout à fait secrète. Depuis novembre 1932, le colonel Beck, ancien chef du cabinet de Pilsudski, avait remplacé Zaleski aux Affaires étrangères. Hostile aux méthodes démocratiques, il se défiait de la France. Il avait été vivement ulcéré par le « pacte à quatre » qui écartait la Pologne du « concert des grandes puissances ». Il cherchait à maintenir l'équilibre entre la Russie et l'Allemagne. Toutefois, en avril, et encore en décembre 1933, il proposa secrètement à la France une opération préventive contre l'hitlérisme. La France ayant refusé, il se tourna vers l'Allemagne et lui proposa la signature d'un accord. Dès le 4 mai 1933, Hitler annonça à la presse qu'il avait eu un entretien important avec le ministre de Pologne à Berlin, Wysoki [1]. Celui-

---

1. Divers incidents germano-polonais s'étaient produits en 1933, surtout lorsque les Polonais renforcèrent leur garnison de la presqu'île de la Westerplatte, sur le territoire de Dantzig (6 mars 1933).

ci, ami de l'ambassadeur François-Poncet et considéré comme trop favorable à la France, fut remplacé par Lipski. Le 16 novembre à la suite d'un entretien entre Hitler et Lipski, un communiqué annonça que les deux pays renonçaient à l'emploi de la force dans leurs rapports mutuels. Un projet de pacte fut présenté le 27 novembre 1933 au maréchal Pilsudski par le ministre allemand von Moltke. Le 9 janvier 1934, le ministre de Pologne, Lipski, présenta un contre-projet polonais, que le colonel Beck, passant le 13 janvier par Berlin en allant à Genève, discuta secrètement avec le gouvernement nazi. Le secret était rendu nécessaire à la fois par l'état de l'opinion publique polonaise restée très fidèle à l'amitié et à l'alliance avec la France, et par l'attitude de certains milieux prussiens, violemment hostiles à la Pologne. On s'explique ainsi que le 25 janvier, la veille même de la signature, Lipski ait déclaré catégoriquement à son collègue tchèque Mastny, qu'il n'était nullement question d'un tel pacte.

La Déclaration n'était pas en soi dirigée contre la France. Mais, psychologiquement, elle constituait de la part du gouvernement polonais une démarche inamicale à l'égard de son alliée. Comme le dit François-Poncet : « L'attitude polonaise envers nous et notamment celle du colonel Beck, ministre des Affaires étrangères, sera constamment celle non pas d'un ami mais d'un véritable adversaire. » Le pacte déclarait que les deux gouvernements voulaient inaugurer une nouvelle phase de leurs rapports politiques. Ceux-ci seront entièrement pacifiques et fondés sur les principes du pacte Briand-Kellogg. Les deux gouvernements se consulteraient sur leurs rapports mutuels et n'auraient jamais recours à la force pour régler leurs différends. La Déclaration, valable dix ans, ne modifierait pas les traités déjà conclus.

La politique autrichienne de l'Italie

Du côté de l'Italie, la politique allemande fut beaucoup moins heureuse. Hitler avait, et gardera jusqu'en 1943, la plus grande admiration pour Mussolini qu'il considérait comme son modèle et comme son seul ami véritable en Europe. Toutefois, un problème grave séparait alors les deux dictateurs : celui de l'Autriche.

Mussolini considérait que la région du Danube était pour l'Italie une zone d'expansion naturelle. Il songeait en 1933 à réaliser une sorte de groupement de puissances comprenant l'Italie, l'Autriche, la Hongrie et la Croatie — ce qui supposait un démembrement de la Yougoslavie. Ces pays auraient été soumis à l'influence économique italienne. Le gouvernement fasciste finançait en Autriche le mouvement nationaliste de la Heimwehr dont le chef était Starenberg. Dans une conversation avec celui-ci, au début de 1933, Mussolini avait défini le bassin du Danube comme l'« *Hinterland* européen de l'Italie », faute duquel elle serait « forcée de jouer le rôle insignifiant d'une péninsule en bordure de l'Europe ».

En mars 1934, furent signés les protocoles de Rome, d'après lesquels l'Italie, l'Autriche et la Hongrie se faisaient d'importantes concessions économiques, avantageuses notamment pour l'Autriche. Au contraire, aux yeux d'Hitler, l'Autriche faisait partie de la communauté allemande. Il y soutenait le Parti nazi autrichien, et l'Anschluss était l'un des buts de sa politique. En mai 1933, Frank, ministre allemand de la justice, fut invité en Autriche par les nazis autrichiens. Hitler estimait aussi que la région du Danube faisait partie de la zone d'influence allemande et que l'Italie devait, au contraire, se tourner vers la Méditerranée à l'exception de l'Adriatique. Son intention — qu'il réalisera pratiquement en 1943 — était d'annexer Trieste. Enfin, il y avait dans le Tyrol italien une minorité allemande qu'Hitler désirait, sans aucun doute, rattacher à l'Allemagne. Ainsi les deux dictateurs étaient-ils, en 1933 et 1934, directement opposés l'un à l'autre. Cette opposition atteignit son paroxysme lors des crises de juin et juillet 1934. Les deux hommes se rencontrèrent pour la première fois en juin 1934. Hitler fut reçu par Mussolini à Stra près de Padoue le 14 juin, puis, le palais de Stra s'étant révélé trop inconfortable, à Venise. Hitler, mal conseillé par son ambassadeur à Rome, était habillé en civil, et faisait pauvre figure à côté du Duce, revêtu d'un magnifique uniforme. On ne sait pas bien ce que dirent les deux hommes. Mussolini avait la prétention de bien parler l'allemand, seule langue connue d'Hitler. Mais il le prononçait lentement et le comprenait assez mal. On ne fit pas appel aux services de l'interprète Paul Schmidt. Il est probable que, selon son usage, Hitler parla presque tout le temps. Dans cette entrevue, si l'on examine les événements immédiatement ultérieurs, aucun résultat positif ne paraît avoir été atteint.

La journée du 30 juin 1934

Le premier de ces événements fut la journée du 30 juin 1934. C'était essentiellement un épisode de l'histoire intérieure allemande. Prétextant l'imminence d'un complot organisé par Röhm, chef des chemises brunes ou SA (*Sturm Abteilung*), assisté par un « ambassadeur étranger » — François-Poncet — Hitler, s'appuyant sur la Reischwehr et sur les SS (*Schutz Staffeln*), décida brusquement de procéder à une vaste et sanglante épuration. Röhm, Strasser, de nombreux officiers SA, quelques SS et diverses personnalités non nazies, telles que von Schleicher, furent assassinés. Mais cette journée sanglante (Nuit des longs couteaux) eut d'importantes répercussions internationales. Sans doute François-Poncet n'eut-il aucune peine à se disculper d'avoir participé au complot, et Hitler le reconnaîtra lui-même par la suite. Mais le régime nazi en sortit fortifié. À l'étranger, l'opinion publique, à défaut des gouvernements, commença à comprendre que le régime nazi n'obéissait pas aux mêmes principes juridiques et moraux que les autres États.

L'assassinat de Dollfuss

Peu de temps après la journée du 30 juin, éclata une crise plus grave encore. Le chancelier autrichien Dollfuss fut assassiné par les nazis autrichiens. Depuis 1933, l'activité des nazis en Autriche avait été considérable et les violences s'y étaient multipliées. La France, l'Angleterre et l'Italie avaient projeté, le 7 août 1933, une démarche d'avertissement ; mais celle-ci avait échoué à la suite d'indiscrétions de la presse française. Après une tentative d'assassinat de Dollfuss, le 17 février 1934, les trois pays, avec beaucoup de modération d'ailleurs, protestèrent et rappelèrent leur attachement à l'indépendance autrichienne. L'avènement d'Hitler avait fortement réduit, semble-t-il, le courant d'opinion autrichienne favorable à la fusion de l'Autriche et de l'Allemagne. L'Autriche était divisée en trois grandes tendances : les catholiques, dont Dollfuss était le chef, étaient peu disposés à une union avec l'Allemagne nazie qui, malgré le Concordat de juin 1933, persécutait l'Église et voulait notamment lui retirer son influence sur la jeunesse. Les socialistes ne désiraient pas davantage être absorbés dans un État où le parti social-démocrate avait été dissous. Mais, en janvier 1934, des troubles sociaux ayant éclaté à Vienne, Dollfuss, partisan des méthodes autoritaires, avait réprimé le soulèvement de façon sanglante. Face à ces deux groupes antihitlériens, mais profondément hostiles l'un à l'autre, se dressaient les nationalistes. Parmi ceux-ci, la tendance pro-italienne de Starenberg était de plus en plus submergée par la tendance proallemande des nazis. L'assassinat de

Dollfuss fut préparé en Allemagne [1]. Les journaux allemands avaient reçu au préalable des instructions pour publier un récit des événements. Rintelen, ministre d'Autriche à Rome, qui avait d'importants intérêts financiers dans les sociétés liées aux entreprises allemandes de Thyssen et au trust de l'acier, était arrivé à Vienne le 23 juillet et devait être nommé chancelier (les insurgés qui s'étaient emparés du poste de radio, annoncèrent même sa nomination). Dollfuss fut blessé à mort par des nazis autrichiens qui, au nombre de 150, s'étaient emparés du palais de la Chancellerie (25 juillet 1934).

Le coup de force échoua pour plusieurs raisons. Dollfuss mourant refusa de signer une lettre de démission. Le président de la République autrichienne, Miklas, nomma aussitôt chancelier un autre catholique, Schuschnigg. Surtout, les représentants des puissances occidentales et de l'Italie (l'attaché de presse Eugenio Moreale, en l'absence de l'ambassadeur Preziosi), réagirent vigoureusement. Moreale informa par téléphone de ces tragiques événements, d'une part, le vice-chancelier autrichien Starhemberg, alors en vacances au Lido, et d'autre part, Mussolini lui-même qui se trouvait à Riccione. La colère du Duce fut aggravée par le fait que Mme Dollfuss et ses enfants avaient été invités par lui à Riccione où Dollfuss devait les rejoindre, peut-être pour conclure un accord plus étroit avec l'Italie. Mussolini dut annoncer lui-même la fatale nouvelle à Mme Dollfuss. Moreale avait eu l'habileté de faire occuper le central téléphonique par la Heimwehr et d'isoler ainsi la légation allemande qui ne put communiquer avec Berlin. Le coup d'État échoua ; Rintelen fut arrêté et Mussolini envoya deux divisions d'Alpini à la frontière du Brenner.

Le premier coup de force nazi se soldait donc par un échec. La propagande allemande déclara aussitôt que le gouvernement du Reich désapprouvait l'initiative des nazis autrichiens et Hitler envoya comme nouvel ambassadeur à Vienne le catholique von Papen qui cessait ainsi d'être vice-chancelier.

Il sembla qu'à cette occasion un rapprochement se fût opéré entre Mussolini et les deux démocraties occidentales. Le 27 septembre, lors de la réunion de la Société des Nations, la France, l'Angleterre et l'Italie

1. La responsabilité personnelle d'Hitler n'est pas établie. Peut-être a-t-il été dépassé par certains groupes nazis.

renouvelèrent leur déclaration du 17 février 1934, sur l'indépendance de l'Autriche. En fait, Mussolini fut assez mécontent de constater que seule l'Italie avait pris des mesures militaires pour éviter l'Anschluss.

IV. Le projet de pacte oriental

Le pacte balkanique

Au moment où les méthodes d'Hitler bouleversaient la diplomatie européenne, la « pactomanie » remporta un dernier succès, parfaitement illusoire, le Pacte balkanique du 9 février 1934. En 1930, la Grèce — alors république, et gouvernée par Venizelos — s'était rapprochée de la Turquie par un traité d'amitié. La France, qui, dans les Balkans, s'appuyait sur 2 membres de la Petite Entente, la Roumanie et la Yougoslavie, avait pour rivale l'Italie, dont les protégés étaient la Bulgarie et l'Albanie. En 1931, l'Italie et l'Angleterre encouragèrent la création d'une union Bulgarie-Turquie-Grèce. La France s'y opposa énergiquement et proposa un rapprochement entre Yougoslavie, Roumanie et Bulgarie, qui aurait écarté cette dernière de l'influence italienne.

Malgré un voyage du roi Boris de Bulgarie à Paris et à Londres en septembre 1933, l'opposition yougoslave empêcha l'inclusion de la Bulgarie dans le Pacte balkanique. Celui-ci ne comprit finalement que Grèce, Turquie, Yougoslavie et Roumanie. Mais ses clauses étaient si vagues qu'il ne changeait finalement pas grand-chose à la situation existante. Les quatre pays se garantissaient mutuellement leur intégrité territoriale contre le révisionnisme bulgare et hongrois.

Le rapprochement franco-soviétique avant Barthou

Les rapports entre les deux pays étaient restés très mauvais jusqu'en 1930. Après cette date, ils avaient pris une tournure plus favorable. En mai 1931, des conversations eurent lieu à Paris entre le secrétaire général aux Affaires étrangères, Philippe Berthelot, et l'ambassadeur soviétique Dovgalevsky. Briand conféra à Genève avec Litvinov. Les négociations avaient pour but d'améliorer les relations commerciales et de conclure un traité de non-agression analogue au traité germano-soviétique signé en avril 1926 à Berlin. Un projet fut élaboré. Dans la politique russe, c'était là un élément de la vaste offensive de paix orchestrée par Litvinov. Toutefois, il fallut assez longtemps pour que le pacte de non-agression franco-soviétique fût signé. Ce résultat fut atteint le 29 novembre 1932. Comme pour la reconnaissance de 1924, c'était l'œuvre d'Édouard Herriot.

Le traité interdisait aux deux contractants de participer à une coalition dirigée contre l'un ou l'autre d'entre eux. Chacun s'engageait à ne pas s'immiscer, même par la propagande, dans les affaires intérieures de son partenaire. Le gouvernement soviétique s'éloignait ainsi de la politique d'amitié avec l'Allemagne qui était théoriquement en vigueur depuis les accords de Rapallo et de Berlin. D'ailleurs, l'arrivée d'Hitler au pouvoir en janvier 1933, la destruction du Parti communiste allemand, allaient envenimer leurs relations. Il est vrai qu'il s'agissait de deux gouvernements fort réalistes. Dans son discours du 23 mars 1933, Hitler déclarait : « Le gouvernement du Reich est prêt à développer avec l'Union soviétique des relations amicales profitables aux deux parties... Le combat contre le communisme en Allemagne est une affaire intérieure. »

Au cours de l'année 1933, le rapprochement franco-soviétique s'accentua. La décision fut prise d'échanger des attachés militaires. Le 6 février, à la conférence du désarmement, Litvinov adopta plusieurs des propositions françaises. Le 16 mai, la Chambre des députés ratifia le pacte de non-agression par 520 voix contre 1. En juillet Litvinov vint à Paris. En août, ce fut Herriot, alors en dehors du gouvernement, qui se rendit en URSS. Quelques semaines après, le ministre de l'Air en exercice, Pierre Cot, y partit à son tour. Le 11 janvier 1934, un accord commercial franco-soviétique était signé. L'idée d'introduire l'URSS dans la Société des Nations gagnait du terrain. Certains milieux militaires — pour un temps le maréchal Pétain, les généraux Weygand et Gamelin — préconisaient une véritable alliance. Il y avait des contacts entre l'attaché militaire soviétique à Paris, le colonel Ventsov, et un membre de l'état-major de Weygand, le colonel de Lattre de Tassigny.

Les projets de Barthou

Pour pallier le péril croissant que constituait l'Allemagne nazie, Barthou avait un plan qu'il tenta de réaliser au cours du printemps et de l'été 1934. Son intention était de négocier un « pacte de l'Est » fondé sur le principe de sécurité collective. En avril 1934, il se rendit en Pologne. Il fit, en juin, un nouveau voyage en Europe orientale. Mais l'essentiel fut sa rencontre, le 18 mai, avec Litvinov à Genève. Elle fut longue et cordiale. Au fond, Barthou, qui était anticommuniste sur le plan intérieur, savait bien que sur le plan extérieur le danger venait de l'Allemagne. L'isolationnisme britannique faisait que deux grandes puissances seulement étaient à même d'aider la France à lui résister : l'Italie et l'URSS. Barthou avait plus confiance dans l'Armée rouge que dans l'armée italienne. Pour lui, le « pacte de l'Est » paraît avoir été surtout un moyen d'aboutir à une véritable alliance franco-soviétique. Le 2 juin, lors d'une nouvelle rencontre, il présenta à Litvinov son schéma. C'était un ensemble de trois traités. Le traité A — pacte de l'Est proprement dit — était une garantie réciproque entre voisins prévoyant une aide militaire immédiate en cas d'agression, entre l'Allemagne, l'URSS, la Finlande, l'Estonie, la Lettonie, la Pologne, la Tchécoslovaquie, auxquelles pourraient se joindre d'autres puissances telles que la Lituanie. Le traité B était un traité d'assistance franco-soviétique par le biais de l'adhésion soviétique au traité de Locarno et de l'adhésion française au pacte oriental. Le troisième document était un « acte général », déclaration d'après laquelle le premier et le second traités n'étaient pas en contradiction avec la Société des Nations et entreraient en vigueur dès que l'URSS y serait admise. Le sort du pacte de l'Est dépendait de l'adhésion — fort improbable — de l'Allemagne et de la Pologne. Quant à l'Angleterre, Barthou, lors d'un voyage à Londres les 9 et 10 juillet, obtint son appui réservé. Le 10 septembre, le gouvernement allemand déclara qu'il refusait de souscrire à un traité qui l'obligerait, le cas échéant, à aider l'URSS. Le 27 septembre, la Pologne refusa également en alléguant qu'elle ne voulait en aucune circonstance laisser passer les armées russes ou allemandes par son territoire. Finalement, seules l'URSS et la Tchécoslovaquie adhérèrent à ce système. Mais l'essentiel subsistait : la possibilité d'une véritable alliance franco-soviétique.

L'entrée de l'URSS à la Société des Nations

Le seul résultat immédiat de la politique de Barthou fut l'admission de l'URSS à la Société des Nations. On pensait ainsi renflouer cette dernière, fort éprouvée par le départ du Japon et de l'Allemagne. Le 15 septembre, le commissaire du peuple aux Affaires étrangères, Litvinov, reçut de la 15e Assemblée de la Société des Nations un télégramme invitant l'URSS. Le 18 septembre, par 39 voix sur 42, l'URSS fut admise à la Société des Nations et l'on créa pour elle un siège permanent au Conseil.

Barthou poursuivait néanmoins sa politique de renforcement des alliances françaises et dans ce but il invita en France le roi Alexandre de Yougoslavie. Le 9 octobre, le souverain arriva à Marseille où il fut accueilli par Barthou. Quelques instants après les deux hommes furent assassinés.

Les auteurs de l'assassinat étaient des terroristes croates appartenant à la société secrète *Oustacha*. Le chef de celle-ci, Ante Pavelitch, avait quitté la Yougoslavie en 1929 et s'était réfugié principalement en Italie et en Hongrie. Hitler était en bons termes avec les Oustachis parce qu'il souhaitait des troubles en Yougoslavie, mais le véritable soutien des Oustachis était Mussolini. Toutefois, en octobre 1934, le Duce, inquiet encore de la menace d'Anschluss, n'avait pas intérêt à encourager un attentat comme celui de Marseille. Barthou devait aller à Rome et un accord entre la France et l'Italie était en préparation. Si le crime de Marseille n'est pas dû à une initiative purement croate, c'est l'influence allemande seule qui a pu s'exercer. Mais c'est là une hypothèse invérifiable. On sait que la veille du crime, Pavelitch avait brusquement quitté Berlin pour Milan. Il fut arrêté à Turin, le 18 octobre, avec un autre conspirateur, Kvaternik. Mussolini refusa d'ailleurs d'accorder leur extradition. Il rencontrera Pavelitch pour la première fois en avril 1941 seulement.

L'assassinat de Barthou eut de graves conséquences. L'effort qu'il avait entrepris pour contrôler les alliances françaises échoua. Le prince Paul, régent de Yougoslavie, entreprit un rapprochement de son pays avec l'Allemagne. Le successeur de Barthou aux Affaires étrangères, Pierre Lavalo, bientôt président du Conseil, prétendit poursuivre la politique de Barthou. En fait, il l'édulcora et tendit insensiblement à ménager l'Allemagne hitlérienne et l'Italie fasciste, « Non pas, je crois dit Paul-Boncour, qu'... il ait embrassé d'un coup l'évolution qui devait le conduire à ses positions ultérieures. Empirique plutôt que doctrinaire, il y fut conduit peu à peu, continuant de ménager la Société des Nations et nos alliances orientales qui s'appuyaient sur elle. Même en pleine affaire des sanctions, il lui tirait encore des coups de chapeau qui donnaient l'illusion d'une continuité. » Alors que Barthou avait voulu créer un système d'alliances réaliste et efficace et avait su, lorsqu'il le fallait, résister à l'influence anglaise, Laval pratiquera une politique de conciliation avec tout le monde, par une série de compromis plus ou moins boiteux. Au lieu d'une grande politique, on entre avec lui dans l'ère des marchandages à court terme.

V. Le plébiscite de la Sarre et les accords de Rome (janvier 1935)

La campagne pour le plébiscite

La politique conciliante de Pierre Laval à l'égard de l'Allemagne et de l'Italie se manifesta très rapidement. Le principal problème à régler entre la France et l'Allemagne était celui de la Sarre. À plusieurs reprises, Hitler avait même déclaré que c'était la seule question en suspens entre les deux pays. Des négociations franco-allemandes au sujet du retour de la Sarre à l'Allemagne, sans plébiscite, avaient eu lieu en 1930. Elles ne furent jamais reprises ; si bien que l'opinion publique en France, en Sarre et en Allemagne s'habitua à l'idée que le plébiscite aurait lieu à la date prévue (janvier 1935). Vers 1930, tout portait à croire que la quasi-totalité des Sarrois voterait en faveur du rattachement à l'Allemagne. Tous les partis politiques sarrois s'unirent pour constituer le Front uni, dont le président était l'industriel Röchling et une propagande très active fut entreprise sous sa direction. Le fait que la crise économique avait moins affecté la Sarre que le reste de l'Allemagne, les hauts salaires payés aux mineurs par la Régie française des mines, tout cela ne modifiait en rien l'opinion.

Mais l'avènement du national-socialisme en Allemagne troubla beaucoup d'esprits. 72 % de la population sarroise est catholique. La Sarre dépendait des évêques allemands de Trêves (Mgr Bornewasser) et de Spire. Les catholiques sarrois étaient troublés par la nouvelle des persécutions en Allemagne. Les socialistes et les communistes étaient inquiets de voir disparaître leurs partis, tandis que les nazis persécutaient leurs militants et supprimaient les syndicats. Inversement, le parti nazi se développait dans la Sarre avec toutes ses organisations paramilitaires et même une sorte de police secrète (*Ordnungsdiensf*). Aux élections du 13 mars 1932 au *Landesrat*, les nazis avaient obtenu 2 sièges sur 30. Les deux principaux journaux sarrois, la *Saarbrucker Zeilung* et la *Saarbrücker Landeszeitung*, s'étaient ralliés à Hitler. Seule, la *Volksstimme* du socialiste Max Braun continuait à combattre Hitler ainsi que la *Deutsche Freiheit*, créée en juillet 1933 par des réfugiés allemands. Le Front uni s'était brisé, mais en juillet 1933, sous l'influence du parti nazi sarrois fut créé un

Deutsche Front qui absorba plusieurs petits partis et rallia individuellement un grand nombre de catholiques.

Sur le plan international, le problème se posait de la façon suivante : il était certain qu'une infime minorité seulement se prononcerait pour le rattachement à la France. Restaient donc deux solutions possibles : le rattachement à l'Allemagne ou le maintien de *statu quo*, c'est-à-dire de l'administration par la commission de gouvernement nommée par la Société des Nations. L'attitude de l'Allemagne et celle de la France étaient très différentes. Hitler organisait une formidable propagande, largement financée par le gouvernement allemand. Dans son discours du 27 août 1933, il avait déclaré : « Le peuple de la Sarre forgera sa propre destinée et je sais que chacun donnera son vote à l'Allemagne. Nous voulons vivre avec la France en bonne intelligence, mais jamais l'Allemagne ne renoncera à la Sarre, ni la Sarre à l'Allemagne. » Tous les moyens étaient bons : défilés, meetings, organisation de voyages en Allemagne, adhésions multipliées au *Deutsche Front*, mais aussi menaces de représailles, violences, incursions de policiers allemands sur le territoire de la Sarre, interceptions de lettres, enlèvements, etc. Contre ces violences, la commission de gouvernement prit des mesures de sécurité, ce qui permit à Goebbels, chef de la propagande nazie, de l'accuser de « terrorisme ». Hitler demanda en vain au gouvernement français de renoncer au plébiscite (novembre). Von Neurath protesta, le 27 février 1934, contre la présence en Sarre de réfugiés allemands antinazis.

Du côté français, le gouvernement et l'opinion publique se désintéressaient en général du problème. Seuls faisaient exception quelques journaux de droite (*Figaro, Action française*), une partie de la presse de gauche hostile aux nazis, quelques grands industriels qui avaient intérêt au maintien de liens économiques étroits avec la Sarre, et surtout l'Association française de la Sarre, qui agissait en faveur du maintien du *statu quo*. Mais, ne disposant pas de moyens financiers suffisants, leur effort était submergé par la propagande hitlérienne. L'administration française des mines de la Sarre avait des moyens de pression sur ses ouvriers, mais, aux dires d'observateurs neutres, il ne semble pas qu'elle les ait utilisés.

Le plébiscite

Le Conseil de la Société des Nations constitua en 1934, un Comité des Trois, présidé par un Italien, le baron Aloisi, pour surveiller le plébiscite.

Le 2 juin, un accord franco-allemand fut signé, garantissant que ni l'un ni l'autre des deux pays n'exercerait d'action directe ni indirecte sur les votants. Le 31 août, Barthou remit à la Société des Nations un aide-mémoire dans lequel il demandait un certain nombre de garanties, notamment sur le rachat des mines en cas de vote favorable à l'Allemagne. Cet aide-mémoire fut étudié au cours de l'été. Lorsque Laval succéda à Barthou au Quai d'Orsay, l'attitude française devint beaucoup plus timide. Laval ignorait tout de la Sarre et était persuadé que le plébiscite serait inévitablement favorable au rattachement à l'Allemagne. Tel était sans doute le vœu de très nombreux Sarrois ; mais un grand nombre d'entre eux se demandaient s'il ne serait pas préférable de prolonger le *statu quo* en attendant la chute éventuelle du régime nazi. Laval poussa à ses dernières conséquences l'attitude de renoncement. Les 6 et 10 novembre 1934, il eut des entretiens avec l'ambassadeur allemand Koster. Il aurait dit à celui-ci : « La Sarre ne vaut pas une guerre franco-allemande. » Un accord fut conclu qui laissait pratiquement toute liberté à la propagande allemande et mettait fin à celle de la France. Cet accord fut entériné par la Société des Nations. Le 3 décembre, grâce au baron Aloisi, un autre accord franco-allemand de caractère financier fut signé, prévoyant le paiement par l'Allemagne d'un forfait de 900 millions de francs pour toutes les créances et propriétés françaises sur les mines, chemins de fer, etc. Le plébiscite eut lieu le 13 janvier. Sur 528 053 votants, 46 613 se prononcèrent pour le maintien du *statu quo*, 2 124 pour l'union à la France, 477 119 pour le retour à l'Allemagne. Il y eut 905 bulletins nuls et 1 292 bulletins blancs. Ainsi, 90 % des Sarrois avaient opté pour l'Allemagne nazie. Le 27 janvier 1935, le Conseil de la Société des Nations décida en conséquence le retour de la Sarre à l'Allemagne pour le 1er mars. À cette occasion, Hitler déclara solennellement que l'Allemagne n'émettrait plus aucune revendication territoriale à l'égard de la France.

Les accords de Rome

À l'égard de l'Italie, la politique de Pierre Laval fut également conciliante. Le Duce désirait s'assurer l'appui de la France pour le cas d'une nouvelle menace allemande contre l'Autriche, et cela d'autant plus qu'il avait déjà décidé d'entreprendre la conquête de l'Éthiopie. Celle-ci éloignerait pour longtemps une bonne partie des forces italiennes, et la position d'Hitler s'en trouverait renforcée. Ainsi peut-on s'expliquer que dans son discours de Milan, le 6 octobre 1934, il ait exprimé le chaleureux espoir d'une entente avec la France. Cet accord fut réalisé lorsque Pierre Laval se rendit à Rome au début de janvier 1935. Les accords de Rome du 7 janvier décidaient la cession par la France à l'Italie de trois territoires : 114 000 km^2 de désert au Sud de la Libye, 800 km^2 aux confins de l'Érythrée et l'îlot stratégique de Doumeviah dans le détroit de Bab-el-Mandeb. L'Italie aurait une part des actions de la Société du chemin de fer Djibouti-Addis Abeba. En échange l'Italie acceptait que le statut privilégié des Italiens en Tunisie, admis par la France en 1896, fût aboli progressivement entre 1945 et 1965. La France et l'Italie convenaient de se concerter « en cas de menace pour l'indépendance et l'intégrité de l'Autriche ». On ne sait pas exactement si dans sa conversation privée avec Mussolini au palais Farnèse, le 6 janvier au soir, Laval a donné carte blanche à Mussolini pour l'annexion de l'Éthiopie. Flandin, président du Conseil français, depuis le 8 novembre 1934, affirme qu'il n'en est rien. Toutefois, Laval, en novembre 1935, devant le conseil de la Défense nationale, et en 1940 devant le Sénat, en comité secret, a affirmé avoir donné les mains libres à Mussolini à condition qu'il n'y ait pas la guerre. Sans doute Mussolini a-t-il interprété les paroles de Laval de façon très large.

Au total, la politique de Laval, à rencontre de celle de Barthou, s'orientait vers un rapprochement sensible avec les deux dictatures.

CHAPITRE 2

Les crises de 1935 et 1936 en Europe

I. Le rétablissement de la conscription en Allemagne

La détente apparente

Depuis le 17 avril 1934, il était pratiquement admis que l'Allemagne réarmerait. Aucun des gouvernements européens n'ignorait qu'elle avait entrepris un vaste effort en ce sens. Mais on espérait toujours renouer les négociations. Après l'heureuse issue du plébiscite de la Sarre, on s'attendait à un geste d'apaisement. Le 1er mars, Hitler déclara : « Nous espérons que le retour de la Sarre au Reich améliorera définitivement les relations de la France et de l'Allemagne. De même que nous voulons la paix, nous pensons que le grand peuple voisin est prêt, lui aussi, à rechercher la paix. Nous espérons que nous nous tendrons la main pour cette œuvre commune qui assurera le salut de l'Europe. » Le 3 février, Flandin, Laval et les hommes d'État britanniques avaient élaboré un plan d'affermissement de la paix par des accords régionaux d'assistance mutuelle à l'Ouest et à l'Est et envisagé un « pacte aérien ».

Hitler n'avait pas positivement refusé et il avait été décidé que John Simon irait à Berlin le 6 mars. En fait, Hitler n'attendait qu'un prétexte pour rendre public l'effort de réarmement allemand. Or, le 4 mars, parut à Londres un *Livre blanc* signé de Ramsay MacDonald. Celui-ci justifiait l'augmentation des dépenses militaires britanniques par le réarmement allemand. La presse nazie s'en indigna ; Hitler se prétendit malade et refusa de recevoir John Simon. Le 10 mars, Goering annonça au correspondant du *Daily Mail* que l'Allemagne avait l'intention de se constituer une armée de l'air, sans préciser de limite à sa puissance. En France, le gouvernement avait déposé un projet de loi militaire rétablissant un service effectif de deux ans. Le motif invoqué était que dans les années suivantes, le contingent, composé de jeunes gens nés pendant la guerre (les « classes creuses »), serait beaucoup moins nombreux que par le passé. Le 15 mars, d'importants débats eurent lieu à la Chambre des députés et la loi y fut votée.

Le rétablissement du service obligatoire en Allemagne

La riposte d'Hitler fut immédiate. Le 16 mars, il revint de Berchtesgaden, où il était allé soigner le mal de gorge qui l'avait empêché de voir John Simon. À 5 heures, il convoqua François-Poncet et lui annonça qu'il venait de promulguer une loi établissant le service obligatoire en Allemagne et fixant à 36 divisions l'effectif de l'Armée allemande. Les prétextes qu'il invoquait étaient l'échec du désarmement et le réarmement des autres puissances : Angleterre, France, Russie. François-Poncet protesta immédiatement contre cette violation du traité de Versailles et contre la méthode du fait accompli.

Quelle allait être la réaction des puissances ? Le gouvernement français ne retint pas la suggestion de François-Poncet tendant au rappel de l'ambassadeur à Berlin et à un effort pour hâter la conclusion du pacte oriental et danubien. Le gouvernement anglais protesta, mais ordonna à John Simon de continuer ses démarches en Allemagne. Le gouvernement italien protesta également et le 23 mars, Laval, Eden et Suvitch conférèrent à Paris. Il fut convenu que John Simon accompagné de Eden irait voir Hitler, à titre de simple information, puis qu'il se rendrait à Moscou, à Varsovie et à Prague. Après quoi, les représentants des trois pays se rencontreraient à Stresa. Les déclarations d'Hitler aux envoyés anglais, le 25 mars, furent décevantes. Le Führer déclara que le réarmement avait été imposé à l'Allemagne, que celle-ci ne reviendrait à Genève qu'après une réforme profonde de la Société des Nations, qu'il refusait de participer à tout pacte oriental, qu'il était toutefois attaché aux accords de Locarno. Il annonça enfin son intention de constituer une flotte allemande égale à 35 % de la marine britannique.

II. Les garanties contre l'Allemagne

L'accord de Stresa

Dès janvier 1935, après les accords de Rome, les Italiens prirent l'initiative de conversations militaires avec la France. Elles aboutirent à un accord, dit « Gamelin-Badoglio », qui aurait pu déboucher sur une alliance si Laval avait été moins réticent. Trois accords internationaux furent signés en riposte à la loi allemande du 16 mars : l'accord franco-anglo-italien de Stresa (11 avril), le traité franco-soviétique (2 mai) et le traité soviéto-tchécoslovaque (16 mai). La conférence de Stresa se réunit comme convenu le 11 avril. Mussolini représentait l'Italie, MacDonald et John Simon l'Angleterre, Flandin et Laval la France. Les décisions prises à Stresa paraissaient démontrer l'existence d'un front commun contre l'Allemagne, encore que les Britanniques aient réussi à éliminer tout ce qui pourrait ressembler à un engagement précis. Les trois pays protestaient contre la méthode de dénonciation unilatérale des traités. Ils réaffirmaient leur fidélité au traité de Locarno. Ils confirmaient les déclarations franco-anglo-italiennes des 17 février et 27 septembre 1934 sur la nécessité de maintenir l'indépendance et l'intégrité de l'Autriche. Il n'avait pas été question du problème éthiopien et Mussolini, le matin même de la conférence, avait émis des doutes sur sa portée. Quelques jours après, le Conseil de la Société des Nations, saisi par la France de la violation du traité de Versailles, faisait une déclaration condamnant l'attitude allemande. Il était précisé que toute initiative analogue, susceptible de nuire au maintien de la paix « en Europe », susciterait des mesures appropriées. Seul, le Danemark s'était abstenu dans le vote.

Le pacte franco-soviétique

Après la mort de Barthou et les refus allemand et polonais d'adhérer au pacte de l'Est, Laval résolut de borner son ambition à l'élaboration d'un traité d'alliance franco-soviétique, auquel adhérerait la Tchécoslovaquie. Encore était-il moins disposé que Barthou à en faire un instrument efficace. C'est ce qui apparaît dans le protocole signé le 5 décembre 1934 à Genève par Laval et Litvinov. Le 18 décembre, Laval parla très chaleureusement de l'amitié de la France pour l'URSS. Molotov, dans un discours du 28 janvier 1935, évoqua le rapprochement franco-soviétique, tout en manifestant une certaine méfiance, due peut-être à la signature des accords de Rome au début du même mois. Les événements de mars 1935 prouvèrent définitivement que le pacte de l'Est multilatéral ne pourrait être réalisé. Aussi l'URSS elle-même semble-t-elle avoir poussé la France à conclure rapidement un accord bilatéral. Dans le gouvernement français, certains ministres, et notamment Herriot, encourageaient Laval, peu enthousiaste, à hâter la conclusion. Deux jours avant Stresa, le 9 avril, fut annoncée la signature prochaine d'un pacte d'assistance mutuelle franco-soviétique. Les négociations se firent à Genève entre Laval et Litvinov. La Tchécoslovaquie annonça, le 18 avril, la prochaine signature d'un accord analogue avec l'URSS. Le pacte fut signé à Paris par Laval et par l'ambassadeur Potemkine le 2 mai 1935.

Le traité franco-soviétique prévoyait qu'en cas de menace d'agression par un État européen contre l'URSS ou contre la France, les deux pays se consulteraient pour renforcer l'article 10 du pacte de la Société des Nations (afin de permettre une action plus rapide du Conseil). Si le Conseil de la SDN décidait des sanctions contre un pays européen, membre ou non de la Société des Nations, coupable d'agression contre l'une des deux puissances contractantes, l'autre puissance lui prêterait toute son aide. Si la France ou l'URSS étaient attaquées sans provocation par un État européen et si le Conseil de la Société des Nations n'arrivait pas à prendre une décision à l'unanimité, l'autre puissance lui donnerait « immédiatement » aide et assistance. La difficulté était d'interpréter le mot « immédiatement » : il fallait au moins savoir combien de temps prendraient les délibérations du Conseil de la Société des Nations et à quel moment l'aide prévue par l'alliance commencerait à se manifester. Un protocole spécial garantissait que dans le cas d'une agression allemande le pacte ne serait mis en vigueur que si l'agression était reconnue telle par les puissances garantes du traité de Locarno : Grande-Bretagne et Italie. Ainsi, conformément au vœu britannique, le pacte franco-soviétique était subordonné au traité de Locarno. Pierre Laval se rendit à Moscou du 13 au 15 mai. À cette occasion, un communiqué fut publié dans lequel Staline se déclarait favorable à une intensification des mesures défensives de la France. Cela avait évidemment pour but de mettre fin à l'action antimilitariste du Parti communiste français. La propagande de celui-ci contre les « deux ans » cessa immédiatement.

Le pacte soviéto-tchécoslovaque

Le traité soviéto-tchécoslovaque fut signé à Prague, le 16 mai, par Benès et le ministre soviétique Alexandrovsky. Il était à peu près analogue au pacte franco-soviétique, mais un protocole annexe prévoyait que les mesures d'assistance mutuelle, en cas d'agression, n'entreraient en vigueur que si la France accordait son secours au pays attaqué. Ainsi la responsabilité de la France était-elle double au cas d'une attaque contre la Tchécoslovaquie. En juin 1935, Benès se rendit à Moscou pour témoigner de sa confiance à l'égard de l'URSS.

Quelle est la portée de ces deux traités ? Sur le plan intérieur français, le pacte franco-soviétique faciliterait la tâche du gouvernement. L'Allemagne ne cachait pas son mécontentement et de nombreuses déclarations y furent publiées, affirmant que ce pacte était incompatible avec Locarno. Le 25 mai, un mémorandum allemand fut adressé à la France à l'appui de cette thèse. On verra l'utilisation qu'en fera Hitler en mars 1936. Entre la France et l'URSS le traité n'établissait pas véritablement des rapports d'amitié et de confiance. Pour qu'il fût efficace, il eût fallu un accord militaire. La France, la Tchécoslovaquie et l'URSS s'envoyèrent mutuellement des missions militaires qui assistèrent aux grandes manœuvres des trois armées. Quoique les missions françaises eussent ramené d'URSS une impression favorable, les négociations ne furent pas activement poursuivies et la responsabilité paraît en incomber surtout à Laval.

III. L'affaire d'Éthiopie

L'accord naval anglo-allemand

La communauté de vues franco-anglo-italienne à l'égard du réarmement allemand n'allait pas tarder à être brisée. La Grande-Bretagne était assez inquiète d'un pacte franco-russe, visiblement dirigé contre l'Allemagne. Beaucoup d'hommes politiques anglais croyaient qu'il était possible de réintroduire l'Allemagne dans un système collectif de sécurité. L'opinion anglaise ne se rendait pas compte alors que pour Hitler les traités étaient un simple moyen de parvenir à ses fins. On peut ainsi expliquer la profonde impression que provoqua chez MacDonald et John Simon le discours qu'Hitler prononça le 21 mai 1935. Ce discours affirmait le respect de l'Allemagne à l'égard du traité de Locarno et son intention de maintenir la zone démilitarisée, quoique ce fût une restriction à sa souveraineté. L'Allemagne craignait toutefois que « l'alliance militaire entre la France et la Russie n'introduisît un élément d'insécurité dans le pacte de Locarno ». Hitler déclarait formellement que l'Allemagne n'avait pas l'intention d'annexer l'Autriche. En matière navale, il répétait qu'il consentait à limiter la marine allemande à 35 % de la marine anglaise. Peut-être y avait-il chez Hitler un désir sincère de s'entendre avec l'Angleterre, celle-ci, selon *Mein Kampf*, devant être dans le camp allemand. Le gouvernement britannique entama dès le 4 juin des négociations navales avec l'Allemagne et dès le 18 juin un accord était signé. L'accord sanctionnait le principe des 35 % et permettait à l'Allemagne d'avoir autant de sous-marins que la marine britannique. Ainsi l'Angleterre réalisait-elle, sur le plan naval, ce que la France avait refusé de faire en 1934 sur le plan militaire : un accord bilatéral sanctionnant le principe de réarmement allemand mais le limitant, ou du moins croyant le limiter [1]. Le mécontentement fut vif en France et en Italie qui n'avaient même pas été consultées. C'était une atteinte grave à la solidarité établie à Stresa.

Les incidents italo-éthiopiens

Cette solidarité fut entièrement brisée par une initiative italienne, celle de s'emparer de l'Éthiopie, pourtant pays membre de la Société des Nations, pour venger le désastre d'Adoua de 1896 et pour fonder un vaste empire colonial italien.

L'idée de conquérir l'Éthiopie date au moins de l'automne 1933. À cette date, le commandement de la future opération fut confié au maréchal Emilio de Bono. C'est une intervention italienne qui avait fait entrer l'Éthiopie à la Société des Nations en 1923 et en 1928 un traité italo-éthiopien avait été signé par lequel les deux pays s'engageaient à ne rien entreprendre de préjudiciable à leur indépendance respective et à soumettre tous les différends à la conciliation et à l'arbitrage. L'incident dont se

1. On notera qu'en 1939, quand le pacte naval anglo-allemand fut dénoncé par l'Allemagne, celle-ci n'avait pas encore atteint les 35 %.

servit Mussolini se déroula à Ual-Ual, le 5 décembre 1934, à la frontière de l'Érythrée et de l'Éthiopie. 30 soldats indigènes de l'armée italienne furent tués au cours d'une rencontre avec les Abyssins dans un territoire éthiopien qui était, en fait, depuis 1928, sous contrôle italien. Le gouvernement éthiopien proposa de soumettre l'incident à l'arbitrage, conformément au traité de 1928. L'Italie refusa le 15 décembre. Aussitôt le gouvernement éthiopien fit appel à la Société des Nations, au moment même où Laval se préparait à venir à Rome (3 janvier 1935). Inquiet de voir qu'une solution internationale pouvait intervenir et gêner ses plans, le gouvernement italien revint sur sa décision et accepta l'arbitrage. Mais celui-ci échoua ; les préparatifs militaires de l'Italie en Érythrée devinrent considérables et le 17 mars l'Éthiopie fit de nouveau appel à la Société des Nations. C'était le lendemain de la déclaration d'Hitler annonçant le réarmement allemand. Les gouvernements français et anglais se trouvaient dans l'embarras : valait-il mieux fermer les yeux sur l'attitude italienne en Éthiopie pour s'assurer l'appui italien contre l'Allemagne, ou fallait-il soutenir l'Éthiopie, au moins pour éviter un nouvel affaiblissement de la Société des Nations ? En fait, dès le début de 1935, l'attitude française et celle de l'Angleterre furent très différentes. La France n'avait pas beaucoup d'autres intérêts en Éthiopie que le chemin de fer Djibouti-Addis-Abeba, et le gouvernement italien avait obtenu satisfaction sur ce point par les accords de Rome. Au contraire, l'Angleterre, occupant l'Égypte et le Soudan, s'intéressait au Nil bleu et au lac Tsana. Elle avait conclu en accord avec l'Italie en 1925 pour partager l'Éthiopie en deux zones d'influence. Une conquête italienne serait une menace permanente contre l'irrigation de l'Égypte. D'autre part, une vaste « Afrique orientale italienne » serait inquiétante pour l'avenir du Soudan anglo-égyptien, qui sépare l'Éthiopie de la Libye. Enfin, l'Italie menacerait la route des Indes. Aussi, tandis que Laval adoptait une attitude ambiguë, l'Angleterre, dont les intérêts, coïncidaient avec ceux de la Société des Nations, multiplia les avertissements à l'Italie. À Stresa, l'accord ne parlait que du maintien de la paix « en Europe ». Les négociations traînèrent en longueur. Le 25 mai, le Conseil de la Société des Nations laissa à nouveau aux deux pays le soin de choisir un arbitre avant le 25 juillet. Ils n'y parvinrent pas. Eden se rendit à Rome en juin et suggéra à Mussolini un compromis : l'Éthiopie céderait une partie de l'Ogaden à l'Italie et elle recevrait en échange un débouché maritime à Zeïla, en Somalie britannique. Mussolini refusa. Le

Conseil de la Société des Nations tint une réunion extraordinaire le 31 juillet et convoqua à nouveau la commission d'enquête sur l'incident du Ual-Ual.

Simultanément, une conférence tripartite franco-anglo-italienne se réunit du 15 au 18 août. Les deux démocraties suggérèrent un nouveau compromis : l'établissement d'un « mandat commun franco-anglo-italien sur l'Éthiopie » (situation juridique curieuse puisque celle-ci était membre de la Société des Nations). L'Italie aurait eu la prépondérance en matière administrative et militaire, et l'armée éthiopienne aurait eu des conseillers militaires italiens. Mussolini, dont les intentions étaient bien fixées, refusa le 18 août ce compromis. Le Conseil de la Société des Nations se réunit le 4 septembre et lui fit des propositions analogues qu'il rejeta également.

L'attitude anglaise et l'agression italienne

Dès lors, les Anglais tentèrent d'utiliser une autre méthode. Sans avoir réellement l'intention de faire la guerre, le gouvernement britannique dirigé maintenant par le conservateur Baldwin, avec Samuel Hoare aux Affaires étrangères, employa le système de la menace. Une grande partie de la flotte britannique fut concentrée en Méditerranée, à Gilbraltar, moins exposé que Malte aux éventuels bombardements italiens, et surtout à Alexandrie. Alors que l'Italie n'avait que 500 000 tonnes de navires de guerre, la Grande-Bretagne en rassemblait 800 000 en Méditerranée. Il est vrai que les navires anglais étaient plus vieux et mal équipés en DCA. Toutefois l'Angleterre ne voulait pas d'une guerre où elle agirait seule. Elle accepterait tout au plus d'y participer dans le cadre d'une action décidée par la Société des Nations. Le 27 juin 1935 fut publié le résultat d'un vaste sondage de l'opinion publique anglaise organisé par les grands journaux et connu sous le nom de « scrutin de la paix ». Plus de 11 millions et demi de réponses furent données : 11 millions déclaraient que la Grande-Bretagne devait rester membre de la Société des Nations. Plus de 10 millions se déclaraient favorables à la réduction universelle des armements. En cas d'agression contre une autre nation, plus de 10 millions étaient favorables à des sanctions économiques ; moins de 7 millions à des mesures militaires. En fait, ce sondage exerça une grande influence sur l'attitude du gouvernement, et l'orienta fermement vers la solution de la paix à tout prix.

Mussolini était probablement informé de cette volonté pacifique ; aussi, le 3 octobre 1935, les opérations militaires commencèrent-elles en Éthiopie. Nous ne relatons pas ici ces opérations, qui durèrent jusqu'au début de mai 1936 (le 2, le Négus Hailé Sélassié quitta l'Éthiopie et le 5, les Italiens entrèrent à Addis-Abeba). La défaite éthiopienne est aisément explicable, les Italiens ayant concentré en Érythrée plus de 200 000 hommes et disposant d'armes modernes, notamment de gaz asphyxiants. Les principales difficultés rencontrées par les Italiens étaient dues au climat, au relief et à l'absence dé voies de communication.

Les sanctions

En octobre et novembre, la Société des Nations réagit. Dès le 7 octobre, le Conseil de la Société des Nations, à l'unanimité, moins la voix de l'Italie, déclara que l'Italie avait eu recours à la guerre en violation du pacte. L'Assemblée se réunit le 11 octobre et 50 États membres suivirent le point de vue du Conseil. Seules l'Autriche, la Hongrie et l'Albanie le rejetèrent, et la Suisse fit quelques réserves. Quelles sanctions allait-on adopter ? Entre le 11 octobre et le 18 novembre, celles-ci furent fixées. On rejeta l'idée des sanctions militaires, et l'Angleterre poussa le scrupule jusqu'à refuser de fermer le canal de Suez aux navires italiens. La convention de 1888 prévoyait en effet la liberté de navigation dans le canal même en temps de guerre. On prit contre l'Italie des sanctions financières et économiques.

L'Assemblée prescrivit de lever l'embargo sur les armes à destination de l'Éthiopie, décidé par certaines nations, et d'interdire la livraison d'armes à l'Italie. Elle préconisa aussi les sanctions économiques. Celles-ci consistaient en l'interdiction de certaines exportations vers l'Italie. Mais, peut-être à cause de Laval, et d'accord avec Samuel Hoare, furent exclus de l'embargo des produits utiles à la guerre tels que le fer, l'acier, le cuivre, le plomb, le zinc, le coton, la laine, le pétrole. Les sanctions ne firent donc qu'irriter l'Italie sans vraiment la gêner dans la poursuite des opérations. On était très loin de l'article 16 du pacte, qui prévoyait la rupture immédiate de toutes relations commerciales et financières avec l'agresseur. Tout se passait comme si l'on voulait avoir l'air d'appliquer des sanctions, mais éviter à tout pris de pousser l'Italie à bout et de susciter ainsi une guerre européenne.

Les hésitations ou la duplicité de Laval, son goût pour les demi-mesures transparut alors dans un autre domaine, celui des négociations militaires. D'une part, il voulait préserver le rapprochement avec l'Italie : le 27 juin 1935, le général Gamelin, chef d'état-major général, avait négocié avec son homologue italien Badoglio une convention militaire, à l'insu des Anglais. D'autre part, il ménageait l'Angleterre. Le 25 septembre, celle-ci lui proposa à son tour d'ouvrir des conversations navales. Bien que l'Angleterre et l'Italie fussent alors franchement hostiles, Laval accepta, à condition que les conversations s'étendissent à l'armée et que l'Angleterre limitât ses représailles contre l'Italie. Ces conversations se poursuivirent dans les mois suivants.

Le plan Laval-Hoare

La France et l'Angleterre adoptèrent en décembre, une attitude différente. Un projet élaboré par Laval, et approuvé par Samuel Hoare, le 7 décembre, fut soumis à Mussolini. Il s'agissait de mettre fin à la guerre par un compromis. On offrait à l'Italie un « échange de territoires » : l'Italie recevrait l'Ogaden et une partie du Tigré, soit les deux tiers de l'Éthiopie, et le droit d'envoyer des colons dans le tiers subsistant. À titre de compensation — bien maigre — l'Éthiopie recevrait une petite bande de territoire italien d'Érythrée avec le port d'Assab. Cela présentait pour Mussolini d'incontestables avantages : les territoires qu'on lui offrait étaient plus étendus que ceux alors occupés par les troupes italiennes, et il exercerait, en fait, un vrai protectorat sur la petite Éthiopie théoriquement indépendante. Aussi, sans avoir pris de décision définitive, était-il assez favorable à ce plan. Mais celui-ci devait échouer devant le sursaut de l'opinion publique anglaise. En effet, une indiscrétion de la presse française en fit connaître les grandes lignes dès le 9 décembre. Aussitôt, le public anglais, concevant que la réalisation d'un tel projet serait contraire à la fois à ses intérêts et à la morale internationale, réagit avec une extrême vigueur. Samuel Hoare dut donner sa démission et fut remplacé au *Foreign Office* par Anthony Eden, le 22 décembre. En France, la réaction fut moins vive, car l'opinion était divisée, les milieux de droite soutenant généralement la politique fasciste. Les 27 et 28 décembre, Laval fut interpellé. Il obtint la majorité, mais son gouvernement ne dura pas et fut remplacé, le 22 janvier, par un cabinet de transition dirigé par le radical modéré Albert Sarraut.

On remarquera que le projet Laval-Hoare compta parmi ses adversaires les plus acharnés le gouvernement nazi. Ne pratiquant pas la politique des sanctions puisqu'elle n'appartenait plus à la Société des Nations, l'Allemagne était évidemment bien placée pour se rapprocher de l'Italie, quoique son opinion publique fût largement favorable au Négus. En juin, pour conclure l'accord naval avec l'Angleterre, Hitler avait affecté d'être hostile à l'Italie. Telle était aussi l'attitude de la Wilhelmstrasse et des milieux militaires, qui croyaient à un échec italien. Mais l'Allemagne, dès juin 1935, était le principal fournisseur de l'Italie en charbon, et celle-ci son meilleur client. Hitler lui-même, grand admirateur de Mussolini, ne voulait pas qu'il subît une défaite. Il pratiqua donc une politique de stricte neutralité. Puis au moment où fut révélé le plan Laval-Hoare, la presse allemande s'y opposa vigoureusement. N'était-ce pas une reconstitution possible du front de Stresa ? Son échec fut accueilli en Allemagne avec la plus grande satisfaction. Hitler pouvait en toute sécurité préparer la remilitarisation de la Rhénanie.

Notons que l'échec du plan Laval-Hoare fut vivement ressenti par Mussolini qui le 28 décembre 1935, dénonça les accords de Rome et ceux de Stresa, et laissa tomber dans l'oubli les accords Gamelin-Badoglio.

L'échec final des sanctions

L'Angleterre revint alors à une politique de sanctions plus efficaces, et s'efforça de gêner réellement l'Italie en faisant décider l'embargo sur les produits pétroliers. On aurait pu ainsi immobiliser la marine et l'aviation italiennes. Mais le gouvernement français (Albert Sarraut, avec Pierre-Étienne Flandin au Quai d'Orsay) fit traîner les choses en longueur. Les principaux fournisseurs de l'Italie étaient les États-Unis d'Amérique. Or ceux-ci n'étaient pas membres de la Société des Nations et refusaient d'appliquer les sanctions [1]. La mesure était donc absolument inefficace.

C'est dans ces conditions que, le 5 mars, le Négus demanda la paix, après la victoire italienne du lac Achianga. Dès le 7, Mussolini se déclara prêt à négocier. Mais la dénonciation du traité de Locarno par l'Allema-

---

1. Voir ci-après, chap. 6. Cordell Hull s'était contenté de déconseiller, les 5 et 6 octobre, tout commerce avec les deux belligérants. C'est ce qu'il appelait l'embargo moral. Évidemment, cela n'empêchait pas les citoyens américains de fournir divers produits à l'Italie. Seule la fourniture d'armes était illégale. Mais cela nuisait surtout à l'Éthiopie.

gne, ce même jour, détourna l'attention de l'affaire éthiopienne et lui permit de parachever sa victoire. Le 9 mai, un décret de Mussolini déclara l'Éthiopie annexée à l'Italie. Le roi d'Italie devenait « empereur d'Éthiopie ». Le 4 juillet, l'Assemblée de la Société des Nations vota une résolution en faveur de la levée des sanctions économiques et financières prises contre l'Italie. Le gouvernement français de Front populaire inaugura sa politique étrangère en acceptant cette mesure pourtant favorable à l'agresseur. Le coup de force italien était couronné par le succès le plus complet. C'était là, pour Hitler, un précieux encouragement, et pour la Société des Nations le signe d'une irrésistible décadence.

IV. La remilitarisation de la Rhénanie

Avant la ratification du pacte franco-soviétique

Nous avons vu quelle avait été l'attitude de l'Allemagne à l'égard du traité franco-soviétique, signé le 2 mai 1935. Dans son discours du 21 mai au Reichstag, Hitler avait déclaré que l'alliance franco-soviétique était une violation du traité de Locarno mais que l'Allemagne respecterait ce traité tant que les autres signataires agiraient de même. Le 1er juin, la Wilhelmstrasse avait adressé à la France un mémorandum précisant en quoi le traité franco-russe était incompatible avec celui de 1925 : le traité de Locarno comportait un pacte de non-agression entre l'Allemagne et la France. Il était toutefois admis que la France pourrait intervenir en cas d'agression allemande soit contre la Pologne, soit contre la Tchécoslovaquie ; selon le mémorandum allemand le pacte franco-soviétique introduisait une troisième exception non prévue à Locarno : en cas d'une agression allemande contre l'URSS la France serait amenée à intervenir. La France répondit le 25 juin en réfutant la note allemande et l'affaire en resta là. Hitler se contenta de répéter à plusieurs reprises, soit à des ministres belges, soit à Eric Phipps, ambassadeur de Grande-Bretagne, soit à l'ambassadeur français François-Poncet, son intention de respecter le traité de Locarno.

Dans l'esprit d'Hitler, la dénonciation de Locarno équivaudrait à la possibilité de réoccuper militairement la Rhénanie. Mais il était peu pressé de réaliser cet objectif, car il prévoyait une forte réaction française. Ses généraux ne lui cachaient pas que la Wehrmacht, en pleine organisation, était hors d'état de se livrer à quelque opération militaire que ce fût.

Il est possible aussi qu'il ait craint une intervention anglaise. Or, l'affaire d'Éthiopie lui démontra que les conservateurs britanniques ne voulaient absolument pas envisager cette hypothèse, même au cas où les intérêts anglais seraient directement en jeu. Il compta donc à la fois sur ce pacifisme et sur la timidité de la riposte française.

Cependant, le gouvernement français était fermement décidé à demander la ratification du pacte franco-soviétique. Le 21 novembre, lors d'une visite qu'il fit à Hitler, François-Poncet lui annonça que la question serait bientôt soumise aux Chambres françaises. Hitler lui répondit que ce serait une grande faute, que cela favoriserait l'avènement en France d'un gouvernement communiste, auquel cas une menace d'une extrême gravité pèserait sur l'Allemagne. L'ambassadeur de France avertit alors Laval qu'à son avis Hitler avait l'intention de passer aux actes. Il suggéra que l'on prît les devants, à la façon des Anglais dans le cas de l'accord naval et que l'on offrît à Hitler l'installation de quelques garnisons en Rhénanie, à condition qu'aucune fortification n'y fût construite ; ou bien, si cette politique paraissait inacceptable, que l'on annonçât formellement au gouvernement allemand l'intention française de s'opposer par la force à la réoccupation de la Rhénanie. Le gouvernement Laval refusa de prendre une décision aussi ferme, et d'ailleurs, le 1er janvier, Hitler répéta à François-Poncet qu'il n'avait pas l'intention de dénoncer le traité de Locarno.

La ratification

Le débat sur la ratification commença en février. Le nouveau ministre français des Affaires étrangères dans le cabinet Sarraut, Pierre-Étienne Flandin, prit la parole, le 25 février, à la Chambre des députés. Il s'efforça de montrer que le pacte franco-soviétique était compatible avec le traité de Locarno et il proposa à Hitler, pour prouver la bonne foi française, de soumettre ce problème à la Cour internationale de justice de La Haye.

Le 27 février, la Chambre ratifia le traité par 353 voix contre 164. La Commission des Affaires étrangères du Sénat l'approuva le 5 mars. Il était hors de doute que la Haute Assemblée suivrait sa commission [1]. Sur ces entrefaites, se déroula un petit incident qui n'était pas de nature

1. Ce qui fut fait le 12 mars par 231 voix contre 52.

à modifier la décision qu'Hitler avait déjà prise, mais qui l'irrita profondément. Le lendemain du vote de la Chambre, le 28 février, le journal *Paris-Midi* publia le texte d'une interview accordée par Hitler à Bertrand de Jouvenel. Hitler s'y montrait particulièrement conciliant et amical à l'égard de la France. La surprise fut générale. L'on crut à une détente inespérée, et le 2 mars, François-Poncet fut chargé d'aller adresser personnellement au Führer les remerciements du gouvernement français. Il fut reçu par un Hitler courroucé ; l'interview était destinée à être publiée avant le vote, pour influencer celui-ci. Dans le retard apporté à la publication du texte, il croyait déceler une manœuvre du gouvernement français.

La réoccupation de la zone démilitarisée

D'après les documents du procès de Nuremberg les préparatifs de la réoccupation étaient à l'étude depuis le 29 juin 1935. Hitler envisageait alors de passer à l'action en février 1936. Puis il retarda quelque peu son coup de force. Le 2 mars, le haut commandement allemand avait signé des ordres aux troupes. Le 6 mars, les généraux allemands avaient fait à Hitler de sérieuses objections ; si les Français intervenaient, ils seraient les plus forts. Hitler, se fiant à son intuition, passa outre, envisageant de retirer ses troupes en cas d'intervention française. Le 6 mars, le Reichstag fut convoqué pour le lendemain. Le 7 mars, le ministre des Affaires étrangères, von Neurath, fit venir François-Poncet et les autres ambassadeurs des pays signataires de Locarno et leur remit une note dénonçant le traité. Il ajouta que des « détachements symboliques » de troupes allemandes étaient en train de pénétrer en Rhénanie. À la tribune du Reichstag, Hitler prit la parole : « Aux offres amicales et aux assurances pacifiques que l'Allemagne n'a cessé de réitérer, la France a répondu par une alliance militaire avec l'Union soviétique, qui est exclusivement dirigée contre l'Allemagne et qui constitue une violation du pacte rhénan. Dès lors, le traité de Locarno a perdu son sens intrinsèque et a pratiquement cessé d'exister. L'Allemagne ne se considère donc plus comme liée à ce pacte éteint. » Simultanément, un mémorandum allemand offrait l'ouverture de négociations avec la France et la Belgique, pour la signature de pactes de non-agression de vingt-cinq ans, qui seraient garantis par l'Angleterre et l'Italie, et d'un pacte aérien. Hitler proposait aux voisins orientaux de l'Allemagne des traités analogues au pacte germano-polonais de 1934. Il évoquait enfin la possibilité pour l'Allemagne de revenir à la Société des Nations, après une réforme de celle-ci.

En fait, les « détachements symboliques » allemands se composaient de 19 bataillons et 12 batteries d'artillerie, soit environ 30 000 hommes. La population les accueillit avec un grand enthousiasme. D'autres troupes suivirent rapidement. Le 29 mars, un plébiscite approuva l'action d'Hitler par 44 millions de voix, soit 99 % des votants.

La réaction des puissances signataires de Locarno

La France adopta d'abord une attitude d'apparente fermeté. De son côté, l'URSS offrit, dès le 7 mars, son appui au gouvernement français. Le 26 mars, le comité exécutif central de l'URSS ratifia le pacte franco-soviétique. Ce qui n'empêcha pas que dans une interview donnée le 17 mars, Molotov déclara qu'un rapprochement était possible entre l'Allemagne et l'URSS. Un accord commercial entre ces deux pays fut signé le 23 avril. En France, le Conseil des ministres siégea le 8 mars. Le 8 au soir, dans un discours radiodiffusé, rédigé au Quai d'Orsay, le président du Conseil Sarraut s'écria : « Nous ne sommes pas disposés à laisser Strasbourg exposé au feu des canons allemands. » Pourtant le gouvernement se contenta de donner l'ordre aux troupes de garnir la ligne Maginot. Au Conseil des ministres du 9 mars, le général Maurin, ministre de la Guerre, soutint que pour une intervention militaire, il faudrait une mobilisation générale que d'ailleurs il souhaitait. Maurin, Gamelin et les militaires étaient inquiets et croyaient à la supériorité de la Wehrmacht sur une armée française conçue pour la défensive. Or, on était à six semaines des élections. Telles sont, du moins, les déclarations que fait Flandin dans son livre *Politique française*, 1919-1940. D'après le général Gamelin, qui d'ailleurs n'avait pas assisté à cette réunion, il ne se serait agi que d'un rappel de réservistes. Les généraux estimaient indispensables l'appui britannique. Selon Paul-Boncour, les ministres français reçurent au cours de ce conseil un télégramme d'Eden leur recommandant de garder leur sang-froid et de ne rien faire d'irréparable. Dans ces conditions, la France finit par adopter une politique de renoncement. L'opinion, profondément divisée par l'approche des élections, n'était absolument pas préparée à réagir. L'extrême droite comme l'extrême gauche penchaient pour la résignation. Le 10 mars, se réunit à Paris une conférence des signataires de Locarno. Eden avait, le 9 mars, prononcé un discours à la Chambre des Communes : « L'occupation de la Rhénanie par la Reichswehr, avait-il dit, est un coup sévère pour le principe de la sainteté des traités. » Mais il avait ajouté : « Il n'y a heureusement aucune raison de supposer que la présente action de l'Allemagne comporte une menace d'hostilités. » Lors de la réunion du 10 mars, il s'efforça de décourager les velléités françaises d'expédition militaire. Il en fut de même du Premier ministre belge, Van Zeeland. Le gouvernement polonais s'était déclaré prêt, le 7 mars, à participer à la lutte. Le 9 mars, il changea d'avis et se rallia à la thèse allemande. Le *Journal* du comte Szembek, pour février 1936, permet d'émettre des doutes sur la sincérité de la première position polonaise à moins que Beck ne l'ait tenu à l'écart de ses projets, en raison de ses sentiments proallemands. Le 10 mars, à Londres, le représentant polonais adopta une attitude similaire. Dans ces conditions, les puissances locarniennes se contentèrent de soumettre immédiatement la question au Conseil de la Société des Nations. Celui-ci se réunit le 14 mars à Londres et déclara solennellement que l'Allemagne avait manqué à ses obligations internationales. Le 19 mars, les puissances locarniennes proposèrent de soumettre à la Cour de La Haye le problème de la compatibilité entre Locarno et le pacte franco-soviétique ; elles demandèrent aux Allemands de limiter leurs effectifs en Rhénanie et, en attendant la conclusion de négociations sur la base du mémorandum allemand, de maintenir une zone neutre de 20 km qui serait contrôlée par des forces internationales. D'autre part, la France, la Grande-Bretagne et la Belgique, en attendant la signature d'un nouvel accord, se garantissaient réciproquement leurs territoires, pour le cas d'une agression allemande. Flandin considéra que cette déclaration équivalait à une véritable alliance franco-britannique. Le 24 mars, Hitler refusa énergiquement de se soumettre à ces propositions « déshonorantes ». Le gouvernement britannique recula, et Baldwin crut opportun d'inviter à déjeuner l'ambassadeur von Ribbentrop. Quant à Mussolini, il avait fort bien compris l'accroissement considérable de puissance que la réoccupation de la Rhénanie apportait à Hitler. Il renforça les garnisons italiennes sur le Brenner et renonça à réaliser son projet d'abandonner alors la Société des Nations. Mais il déclara que l'Italie ne pouvait accepter les propositions de Londres.

Hitler trouva l'occasion favorable pour suggérer, le 1er avril, un vaste plan de paix qui développait le mémorandum allemand du 7 mars. Il suggérait de diviser l'avenir en trois périodes :

— pendant quatre mois, l'Allemagne montrerait sa bonne volonté en n'accroissant pas ses effectifs en Rhénanie ;

— l'Allemagne, la France et la Belgique signeraient un pacte de non-agression pour vingt-cinq ans et un pacte aérien. L'Allemagne signerait aussi des pactes avec ses voisins de l'Est et du Sud-Est ;

— elle se mettrait alors en mesure de rentrer à la Société des Nations. Hitler suggérait aussi d'atténuer la propagande nationaliste et d'humaniser la guerre en évitant l'emploi des gaz asphyxiants, des bombes incendiaires et en interdisant le bombardement des villes.

Flandin et Sarraut consultèrent François-Poncet qui leur exprima l'avis qu'Hitler étant un pirate, de telles propositions ne signifiaient absolument rien. Le gouvernement français, qui avait déclaré qu'il ne négocierait pas avant que l'Allemagne n'eût évacué la Rhénanie, répondit pourtant aux propositions allemandes par un autre plan de paix fondé sur la Société des Nations, la sécurité collective et des ententes régionales ; une commission européenne serait constituée et disposerait d'une force internationale. L'Allemagne rejeta ces propositions et la discussion prit fin. Les 26 avril et 2 mai, eurent lieu les élections françaises qui aboutirent au succès du Front populaire. Les questions intérieures reprenaient en France la première place. Comme le coup de force italien, celui des Allemands avait pleinement réussi.

V. La guerre civile espagnole et ses aspects internationaux

La guerre civile

Le déclenchement d'une guerre civile en Espagne, le 17 juillet 1936, ouvrit une crise internationale d'un caractère très différent. On sait que l'Espagne, après une période de dictature (Primo de Rivera et Barenguer, 1923-1931), était devenue une république en avril 1931. Aux élections de novembre 1933, les modérés avaient obtenu la majorité et le principal leader de la droite était Gil Robles. Pour les élections du 16 février 1936, se constitua, comme en France, un Front populaire, qui rassemblait toute la gauche, des libéraux aux communistes. La droite obtint une légère majorité de voix, mais le Front populaire une majorité de 57 sièges. Les esprits étaient surchauffés et des troubles extrêmement violents se déclenchèrent dans toute la péninsule. Beaucoup de membres de la droite et de chefs militaires, comme le général Franco, envisagèrent dès février un coup d'État. Le prétexte choisi fut l'assassinat, le 13 juillet 1936, du député monarchiste Calvo Sotelo, par la police de choc gouvernementale. Aussitôt, le 17 juillet, une révolte éclata au Maroc espagnol ; elle s'étendit le 18 en Espagne ; le général Franco en prit le commandement et, le 25 juillet, un gouvernement rebelle fut établi à Burgos.

L'affaire ne pouvait pas rester circonscrite à la seule politique intérieure espagnole. Les grandes puissances prirent très vite parti : l'URSS pour les « loyalistes » ou gouvernementaux, quoique les communistes n'eussent obtenu aux élections qu'une cinquantaine de milliers de voix. En France, le gouvernement Léon Blum, constitué au début de juin, dans lequel Yvon Delbos était ministre des Affaires étrangères, se déclara très favorable aux républicains, à la fois pour des raisons idéologiques et par la crainte de voir la France encerclée de tous côtés par des États dictatoriaux. Il est vrai que la droite, par crainte du communisme, penchait nettement pour Franco. La Grande-Bretagne, gouvernée par les conservateurs, n'avait qu'une sympathie modérée pour les républicains espagnols ; mais, craignant aussi l'établissement d'une nouvelle dictature, elle soutenait en principe le gouvernement légal. L'Italie était naturellement favorable à Franco mais elle n'avait pas participé à la préparation de l'insurrection. Le 30 juillet, des aviateurs italiens firent un atterrissage forcé au Maroc français alors qu'ils se rendaient en Espagne et révélèrent qu'ils avaient été recrutés le 14 juillet, soit trois jours avant le déclenchement de l'insurrection. Mais il semble qu'ils se soient trompés de date. Peut-être y avait-il eu une vague aide préliminaire sinon d'Hitler, au moins de certains nazis : le général Sanjurgo, collaborateur de Franco, qui devait mourir le 20 juillet d'un accident, avait fait, en février, un voyage en Allemagne. L'Espagne allait donc devenir le champ de bataille entre le Komintern et les démocraties occidentales d'une part, et les pays fascistes d'autre part.

La non-intervention

Après avoir fourni quelques armes, et non sans avoir hésité, le 1er août, afin d'éviter toute complication et toute prolongation de la guerre, le gouvernement Blum proposa l'« adoption rapide et la mise en pratique immédiate d'un accord visant à la non-intervention en Espagne ». La Grande-Bretagne, la Belgique, la Pologne, l'URSS, l'Allemagne, l'Italie, le Portugal en acceptèrent le principe. La France proposa alors un texte plus précis tendant à interdire l'expédition du matériel de guerre. Le gouvernement républicain espagnol protesta contre cette mesure qui ne tenait pas compte de son caractère de légitimité. L'Italie, l'Allemagne et le Portugal n'acceptèrent pas sans réserve cette nouvelle proposition. Seule, l'Angleterre s'y rallia et mit, le 19 août, l'embargo sur les armes à destination de l'Espagne. Vingt-sept nations, à la date du 26 août, avaient admis la politique de non-intervention. Une réunion proposée par le gouvernement Blum eut lieu à Londres le 9 septembre, et une Commission internationale de non-intervention fut constituée. Très rapidement, on vit que les États totalitaires, Allemagne, Italie, URSS avaient, malgré tout, l'intention d'intervenir, d'autant plus que la révolte, loin d'être brève, tendait à se prolonger et à se transformer en véritable guerre. Dans tous les pays, et notamment en France, les partis communistes étaient très hostiles à la non-intervention. Le 30 septembre, les républicains publièrent un *Livre blanc* dans lequel ils énuméraient toute l'aide qu'Hitler et Mussolini apportaient à leurs adversaires. À la fin de 1936, on estimait qu'il y avait en Espagne 20 000 soldats et aviateurs allemands désignés d'office ; en février 1937, 40 000 « volontaires » italiens répartis en 4 divisions commandés par des généraux d'active italiens. Toutefois, il apparaît bien que les objectifs italiens et allemands étaient différents. Mussolini désirait réellement une vaste intervention. Hitler souhaitait surtout une prolongation de la guerre civile qui retiendrait en Espagne une grande partie des forces italiennes et empêcherait Mussolini de continuer à monter la garde sur le Brenner. L'URSS protesta dès les 6 et 7 octobre, et le 23 octobre, Maisky informa le comité de non-intervention que l'URSS ne pouvait se considérer comme liée à la non-intervention si les autres membres du comité ne l'appliquaient pas. Mais la décision soviétique était certainement antérieure. Le 16 octobre, Staline envoya un message de sympathie au secrétaire général du Parti communiste espagnol José Diaz. Le 28 octobre, des tanks russes firent leur apparition sur le champ de bataille. Le 8 novembre, la Brigade internationale, recrutée par le Komintern, mais ne comprenant aucun Russe, arrivait sur le front de Madrid. Il est probable qu'il y avait alors, par ailleurs, deux milliers de Soviétiques proprement dits dans les rangs républicains. La principale aide de l'URSS consistait en armes. D'autre part, une partie des réserves d'or espagnol fut déposée à Moscou en novembre 1936 [1].

Le 18 novembre, l'Italie et l'Allemagne reconnurent *de jure* le gouvernement du général Franco. Au contraire, la France et l'Angleterre essayèrent d'arrêter l'afflux des volontaires et refusèrent de reconnaître les insurgés comme belligérants. Au total, la non-intervention avait échoué à la fin de 1936.

VI. L'Axe Rome-Berlin

La deuxième moitié de l'année 1936 vit se renforcer la position allemande sur le plan diplomatique, et s'affaiblir celle des démocraties occidentales, tandis que les États-Unis continuaient à observer une rigoureuse neutralité.

L'accord austro-allemand

Le premier événement important en ce sens fut la signature de l'accord austro-allemand du 11 juillet 1936. Mussolini entretenait avec le chancelier Schuschnigg d'assez bons rapports et continuait à patronner la *Heimwehr* de Starhemberg. Le 17 octobre 1935, celui-ci s'était débarrassé de son adjoint, Fey, trop favorable à l'Allemagne, et était devenu ministre de l'Intérieur. Mais l'ambassadeur allemand von Papen était très actif et à la même époque engageait avec le Dr Funder, directeur du journal officieux catholique *Reichspost*, des pourparlers pour un accord de presse qui pourrait devenir un accord politique austro-allemand. Au printemps de 1936, dans le but d'apaiser Hitler, Mussolini aurait conseillé lui-même à Schuschnigg de sacrifier Starhemberg, ce qui fut fait le 13 mai.

Trois semaines après, Schuschnigg rendit visite à Mussolini à sa maison de campagne de Rocca délie Caminate, près de Forli. Il lui exposa le projet d'un traité entre Vienne et Berlin. Mussolini ne fit aucune

1. Selon Beloff, *The Foreign Policy of Soviet Russia*, t. II, p. 32-33, les communistes s'opposaient à la création d'une milice de travailleurs et préconisaient le développement d'une véritable armée de métier dans laquelle ils espéraient tenir les leviers de commande. Ils s'efforçaient aussi de rassurer les démocraties occidentales en présentant le gouvernement républicain comme démocratique et non prolétarien.

objection ; ayant conscience de ne pouvoir défendre l'Autriche contre une tentative d'Anschluss, il lui semblait habile de favoriser la signature d'un traité qui confirmerait l'indépendance de l'Autriche. Le 11 juillet, fut donc signé un accord austro-allemand par lequel :

— l'Allemagne reconnaissait la pleine souveraineté de l'Autriche ;

— l'Allemagne et l'Autriche s'engageaient à ne pas intervenir dans leurs affaires intérieures réciproques ;

— la politique autrichienne à l'égard du Reich tiendrait compte du fait que l'Autriche était un « État allemand ». Il était entendu que cela n'affecterait pas les protocoles de Rome signés en 1934 par l'Autriche avec l'Italie et la Hongrie. Ce traité était pour l'Allemagne une importante victoire diplomatique. Un grand nombre de nazis autrichiens furent amnistiés. Cinq journaux allemands furent répandus en Autriche et purent y répandre une intense propagande raciste ; les cinq journaux autrichiens introduits en Allemagne n'eurent aucun effet. Le Parti nazi autrichien pouvait à nouveau se développer librement, et l'accord du 11 juillet, conclu pour éviter l'Anschluss, était en réalité une étape importante sur la voie qui y menait. Deux sympathisants du nazisme, le général Glaize Horstenau et Guido Schmidt, entrèrent dans le gouvernement Schuschnigg, le second détenant le portefeuille des Affaires étrangères.

La nouvelle politique belge

Un autre succès allemand fut ce que l'on appela parfois, à tort du reste, la proclamation de la neutralité belge. Le 6 mars 1936, la veille même de la réoccupation de la Rhénanie, il avait été précisé par un échange de lettres franco-belge que le traité du 7 septembre 1920 était abrogé et que les contacts entre les états-majors des deux pays ne devraient être poursuivis que dans le cadre du traité de Locarno. Or, le coup de force du 7 mars détruisait, en fait, ce traité. Une tentative fut faite le 23 juillet par la France, l'Angleterre et la Belgique pour rétablir une collaboration entre les puissances locarniennes. Les trois pays invitaient l'Allemagne et l'Italie à une conférence destinée à étudier le problème de la sécurité en Europe, non seulement occidentale, mais aussi orientale. Vivement pressés par le gouvernement français, les gouvernements allemand et italien acceptèrent, le 31 juillet, le principe d'une conférence des cinq, mais en posant comme condition qu'il ne serait pas question de l'Europe orientale. La presse allemande et peut-être aussi le Dr Schacht, lors d'un voyage à

Paris, suggérèrent que la France renonçât au préalable à l'accord franco-soviétique. Le gouvernement français refusa, et, dans ces conditions, la réunion des cinq puissances locarniennes n'eut jamais lieu. Le gouvernement belge, après une lente évolution, qui dura pendant tout l'été, décida de se désolidariser de la France et de l'Angleterre, de renoncer à la responsabilité qu'il avait prise le 19 mars de garantir la France et l'Angleterre contre une agression allemande, et de pratiquer désormais une politique d'indépendance. L'idée s'était développée que la Belgique devait se dégager de toute alliance et défendre elle-même son territoire. Le 20 juillet, Spaak, ministre des Affaires étrangères, avait déjà préconisé « une politique étrangère exclusivement et intégralement belge ». Le 9 septembre, Van Zeeland, Premier ministre, déclarait que le gouvernement voulait rendre la Belgique plus indépendante et ne « faire entrer en ligne de compte que des considérations et des buts entièrement et exclusivement belges ». Lors de la réunion de l'Assemblée de la Société des Nations à Genève, du 21 septembre au 10 octobre, les délégués belges exposèrent aux Anglais et aux Français leur désir de renoncer à toute alliance. Le gouvernement français, qui espérait pouvoir faire passer ses troupes par la Belgique au cas où il lui faudrait secourir un de ses alliés orientaux, essaya de combattre cette politique. Mais la décision des Belges était prise. Le 14 octobre, le roi Léopold fit au Conseil des ministres une allocution, qui fut ensuite rendue publique, dans laquelle il déclara notamment : « La réoccupation de la Rhénanie, en faussant les accords de Locarno dans la forme et dans le fond, nous a presque replacés dans notre position internationale d'avant guerre. Notre situation géographique nous commande d'entretenir un appareil militaire de taille à dissuader un quelconque de nos voisins d'emprunter notre territoire pour attaquer un autre État. » Ce n'était pas là rétablir la neutralité belge, laquelle était un statut international élaboré en 1839 et que les Belges, depuis 1914, repoussaient vigoureusement. C'était simplement une politique « d'indépendance » dont les termes furent précisés par l'aide-mémoire du 12 novembre 1936. Les seules obligations internationales que reconnaissait la Belgique étaient celles qui résultaient du pacte de la Société des Nations. C'était une nouvelle atteinte au système de sécurité de la France. Les Anglais furent moins sensibles que les Français à cet événement, et le 27 novembre, lors d'un voyage de Van Zeeland à Londres, Eden déclara : « L'indépendance et l'intégrité de la Belgique constituent pour notre pays un intérêt vital... La Belgique peut compter sur notre assistance, si elle devait être la victime d'une agression. » Le ministre promit également le secours des forces britanniques à la France, si elle était attaquée (conformément aux accords de Locarno et à la déclaration du 19 mars 1936). Delbos fit, le 4 décembre, à la Chambre des députés, une déclaration analogue en ce qui concerne la Belgique. Le 24 avril 1937, une déclaration franco-britannique confirma cette politique. Le 30 janvier 1937, Hitler dans un discours au Reichstag, annonça de son côté qu'il était prêt à reconnaître la Belgique et les Pays-Bas comme territoires « neutres et intangibles ». Une déclaration allemande du 13 octobre 1937 affirma la volonté de l'Allemagne de reconnaître l'intégrité et l'inviolabilité du territoire belge.

Ces circonstances rendaient presque inopérantes les alliances françaises à l'est de l'Europe. Les Allemands entreprenaient activement la construction de la ligne Siegfried. Comment, dans ces conditions, la France pourrait-elle secourir la Pologne, la Tchécoslovaquie et la Roumanie ? On assiste donc en 1936 à une progressive dislocation du système français. En août 1936, le roi Carol de Roumanie retira à Titulesco, grand ami de la France, le portefeuille des Affaires étrangères. D'ailleurs la Roumanie toujours inquiète au sujet de la Bessarabie avait vu avec dépit la ratification du traité franco-soviétique. Le 25 mars 1937, la Yougoslavie signa avec l'Italie un pacte de non-agression et de consultation, en attendant qu'avec la venue au pouvoir de Stoyadinovitch, elle pratiquât une politique délibérément favorable à Hitler.

L'Axe Rome-Berlin

La plus grave conséquence des crises de 1935 et 1936 fut la formation de l'Axe Rome-Berlin. On a vu que Mussolini, dont les principales troupes se trouvaient en Éthiopie, et bientôt en Espagne, avait favorisé le rapprochement austro-allemand. Malgré sa méfiance à l'égard d'Hitler, Mussolini s'orienta de plus en plus nettement vers un rapprochement avec l'Allemagne. L'élection d'une majorité de Front populaire en France acheva de mettre fin à ses tentatives de collaboration avec Paris. Le 9 juin 1935, le gendre du Duce, le comte Ciano, âgé de trente-trois ans, fut nommé ministre des Affaires étrangères. Il était alors un admirateur passionné de Mussolini et un partisan déclaré de l'alliance avec l'Allemagne. Au ministère de la propagande, Alfieri, qui succédait à Ciano, était résolument favorable à une réconciliation avec l'Allemagne. Dès le 29 juin, l'ambassadeur allemand Hassel proposa à Ciano la reconnaissance par l'Allemagne de la conquête de l'Éthiopie, ce qui fut fait le 25 juillet. Hitler paraît avoir hésité au cours de l'été entre un rapprochement avec l'Italie et un effort pour gagner l'amitié anglaise. Le vieux Lloyd George alla voir Hitler à Berchtesgaden et fut fort bien reçu. Cependant, le 23 septembre, le ministre allemand Hans Frank rendit visite à Mussolini et lui transmit une invitation du Führer pour une visite en Allemagne. Frank parla de la « nécessité d'une collaboration toujours plus étroite entre l'Allemagne et l'Italie ». Mussolini promit de communiquer au gouvernement allemand un dossier constitué par Eden, intitulé « le péril allemand », que l'ambassadeur à Londres Dino Grandi avait pu se procurer. Finalement, Ciano (et non Mussolini) se rendit à Berlin où il arriva le 20 octobre. Il y rencontra von Neurath le 21 octobre. À cette occasion, les deux ministres décidèrent de reconnaître le gouvernement du général Franco. Le 24 octobre, Ciano rendit visite à Hitler à Berchtesgaden et lui remit le document anglais dont nous avons parlé : « La lecture produit une impression profonde sur le Führer qui, après un moment de silence, a une réaction violente. » Hitler préconisa la création d'une vaste entente antibolchevique. Un accord fut signé, le « protocole d'octobre ». Hitler qui avait, le 24 août, signé un décret portant à deux ans la durée du service militaire annonça à Ciano qu'il serait prêt à faire la guerre en 1939. Le 1er novembre, Mussolini prononça à Milan, sur la place du Dôme, un discours retentissant dans lequel il déclara : « Les rencontres de Berlin ont eu comme résultat une entente entre les deux pays sur des problèmes déterminés... Cette entente... cette verticale Berlin-Rome n'est pas un diaphragme, c'est plutôt un axe, autour duquel peuvent s'unir tous les États européens animés d'une volonté de collaboration et de paix. » Fait important, Mussolini insistait sur l'importance vitale de la Méditerranée dans la politique italienne. C'est le début d'une évolution qui devait laisser à l'Allemagne l'influence sur les régions danubiennes que la politique italienne avait considérées jusqu'alors comme un domaine réservé.

À la fin de 1936, l'Autriche et la Hongrie sont en excellents termes avec l'Italie et l'Allemagne. Entre le 8 et le 12 novembre, le comte Ciano et les ministres des Affaires étrangères hongrois et autrichien se réunirent à Vienne et signèrent un protocole secret prévoyant une neutralité bienveillante entre leurs trois pays au cas où l'un d'entre eux serait amené à faire la guerre.

Ainsi, à la fin de 1936, la position politique de l'Allemagne s'était considérablement renforcée, tandis que la France, affaiblie par les querelles intestines, perdait en Europe une partie de son prestige et de son influence. Et en même temps, Hitler poursuivait avec vigueur son formidable effort de réarmement, et, encouragé par le succès, méditait de nouveaux coups de force.

L'Anschluss et les crises tchécoslovaques (1937-1939)

I. L'apaisement de 1937

En Occident, l'année 1937 parut être celle de l'apaisement.

Aucune nouvelle agression ne se produisit. Seule, la poursuite de la guerre civile espagnole montrait que les menaces contre la paix internationale restaient graves.

La guerre d'Espagne

En Espagne, la politique de non-intervention avait pratiquement fait long feu. Le 4 décembre 1936, la Grande-Bretagne et la France proposèrent aux gouvernements allemand, russe, italien et portugais, l'établissement d'un contrôle effectif pour empêcher l'enrôlement et la venue de volontaires en Espagne. Après bien des difficultés, le 21 février 1937, on aboutit à un accord en ce sens. Des navires de guerre français et anglais patrouilleraient le long des côtes occupées par les nationalistes, les navires italiens et allemands sur les côtes tenues par les gouvernementaux. Ces patrouilles navales commencèrent à la fin d'avril. L'URSS avait vainement tenté d'obtenir la participation de la flotte soviétique à ce contrôle. Elle y renonça finalement et il sembla que son aide aux gouvernementaux espagnols fût alors devenue moins active. Le système du contrôle naval entraîna de graves incidents. Le 31 mai, le cuirassé allemand *Deutschland* fut bombardé par des avions gouvernementaux près d'Ibiza ; deux jours après, la flotte allemande, par représailles, bombarda le port d'Alméria et simultanément l'Allemagne et l'Italie déclarèrent qu'elles renonçaient au système de la patrouille navale. Le 19 juin, les Allemands déclarèrent que le croiseur *Leipzig* avait été attaqué par un sous-marin. Le 23 juin, malgré les efforts des négociateurs français et anglais, l'Allemagne et l'Italie abandonnèrent définitivement leur surveillance. Le Portugal annula les facilités qu'il avait accordées pour le contrôle de ses frontières. La France fit de même le 10 juillet. Dès le 2 juillet, les gouvernements allemand et italien proposèrent de reconnaître la belligérance des deux adversaires, ce qui favorisait évidemment le général Franco, dont le pouvoir de fait serait ainsi sanctionné. Le gouvernement anglais, dirigé depuis le 28 mai 1937 par Neville Chamberlain qui avait remplacé Baldwin à la suite de la crise dynastique de décembre 1936, proposa un compromis liant la reconnaissance de la belligérance au retrait des volontaires et à l'établissement d'un contrôle des ports. Mais l'opposition soviétique fit échouer ce projet.

Au cours de l'été, un certain nombre de navires marchands, qui ralliaient les ports gouvernementaux, furent attaqués par des sous-marins de nationalité inconnue. Les gouvernementaux déclarèrent que ces sous-marins étaient italiens ; les nationalistes, avec moins de vraisemblance, qu'il s'agissait de sous-marins russes, les Soviets désirant créer des incidents. Le comité de non-intervention décida de réunir à Nyon, le 10 septembre, une conférence de tous les États riverains de la mer Noire et de la Méditerranée (l'Espagne exceptée), ainsi que l'Allemagne, pour s'occuper de ces problèmes de « piraterie » en Méditerranée. Le 9 septembre, l'Allemagne, l'Italie et l'Albanie refusèrent d'y participer. C'était réduire considérablement l'importance de la conférence de Nyon où, au surplus, de vives discussions se produisirent entre les représentants anglais et russes. La conférence de Nyon décida, le 11 septembre, de confier aux flottes française et anglaise la protection des navires non espagnols contre les « pirates ». À la fin de septembre, les Italiens acceptèrent de se joindre à ces patrouilles et les mystérieux sous-marins disparurent. Les partisans de la non-intervention n'avaient plus qu'un faible espoir d'arriver à un résultat : par des négociations directes entre les grandes puissances au sujet de l'Espagne. Le 22 septembre eurent lieu des conversations entre Yvon Delbos et le comte Ciano. L'on espérait dissocier l'Italie de l'Allemagne. Mais la visite de Mussolini à Berlin à la fin de septembre 1937 empêcha la réalisation de ce vœu et, le 10 octobre, le gouvernement italien refusa formellement toute conversation sur l'Espagne à laquelle l'Allemagne ne prendrait pas part. Simplement, le 20 octobre, l'Allemagne et l'Italie acceptèrent que des commissions internationales envoyées dans les deux camps étudiassent la possibilité du retrait des volontaires. Le gouvernement soviétique refusa de participer à cette politique. Le résultat fut négatif. Dès le 20 octobre, Mussolini admit officiellement la présence de 40 000 Italiens en Espagne. Tout permettait de supposer que la guerre civile espagnole durerait encore longtemps.

Le rapprochement anglo-italien

Les querelles suscitées par la guerre d'Espagne ne doivent pas faire oublier l'atmosphère d'apaisement qui caractérise l'année 1937. L'aspect le plus net de cette détente est le rapprochement anglo-italien. On se rappelle que la tension avait été extrême entre les deux pays jusqu'en juillet 1936, date à laquelle les sanctions contre l'Italie avaient été levées par la Société des Nations. Le gouvernement de Baldwin était favorable à une détente rapide. À la fin de 1936, l'idée d'un *gentlemen's agreement* fut adoptée par les deux pays. Le 6 novembre, après de longues négociations, un accord commercial fut signé à Rome par Ciano et l'ambassadeur Drummond. Le même jour, Drummond engagea des pourparlers pour un accord politique et Ciano trouva que ses déclarations révélaient « un changement substantiel : pour la première fois, il a parlé, et avec une vive insistance, de la nécessité d'une reprise de bonnes relations entre l'Italie et la Grande-Bretagne ». Les entretiens aboutirent, le 31 décembre, à un échange de notes relatif au *statu quo* dans la Méditerranée occidentale. Le 2 janvier 1937, Ciano et Drummond signèrent un accord précisant que, les deux pays ayant un intérêt vital « dans la Méditerranée », le *statu quo* n'y serait pas modifié. Il ne s'agissait donc plus de la seule Méditerranée occidentale. Le gouvernement britannique craignait surtout que Franco n'eût cédé aux Italiens des bases dans les îles Baléares. De fait, un accord secret italo-franquiste avait été signé le 26 novembre 1936, mais il excluait tout transfert de souveraineté. Le gouvernement français, qui avait de graves inquiétudes au sujet d'une éventuelle cession à l'Italie de bases au Maroc espagnol, se réjouit de la signature du *gentlemen's agreement*. C'était là un pas timide vers le rapprochement. Toutefois, la question des volontaires italiens en Espagne empêchait d'aller plus loin. Au surplus, l'Angleterre en 1937 se refusait toujours à reconnaître la conquête de l'Éthiopie. Au cours de l'été, les mystérieux sous-marins qui attaquaient les navires gouvernementaux, avaient tenté, sans succès d'ailleurs, de couler le torpilleur britannique *Havock*, qui avait riposté. Ainsi, l'action britannique en faveur du rapprochement n'était pas couronnée de succès. D'ailleurs, deux tendances se firent jour à partir de mai, dans le gouvernement britannique. Neville Chamberlain, partisan d'une politique d'apaisement, s'éloignait de plus en plus de l'attitude plus ferme préconisée par le chef du *Foreign Office*, Anthony Eden.

Le 11 mai 1937 fut nommé un nouvel ambassadeur britannique en Allemagne, Neville Henderson, qui allait pratiquer jusqu'à l'extrême limite une politique de rapprochement et de concessions. D'ailleurs, l'atmosphère était à la courtoisie. De nombreux touristes allemands vinrent à Paris visiter l'Exposition universelle. La Société France-Allemagne, présidée par Fernand de Brinon, connut un certain succès. Lord Halifax se rendit en novembre à Berlin et visita Hitler à Berchtesgaden. Cette détente apparente s'explique surtout par le besoin où se trouvait Hitler de développer considérablement ses armements avant de courir de nouveaux risques.

Le renforcement de l'Axe Rome-Berlin

L'année 1937 vit se renforcer les liens entre l'Allemagne et l'Italie. L'Axe Rome-Berlin ne reposait que sur un vague accord. C'était une simple expression révélant une politique d'amitié. Le désir d'Hitler était d'entraîner l'Italie à une véritable alliance, et, pour commencer, à l'adhésion au pacte antikomintern. Celui-ci avait été signé par le Japon et l'Allemagne à Berlin le 25 novembre 1936. Il était valable pour une période de cinq ans ; il n'était pas dirigé contre l'URSS, mais contre l'Internationale communiste, accusée de vouloir désintégrer et soumettre les États existants. Les parties contractantes devaient s'informer mutuellement des activités de l'Internationale communiste et se consulter sur les mesures préventives à prendre. Les autres pays étaient invités à y adhérer. Naturellement, la signature de ce pacte avait suscité de vives réactions en URSS et, lors du congrès des Soviets réuni à Moscou le 25 novembre 1936 pour voter la nouvelle Constitution, le Premier ministre de la République d'Ukraine, Lubchenko, avait déclaré que l'Allemagne et le Japon préparaient « une guerre sainte contre l'Union soviétique ».

L'Italie, qui avait entretenu d'assez bons rapports avec l'URSS, hésitait à s'y joindre.

Deux jours après la signature du *gentlemen's agreement*, Goering fit une visite à Rome. Lors de ses entretiens avec Mussolini il fut longuement question des flottes et Goering se plut à souligner que l'Italie, l'Allemagne et le Japon, avec respectivement huit, huit et douze cuirassés, constitueraient une force navale considérable. Goering pressa le Duce d'abandonner la Société des Nations. Mussolini répondit qu'il l'avait déjà abandonnée *de facto* et que l'Italie nuisait plus à la Ligue en continuant d'en faire partie qu'en la quittant. On notera que Mussolini insista sur le principe du respect de l'indépendance autrichienne.

Au mois de mai 1937, von Neurath, ministre des Affaires étrangères d'Allemagne, se rendit à Rome, puis à nouveau Goering. C'est seulement au cours de l'été que le comte Ciano envisagea avec l'ambassadeur japonais la possibilité d'une adhésion au pacte antikomintern. Von Ribbentrop fut l'un des principaux artisans de l'adhésion italienne. L'épisode essentiel fut la visite de Mussolini à Munich et à Berlin du 24 au 29 septembre. Des fêtes splendides avaient été organisées, dont l'apogée fut le discours du Duce prononcé en allemand devant 800 000 Berlinois : « Quand le fasciste a un ami, dit-il, il marchera avec cet ami jusqu'au bout. » Quelques semaines après, le 6 novembre 1937, l'Italie adhérait au pacte antikomintern. C'était un pas de plus sur la voie des concessions à l'Allemagne.

II. L'Anschluss

La conférence secrète du 5 novembre 1937

La veille même du jour où l'Italie adhérait au pacte antikomintern, le 5 novembre, Hitler réunit à la Chambre du Reich quelques conseillers (Goering, von Neurath, quelques généraux, von Fritsch et von Blomberg, l'amiral Raeder, le colonel Hossbach), et leur communiqua ses plans les plus secrets. Le but de la politique allemande est de sauvegarder et de multiplier la communauté raciale allemande : 85 millions d'hommes, dont un bon nombre vivent en Autriche et en Tchécoslovaquie. « L'avenir de l'Allemagne est donc sous l'entière dépendance d'un règlement territorial nécessaire. » Pour réaliser celui-ci, c'est-à-dire pour annexer à l'Allemagne l'Autriche et la région des Sudètes, il faut s'attendre à des résistances : « La politique allemande doit compter avec ses deux ennemis irréductibles, l'Angleterre et la France, qui ressentent la présence d'un puissant colosse allemand au centre de l'Europe comme une plaie au flanc ; ils s'opposeront à un nouvel accroissement de la puissance allemande aussi bien en Europe qu'outre-mer. » Hitler ne s'intéresse pas immédiatement aux colonies. Il faut attendre pour cela que l'Angleterre soit en difficultés avec ses possessions, avec l'Irlande, l'Inde, en conflit avec le Japon et l'Italie. Une guerre franco-anglo-italienne est souhaitable. Mais en attendant, il faut résoudre les problèmes proprement européens : « Il n'y a que la violence qui puisse apporter une solution au problème allemand ; la violence ne va pas sans risque. » Ainsi Hitler envisage-t-il délibérément le risque d'une guerre.

Puisque le règlement territorial est nécessaire, reste à répondre aux questions « Quand ? » et « Comment ? »

La date doit être assez proche : après 1943-1945, « il ne faudra plus attendre le changement qu'à notre désavantage », car l'armement allemand est achevé, mais les adversaires entreprennent le leur. On risque, à attendre, de voir l'équilibre militaire se rétablir, tandis que baisserait le niveau de vie des Allemands.

Quant à la méthode, Hitler semble envisager d'attaquer d'abord la Tchécoslovaquie. « Le Führer croit que l'Angleterre, selon toute vraisemblance, et probablement la France, ont déjà secrètement rayé la Tchécoslovaquie de leurs livres. » Son argument essentiel est le suivant : « On n'a pas à craindre que l'Italie proteste contre la liquidation de la Tchécoslovaquie. Par contre, il est impossible de prévoir aujourd'hui comment elle se comportera dans la question autrichienne. » Hitler pense d'ailleurs que le Duce sera favorable. Il se réjouit discrètement de voir les troupes italiennes profondément engagées dans la longue et dure guerre d'Espagne, car cela retire à Mussolini la possibilité d'intervenir contre l'Anschluss.

À ces perspectives d'avenir, les deux généraux von Blomberg et von Fritsch font quelques réserves. Cela explique sans doute en partie qu'Hitler ait décidé de se débarrasser de ces deux hommes trop peu dociles, ainsi que d'un certain nombre d'autres. L'épisode du mariage de von Blomberg avec une femme au passé douteux n'a sans doute été qu'un prétexte. Von Blomberg, ministre de la Guerre, ne sera pas remplacé. Le 4 février 1938, Hitler renforça l'*Oberkommando der Wehrmacht* (OKW), dirigé par un officier obéissant, le général Keitel. En même temps, le 4 février, Hitler remplaça von Neurath ministre des Affaires étrangères, trop peu nazi, par l'ambassadeur à Londres, Joachim von Ribbentrop.

Les préparatifs allemands pour l'Anschluss

Comment Hitler en vint-il à décider que le premier coup de force concernerait l'Autriche et non la Tchécoslovaquie ? Il faut, pour le comprendre, voir comment l'Allemagne appliquait son accord avec l'Autriche du 11 juillet 1936, et quelle était l'attitude italienne. Les nazis autrichiens utilisaient au maximum les facilités de propagande que leur laissait l'accord, et, avec l'appui évident des autorités allemandes, ils entretenaient une incessante agitation contre le Front national de Schuschnigg. Des incidents eurent lieu lors de la visite que fit von Neurath à Vienne les 22 et 23 février 1937. Schuschnigg était toutefois décidé à résister, et il cherchait des appuis à Budapest, à Rome et même à Prague. Le 22 avril, à Venise, il rencontra le comte Ciano et Mussolini, leur fit part de ses inquiétudes et leur demanda l'appui italien. « Le Duce répond au Chancelier... que notre attitude vis-à-vis du problème autrichien était inchangée, se fondant comme toujours sur la nécessité de l'indépendance de l'Autriche. » Toutefois Mussolini rejette comme l'avaient fait les Allemands, l'idée d'une restauration des Habsbourg en Autriche, au moins dans l'immédiat.

Le 6 novembre 1937, à l'occasion de la signature du pacte antikomintern, von Ribbentrop s'entretint avec Mussolini du problème autrichien, et cet entretien marqua une profonde évolution dans l'attitude italienne. « Il souligne au Duce que, dans le grand jeu de la politique de Rome et de Berlin, l'Autriche représente désormais un élément d'importance secondaire et il estime qu'à un certain moment il conviendra de résoudre définitivement cette question, sur laquelle spéculent encore les ennemis de la politique commune italo-allemande. »

« Le Duce répond que l'Autriche est un pays allemand de race, de langue et de culture. La question autrichienne ne doit pas être considérée comme un problème entre l'Italie et l'Allemagne, mais bien comme un problème d'ordre international. Pour cela il a déclaré et il répète maintenant, qu'il est las de monter la garde devant l'indépendance autrichienne, spécialement si les Autrichiens ne veulent plus de leur indépendance. Le Duce voit ainsi la situation : l'Autriche est l'État allemand numéro 2. Elle ne pourra jamais rien faire sans l'Allemagne et à plus forte raison contre l'Allemagne. L'intérêt italien dans cette question n'est plus aujourd'hui aussi vif qu'il y a quelques années, en raison aussi du développement impérial de l'Italie, qui en dirige maintenant l'effort vers la Méditerranée et vers les colonies. » Le Duce se contente de conseiller de « laisser les événements suivre leur cours naturel », pour éviter les crises internationales. En cas de crise en Autriche, l'Italie n'agira pas. Il faut éviter de rien faire sans information réciproque.

Ainsi, l'Italie admettait pratiquement l'Anschluss.

À la même époque, la politique française et anglaise paraissait s'orienter délibérément vers l'apaisement. Chamberlain crut même devoir se séparer de Eden, hostile aux concessions à l'Italie, qu'il remplaça, le 20 février 1938, par lord Halifax. L'ambassadeur anglais à Berlin, Neville Henderson, était considéré comme germanophile. Le gouvernement Chautemps qui, en France, avait succédé en juin 1937 au gouvernement Blum, avait conservé Delbos aux Affaires étrangères. Mais le ministre des Finances, Georges Bonnet, qui exerçait une large influence, était un partisan de l'apaisement. En novembre 1937, von Papen, de passage à Paris, rencontra Bonnet qui lui parut favorable à une liaison économique et culturelle plus étroite entre l'Allemagne et l'Autriche, et à une large autonomie pour les Allemands de Tchécoslovaquie. Le président du Conseil, Chautemps, reçut ensuite secrètement von Papen, à son domicile particulier du boulevard Raspail. Chautemps se révéla nettement anticommuniste. Il croyait à la victoire de Franco. Il estimait nécessaire une orientation nouvelle de la politique française en Europe centrale, et il quitta son interlocuteur en lui déclarant : « Dites au Führer que ce serait un événement historique mondial si nous fondions ensemble la politique européenne sur une base nouvelle et plus saine. »

Au même mois de novembre, lord Halifax fut reçu par Hitler. Quelques jours après, du 28 au 30 novembre, Chautemps et Delbos vinrent à Londres. Puis Delbos entreprit un voyage à travers l'Europe centrale et la Pologne, dans le dessein peut-être d'aboutir à un « apaisement européen » qui aurait pour base quelques concessions coloniales.

Le coup de force contre l'Autriche

Mais cette politique d'apaisement va se trouver brusquement anéantie par le coup de force de l'Anschluss.

En janvier 1938, après la découverte d'un complot allemand, dit « plan Tavs », le gouvernement autrichien s'inquiéta. Toutefois, Schuschnigg accepta de rencontrer Hitler à Berchtesgaden, le 12 février. Il y fut reçu avec une absence totale d'égards. Hitler se montra extrêmement violent, reprocha à Schuschnigg de ne pas avoir quitté la Société des Nations, de s'être livré à toutes sortes de trahisons, de fortifier la frontière austro-allemande. Il évoqua sur un ton gros de menaces sa mission historique et providentielle, son amitié avec l'Italie, l'impuissance de la France. Von Papen et von Ribbentrop remirent ensuite au chancelier autrichien un ultimatum dont le principal point était la nomination du leader nazi Seyss-Inquart comme ministre de l'Intérieur. Schuschnigg se résigna à accepter et le président fédéral Miklas finit par le suivre. La police autrichienne dépendait dès lors d'un partisan de l'Allemagne. Le danger d'un Anschluss prochain était évident ; Schuschnigg essaya de réagir. Le 24 février, il prononça un discours où il déclara qu'il n'irait pas plus loin. Puis le 9 mars, il annonça pour le 13 un plébiscite sur le problème de l'indépendance. Cette décision prenait Hitler par surprise et il en craignait les résultats, d'où la hâte avec laquelle il décida de régler l'affaire par la force. Mussolini avait d'ailleurs déconseillé à Schuschnigg ce plébiscite « La bombe lui éclata dans les mains » écrivait Ciano.

La journée décisive fut celle du 11 mars. À 10 heures, Seyss-Inquart somma par lettre son chancelier de renoncer au plébiscite, sous prétexte qu'Hitler l'exigeait. À 14 heures, le Conseil des ministres autrichien se réunit et trois quarts d'heures après, il décida de se soumettre. La nouvelle fut annoncée à Berlin un peu avant 15 heures. Aussitôt, à 15 h 05, Goering téléphona pour ajouter une exigence supplémentaire : la démission de Schuschnigg. À 15 h 45, Schuschnigg accepta. Les nazis réclamèrent Seyss-Inquart comme chancelier. Le président Miklas refusa. À 17 h 25, Goering téléphona à nouveau et donna à Miklas un délai de deux heures pour accepter. En fait, Miklas ne céda qu'à 23 heures. Alors, dans la nuit du 11 au 12 mars, le nouveau chancelier — après une sommation du gouvernement allemand — fit appel aux troupes allemandes qui, dès midi, franchirent la frontière. Le 13 mars, une loi autrichienne et une loi allemande consacrèrent l'union entre les deux pays. Un plébiscite donnera 97 % de voix en faveur de l'Anschluss.

Les réactions des puissances

Les réactions des puissances furent à peu près nulles.

Malgré le désir de Mussolini, Hitler ne l'avait pas consulté au préalable. Il se contenta d'envoyer en avion à Rome, le 11 mars, à midi, Philippe de Hesse, porteur d'une lettre au Duce. Il y annonçait sa « décision que les circonstances paraissent demander et qui, maintenant, ne peut plus être modifiée ». Le prétexte de l'annexion était le développement de relations amicales austro-tchécoslovaques et la menace d'une restauration des Habsbourg. Le projet de plébiscite plongeait le pays dans l'anarchie. Hitler était obligé d'intervenir pour rétablir l'ordre. La frontière du Brenner, comme celle de la France, était toutefois immuable. Mussolini ne bougea pas et ne répondit pas aux appels au secours de Schuschnigg. Hitler télégraphia alors à Mussolini « qu'il n'oublierait jamais ». Mussolini lui répondit : « Mon attitude est déterminée par l'amitié qui existe entre nos deux pays et qui est consacrée dans l'Axe. »

En France, le gouvernement Chautemps était démissionnaire lorsqu'éclata la crise. Chautemps réunit, le 11 mars, à 16 heures, quelques ministres, Daladier, Delbos et Bonnet. Ce comité restreint décida d'appliquer des mesures militaires si la Grande-Bretagne donnait son appui. Or, à 16 h 30, Chamberlain télégraphiait au ministre d'Angleterre à Vienne, de ne pas conseiller la résistance, et le gouvernement français en fut averti. La seule réaction fut donc la protestation que François-Poncet communiqua le 11 mars au soir ; « Le gouvernement français élève la protestation la plus énergique contre la coercition, appuyée par la force, dont a été victime un État indépendant, en vue de créer une situation incompatible avec son indépendance nationale. »

En fait, les Allemands ne craignaient pas une intervention de la France, comme l'atteste une communication de la Wilhelmstrasse au général Beck, chef d'état-major. Le 14 mars, l'ambassadeur d'Allemagne en France envoya un télégramme dans lequel il disait : « En face des événements d'Autriche, on se rend compte de mieux en mieux, ici, qu'il n'y a rien à faire pour la France. »

III. Le *gentlemen's agreement* de 1938

Les négociations

L'accord anglo-italien du 2 janvier 1937 laissait supposer des développements ultérieurs. Tel était du moins l'avis de Drummond (devenu lord Perth après la mort de son frère). Mais les événements de 1937 en Méditerranée en avaient retardé la conclusion. Dans un discours du 9 novembre, Chamberlain entreprit un nouveau rapprochement et des négociations commencèrent assez timidement en janvier et février 1938. Le 4 février, l'Italie, la France et la Grande-Bretagne signèrent un accord pour renforcer les mesures de surveillance contre la piraterie en Méditerranée. Mais les dates essentielles sont celles des 19 et 20 février. Le 19 février, l'ambassadeur d'Italie à Londres, Dino Grandi, eut un très long entretien avec Chamberlain et Eden. Entre ces deux hommes, le conflit était devenu très vif et c'est le lendemain qu'Eden devait donner sa démission. Eden était très hostile à Mussolini ; Chamberlain au contraire, était favorable à la négociation et à la signature d'un accord. La conversation porta sur l'affaire d'Autriche, mais aussi sur les fondements d'un accord futur. Grandi montra que la base du rapprochement était la reconnaissance par l'Angleterre de l'Empire italien en Éthiopie. Malgré Eden, Chamberlain admit le point de vue italien sur l'Éthiopie à condition d'être approuvé par le cabinet britannique. La conversation porta également sur le problème des volontaires en Espagne. Grandi finit par obtenir que les conversations italo-britanniques eussent lieu à Rome. La démission d'Eden le lendemain — approuvée par Winston Churchill — favorisa le développement des négociations qui se déroulèrent à Rome entre lord Perth et le comte Ciano. Après l'Anschluss, elles s'accélérèrent et elles aboutirent à la signature des accords de Rome (16 avril 1938), connus des historiens italiens sous le nom d'« accord de Pâques ».

Les clauses de l'« accord de Pâques »

Un protocole mettait en valeur le désir de deux pays de poursuivre de façon permanente des relations amicales. L'essentiel du traité était contenu dans huit annexes et un échange de notes. La première annexe rappelait le *gentlemen's agreement* de 1937. La seconde prévoyait un échange de renseignements sur les mouvements de troupes en Afrique orientale et la décision était prise de ne pas construire de nouvelle base navale ou aérienne à l'est du 19e degré de longitude Est (ce qui excluait la fortification de Chypre). La troisième annexe proclamait l'égalité des intérêts italiens et britanniques en Arabie Saoudite et au Yémen. La quatrième interdisait toute propagande hostile. La cinquième était un engagement de l'Italie de ne pas détourner les eaux du lac Tsana en Éthiopie, indispensables au Soudan anglo-égyptien. La sixième précisait que les indigènes d'Afrique orientale italienne ne seraient pas tenus au service militaire à l'extérieur du territoire. La septième donnait des garanties à certaines communautés religieuses britanniques en Afrique orientale italienne. La huitième confirmait la convention de 1888 garantissant le libre usage du canal de Suez même en temps de guerre. L'échange de lettres prévoyait la réduction immédiate des effectifs italiens en Libye et annonçait l'intention de l'Italie d'adhérer au traité naval de Londres signé par la France, l'Angleterre et les États-Unis. L'Italie acceptait une solution de compromis sur le problème des volontaires en Espagne ; elle s'engageait à ne pas rechercher dans ce pays d'avantages territoriaux, politiques, économiques, à en retirer son matériel de guerre et ses troupes dès la fin de la guerre civile. Enfin, l'Angleterre s'engageait à agir auprès du Conseil de la Société des Nations pour faire reconnaître l'annexion de l'Éthiopie par les différents pays (elle s'y employa, en effet, le 12 mai). La condition *sine qua non* d'application de cet accord était le règlement de la question espagnole. En fait, malgré les grands succès du général Franco en avril 1938 (isolement de la Catalogue), la guerre civile espagnole allait encore durer un an.

IV. La crise tchécoslovaque avant le 12 septembre 1938

Les Allemands des Sudètes

Dans la réunion du 5 novembre 1937, le rattachement au Reich des Allemands de Tchécoslovaquie avait été mis au premier plan par Hitler. Ceux-ci, au nombre d'environ 3 200 000, habitaient la région des Sudètes. Avant la défaite austro-hongroise de 1918, ils n'avaient jamais été rattachés à l'Empire allemand. Ils étaient plus ou moins mêlés aux Tchèques avec lesquels ils vivaient en assez bonne intelligence. Leur région était fortement industrialisée et la République tchécoslovaque y avait bâti d'importantes fortifications. Cette minorité allemande était divisée entre plusieurs partis. Mais depuis les élections législatives de 1935, le plus important de ces partis, le *Sudeten Deutsche Partei*, dirigé par Konrad Henlein, avait acquis la prépondérance (70 % des électeurs allemands des Sudètes en mai 1935). En septembre 1937, ses revendications ne dépassaient pas le cadre de la Constitution tchécoslovaque et concernaient principalement la solution de cas particuliers où les Sudètes avaient été victimes d'injustices. Le *Sudeten Deutsche Partei* était en liaison avec les hitlériens comme le prouvent les documents allemands. La Tchécoslovaquie bénéficiait de deux traités d'alliance : avec la France les traités de 1924 et de Locarno en 1925 ; il était prévu une aide pratiquement automatique en cas d'attaque non provoquée de l'Allemagne ; ce traité devait avoir la même durée de celui de Locarno ; avec l'URSS l'alliance du 16 mai 1935 dans laquelle l'assistance ne devenait effective que si la France remplissait ses engagements. On remarquera que la Petite Entente, qui groupait aux côtés de la Tchécoslovaquie la Roumanie et la Yougoslavie, n'était dirigée pratiquement que contre la Hongrie et ne s'appliquait pas au cas d'une agression allemande. D'ailleurs, en 1937, la Petite Entente était bien affaiblie, comme nous l'avons vu. Rien ne laissait supposer que la France ne tiendrait pas ses engagements. Delbos, dans un discours au congrès radical, le 19 octobre, avait réaffirmé la fidélité de la France à ses alliances. Du 15 au 18 décembre, il fit un voyage à Prague et il chercha sans succès à établir un pacte d'assistance mutuelle entre la France et la Petite Entente.

L'Anschluss causa évidemment de très vives inquiétudes en Tchécoslovaquie quoique, dans la nuit du 11 au 12 mars, Goering eût donné au ministre tchèque à Berlin, Mastny l'assurance que l'entrée des troupes allemandes en Autriche était simplement « une affaire de famille » et que les troupes allemandes respecteraient les frontières tchèques. Pourtant, dès le 16 mars, Henlein s'engagea à suivre exactement les instructions de la légation allemande à Prague.

Dès le 21 mars, von Ribbentrop fit savoir à ses ambassadeurs que les assurances données par Goering n'impliquaient pas le maintien de l'intégrité tchécoslovaque. Le 16 mars, Henlein fit appel à tous les Allemands des Sudètes et leur demanda de se rallier à son parti. Le 29 mars, un de ses adjoints, Ernst Kundt, prit la parole à la Chambre des députés tchécoslovaques et réclama en leur faveur une complète autonomie.

Le programme de Karlsbad

Toutefois la crise ne commença vraiment qu'au mois d'avril. Le 24, un congrès du *Sudeten Deutsche Partei* se réunit à Karlsbad (Karlovy-Vary) et Henlein fit adopter un programme en huit points. Les principaux étaient le rétablissement de l'égalité complète entre le « groupe national allemand » et le peuple tchèque, l'établissement d'un gouvernement autonome dans la zone sudète, une législation protégeant les Allemands des Sudètes vivant en dehors de cette zone, la réparation des torts qui leur avaient été causés depuis 1918, la liberté d'adhérer à l'idéologie nazie, l'établissement de fonctionnaires de la langue allemande dans la zone des Sudètes. Deux jours auparavant, le 21 avril, Hitler et Keitel avaient mis au point le plan *Grün* (*vert*). Ce plan prévoyait une attaque de la Tchécoslovaquie après une période de discussions diplomatiques aboutissant à une crise. Le programme de Karlovy-Vary avait été préparé en étroite liaison avec Hitler. La presse allemande adoptait un ton de plus en plus violent à l'égard des Tchèques. L'essentiel était de savoir dans quelle mesure la France et l'Angleterre soutiendraient le gouvernement tchécoslovaque. Depuis avril 1938, le gouvernement français était dirigé par Édouard Daladier, et un partisan de la politique d'apaisement, Georges Bonnet, détenait le portefeuille des Affaires étrangères. Les hommes d'État français et anglais estimaient qu'il serait dangereux d'exhorter les Tchèques à la résistance et qu'il valait mieux les encourager à négocier. Chamberlain, Halifax, Daladier et Bonnet se rencontrèrent à Londres les 28 et 29 avril. Le gouvernement français, qui se considérait toujours comme lié par le traité franco-tchécoslovaque, essaya en vain d'obtenir un engagement précis de l'Angleterre pour une garantie commune à la Tchécoslovaquie vivement préconisée par l'URSS. Le seul résultat fut la décision de poursuivre les conversations d'état-major et d'intervenir auprès du gouvernement de Prague, ce qui fut fait le 7 mai. La France et l'Angleterre invitaient le gouvernement tchécoslovaque à engager des conversations directes avec le parti d'Henlein dans un esprit compréhensif.

La crise de mai 1938

C'est dans ces conditions que se déclencha la crise de mai. Elle fut peut-être suscitée par l'agitation qui régnait à la perspective des élections municipales, fixées pour le 22 mai. Dans la nuit du 20 au 21 mai, le gouvernement tchécoslovaque, alléguant une concentration de troupes allemandes le long de la frontière, mobilisa une classe de réservistes et des spécialistes appartenant à d'autres classes. En fait, l'attaché militaire français ne tarda guère à établir qu'il n'y avait pas de concentration allemande. Au contraire, une note de Keitel du 20 mai indiquait clairement qu'aucune attaque ne devrait avoir lieu avant le 1er octobre. On peut se demander si la mesure tchèque n'avait pas été prise sur le conseil de l'URSS qui aurait même préconisé une mobilisation générale. Le chef de la mission militaire française, le général Faucher, déclara toutefois que les précautions militaires avaient été envisagées d'accord avec le gouvernement français. La crise tourna court. Le gouvernement anglais intervint énergiquement auprès de l'Allemagne et de la Tchécoslovaquie ; le 22 mai, à minuit, l'ambassadeur britannique, Eric Phipps, insista pour être reçu par Bonnet et lui remit une note dans laquelle le gouvernement français était prié de n'avoir aucune illusion sur l'attitude possible du gouvernement britannique : celui-ci n'interviendrait qu'en cas d'agression non provoquée contre la France. Il refusait l'éventualité d'une guerre européenne, d'issue incertaine, à propos de la Tchécoslovaquie ; le gouvernement français suivit ces conseils, mais il rappela qu'en cas d'agression allemande l'alliance serait appliquée. Finalement, Hitler ne bougea pas et les mesures militaires furent rapportées le 24 mai. Il fut toutefois mécontent et le 30 mai il signa la directive générale pour l'exécution du plan *Grün* fixé au 1er octobre au plus tard. Simultanément les travaux de construction de la ligne Siegfried se poursuivaient fébrilement. Dans les mois qui suivirent, le gouvernement français réaffirma à plusieurs reprises et notamment le 12 juillet, immédiatement avant la visite des souverains anglais à Paris, sa volonté d'appliquer l'alliance ; de même le 8 août.

Le problème de l'intervention russe

D'autre part, la France s'efforça de renforcer sa position diplomatique. Le 12 mai 1938, Bonnet avait rencontré Litvinov à Genève. Le gouvernement soviétique se déclara prêt à secourir la Tchécoslovaquie, mais à condition d'être autorisé à faire passer ses troupes par la Pologne ou la Roumanie. Ces deux pays refusèrent. La Pologne, qui était en mauvais termes avec la Tchécoslovaquie, se contenta de donner à l'ambassadeur français Léon Noël l'assurance qu'elle n'attaquerait pas ce pays. La Roumanie craignait pour la Bessarabie. D'ailleurs elle ne disposait, pour le transfert des troupes russes, que d'une mauvaise voie ferrée. D'autre part, dès le

16 avril, Bonnet avait fait savoir à l'Italie que la France était prête elle aussi à négocier un *gentlemen's agreement*. Mais cela n'aboutit pas, car du 4 au 8 mai, Hitler fit un important voyage à Rome qui renforça considérablement la cohésion de l'Axe Rome-Berlin, et le 14 mai, Mussolini, dans un discours, se félicita de l'entente avec l'Angleterre, mais déclara que les négociations avec la France échoueraient probablement. On remarquera que les Anglais réagirent aussitôt et déclarèrent que dans ce cas l'accord anglo-italien perdait la plus grande partie de sa valeur.

En septembre, les négociations n'aboutirent pas davantage. Lorsque Bonnet rencontra à Genève les ministres russe (Litvinov) et roumain (Comnène), ce dernier se contenta de déclarer officieusement que le passage de l'aviation russe au-dessus de la Roumanie serait toléré, étant donné la mauvaise qualité de la DCA roumaine. Le problème n'est pas encore résolu de savoir quelles étaient les intentions réelles des Soviets. N'accepter d'intervenir, en fonction du traité d'alliance de mai 1935, qu'avec l'autorisation polonaise ou roumaine, ou, comme Litvinov le dit le 2 septembre, à la suite d'une décision du Conseil de la Société des Nations, cela paraît indiquer une volonté délibérée d'inaction. Adrien Thierry, ambassadeur en Roumanie, est plus affirmatif. Selon lui, la Roumanie a officiellement consenti à laisser passer les avions russes (10-15 septembre) et 200 d'entre eux se trouvaient en Tchécoslovaquie au moment de Munich. Mais ceci paraît extrêmement improbable. Il n'y avait que des avions livrés à l'armée tchécoslovaque. Toutefois, le 23 septembre, le commissaire adjoint aux Affaires étrangères, Potemkine, annonça au chargé d'affaires polonais à Moscou que l'URSS dénoncerait le traité de non-agression du 25 juillet 1932 avec la Pologne si les troupes polonaises envahissaient le territoire tchèque. Mais les préparatifs militaires soviétiques en vue d'une guerre éventuelle n'avaient pas commencé.

L'ambassadeur des États-Unis, William Bullitt, fit, le 4 septembre, à la Pointe de Grave, un discours dans lequel il dit : « Si la guerre éclatait en Europe, personne ne pourrait déclarer ou prédire si oui ou non les États-Unis seraient entraînés dans une telle guerre. » Mais, étant donné la politique de neutralité américaine, cette position, si vague fût-elle, parut trop nette, et le président Roosevelt déclara, le 9 septembre, aux journalistes : « Le discours de l'ambassadeur Bullitt ne constitue pas un engagement moral de la part des États-Unis envers les démocraties... Inclure les

États-Unis dans un front France-Grande-Bretagne contre Hitler est une interprétation cent pour cent fausse des chroniqueurs. »

Ainsi, en cas d'agression allemande contre la Tchécoslovaquie, la France serait peut-être amenée à intervenir seule. Mais dès le 19 juillet, à l'insu semble-t-il de Daladier, Bonnet fit savoir au président tchèque Benès qu'il ne devait pas compter sur une intervention de la France seule.

La mission de lord Runciman

De son côté, le gouvernement anglais ne resta pas inactif. Mais son action consista surtout en un effort de médiation. Le 20 juillet, pendant que le roi George VI et la reine d'Angleterre étaient à Paris, lord Halifax annonça que lord Runciman serait envoyé à Prague à partir du 3 août, pour jouer le rôle de médiateur officieux entre le gouvernement de Prague et les représentants du *Sudeten Deutsche Partei*. Le gouvernement français avait approuvé cette mesure, mais refusé de s'y associer pour ne pas mettre le gouvernement tchécoslovaque dans une situation difficile.

Dès son arrivée à Prague, Runciman fut submergé d'informations fournies par le parti des Sudètes. Nous n'avons pas à raconter ici le détail des tentatives de négociations entre le gouvernement et les Sudètes dans la mesure où elles se placent sur le plan intérieur tchécoslovaque. Telle était d'ailleurs la thèse du gouvernement, qui aurait voulu que les Sudètes négociassent avec les autres partis, sur un pied d'égalité, et non, comme Henlein l'exigeait, avec le gouvernement lui-même, à la façon d'un État dans l'État. Les Sudètes réclamaient la réalisation intégrale des huit points de Karlsbad, et la refonte de l'État tchécoslovaque sur une base fédérative. Prague ne leur accordait qu'une large autonomie administrative, et acceptait, en particulier, de réserver aux Sudètes de langue allemande les postes administratifs dans leur région.

Le 1er septembre, la tension s'accrut sensiblement. Le gouvernement britannique avait chargé Neville Henderson de demander à von Ribbentrop des explications sur les mesures militaires prises par l'Allemagne. Il n'obtint aucun résultat. Le même jour Hitler reçut Henlein à Berchtesgaden et il parla de l'« harmonie parfaite de leurs opinions ». Ainsi, Hitler entrait personnellement en scène.

Le gouvernement tchèque se résigna à faire des concessions étendues, et le 5 septembre, soumit à Runciman un projet qui satisfaisait à sept des huit points de Karlsbad. Le texte fut remis aux Sudètes le

7 septembre. Le même jour, éclatèrent de violents incidents à Morawska-Ostrawa, point culminant d'une agitation visiblement provoquée par le *Sudeten Deutsche Partei* conformément aux instructions allemandes. Les Sudètes affirmèrent que le « gouvernement de Prague n'était plus maître de la situation », mais la négociation n'était pas rompue : les propositions gouvernementales étaient admises comme bases de négociation, et une certaine accalmie se manifesta. On attendait avec impatience le grand discours qu'Hitler devait prononcer le 12 septembre au congrès du parti nazi à Nuremberg.

V. La crise de septembre 1938 et la conférence de Munich

Le discours d'Hitler à Nuremberg

Le 12 septembre, devant une foule immense, Hitler fit un discours très violent. Il déclara que les Allemands des Sudètes étaient « torturés » avec la complicité du gouvernement tchécoslovaque et que s'ils ne pouvaient eux-mêmes assurer leur défense, l'Allemagne s'en chargerait. D'ailleurs, ajoutait-il, la puissance militaire du Reich se renforçait, ses fortifications sur le Rhin étaient presque achevées. Autrement dit, après avoir laissé le débat essentiel se dérouler entre le parti de Henlein et le gouvernement tchèque, Hitler prenait la situation en main. Il n'indiquait pas encore clairement son désir d'annexer la zone des Sudètes, mais il mettait en valeur le droit des peuples à disposer d'eux-mêmes, ce qui, pour ce cas particulier, signifiait évidemment que toute solution d'autonomie dans le cadre de l'État tchécoslovaque lui paraissait insuffisante. Dès le lendemain, à travers tous les pays des Sudètes, de nouveaux troubles éclatèrent. Peut-être s'agit-il d'une tentative de soulèvement organisé. En tout cas, elle échoua et le soir du 14 septembre le gouvernement tchèque avait rétabli l'ordre et tenait la situation bien en main. Ces événements eurent deux conséquences immédiates. D'une part, Runciman considéra que son effort de médiation était terminé. D'autre part, Chamberlain, dès le 13 septembre, fit parvenir à Hitler un message où il lui proposait d'aller le voir, en avion, à partir du lendemain. Chamberlain craignait que les Sudètes ne commissent des actes irréparables. Hitler accepta et se déclara prêt à rencontrer Chamberlain le 15 septembre. Dès le 14, Henlein rompit les négociations avec le gouvernement tchèque et le 15 septembre, le jour même où allait se tenir l'entrevue de Berchtesgaden, Henlein demanda publiquement l'annexion des Sudètes au Reich.

L'entrevue de Berchtesgaden

L'entrevue de Berchtesgaden se déroula de la façon suivante. Chamberlain aurait souhaité un rapprochement anglo-allemand. Hitler lui répondit que tel était aussi son vœu. Hitler exposa ensuite son point de vue sur le problème des Sudètes. La situation était très grave. Plus de 300 Allemands avaient été tués. Il fallait donc résoudre immédiatement la question par l'annexion à l'Allemagne. C'était d'ailleurs la seule revendication allemande : l'Allemagne avait signé des accords avec la Pologne, les Pays-Bas, la Belgique ; elle avait déclaré qu'elle ne soulèverait plus le problème d'Alsace-Lorraine. Elle avait annexé les Allemands d'Autriche, il fallait encore annexer la région des Sudètes. De toute façon lui, Hitler, était âgé de quarante-neuf ans et s'il fallait qu'une guerre se déclenchât à propos du problème tchèque, il voulait pouvoir conduire son État à travers la crise, alors qu'il était encore dans toute la force de l'âge. Autrement dit, Hitler réclamait officiellement l'annexion de la région des Sudètes et en faisait un véritable ultimatum. Chamberlain répondit qu'il lui était nécessaire de consulter au moins la France, le gouvernement britannique et lord Runciman, mais « qu'il pouvait personnellement déclarer qu'il admettait le principe du détachement de la région sudète ». Il repartirait donc pour l'Angleterre et reviendrait en Allemagne apporter une réponse. Hitler lui proposa pour raccourcir son voyage de fixer le rendez-vous à Godesberg ou à Cologne.

La pression sur la Tchécoslovaquie

Chamberlain regagna Londres et rencontra Runciman qui lui exposa ses vues. Son rapport, modéré et hostile à Henlein personnellement, mais favorable à ses revendications, sera publié le 21 septembre. Le gouvernement britannique était passablement divisé, mais accepta le principe de l'annexion des Sudètes à l'Allemagne. Restait à consulter le cabinet français, plus divisé encore. Reynaud, Mandel et Champetier de Ribes étaient hostiles à ces concessions illimitées. D'autres, comme Georges Bonnet, estimaient ces concessions nécessaires même si elles n'étaient pas acceptées par Prague. L'attitude du président Daladier était plus hésitante. Le général Gamelin, chef d'état-major général, était pour la résistance, mais non le général Vuillemin qui commandait l'armée de l'Air. Le 18 septembre, Daladier et Bonnet furent invités à Londres où ils rencontrèrent Chamberlain, Halifax, Hoare et Simon. Dans son exposé, Bonnet insista sur la faiblesse de l'aviation française et non sur les déclarations de Gamelin. Finalement, les deux gouvernements se mirent d'accord pour adresser dès le lundi 19 septembre dans l'après-midi au gouvernement tchèque des « propositions franco-anglaises ». Les Tchèques étaient très inquiets depuis l'entrevue de Berchtesgaden. Les propositions franco-anglaises confirmèrent leurs inquiétudes : pour le maintien de la paix, la Tchécoslovaquie devrait accepter une modification de ses frontières d'après laquelle tous les territoires peuplés d'au moins 50 % de germanophones seraient rattachés à l'Allemagne. Une commission internationale fixerait les nouvelles frontières.

Quelle allait être l'attitude du gouvernement tchèque ? Il en délibéra toute la journée du 20 septembre. Il répondit d'abord par une protestation : une telle décision, qui ne prévoyait pas de plébiscite, était antidémocratique. L'idée du plébiscite avait été lancée par Mussolini dans un article du *Popolo d'Italia* du 14 septembre. D'autre part, la Tchécoslovaquie serait privée de son système de défense, et la balance des forces en Europe centrale serait détruite. Il proposait donc de négocier en utilisant la procédure prévue par le traité d'arbitrage germano-tchèque de 1925. Le 21 septembre, à 2 h 15 du matin, la France et l'Angleterre adressèrent aux Tchèques un véritable ultimatum : si le gouvernement tchèque voulait résister, il ne serait pas soutenu. Selon Pierre Renouvin, il est possible que le président Benès ait secrètement demandé aux deux gouvernements de lui adresser cet ultimatum pour être couvert aux yeux de son opinion publique. Ce fait a été démenti, mais de façon vague. Dans ces conditions le gouvernement tchèque dut se résigner, dans l'après-midi du 21 septembre. Dès le 22, il y eut à Prague des manifestations hostiles au gouvernement et à la France qui trahissait en fait son alliance. Le président du Conseil Hodza donna sa démission. Le général Syrovy, commandant en chef de l'armée (qui depuis quelques jours avait rappelé des réservistes) constitua le nouveau gouvernement.

L'entrevue de Godesberg

Comme il était prévu, Chamberlain partit le 22 septembre pour Godesberg. Dès sa première entrevue avec Hitler, dans l'après-midi du même jour, et à son grand étonnement, au moment où tout semblait résolu, de graves difficultés surgirent. Pour Hitler, le plan franco-anglais était inacceptable. Ce qu'il fallait, c'était redresser une injustice vieille de vingt ans, au détriment non seulement des Allemands, mais encore des Polonais du district silésien de Teschen et des Hongrois de la Slovaquie méridionale. En ce qui concernait les Allemands, il fallait que le problème trouvât sa solution au plus tard le 1er octobre. Si des plébiscites avaient lieu, dans les secteurs douteux, les Sudètes émigrés en Allemagne, dont il évaluait le nombre à 580 000, devraient être admis à voter. Chamberlain, dès le lendemain, écrivit à Hitler que sous cette forme la solution était inacceptable pour l'opinion publique anglaise, française et même mondiale. Le Führer lui répondit qu'il ne pouvait abandonner aucune de ses exigences. Le soir du 23 septembre, une nouvelle entrevue eut lieu entre les deux chefs de gouvernement, mais elle n'amena aucun résultat. Au cours de cette entrevue, on apporta à Hitler, à 22 h 30, la nouvelle que la radio tchèque annonçait la mobilisation générale en Tchécoslovaquie (cette décision avait été prise avec l'agrément des gouvernements français et anglais). La crise atteignait donc une gravité exceptionnelle et Chamberlain quitta Godesberg dès le 24 septembre muni d'un mémorandum remis par Hitler. Le 26, Hitler prononça un très violent discours. Sa patience était, disait-il, à bout et, pour lui, sa résolution était inéluctable. Le 27 septembre, Hitler fit savoir à Chamberlain que l'Allemagne décréterait la mobilisation générale le 28, 14 heures. Toute chance de paix paraissait exclue. Tout portait à croire que si la guerre éclatait, la France — qui venait de mobiliser des réservistes — et l'Angleterre — qui avait donné à sa flotte l'ordre d'alerte — entreraient en guerre aux côtés de la Tchécoslovaquie. L'URSS avait été hostile aux démarches de Chamberlain et se déclarait jour après jour prête à tenir ses engagements si la France faisait de même. Toutefois, l'URSS était assez favorable à la réunion d'une conférence internationale où elle serait représentée. Dès le 26 septembre, Roosevelt avait adressé un message à Benès, Hitler, Chamberlain et Daladier leur demandant de ne pas rompre les négociations et de chercher une solution pacifique du conflit.

Vers la conférence de Munich

Dans la matinée du 28 septembre, Chamberlain tenta un ultime effort. Il envoya un message à Hitler et à Mussolini suggérant la réunion d'une conférence entre les chefs de gouvernements français, anglais, italien, allemand et tchèque si possible. L'idée d'une telle conférence avait été émise, le 12 août, par un adjoint de Runciman. Bonnet y était très favorable. De son côté, le président Roosevelt, sur suggestion de Bonnet, proposa le 24 septembre une réunion à La Haye des Premiers ministres français, anglais, allemand, italien, polonais, tchèque. Hitler n'avait pas prévenu Mussolini de ses intentions. Mussolini était inquiet, l'Italie n'étant pas prête pour la guerre. Sans doute avait-il refusé toutes les avances allemandes au sujet d'une alliance militaire explicite, mais il déclarait qu'il était pour Hitler, pour les Hongrois et pour les Polonais, contre Benès. Aussi reçut-il avec joie la proposition anglaise qui allait lui permettre de jouer le rôle de médiateur et d'éliminer tout risque de conflit. Le 28 septembre, à 11 h 05, le Duce téléphona à son ambassadeur en Allemagne Attolico. Il le chargea de dire au Führer qu'en toute éventualité il était à ses côtés mais qu'il lui proposait de retarder les opérations de vingt-quatre heures et qu'il lui demandait sa réponse avant midi, c'est-à-dire deux heures avant la mobilisation générale allemande. Attolico se précipita à la Chancellerie où il arriva à 11 h 30. Hitler était en train de conférer avec François-Poncet. Il le quitta un instant et rencontra Attolico. Il décida d'accepter et Mussolini suggéra la réunion d'une conférence à quatre dont Hitler fixa le siège à Munich. Contrairement aux projets de Chamberlain, la Tchécoslovaquie n'était pas invitée.

La conférence

La conférence de Munich se réunit le lendemain 29 septembre. Mussolini arriva d'Italie en train. Hitler était allé à sa rencontre. Daladier vint par avion en compagnie d'Alexis Léger, secrétaire général du Quai d'Orsay. Il fut accueilli par von Ribbentrop et le secrétaire d'État von Weizsäcker, puis par Goering. Chamberlain arriva également en avion. François-Poncet a fait un récit de la réunion : « Les membres de la conférence prennent contact les uns avec les autres, dans un salon où un buffet a été dressé. Ils échangent des poignées de mains courtoises mais froides et se dévisagent mutuellement : Mussolini, trapu, sanglé, dans son uniforme, le masque césarien, protecteur, fort à l'aise et comme chez lui, flanqué de Ciano, grand garçon vigoureux, empressé auprès de son maître, officier d'ordonnance plutôt que ministre des Affaires étrangères. Chamberlain, grisonnant, voûté les sourcils épais, les dents en avant, la figure couperosée, les mains rougies par les rhumatismes, un type de vieil homme de loi britannique, entouré de Wilson et de Strang, comme lui vêtus de noir, discrets et effacés ; Hitler, aimable malgré sa grosse voix bourrue et paysanne, mais troublé, agité, très pâle, incapable d'ailleurs de causer avec ses invités, car il ignore l'anglais, le français, l'italien et ses hôtes n'entendent pas l'allemand, sauf Mussolini que le Führer ne lâche pas d'une semelle. »

La séance commença à 12 h 45 sans ambassadeurs. On utilisa, grâce à une manœuvre habile de Mussolini, un texte que von Ribbentrop avait naguère soumis aux Italiens et qui se trouvait quelque peu en deçà des actuelles revendications allemandes. Hitler attaqua violemment les Tchèques. Daladier posa nettement la question : voulait-on démembrer la Tchécoslovaquie dans le dessein de la faire disparaître ? Dans ce cas il refusait tout accord. Voulait-on assurer l'avenir d'une Tchécoslovaquie amputée des territoires sudètes ? Alors il accepterait de négocier. Mussolini déclara que tel était bien son but. À 15 heures, un déjeuner coupa la séance qui reprit ensuite. François-Poncet était alors entré d'autorité aux côtés de Daladier. L'accord des Quatre fut signé le 30 septembre à 1 heure du matin. C'était une grande victoire pour Hitler. Le mémorandum de Godesberg était presque intégralement repris : les seules concessions allemandes étaient que le pays des Sudètes, au lieu d'être entièrement évacué par les Tchèques au 1er octobre, le serait successivement, par zone, jusqu'au 10 octobre ; les Tchèques pourraient emporter une partie de leurs biens. Une commission internationale définirait les frontières et les zones éventuellement soumises à plébiscite ; cette commission comprendrait des représentants des quatre signataires et de la Tchécoslovaquie ; enfin les Tchèques auraient un droit d'option de six mois. D'autre part, la France et l'Angleterre déclaraient en annexe de l'accord qu'elles étaient prêtes à garantir les nouvelles frontières de l'État tchécoslovaque contre une agression non provoquée. L'Allemagne et l'Italie promettaient vaguement d'en faire autant quand les problèmes des minorités polonaises et hongroises auraient été résolus.

VI. Le démembrement de la Tchécoslovaquie (30 septembre 1938-15 mars 1939)

La conférence de Munich avait sacrifié l'intégrité de la Tchécoslovaquie à ce que les partisans de la « politique d'apaisement » appelaient « la cause de la paix ». C'était là principalement l'œuvre de Chamberlain, suivie avec beaucoup moins de conviction par Daladier. Le seul résultat était d'avoir remplacé le coup de force qu'Hitler était résolu à faire de toute façon par un simulacre juridique, simulacre seulement puisqu'on avait consenti à peu près à tout ce qu'il exigeait sans consulter la Tchécoslovaquie, principale intéressée. Ce simulacre était fondé sur l'illusion qu'Hitler observait les traités signés par lui et que ses ambitions se limitaient à l'annexion des pays habités par des Allemands. Si telle était l'opinion des dirigeants français et anglais, elle était bien loin d'être générale. Psychologiquement et stratégiquement, Munich achevait la dislocation totale du système d'alliances français. L'impression dominante des petites nations était que désormais elles se verraient soumises à un Directoire des quatre grandes puissances qui leur imposerait contre leur gré des solutions injustes. En Allemagne, le succès pacifique remporté par Hitler lui conférait une réputation d'infaillibilité. Les velléités d'opposition des généraux disparurent à peu près complètement. On assistera, dans les mois suivants, à trois ordres de phénomènes : la signature de traités de non-agression anglo-allemand et franco-allemand, la dislocation progressive de l'État tchécoslovaque et la campagne de revendications italiennes.

Les traités de non-agression

Dès le 30 septembre au matin, Chamberlain signa avec Hitler une déclaration de non-agression. Celle-ci stipulait que le problème des relations anglo-allemandes était de « la première importance » pour les deux pays et pour l'Europe, que l'accord naval anglo-allemand et l'accord de Munich constituaient la meilleure preuve de leur volonté réciproque de vivre en paix : « Nous sommes décidés à ce que la méthode de consultation soit la méthode adoptée pour résoudre toute autre question qui peut concerner nos deux pays, et nous sommes déterminés à continuer nos efforts pour écarter les sources probables de différends et contribuer ainsi à assurer la paix de l'Europe. » L'accord fut conclu sans que le gouvernement français eût été consulté. Chamberlain fut reçu triomphalement à Londres où il prononça à son arrivée cette parole prophétique : « je crois que c'est la paix pour notre époque ». Il est vrai qu'il se heurtait à une forte opposition au sein du parti conservateur. Duff Cooper donna sa démission de premier lord de l'Amirauté, suivant ainsi Eden de quelques mois. Churchill déclara que Munich était « un désastre de première grandeur » et il prédit l'anéantissement de la Tchécoslovaquie. Du côté français, Daladier ne partageait pas l'optimisme de Chamberlain. Il sentait à quel point la France avait perdu de son prestige en abandonnant un pays avec lequel elle avait signé une alliance. Il existait en France un fort courant antimunichois, qui se développa dans tous les partis. Cependant Georges Bonnet était favorable à la signature d'un accord franco-allemand de non-agression similaire à l'accord anglo-allemand. Le 18 octobre, François-Poncet, nommé ambassadeur à Rome, vint prendre congé d'Hitler à Berchtesgaden. Il était chargé à cette occasion d'ouvrir les négociations pour un tel accord. Son successeur, Coulondre, les continua. Le 22 novembre, Bonnet annonça que l'accord était conclu. Von Ribbentrop vint le signer à Paris, le 6 décembre [1]. L'accord de non-agression franco-allemand avait pour objet de maintenir la paix en Europe. Il déclarait qu'entre les deux pays les frontières existantes étaient définitives, et que, pour résoudre tous les problèmes qui se poseraient à l'avenir, on adopterait la méthode des consultations. Ces deux accords parurent amener une détente. Mais on ne doit pas en exagérer la portée. Le 7 novembre, le troisième secrétaire de l'Ambassade d'Allemagne à Paris, Ernst vom Rath, avait été assassiné par un juif allemand d'origine polonaise, Herschel Grynspan. Cet événement suscita en Allemagne une formidable campagne d'antisémitisme qui indigna à tel point le président Roosevelt qu'il rappela son ambassadeur (nuit de Cristal).

Les annexions polonaise et hongroise

Au moment où il signait le pacte de non-agression, le gouvernement français assura à la Pologne et à l'URSS que cela n'affecterait pas les autres accords de la France. L'attitude de l'URSS depuis Munich était très hostile à la France : le 1er octobre, Litvinov passant à Paris, Bonnet le rencontra et le trouva défavorable à une coopération franco-soviétique. Le bruit avait couru que l'URSS avait donné à Daladier le pouvoir de la représenter à Munich. La *Pravda* du 2 octobre démentit cette rumeur avec vivacité. Le gouvernement soviétique s'efforçait de donner l'impression qu'il était le

1. Par la suite, Ribbentrop a plusieurs fois affirmé que G. Bonnet a alors donné à l'Allemagne les « mains libres » à l'Est. Le t. IV des documents allemands ne donne pas une réponse décisive. L'interprète Schmidt a-t-il assisté à l'entretien ? « Oui », dit-il. « Non », dit G. Bonnet, voir Doc., n° 370, p. 471. Bonnet semble avoir raison.

seul à croire encore à la sécurité collective. Le gouvernement tchèque fit savoir le 21 octobre à l'URSS qu'il ne s'intéressait plus au pacte de 1935.

La période qui s'étend entre Munich et le 15 mars 1939 est celle où se désagrège la Tchécoslovaquie. Nous avons vu que l'Allemagne annexait la région des Sudètes et que certaines zones devraient être soumises au plébiscite. En fait, la Commission internationale qui délimita les frontières adopta presque intégralement les revendications allemandes. Aucun plébiscite ne fut finalement organisé, les Tchèques y ayant renoncé. La Pologne et la Hongrie prirent aussi leur part des dépouilles de la Tchécoslovaquie. Le colonel Beck était désireux de profiter de la crise pour annexer la Silésie de Teschen. Le traité de non-agression polono-tchèque de 1924, signé lors d'un voyage de Benès à Varsovie, avait été dénoncé en 1937 par la Pologne qui, ainsi, avait les mains libres (le traité prévoyait qu'un délai de six mois après la dénonciation était nécessaire pour que celle-ci devînt effective). Les Polonais accusaient les Tchèques de maltraiter la population polonaise de cette région et ils soutinrent à fond les revendications allemandes. Le 19 septembre 1938, Beck exposa les prétentions polonaises sur la région de Teschen. Le 21, le gouvernement polonais dénonça l'accord polono-tchécoslovaque de 1925 sur les minorités et revendiqua officiellement Teschen. Malgré la pression soviétique (menace de dénoncer le pacte de non-agression de 1932) et française, la Pologne se rangea fermement aux côtés de l'Allemagne. Le gouvernement tchèque hésita d'abord, et le 22 septembre 1938, Benès écrivit au président Moscicki pour lui proposer une « explication franche et amicale ». Il acceptait seulement le principe d'une rectification de frontière. Mais une légion silésienne se constituait à Varsovie, et l'on pouvait craindre un coup de force. L'accord de Munich comportait une annexe ainsi conçue : « Le problème des minorités polonaise et hongroise en Tchécoslovaquie, s'il n'est pas réglé dans les trois mois par un accord entre les gouvernements intéressés, fera l'objet d'une autre réunion des chefs des gouvernements des quatre puissances aujourd'hui assemblées. » Beck, humilié de ne pas avoir été invité à Munich, voulait régler la question de Silésie par des accords directs. Sitôt connu l'accord de Munich, le 30 septembre, Beck adressa un ultimatum brutal. Les revendications territoriales polonaises devaient être acceptées avant le 1er octobre à midi. Le délai fut prolongé d'une heure et la Tchécoslovaquie céda. Les troupes polonaises franchirent l'Olza le 2 octobre et entrèrent à

Teschen. La frontière fut définitivement fixée par un échange de notes du 1er novembre ; la Pologne obtenait un territoire de 1 000 km^2, peuplé de 230 000 habitants. La Pologne avait aussi l'ambition d'annexer l'Ukraine subcarpathique, à la fois pour avoir une frontière commune avec la Hongrie et pour éliminer un foyer d'agitation qui contaminait les minorités ukrainiennes de Pologne. Mais Hitler s'y opposa.

En ce qui concerne la Hongrie, des négociations directes avec le gouvernement de Prague n'aboutirent pas. La Tchécoslovaquie accepta l'arbitrage italo-allemand. Par l'« arbitrage de Vienne » (2 novembre 1938), Ciano et von Ribbentrop accordèrent à la Hongrie un territoire de 12 000 km^2 peuplé d'un million d'habitants au sud de la Slovaquie. La Hongrie avait surtout bénéficié de l'appui italien.

D'autre part, la Tchécoslovaquie connaissait une sorte de désagrégation interne. Dès le 7 octobre, jour où commençait la démobilisation de l'armée tchécoslovaque, un gouvernement slovaque autonome présidé par Mgr Tiso se constitua. Le 11 octobre, la Ruthénie subcarpathique reçut également l'autonomie avec pour Premier ministre Andreï Brody, remplacé le 26 octobre par Mgr Volosin, soutenu par les Allemands. Le 19 novembre, la Chambre des députés tchécoslovaque ratifia par une loi l'autonomie slovaque et ruthène. Le 30 novembre, Émile Hacha fut élu président de la République, Benès ayant démissionné le 5 octobre, et le gouvernement du général Syrovy fut remplacé par un gouvernement Béran. Le germanophile Chvalkovsky gardait le portefeuille des Affaires étrangères qu'il détenait depuis le 5 octobre.

Le coup de force du 15 mars

Pour l'Allemagne, il ne restait plus qu'à liquider définitivement la Tchécoslovaquie. Il semble qu'Hitler ait pris cette décision dès le mois de décembre. Restait à trouver un prétexte. Le 10 mars, jour même où le gouvernement britannique déclarait solennellement que tout était serein sur la scène européenne, Hacha renvoya le gouvernement slovaque de Mgr Tiso sous prétexte qu'il travaillait à briser l'unité tchécoslovaque. La loi martiale était proclamée. Aussitôt Mgr Tiso fit appel à Hitler et se rendit à Berlin le 13 mars. Hitler obligea Hacha à convoquer la diète slovaque, qui, par 40 voix sur 63, demanda l'indépendance complète pour la Slovaquie. Hitler convoqua le président Hacha à Berlin et après une nuit extrêmement dramatique, menacé de voir Prague détruite par un bombardement, Hacha se résigna à signer un document par lequel il plaçait son pays sous la protection de l'Allemagne. Les troupes allemandes avaient déjà pénétré en Bohême et en Moravie. Prague fut occupée le 15 à 9 heures du matin. Hitler passa la nuit suivante à Prague et publia une proclamation dans laquelle il déclarait que la Bohême et la Moravie faisaient partie depuis des milliers d'années de l'espace vital allemand et qu'elles appartiendraient dorénavant au Reich. Il en fit un « protectorat ».

Le même jour, la Slovaquie proclamait son indépendance, et, le 16, se plaçait sous la protection de l'Allemagne. Les troupes hongroises envahirent la Ruthénie subcarpathique, ayant désormais ainsi une frontière commune avec la Pologne. Des gardes-frontières pénétrèrent en Slovaquie pour s'emparer de la principale ligne de chemin de fer nord-sud qui joignait la Hongrie à la Pologne à travers le territoire slovaque, à peu de distance de la frontière de la Ruthénie subcarpathique. De plus en plus, la force était considérée comme un moyen efficace de résoudre les problèmes internationaux. Pour la première fois, Hitler annexait un territoire non allemand. Quelques jours après, le 22 mars, à la suite d'un ultimatum, le gouvernement lituanien cédait le territoire et la ville de Memel à l'Allemagne. Le 23, un accord économique était signé entre l'Allemagne et la Roumanie, dont la clause principale était de confier l'exploitation des gisements de pétrole à des sociétés mixtes germano-roumaines.

VII. Les problèmes méditerranéens et l'affaire d'Albanie

Les revendications italiennes

La politique italienne, sans négliger l'Europe danubienne, s'orientait de plus en plus vers la Méditerranée. On a vu que le 14 mai 1938 Mussolini avait refusé de signer un accord avec la France, parallèle au *gentlemen's agreement* anglo-italien. En principe, celui-ci ne devait être valable qu'une fois signé l'accord franco-italien. Mais le 2 novembre, Chamberlain proposa aux Communes de ne pas attendre la problématique conclusion d'un tel traité, et le 16 novembre l'accord anglo-italien entra en vigueur. La Grande-Bretagne reconnaissait la conquête de l'Éthiopie. La France suivit cet exemple le 19 novembre, sans doute dans l'espoir d'aboutir finalement à un accord. François-Poncet remit ses lettres de créance au roi d'Italie et empereur d'Éthiopie. Mais moins que jamais l'Italie n'était prête à envisager une amélioration de ses relations avec la France. Nous savons par une lettre du comte Ciano à l'ambassadeur Dino Grandi (14 novembre) que le gouvernement italien préparait alors trois revendications :

— sur la Tunisie, où il voulait renoncer aux accords de Rome de 1935. Il ne réclamerait pas immédiatement une cession territoriale, mais d'abord un statut minimum, « qui permette le développement sûr et fécond de nos activités » ;

— sur Djibouti : l'Italie réclamerait un contrôle total sur le chemin de fer d'Addis-Abeba et un condominium sur le port ;

— sur Suez : l'Italie ne voulait plus être « soumise à l'exploitation vexatoire de la compagnie du canal » dont les capitaux ont été rémunérés à un « taux mille fois suffisant ». Elle exigeait une révision des tarifs. Ces revendications furent rendues publiques le 30 novembre 1938 d'une façon tout à fait inusitée. Ciano prononça ce jour-là un discours à la Chambre des faisceaux et corporations et y parla des « aspirations naturelles du peuple italien ». Aussitôt les députés se levèrent et crièrent : « Djibouti ! Tunis ! Corse ! » Ils ajoutaient ainsi la Corse aux projets de Ciano. La presse italienne, dont le ton fut aussitôt très vif, parla aussi de la Savoie, de Nice. Dès le 2 décembre, François-Poncet vint trouver Ciano pour protester contre ces manifestations. Il remarqua que ni Mussolini ni Ciano ne s'en étaient désolidarisés. Il rappela que la France considérait toujours comme valables les accords de 1935. Ciano fit une réponse dilatoire, mais ajouta que l'attitude inamicale de la France à l'égard de l'Italie, pendant la campagne d'Éthiopie, pourrait amener son gouvernement à réviser son attitude, et de fait, le 17 décembre, il fit savoir à François-Poncet qu'il considérait les accords de Rome comme caducs.

La réaction française fut immédiate. Le 25 décembre, Daladier déclara que la France défendrait tout territoire sur lequel flottait le drapeau national. Le 2 janvier, il partit en voyage pour la Corse et la Tunisie où il fut reçu avec enthousiasme. Le gouvernement français adopta une attitude ferme quoique Georges Bonnet restât partisan résolu de l'apaisement et eût envoyé le banquier Paul Baudouin en mission auprès de Mussolini et le journaliste de Brinon auprès de Ribbentrop en février 1939. L'attitude anglaise à l'égard de la France était alors quelque peu ambiguë. Le 12 décembre, Chamberlain déclara à la Chambre des communes qu'aucune obligation n'existait pour la Grande-Bretagne d'assister la France en cas d'agression italienne contre son territoire ou l'une de ses colonies. Mais le soir même, à la *Foreign Press Association* il précisa qu'en fait les relations entre la France et la Grande-Bretagne étaient si étroites que cela dépassait de simples obligations légales. En janvier 1939, Chamberlain et Halifax partirent pour Rome, sans doute dans l'espoir de négocier une sorte de « pacte à quatre ». À l'aller, le 10 janvier, ils s'arrêtèrent à Paris et affirmèrent leur complète identité de vues avec le gouvernement français, fort inquiet de les voir approuver certaines revendications italiennes. À Rome, le 11 janvier, ils n'aboutirent à aucun résultat positif. Au cours d'un entretien du 12 janvier, Chamberlain déclara que « les relations entre l'Angleterre et la France sont analogues à celles qui existent entre l'Italie et l'Allemagne ». Il n'est pas impossible que le 15 janvier, Halifax, rencontrant Bonnet à la réunion du Conseil de la Société des Nations, lui ait conseillé de satisfaire certaines des revendications italiennes. Puis, croyant à une menace nazie sur les Pays-Bas, Chamberlain se ravisa en février et annonça que l'Angleterre garantissait la France non seulement contre une agression allemande mais encore contre une agression italienne.

La victoire de Franco

De toute façon, Mussolini avait déclaré à Chamberlain que la question préjudicielle à toute étude des rapports franco-italiens était la victoire du général Franco. Au printemps 1938, les nationalistes avaient réussi à couper Barcelone de Valence et de Madrid. Mais cette opération n'avait pas été décisive. Au contraire au début de 1939, la fin de la guerre était en vue. Le principal problème en suspens était celui de la belligérance des nationalistes. Le 5 juillet 1938, la Commission de non-intervention avait proposé que la belligérance des deux adversaires fut reconnue lorsque 10 000 volontaires étrangers auraient été retirés du camp qui en possédait le moins et un nombre proportionnellement plus grand de celui qui en possédait le plus. Le gouvernement de Madrid avait accepté ce plan que Franco refusa le 22 août. En fait, l'accord ne fut pas appliqué. En décembre 1938 et en janvier 1939, Franco reprit l'offensive et marcha vers Barcelone (qui tomba le 26 janvier 1939). Chamberlain revenant de Rome s'arrêta à Paris le 14 janvier et insista sur la promesse que lui avait réitérée Mussolini de retirer ses troupes des territoires espagnols dès la victoire finale de Franco. Malgré les démarches de Léon Blum, favorable à l'envoi de vivres et de munitions à Barcelone, le gouvernement français et le gouvernement anglais se mirent d'accord, le 18 janvier, pour maintenir la politique de non-intervention. C'était le succès assuré pour Franco. Celui-ci fut reconnu, le 27 février, par la France et la Grande-Bretagne. Le 3 mars l'URSS quitta le Comité de non-intervention. Le 28 mars, Madrid se rendit sans conditions. Dès le 27, le général Franco avait adhéré au pacte antikomintern.

Mussolini ne tarda pas à profiter de l'avantage stratégique que lui donnait la victoire de Franco ; Dès le 26 mars, il suggéra au gouvernement français des entretiens sur les problèmes de Djibouti, de Suez et de Tunisie. Daladier refusa, trois jours après, en rappelant que c'était l'Italie qui avait dénoncé les accords de 1935 et en déclarant que la France n'entendait céder ni un pouce de terrain ni un seul de ses droits.

Le coup de force contre l'Albanie

Mussolini se retourna alors brusquement vers l'Albanie. Ce pays était, depuis 1921, soumis pratiquement à l'influence italienne. En 1926 avait été signé le traité d'amitié de Tirana, et l'indépendance albanaise n'était que nominale. Le 4 avril, la radio italienne de Bari diffusa un communiqué déclarant : « À la demande expresse du roi d'Albanie, des conversations sont en cours pour le renforcement de l'alliance défensive entre les deux pays. Il n'entre pas dans les intentions du gouvernement italien de porter atteinte à l'indépendance et à l'intégrité de l'Albanie. » Pourtant, le vendredi saint, 7 avril, Mussolini, imitant les méthodes d'Hitler, ordonna à ses troupes d'envahir l'Albanie. Le roi Zogou s'enfuit. Dès le 8 avril, l'Albanie fut placée sous protectorat italien et, à la demande d'Albanais italophiles, l'union des deux couronnes fut décidée. On sait par le journal de Ciano que celui-ci songeait depuis plus d'un an à une telle expédition. Le 18 janvier 1939, il était parti pour un voyage de cinq jours en Yougoslavie. Comme ce pays, alors dirigé par Stoyadinovitch, craignait vivement un coup de force allemand contre la Croatie, Ciano avait été très chaleureusement accueilli. Les deux hommes avaient envisagé l'éventualité d'une opération en Albanie. Le 7 février, Ciano réussit à décider Mussolini à fixer l'opération à la première semaine d'avril. Lorsque Hitler envahit la Bohême, Mussolini n'avait pas été prévenu. Il parvint à obtenir de Ribbentrop une déclaration d'après laquelle la Méditerranée ne serait jamais allemande. L'Allemagne fut avisée de l'opération italienne dès le 5 avril. Aussi, tandis que se renforçaient les liens entre l'Allemagne et l'Italie, la tension internationale se développait-elle.

La crise polonaise et la déclaration de guerre

I. Les menaces allemandes contre la Pologne et les garanties franco-britanniques

Les changements de l'attitude anglaise

La conséquence la plus remarquable du coup de force de mars 1939 fut probablement la « révolution dans la politique anglaise » (Garthorne-Hardy), le « miracle », dit l'ambassadeur français Charles Corbin. Sans doute la réaction franco-anglaise fut-elle purement verbale. On se rappelle que la France et l'Angleterre avaient donné leur garantie aux nouvelles frontières de la Tchécoslovaquie. Le 14 mars, Chamberlain avait déclaré que cette garantie n'était valable qu'en cas d'agression. Or, l'appel aux troupes allemandes par le président Hacha donnait au coup de force allemand une apparence de légalité. Mais si Chamberlain non plus que Daladier ne voulait faire la guerre à cette occasion, l'attitude du Premier Ministre britannique allait se modifier du tout au tout. Il avait enfin compris qu'Hitler ne bornait pas son ambition aux pays habités par des Allemands de race et de langue, mais qu'il voulait donner à son peuple un *Lebensraum*, réduisant ainsi à la servitude des populations non allemandes. L'opinion publique anglaise avait été triplement choquée : dans son sentiment démocratique, favorable au droit des peuples à disposer d'eux-mêmes ; dans son sentiment traditionnel de l'équilibre européen, d'ores et déjà brisé par la Constitution au centre de l'Europe d'un État de 90 millions d'habitants ; dans sa conviction qu'il est nécessaire d'être fidèle à la parole donnée : Hitler, une fois de plus, avait renié un engagement explicite auquel il avait souscrit. Dans un discours prononcé à Birmingham, le 17 mars, Chamberlain constata que, contrairement à son opinion passée, il était impossible de négocier avec Hitler. Cette révélation brutale amena un changement immédiat dans l'attitude britannique. La Grande-Bretagne avait voulu à tout prix éviter la guerre et avait refusé de prendre aucun engagement vis-à-vis d'un pays du centre ou de l'est européen. Désormais elle considérait une guerre comme possible et préférable à une nouvelle capitulation. Elle commença avec la France des conversations militaires qu'elle avait jusqu'alors différées. D'accord avec la France elle entreprit de donner toute une série de garanties aux pays qu'elle croyait les plus exposés. La menace la plus lourde était certainement celle qui pesait sur la Pologne.

Les premières menaces contre la Pologne

Au moment de Munich, le colonel Beck avait cru opportun de participer au partage de la Tchécoslovaquie. Quelques difficultés surgirent avec l'Allemagne, mais Hitler ordonna d'aplanir les incidents. Dans un entretien, le 19 novembre, entre l'ambassadeur Lipski et von Ribbentrop, l'accent fut encore mis sur la solidité de l'accord polono-allemand. Mais dès le mois d'octobre des incidents se produisirent dans les régions polonaises où vivait une minorité allemande. De nombreux Polonais de langue allemande émigrèrent vers l'Allemagne. En novembre, les Allemands expulsèrent 15 000 Juifs citoyens polonais. Enfin, depuis octobre, le problème de Dantzig avait été posé par l'Allemagne. Le 24 octobre von Ribbentrop avait proposé à Lipski le retour de la ville libre de Dantzig à l'Allemagne, la construction d'une ligne de chemin de fer et d'une autostrade jouissant de l'exterritorialité à travers le corridor polonais. La Pologne aurait de même un port franc à Dantzig, et une ligne de chemin de fer jouissant de l'exterritorialité pour atteindre ce port franc. Les deux États se garantiraient mutuellement leur frontière commune et le pacte de non agression de 1934 serait prolongé de dix à vingt-cinq ans. Ainsi, les relations polono-allemandes deviendraient aussi bonnes que les relations italo-allemandes. Lipski se rendit aussitôt à Varsovie pour conférer avec le colonel Beck. Celui-ci reconnaissait la nécessité d'examiner le problème de Dantzig, mais il refusait catégoriquement l'idée d'une annexion de la ville libre au Reich. Le gouvernement allemand n'insista pas et, comme nous l'avons vu plus haut, l'entretien du 19 novembre entre Lipski et von Ribbentrop fut très amical. Il est à noter que le gouvernement polonais laissa le gouvernement français dans l'ignorance de ces entretiens. L'ambassadeur français, Léon Noël, était alors favorable à une révision des accords franco-polonais qui aurait privé l'alliance de 1921 de son caractère d'automatisme.

Par ailleurs, la Pologne se rapprochait de l'URSS. Au début d'octobre 1938, l'ambassadeur polonais à Moscou, Grzybowski, proposa un accord pour améliorer les relations entre les deux pays. Cet accord fut réalisé le 24 novembre et rendu public le 26 novembre. Les deux pays réaffirmaient que le pacte de non-agression de 1932 était la base de leurs relations. Ils se déclaraient favorables à une augmentation de leurs échanges commerciaux. Les négociations commerciales aboutirent à une série d'accords signés le 10 février 1939.

Avant l'affaire du 15 mars, aucun signe de crise grave n'était en vue. Le 5 janvier, le colonel Beck fut invité par Hitler à Berchtesgaden. Il fut accueilli avec les plus grands honneurs et Hitler insista sur la commune hostilité des deux pays à l'égard de l'URSS. Mais il posa à nouveau le problème de Dantzig et du corridor tout en promettant qu'il ne le réglerait pas par la méthode du « fait accompli ». Au total, Beck revint à demi satisfait. Il ne révéla d'ailleurs pas au gouvernement français (non plus qu'en octobre précédent) quelles étaient les revendications allemandes. « Il était difficile de pousser l'aveuglement plus loin que ne le faisait le colonel Beck », dit Léon Noël.

À son tour, von Ribbentrop se rendit en Pologne à la fin de janvier — c'était la première fois qu'un chef de la Wilhelmstrasse visitait ce pays. On y célébra solennellement l'anniversaire du traité de janvier de 1934. Von Ribbentrop essaya de gagner la Pologne à une collaboration contre l'URSS dans le but plus ou moins explicite de conquérir l'Ukraine. Sur ce point comme sur la question de Dantzig, il se heurta à un refus poli. Néanmoins dans son discours du 30 janvier, Hitler célébrait encore l'amitié germano-polonaise, et le 2 mars, dans un entretien avec l'ambassadeur polonais, il gardait la même attitude.

Les développements de la crise après le 15 mars 1939

Tout changea après le 15 mars. La dissolution de la Tchécoslovaquie, les annexions de la Ruthénie subcarparthique par la Hongrie et de Memel par l'Allemagne créaient pour la Pologne de nouveaux dangers. Ces dangers apparurent dans tout leur éclat lors des entretiens des 26 et 27 mars entre Lipski et von Ribbentrop. La Pologne fut sommée de se joindre au bloc antisoviétique, et les revendications sur Dantzig furent à nouveau posées avec une fermeté accrue. Le bruit courut qu'un putsch allait avoir lieu à Dantzig, le 29 mars, organisé par le gauleiter Forster. Une démonstration navale allemande se déroula dans la Baltique. Le 28 mars, Joseph Beck, se déclara prêt à faire la guerre plutôt que d'admettre un changement du statut de Dantzig. Il convient toutefois de noter qu'à plusieurs reprises Beck essaya secrètement de convaincre l'Allemagne que lui seul était à même d'entretenir de bonnes relations avec elle, malgré l'opinion publique du pays.

Les garanties à la Pologne

Le 31 mars, après avoir consulté le gouvernement français et le gouvernement polonais, Chamberlain annonça qu'une garantie était donnée à la Pologne : « Afin de rendre parfaitement claire la position du gouvernement de Sa Majesté avant que les consultations (actuellement en cours avec d'autres gouvernements) soient terminées, je dois dès maintenant informer la Chambre que, dans l'intervalle, au cas d'une action quelconque mettant en danger nettement l'indépendance polonaise et à laquelle le gouvernement polonais estimerait être de son intérêt vital de résister avec ses forces nationales, le gouvernement de Sa Majesté se considérerait comme tenu immédiatement de soutenir la Pologne par tous les moyens. »

À son tour, le 13 avril, le gouvernement français fit une déclaration pour confirmer l'alliance franco-polonaise. Il précisa son attitude par la formule suivante : « La France et la Pologne se garantissent immédiatement et directement contre toute menace directe et indirecte qui porterait atteinte à leurs intérêts vitaux. »

Le 6 avril, Chamberlain, après une visite du colonel Beck à Londres, annonça que la Grande-Bretagne et la Pologne avaient décidé de remplacer la promesse unilatérale et temporaire faite le 31 mars par un traité d'alliance. Les négociations furent immédiatement entreprises. Le même jour le secrétaire d'État allemand von Weizsäcker fit savoir à l'ambassadeur polonais Lipski que le traité de non-agression de 1934 était incompatible avec un accord anglo-polonais.

Les garanties aux autres pays menacés

La France et l'Angleterre estimaient que la Pologne n'était pas seule menacée. Par des accords commerciaux, l'Allemagne s'efforçait de mettre sa mainmise sur l'économie des pays du sud-est européen, Yougoslavie, Roumanie, Bulgarie, Turquie. Le 13 avril la France et l'Angleterre ripostèrent en annonçant qu'elles donnaient leur garantie à la Roumanie et à la Grèce. Un mois après, le 12 mai, l'Angleterre signa avec la Turquie une déclaration d'assistance mutuelle et de coopération en cas d'une agression entraînant la guerre en Méditerranée. Entre la France et la Turquie, les négociations furent un peu plus compliquées. Les deux pays étaient en effet séparés par un différend sérieux : le problème du sandjak d'Alexandrette. Ce territoire était situé au nord-ouest de la Syrie sous mandat français. Les Turcs prétendaient que la population y était en majorité turque. En fait, il semble plutôt que les Turcs ne constituaient que 40 % du total. De 1921 à 1936, date du traité franco-syrien, le sandjak avait eu un régime spécial. En janvier 1937, des négociations eurent lieu à Genève entre la France et la Turquie [1]. Le 27 janvier, le sandjak reçut un statut nouveau. Il jouissait de l'autonomie mais était englobé dans le système monétaire et économique syrien. Les premières élections devaient avoir lieu en juillet 1938. Mais des incidents graves se produisirent en mai. Pour les régler, la France et la Turquie finirent par signer un accord le 4 juillet 1938. Les élections étaient retardées. L'ordre devait être maintenu dans le sandjak par 2 500 soldats français, 2 500 Turcs et 1 000 hommes recrutés sur place. Cet accord mécontenta les Syriens et la population arménienne du sandjak. Il ne satisfaisait pas entièrement les Turcs. Lorsque la France voulut s'assurer l'alliance de la Turquie il lui fallut aller fort au delà. Le 23 juin 1939, un nouvel accord fut signé par lequel la France cédait à la Turquie le sandjak. Les deux pays s'engagèrent à s'assister mutuellement en attendant la signature d'un traité d'alliance franco-anglo-turc, laquelle

1. Le ministre roumain des Affaires étrangères, Gafenco, exerça une influence sur les négociations avec la Turquie.

se produisit seulement le 19 octobre 1939 après l'échec de négociations turques avec Moscou, où le ministre des Affaires étrangères Saradjoglou venait de séjourner pendant trois semaines. Il avait refusé d'accéder au désir russe de voir les Dardanelles fermées aux navires alliés. Toutefois, le traité franco-anglo-turc n'engageait pas la Turquie en cas de guerre des alliés contre l'URSS. Un protocole secret donnait à la Turquie une large latitude pour accomplir ses obligations.

La démarche du président Roosevelt

Le président Roosevelt essaya de donner à ce système de garantie un aspect international. Le 14 avril, il fit un discours au comité de l'union panaméricaine : « La question qui se pose, dit-il, est en réalité celle de savoir si notre civilisation sera attirée dans le tourbillon tragique d'un militarisme, sans fin, ponctué de guerres périodiques ou si nous saurons maintenir l'idéal de la paix, de la liberté individuelle et de la civilisation comme base de notre vie. » Le 16 avril, il adressa un message personnel à Hitler et à Mussolini, leur demandant de déclarer qu'ils ne commettraient pas, pendant les dix prochaines années, d'agression contre vingt-neuf nations dont il donnait la liste. En cas de réponse favorable, il demanderait à tous ces États de souscrire à des déclarations semblables. Il proposa également de discuter avec la participation américaine le problème du désarmement et celui d'une juste répartition des matières premières entre les nations.

Cette démarche, où Roosevelt se donnait le rôle d'arbitre, ne pouvait être que mal accueillie par les dictateurs et notamment par Hitler. Mais il est fort probable que le président américain n'escomptait aucun succès direct et avait surtout pour but d'éclairer les isolationnistes de son pays sur l'esprit agressif du Führer.

La réponse allemande fut donnée par le grand discours qu'Hitler prononça le 28 avril devant le Reichstag. Il était lourd de menaces. Prenant prétexte des conversations anglo-polonaises, Hitler dénonçait l'accord naval anglo-allemand de 1935 et la déclaration germano-polonaise de janvier 1934. Il accusait l'Angleterre de « prendre une attitude hostile envers l'Allemagne ». Il rejetait les propositions du président Roosevelt. Un mémorandum, remis la veille à la Pologne, revendiquait l'annexion de Dantzig et l'établissement à travers le corridor de routes et de voies ferrées, bénéficiant de l'exterritorialité. Il laissait entendre aussi que l'Allemagne formulerait des revendications nouvelles. En fait, on sait, par le procès de Nuremberg, que Keitel avait signé le 3 avril un ordre prescrivant à la Wehrmacht de se tenir prête à attaquer la Pologne (plan *Weiss*) à partir du 1er septembre.

Le 28 avril, le gouvernement britannique faisait adopter le service militaire obligatoire à la Chambre des communes.

II. Le Pacte d'acier

Les préliminaires

Tout en préparant son agression, Hitler travaillait à renforcer sa position. Depuis longtemps, il désirait signer avec l'Italie une alliance militaire [1]. L'attitude de Mussolini à la conférence de Munich l'avait déçu. Ciano et von Ribbentrop avaient eu beaucoup de peine à se mettre d'accord pour l'arbitrage de Vienne du 2 novembre 1938. Mussolini avait été mécontent de voir que la signature du pacte de non-agression franco-allemand, le 6 décembre, suivait d'une semaine les incidents antifrançais de la Chambre des faisceaux et corporations.

Au cours de l'été 1938, von Ribbentrop avait proposé de transformer le pacte antikomintern en une triple alliance défensive. À Munich, il avait insisté en ce sens auprès de Mussolini et de Ciano. Le 28 octobre, il se rendit à Rome et formula une nouvelle fois sa proposition, envisageant explicitement l'éventualité où le conflit avec les démocraties éclaterait en septembre 1939. Mussolini refusa. Mais, en décembre, son opinion évolua. Il ordonna à Ciano d'écrire, le 2 janvier 1939, une lettre acceptant en principe la proposition allemande du 28 octobre. Ciano expliquait cette évolution en prétendant qu'il existait un pacte militaire entre la France et l'Angleterre, que les milieux français responsables devenaient de plus en plus belliqueux, enfin que les États-Unis entreprenaient de grands préparatifs de guerre. Des négociations furent aussitôt engagées dans un cadre tripartite. Ciano espérait en tirer une garantie pour le Tyrol méridional

1. Cependant, dans le conseil secret du 5 nov. 1937 (chap. 3, § II, p. 206), il avait expliqué qu'il ne fallait pas lier trop étroitement l'Allemagne et l'Italie car on risquait une guerre franco-anglo-italienne. Mais elle était devenue improbable depuis le *gentlemen's agreement* de 1938. L'initiative première émane du grand état-major japonais (1937). Sur tout ceci, voir Toscano, *Le origini diplomatiche del Patto d'Acciaio*, 2e éd., 1956.

(Haut-Adige), lequel était italien depuis 1920, mais en partie peuplé de germanophones. Les événements du 15 mars mécontentèrent gravement l'opinion italienne et Ciano lui-même. Mussolini, le 19 mars, estima qu'il fallait abandonner le projet d'alliance. Mais il se ravisa et, le 21 mars, au Grand Conseil fasciste, il se déclara absolument fidèle à l'Axe. Le succès de l'opération contre l'Albanie effaça à ses yeux l'humiliation causée par le fait que le coup de force allemand avait été préparé à son insu. De gré ou de force, l'Italie était jetée dans les bras de l'Allemagne. Le 2 avril, le Japon refusa d'adhérer à une alliance militaire. Il ne pouvait donc plus s'agir que d'une alliance germano-italienne.

La conclusion du traité

En mai 1939, Mussolini, inquiet des préparatifs allemands contre la Pologne, décida de hâter la conclusion du traité. Dans ses instructions à Ciano, datées du 4 mai, il insista sur le fait que l'Italie ne voulait pas entrer en guerre avant 1943 : il lui fallait pacifier l'Albanie et l'Éthiopie, achever la construction de six cuirassés, renouveler son artillerie, faire revenir de France la plus grande partie du million d'Italiens qui y travaillaient, déplacer l'industrie de la plaine du Pô vers le sud, réaliser le projet d'une Exposition universelle en 1942.

Ciano et von Ribbentrop se rencontrèrent à Milan le 6 mai. Les Allemands insistaient sur l'urgence du problème de Dantzig, les Italiens sur leur refus d'entrer immédiatement en guerre. On décida finalement qu'un projet de pacte, dont le texte avait été rédigé principalement par les Allemands, serait signé à Berlin, par von Ribbentrop et Ciano ; Hitler et Goering assistèrent à la cérémonie qui eut lieu le 22 mai. Ce traité, connu sous le nom de Pacte d'acier, était un traité offensif. L'article 2 prévoyait des consultations immédiates en cas de danger international. L'article 3 déclarait que « si, malgré les désirs et les espoirs des parties contractantes, il devait arriver que l'une d'elles se trouvât impliquée dans des complications guerrières avec une ou plusieurs puissances, l'autre partie contractante se placerait immédiatement, comme alliée, à ses côtés, et la soutiendrait avec toutes ses forces militaires sur terre, sur mer et dans les airs ». Il était, d'autre part, prévu une intensification de la coopération militaire et, dans un protocole secret, une harmonisation de la propagande. Ce traité mettait nettement la politique italienne sous la dépendance de la politique allemande.

La question du Tyrol méridional

On remarquera qu'il n'y était pas question du Tyrol méridional. Des négociations à ce sujet furent entreprises le 15 juin par Himmler. Elles aboutirent à un accord (juillet 1939), décidant que les Sud-Tyroliens de langue allemande seraient appelés à opter entre la nationalité italienne ou l'émigration en Allemagne. Ce plan fut confirmé par un accord entre Ciano et Mackensen, signé le 21 octobre. En décembre 1939, sur 260 985 Sud-Tyroliens de langue allemande, 185 085 votèrent pour le départ en Allemagne. En fait, au 1er septembre 1943, 77 772 seulement de ceux-ci avaient effectivement quitté la région. Certains furent établis en Alsace après la défaite française.

Notons aussi un accord italo-allemand du 18 juillet, accordant à l'Allemagne une zone franche à Trieste et lui assurant de gros avantages commerciaux.

Hitler voulait étendre son système en signant des pactes de non-agression avec divers pays. La Norvège, la Suède, la Finlande refusèrent. Le Danemark accepta, le 31 mai, la Lettonie et l'Estonie, qui avaient sollicité de tels pactes, le 7 juin.

III. Les négociations des démocraties avec l'URSS

Les hésitations de l'URSS

La perspective d'une guerre à propos de Dantzig rendait particulièrement importante la collaboration avec l'URSS. Il n'est pas étonnant que les démocraties occidentales et l'Allemagne hitlérienne, aient cherché à la ranger dans leurs camps respectifs. Jusqu'au mois d'août, le choix de l'URSS n'est sans doute pas fait. Il en résulte deux négociations parallèles ; nous les étudierons séparément, tout en essayant de montrer leurs liens.

Il convient de noter que l'URSS était séparée de l'Allemagne par la Pologne et la Roumanie, pays auxquels la France et l'Angleterre avaient donné leurs garanties. Par conséquent, elle n'avait pas un besoin immédiat d'alliance contre l'Allemagne. Sur le plan idéologique, elle ne partageait ni les conceptions des démocraties libérales, ni celles de l'hitlérisme, ni celles de la Pologne du colonel Beck. Elle pouvait donc s'orienter vers la solution la plus avantageuse à son gré. Dans son discours du 11 mars

1939, à Moscou, au congrès du Parti communiste russe, Manouilsky déclarait : « Le plan de la bourgeoisie réactionnaire britannique est de sacrifier les petits États du sud-est européen au fascisme allemand, de façon à diriger l'Allemagne vers l'est, contre l'URSS pour essayer, au moyen d'une guerre contre-révolutionnaire, de retarder le progrès du socialisme et la victoire du communisme en URSS. »

Cependant l'URSS paraissait s'orienter du côté des démocraties. Le 19 mars, elle protesta à Berlin contre l'occupation de Prague. Des échanges de vues commencèrent entre l'Angleterre et l'URSS. Le gouvernement soviétique proposa une conférence des États les plus intéressés par la situation, Grande-Bretagne, France, Pologne, Roumanie, Turquie et URSS. Les Anglais suggérèrent plutôt une déclaration commune signée par la Grande-Bretagne, la France, la Pologne et l'URSS. Finalement on se contenta, nous l'avons vu, d'une déclaration unilatérale anglaise de garantie à la Pologne.

Les négociations politiques

Le schéma général en est surprenant. Les Anglais procèdent avec une extrême lenteur, persuadés qu'ils sont qu'il n'y aura pas de guerre tant que la négociation continuera. Les Soviétiques répondent toujours très vite aux notes franco-anglaises. Mais ils répondent toujours « non ! », ce qui n'est pas signe d'une grande volonté d'aboutir. Ou bien, lorsqu'après des semaines, les Britanniques ont rejoint les positions soviétiques, ils ajoutent une condition nouvelle. Seuls les Français sont très pressés. Daladier et Bonnet croient à une très grave crise en août et voudraient aboutir avant cette date.

Par ailleurs, les Soviétiques veulent une alliance réciproque. Les Anglais, une simple garantie des trois puissances à la Pologne et à la Roumanie. La France accepterait aisément le point de vue soviétique.

Dès le 14 avril, le gouvernement français proposa à l'URSS de faire une déclaration précisant qu'elle aiderait la France et l'Angleterre, si celles-ci se trouvaient impliquées dans une guerre à la suite d'une agression non provoquée contre la Pologne ou la Roumanie. La France et l'Angleterre feraient des promesses analogues. La France acceptait le principe d'une alliance véritable, plus complète que celle de 1935 et assortie d'une convention militaire. L'Angleterre souhaitait l'appui soviétique à la Pologne, mais était peu disposée à combattre en faveur de

l'URSS si celle-ci, et non la Pologne, était attaquée. La Pologne en effet faisait des objections à une déclaration commune où l'URSS serait partie. Beck était d'ailleurs peu favorable à la garantie accordée à la Roumanie. Le 18, Litvinov soumit des contre-propositions tendant à la signature d'un pacte entre les trois pays pour la protection des États menacés par une agression fasciste. Cet accord se composerait de trois actes : 1. un accord d'assistance mutuelle entre les trois pays ; 2. une convention militaire ; 3. une garantie de tous les États situés entre la Baltique et la mer Noire, y compris les pays baltes. Dans l'éventualité d'une guerre, les trois pays s'engageraient à ne pas signer de paix séparée. La négociation traînait lorsque, le 3 mai, brusquement, Litvinov donna sa démission de commissaire du peuple aux Affaires étrangères et fut remplacé par Molotov. Litvinov avait la réputation d'être l'homme de la sécurité collective, et, dans une certaine mesure, un ami de la France et de l'Angleterre. Son départ fut unanimement interprété comme l'indice d'un changement possible de la politique soviétique, malgré les déclarations officielles. L'adjoint de Litvinov, Potemkine, était en train de faire une tournée en Europe orientale pour essayer de consolider la position soviétique. Il visita Ankara (29 avril-5 mai), Sofia (7 mai), Bucarest (8 mai), Varsovie (9-10 mai). Il n'obtint que peu de résultats. La Pologne, notamment refusait systématiquement de s'entendre avec l'un de ses grands voisins contre l'autre et le colonel Beck, malgré la menace allemande, s'accrochait encore à la politique d'« équilibre » entre Allemagne et URSS qui avait été constamment la sienne. De plus, la Pologne et la Roumanie, dont l'alliance mutuelle était dirigée, en fait, contre l'URSS, refusaient de l'étendre à l'Allemagne.

Le 8 mai, les Anglais répondirent à la note de Moscou du 17 avril et les Russes se plaignirent de ne pas trouver dans ce texte la réciprocité qu'ils réclamaient : les Anglais n'envisageaient pas l'entrée en guerre automatique de la France et de la Grande-Bretagne si l'URSS était impliquée dans une guerre. Tel fut l'objet de la réponse russe transmise à Londres le 14 mai.

Le 27 mai, Molotov reçut de nouvelles propositions franco-anglaises qui, enfin, rejoignaient à peu près les siennes. Cette fois, il était bien question d'assistance mutuelle, dans le cas où la guerre éclaterait à propos d'une agression contre la Pologne, la Roumanie, la Grèce, la Turquie ou la Belgique ; pour le cas d'une agression contre les pays baltes, notamment l'Estonie et la Lettonie, ou contre la Finlande, l'Angleterre proposait un protocole séparé. Or, l'URSS tenait essentiellement à les inclure parmi les pays garantis, peut-être dans le dessein d'y étendre son influence. Cette omission permit à Molotov de rejeter les propositions occidentales, dans un discours prononcé le 31 mai devant le Soviet suprême de l'URSS.

Les négociations reprirent à Moscou à la suite de l'envoi de William Strang, qui devait assister l'ambassadeur anglais William Seeds et son collègue français Naggiar. Mais on se heurta à nouveau à la même difficulté. De plus, les Russes insistaient pour qu'une convention militaire accompagnât la convention politique. Faute de cela, on renouvellerait l'erreur commise à propos du traité franco-soviétique de 1935, qui était pratiquement inefficace. Il semble que le gouvernement soviétique, alors engagé dans une négociation secrète avec l'Allemagne, ait surtout cherché à gagner du temps, car les pourparlers traînèrent pendant tout le mois de juin.

Le 1er juillet, de nouvelles propositions franco-anglaises furent présentées. Elles aboutissaient à admettre une garantie sur les pays baltes et sur la Finlande, mais y ajoutaient la Hollande et la Suisse, ce qui ne fut pas accepté par Molotov et suscita des protestations de la Finlande (1er juillet), de la Hollande (3 juillet) et de la Suisse (7 juillet).

Le 18 juillet, la France et l'Angleterre abandonnèrent le projet de garantie à la Hollande et à la Suisse. Restait à régler le problème des rapports entre la convention politique et la convention militaire, et à admettre le projet soviétique de considérer une agression « indirecte » contre les États mentionnés comme *casus foederis*. Comment définirait-on l'agression indirecte ? Le 24 juillet, rien n'était signé, les Soviétiques proposèrent qu'on en vienne aux négociations militaires. Ils refusèrent la publication d'un communiqué commun qui pourrait faire croire que les négociations politiques étaient en bonne voie.

La négociation d'un accord militaire

La France et l'Angleterre envoyèrent des délégations militaires et navales, dirigées par le général Doumenc pour la France, et par l'amiral Drax-Plumkett pour l'Angleterre. Vorochilov représentait la Russie. La délégation anglaise avait pour consigne de faire traîner les choses en longueur et de rester vague. Les délégations arrivèrent seulement le 11 août par bateau. Les discussions commencèrent le 12 à Moscou. Aussitôt une première difficulté s'éleva : quels étaient les pouvoirs réels des négociateurs occidentaux ? Les Russes se plaignirent de ne pas avoir affaire à des plénipotentiaires. Mais la difficulté la plus sérieuse était la suivante : la Pologne accepterait-elle le passage des troupes soviétiques à travers son territoire ? [1] Vorochilov refusa de poursuivre la discussion avant que ce point ne fût élucidé. Le général Doumenc aurait voulu envoyer son adjoint, le général Valin, directement à Varsovie, mais le gouvernement français refusa. On savait les Polonais hostiles au passage des troupes russes, mais on attendait une réponse directe. Celle-ci n'arrivant pas, le 17 août, on ajourna les entretiens au 21. Le capitaine Beaufre fut envoyé le 20 août à Varsovie. Selon Paul Reynaud, le maréchal Smigly-Rydz lui aurait déclaré : « Avec les Allemands, nous risquons de perdre notre liberté ; avec les Russes, notre âme. » Le 21 août, aucun fait nouveau ne s'était produit. Vorochilov fit à nouveau ajourner la réunion. Sur ces entrefaites, le général Doumenc reçut un télégramme ainsi conçu de Daladier : « Vous êtes autorisé à signer au mieux dans l'intérêt commun, d'accord avec l'ambassadeur, la convention militaire, sous réserve de l'approbation du gouvernement français. » Cela signifiait qu'il fallait à tout prix traiter avec l'URSS et admettre le passage de l'Armée rouge en Pologne, même si ce pays le refusait. En fait, le gouvernement polonais parut accepter le passage des Russes le 23, à 18 heures, sous la menace de voir la France dénoncer son alliance avec la Pologne ; mais le 24 août, il démentit formellement une telle acceptation.

Il était déjà trop tard. Vorochilov, le 21 au soir, convoqua Doumenc et lui dit que l'assurance française ne suffisait pas et qu'il lui fallait une réponse précise des Polonais et des Roumains eux-mêmes. Le 22 août, Daladier n'avait pas renoncé à espérer que l'on pourrait aboutir. Mais le 23 août, von Ribbentrop arrivait à Moscou pour signer un pacte de non-agression avec l'URSS. C'était l'échec de la politique franco-anglaise. Le traité franco-soviétique de 1935 devenait lui-même caduc. L'ambassadeur français Naggiar interrogea à ce sujet les autorités soviétiques, le 28 août. On lui répondit que l'URSS le considérait comme sans valeur depuis le pacte de non-agression franco-allemand de 1938.

---

1. Pourquoi a-t-on attendu le mois d'août pour poser cette question aux Polonais ? Ce problème mériterait d'être éclairci.

IV. Les négociations germano-soviétiques et le traité du 23 août 1939

Les premiers pas

Dans son discours du 10 mars 1939, au congrès du parti communiste, on avait remarqué que Staline n'avait pas attaqué violemment l'Allemagne et qu'il avait attribué à la faiblesse des pays occidentaux la responsabilité principale des coups de force allemands. Il laissait entendre qu'aucun sujet de conflit n'existait entre l'Allemagne et l'URSS. Toute porte à croire que l'initiative d'un rapprochement entre l'Allemagne et l'URSS vint de ce dernier pays et que la nomination de Molotov, le 3 mai, au poste de commissaire du peuple aux Affaires étrangères avait pour but d'éliminer les obstacles que la personnalité de Litvinov pouvait opposer à un tel rapprochement. Le 17 avril, l'ambassadeur russe Merekalov alla voir le secrétaire d'État allemand, von Weizsäcker, pour la première fois depuis son entrée en fonction en juin 1938. Le prétexte était de demander la réalisation de certains contrats pour la fourniture d'armes, conclus avec les usines tchécoslovaques Skoda qui, depuis le 15 mars 1939, étaient passées sous contrôle allemand. Merekalov utilisa cette conversation pour faire une avance de caractère politique. Il déclara que l'URSS n'avait pas exploité les frictions entre l'Allemagne et les démocraties occidentales, et qu'il n'y avait pas de raison pour que les rapports germano-russes ne devinssent pas sans cesse meilleurs. Peu après il partit pour Moscou accompagné par l'attaché militaire soviétique. Ces événements ne laissèrent pas d'inquiéter les milieux français de Berlin. Le gouvernement allemand ne paraissait pas disposé à exploiter ces dispositions favorables. Le 17 mai, le gouvernement soviétique fit une nouvelle avance. Ce jour-là le chargé d'affaires russe, Astakhov, rendit visite au Dr Schnurre, expert économique allemand à la Wilhelmstrasse. Ils eurent une longue conversation au cours de laquelle le représentant soviétique déclara qu'il n'y avait pas de motif d'hostilité entre les deux pays. Il mentionna le traité de Rapallo de 1922. Le 20 mai, à Moscou, l'ambassadeur allemand von der Schulenburg eut une conversation avec Molotov sur la possibilité d'envoyer le Dr Schnurre à Moscou. Molotov lui répondit que pour reprendre les négociations économiques, il fallait avant tout leur donner des « bases politiques » [1]. Schulenburg lui ayant demandé ce qu'il entendait par là, Molotov refusa d'aller plus loin. Les Allemands hésitaient beaucoup et voulaient procéder avec la plus grande prudence, car ils craignaient une manœuvre.

La décision allemande

C'est le 29 et le 30 mai que la décision allemande fut prise et communiquée à von der Schulenburg. Celui-ci était un excellent ambassadeur de la vieille école, convaincu que, selon la tradition prussienne et bismarckienne, l'Allemagne et la Russie devaient être amies. Gustav Hilger, chargé des questions économiques à l'ambassade allemande en Russie, joua en juin et juillet un rôle considérable pour déblayer le terrain. Il ne s'agissait que d'aboutir à un accord économique sur les bases proposées par les Russes en février 1939. Le 14 juin, Astakhov dit au ministre bulgare à Berlin que l'Union soviétique refuserait de signer un traité avec l'Angleterre si elle pouvait obtenir de l'Allemagne un pacte de non-agression. Le 29 juin, Schulenburg alla à nouveau trouver Molotov. Mais celui-ci resta une nouvelle fois dans le vague. Il se contenta de demander si les Allemands considéraient comme toujours valable le traité d'amitié germano-soviétique de Berlin du 24 avril 1926, prolongé en 1931 par un protocole que les Allemands avaient ratifié le 5 mai 1933. Il semble que les Allemands furent incités à hâter les négociations par la décision du 24 juillet d'entreprendre des négociations militaires entre l'URSS, la France et l'Angleterre. Peut-être aussi furent-ils impressionnés par l'échec des tentatives d'alliance militaire avec le Japon. Le 26 juillet, le rapprochement germano-soviétique fit un nouveau pas en avant. Au cours d'une discussion avec Astakhov, Schnurre proposa un plan destiné à améliorer les rapports entre les deux pays et insista sur le fait que l'Allemagne, l'Union soviétique et l'Italie avaient une idéologie commune dans la mesure où elles s'opposaient aux démocraties capitalistes. Astakhov répondit qu'un tel rapprochement serait conforme aux intérêts des deux

1. Voici, étant donnée l'importance capitale de cette déclaration, le texte allemand exact : « Die Sowjetregierung könnte danach einer Wiederaufnahme der Verhandlungen erst dann zustimmen, wenn hierfür die notwendige *politische Grundlage* geschaffen sein wurde. », Documents on German Foreign Policy, t. VI, n° 414 et n° 424.

pays mais qu'il fallait aller progressivement. Schnurre montra que l'Allemagne pouvait offrir à l'URSS beaucoup plus d'avantages que l'Angleterre.

L'Allemagne hâte la conclusion d'un accord

Cette conversation est d'une grande importance. Le 29 juillet, von Weizsäcker la fit connaître à von der Schulenburg qui reçut l'ordre d'aller voir Molotov, ce qu'il fit le 4 août. Le 2 août, von Ribbentrop, de son côté, eut une entrevue avec Astakhov. La négociation était bien engagée. Elle porta surtout sur le problème des zones d'influence. Le 7 août, dans un rapport, von der Schulenburg fit remarquer le contraste entre l'âpreté de Molotov dans ses relations avec la France et l'Angleterre et son amabilité à l'égard des représentants allemands. Mais, on l'a vu, Hitler avait décidé d'attaquer la Pologne le 1er septembre. Il fallait donc aller vite. Le 12 août, jour même où commençaient les négociations militaires avec les occidentaux, Astakhov suggéra la venue d'une haute personnalité allemande à Moscou. Von Ribbentrop proposa de s'y rendre lui-même et Molotov accepta le 15 août sans fixer de date précise. Le 16 août, von Ribbentrop demanda de hâter ce voyage. Le 18 août, Molotov accepta le principe d'un traité de non-agression avec un protocole annexe délimitant les zones d'influence des deux pays. Le 19 août, von der Schulenburg rencontra deux fois Molotov qui proposa pour la visite de von Ribbentrop les dates des 26 et 27 août. Le 20, Hitler adressa un télégramme personnel à Staline insistant sur la « tension intolérable » entre l'Allemagne et la Pologne et demandant d'avancer au 22 ou 23 août le voyage du ministre allemand. Le 21 août, Staline télégraphia à Hitler qu'il acceptait la date du 23.

Le traité de non-agression

Von Ribbentrop partit avec les pleins pouvoirs que lui conférait Hitler de signer un traité immédiatement applicable. Cela permit à la négociation de se faire très rapidement. Les conversations commencèrent dès l'arrivée de von Ribbentrop dans l'après-midi du 23 août et le pacte fut signé dans la nuit. Ce pacte comportait deux éléments. D'abord, un traité de non-agression rendu public le 24 août. Il déclarait que les deux pays voulaient renforcer la cause de la paix. Ils s'engageaient à ne participer à aucun acte d'agression l'un à l'égard de l'autre, à ne pas soutenir toute tierce puissance qui entrerait en guerre contre l'un d'eux, à ne pas se joindre à un groupe de puissances hostiles à l'un ou à l'autre des deux contractants, à rester en consultation, à ne résoudre leurs conflits mutuels que par des échanges de vues amicaux ou par l'arbitrage. Le traité, immédiatement applicable, était conclu pour dix ans et se prolongerait automatiquement cinq ans de plus si aucune des deux parties ne le dénonçait un an avant son expiration.

Le protocole secret

Le protocole secret était beaucoup plus important. Il comportait trois articles principaux. L'article 1 rangeait dans la zone d'influence russe la Finlande, l'Estonie et la Lettonie « dans le cas d'un changement politico-territorial ». La Lituanie serait dans la zone d'influence allemande. Les deux pays reconnaissaient les intérêts de la Lituanie sur Vilna. L'article 2 fixait la limite des zones d'influence en Pologne à la ligne Narew-Vistule-San et ajoutait : « La question de savoir s'il est désirable, dans l'intérêt des deux parties de maintenir un État polonais indépendant, et comment les frontières de cet État devraient être fixées, ne peut être résolue d'une façon définitive qu'au cours des futurs développements politiques. En tout état de cause, les deux gouvernements trancheront cette question par la voie d'une entente amicale. » L'article 3 notait « l'intérêt que l'URSS portait à la Bessarabie ». L'Allemagne déclarait qu'elle n'avait aucun intérêt politique dans cette région [1].

Ces deux documents furent signés par Molotov et von Ribbentrop. On but le champagne et Staline prononça un toast en l'honneur d'Hitler : « Je sais combien la Nation allemande aime son Führer ; j'aime donc boire à sa santé. »

1. Voir le texte et un *fac-similé* dans A. Rossi, *Deux ans d'alliance germano-soviétique*, p. 52-53, le texte dans *Nazi-Soviet Relations* et dans *Documents on German Foreign Policy*, t. VI. *L'Histoire de la diplomatie*, dir. par Potiemkine, t. III, ne souffle mot de cet accord dont l'existence est absolument incontestable. Les historiens soviétiques avaient tendance à y voir de simples notes jetées sur le papier. Il serait intéressant d'avoir les archives russes, désormais accessibles.

V. La déclaration de guerre

La nouvelle de la venue de von Ribbentrop à Moscou, le 22 août, puis la publication du traité de non-agression le 24 août amenèrent à son comble la tension qui existait depuis le printemps. L'opinion publique mondiale comprit immédiatement que la guerre était désormais inévitable. Revenons en arrière pour montrer comment la crise se développait entre l'Allemagne et la Pologne. On remarquera que la politique française, pendant toute cette période, consista, selon l'ambassadeur Léon Noël, à renforcer l'alliance franco-polonaise, mais aussi à donner à la Pologne des conseils de modération. Tout en louant le sang-froid du colonel Beck, il insista dans ses rapports à son gouvernement sur l'impréparation de l'armée polonaise. Il réclama au gouvernement français, conformément aux demandes du maréchal Smigly-Rydz, l'envoi d'armements en Pologne. Il déclare avoir ignoré l'état d'impréparation militaire de la France.

L'attitude de Georges Bonnet, prêt à tout pour éviter la guerre, tranchait avec celle de Daladier et de Léon Noël. Selon Georges Suarez dans son livre *L'Agonie de la paix*, Bonnet voulait « jusqu'à la dernière minute... réussir un nouveau Munich ».

Les incidents de frontière

À partir du mémorandum allemand du 27 avril et du discours du 28 avril, les incidents se multiplièrent dans la partie de la Pologne où vivaient des minorités allemandes. Selon Noël, ces incidents étaient en général causés par les Allemands. Le 5 mai, Joseph Beck fit une déclaration sur la situation internationale. Il regrettait que l'Allemagne eût dénoncé le traité de 1934. Il se déclarait formellement attaché à l'autonomie de Dantzig et à l'intégrité du territoire polonais et du Corridor : « Nous n'avons aucun intérêt à gêner les citoyens allemands dans leurs communications avec leur province de l'est. Nous n'avons toutefois aucune raison de restreindre notre souveraineté sur notre propre territoire. » Ce très ferme discours rendait les négociations impossibles. Du 5 mai au 9 août, le *Livre blanc polonais* ne contient aucune trace de conversation polono-allemande. Pendant toute cette période, c'est donc la « guerre des nerfs » qui se poursuit. En mai, le ministre de la Guerre polonais le général Kasprzycki, vint à Paris et signa le 19 mai un accord militaire avec le général Gamelin. Il en tira à tort la conclusion qu'en cas d'attaque allemande contre la Pologne, les Français promettaient de lancer une vaste offensive contre la ligne Siegfried. Georges Bonnet, qui était en train de négocier avec l'ambassadeur polonais Lukasiewicz un accord politique, obtint du Conseil des ministres que la convention militaire n'entrât pas en vigueur avant la convention politique. Or, celle-ci ne fut signée que le 4 septembre. Une difficulté supplémentaire vint du fait que les Polonais réclamaient l'inclusion dans la convention d'un article sur l'intérêt vital que présentait Dantzig pour la Pologne. D'ailleurs, la convention militaire comportait l'échange d'informations sur les plans militaires respectifs mais ne fut pas toujours appliquée. À Dantzig, les autorités, dominées par les nazis, s'efforçaient d'effriter le statut de la Ville libre et d'y créer une force militaire, utilisant à cet effet des nazis venus de Prusse, multipliant les défilés, les parades et les menaces.

Les 20 et 21 août, les préparatifs militaires allemands s'intensifièrent brusquement. Sans l'avoir proclamé, l'Allemagne était pratiquement en état de mobilisation générale. Les incidents de frontière se multiplièrent. Le Sénat de Dantzig s'efforça de limiter le contrôle polonais sur les douanes. Le gauleiter Forster fut proclamé, le 23 août, « chef d'État ». Ce même jour fut signé le traité germano-soviétique. Le gouvernement polonais prit simultanément de nouvelles mesures militaires [1].

La crise

À partir du 24 août, les événements se précipitent. À la Chambre des communes, Chamberlain déclara que la Grande-Bretagne tiendrait ses engagements à l'égard de la Pologne. L'Allemagne ne pouvait pas de son côté compter sur l'Italie. Le comte Ciano fit, en effet, un voyage en Allemagne les 11, 12 et 13 août. Il eut de longues conversations avec von Ribbentrop et Hitler. Ciano, atterré de découvrir que l'Allemagne se préparait réellement à faire la guerre, insista sur la nécessité pour l'Italie d'un délai de plusieurs années avant d'y participer. Hitler riposta en disant que la guerre devait être très prochaine. Elle avait plus de chances d'être victorieuse tant que l'Allemagne et l'Italie seraient gouvernées par les deux grands dictateurs. L'Allemagne et l'Italie, disait-il, devaient liqui-

---

1. Selon M. Léon Noel, *op. cit.*, p. 405, la Pologne ne devait pas mettre en ligne plus de 700 000 hommes sur 3 millions de mobilisables. Par ailleurs jusqu'au bout, il semble que J. Beck ait cru que l'agression allemande n'aurait pas lieu avant la fin de septembre.

der au plus tôt la Pologne et la Yougoslavie. Il fallait entrer en guerre avant octobre à cause des conditions climatiques. La « provocation de la Pologne » rendait indispensable une action immédiate. Cette entrevue amena un refroidissement certain des rapports italo-allemands et l'ambassadeur italien Attolico aurait voulu qu'on en profitât pour dénoncer le Pacte d'acier.

Mussolini, dépité de l'initiative allemande, bien résolu à ne pas faire la guerre, malgré l'article 3 du Pacte d'acier, décida cependant de maintenir celui-ci en vigueur, et la décision italienne de s'abstenir ne fut pas rendue publique, quoique le bruit en courût.

Hitler avait ordonné, le 22 août, à ses commandants en chef d'attaquer la Pologne dans la nuit du 25 au 26 août, immédiatement après la signature du traité germano-soviétique. Il hésita cependant et, le 25 août, donna l'ordre de surseoir. Ce recul momentané pouvait être dû à deux facteurs : d'une part, le gouvernement anglais, qu'Hitler s'efforçait toujours de détacher de la France et de la Pologne [1], signa le 25 août le traité d'alliance avec la Pologne annoncé le 6 avril précédent [2]. Ce traité prévoyait une intervention automatique en cas d'agression ou en cas d'une action menaçant l'indépendance d'un des deux pays — il s'agit évidemment de l'éventualité d'une action contre Dantzig. La tendance favorable à l'apaisement, loin d'avoir été ranimée comme l'espérait Hitler par la signature du pacte germano-soviétique, était définitivement vaincue. Dès le 24 août, à la Chambre des communes, Chamberlain, qui ne voulait pas être accusé, comme Edward Grey en 1914, de s'être prononcé trop tard, prenait nettement position.

L'autre événement est la lettre que Mussolini adressa à Hitler le 25 août. Le matin même, Hitler avait écrit au Duce pour lui expliquer la portée de l'accord germano-soviétique, à propos duquel, une fois de plus, l'Italie n'avait pas été consultée. C'est, disait-il, « le plus grand pacte de non-agression existant aujourd'hui ». Il lui annonçait aussi son intention d'attaquer la Pologne. Mussolini lui répondit à 17 h 30 pour lui dire

---

1. Voir sa tentative du 25 août. Il demanda à la Grande-Bretagne de laisser le conflit se localiser. Sinon, elle serait responsable de son extension. Il considérait comme « définitive » la frontière allemande à l'ouest.
2. Cela s'explique peut-être par le fait que Chamberlain avait appris le 23 ou le 24 août du gouvernement italien que celui-ci resterait neutre (Voir *Journal de* Ciano).

clairement qu'à son avis il était trop tôt pour entreprendre une guerre ; il suggéra une conférence générale. « Si l'Allemagne, ajoutait-il, attaque la Pologne, et que les alliés de la Pologne attaquent l'Allemagne, je ne me propose pas de prendre une initiative militaire quelconque, étant donné l'état actuel de préparation militaire de l'Italie, qui vous a été clairement exposé, à vous Führer, et à von Ribbentrop, en temps voulu et à plusieurs reprises. » Cependant l'Italie pourrait intervenir immédiatement si l'Allemagne lui fournissait de suite des armes et des matières premières pour résister à une attaque que les Français et les Britanniques dirigeraient d'abord contre l'Italie.

Hitler fit alors demander quels étaient ces besoins. Ceux-ci furent établis le 26 août [1]. Ils étaient énormes : pour une guerre de douze mois, 7 millions de tonnes de pétrole, 6 millions de tonnes de charbon, un million de tonnes de poutres et, pour protéger la zone industrielle de l'Italie, 150 batteries de DCA. L'ambassadeur Attolico demanda que ces matériaux fussent fournis avant la déclaration de guerre [2]. Cela n'était pas possible et Hitler déclara que dans ces conditions il comprenait l'abstention militaire du Duce.

Mussolini avait certainement été humilié par l'aveu de sa faiblesse militaire et voulut jouer le rôle de médiateur : « Que les Polonais cèdent Dantzig, et l'on réunirait une conférence internationale. » Nous verrons bientôt comment il ne put réaliser ce projet.

Du côté français, Hitler subissait les mêmes déconvenues. Le 25 août, il convoqua l'ambassadeur Coulondre et lui déclara : « Je n'ai aucune hostilité envers la France, j'ai personnellement renoncé à l'Alsace-Lorraine... la pensée que je pourrais, à cause de la Pologne, avoir à combattre la France, m'est très pénible... je n'attaquerai pas la France, mais, si elle entre dans le conflit, j'irai jusqu'au bout... Dites cela au président Daladier, je vous prie, de ma part. » Daladier répondit, le 26 août, avec fermeté et souplesse. Le sort de la paix était entre les seules mains d'Hitler.

---

1. Connus sous le nom de « Molybden Liste ». Ciano et l'ambassadeur von Mackensen avaient volontairement donné à cette liste une forme qui soulignait l'impossibilité pour l'Allemagne de tout fournir.
2. Mussolini déclara un peu plus tard qu'il eût suffi de les livrer dans les douze mois.

« En une heure aussi grave, je crois sincèrement qu'aucun homme de cœur ne pourrait comprendre qu'une guerre de destruction puisse s'engager sans qu'une dernière tentative d'arrangement pacifique ait lieu entre l'Allemagne et la Pologne. »

Hitler répondit, le 27 août, à Coulondre que la Pologne ne céderait pas Dantzig et qu'il voulait, lui, le retour de Dantzig au Reich. « Les choses sont maintenant allées trop loin. » [1]

La tentative de paix franco-anglaise

La France et surtout l'Angleterre cherchèrent cependant à rétablir un contact entre les gouvernements polonais et allemand, interrompu depuis des mois, si l'on excepte une entrevue sans résultat entre Goering et Lipski le 23 août. Le 28 août, le gouvernement britannique suggéra à Hitler de telles négociations. Hitler répondit en formulant des exigences nouvelles : Dantzig, la totalité du Corridor, une partie de la haute Silésie polonaise. Le lendemain, en recevant l'ambassadeur anglais Neville Henderson, Hitler se montra encore plus menaçant. Mais il admit le principe des négociations directes, tout en déclarant qu'elles aboutiraient à un échec. Il acceptait la venue d'un émissaire polonais, muni de pleins pouvoirs, à condition qu'il arrivât le mardi 30 août.

Quel serait cet émissaire ? Pour les Anglais, ce devait être Beck lui-même. Pour l'ambassadeur Coulondre, il fallait au contraire éviter le renouvellement des scènes qui avaient accompagné les voyages de Schuschnigg et de Hacha auprès d'Hitler. Il vaudrait mieux que le gouvernement polonais chargeât son ambassadeur Lipski de la négociation. On espérait d'ailleurs à Paris, que le délai du 30 août, fixé par Hitler, ne serait pas rigoureux. C'est seulement le 31 août au matin, que Beck accepta le principe d'une telle démarche. Croyant qu'il ne s'agissait pas d'un ultimatum, le gouvernement anglais ne s'était pas pressé de communiquer la proposition allemande au gouvernement polonais. Selon Noël, von Weizsäcker s'était bien gardé de dire à Neville Henderson que c'était un

---

1. Voir *Livre jaune français* et Noel, *op. cit.*, p. 432-433. Sur les tentatives de paix du Suédois Dahlerus, industriel ami de Goering et en étroit contact avec les milieux politiques britanniques, contacts dont il ne faut pas exagérer l'importance. Voir le très bon exposé de Baumont, *op. cit.*, 3e éd.

ultimatum. D'autre part, les communications entre Berlin et Varsovie étaient devenues difficiles. À 12 h 40, Beck chargea Lipski d'aller annoncer son acceptation à von Ribbentrop, et dès 13 heures, l'ambassadeur polonais demanda une audience. À 15 heures, von Wieszäcker lui téléphona pour lui demander si c'était en qualité d'ambassadeur ou de plénipotentiaire qu'il demandait audience. Lipski répondit que c'était comme ambassadeur. L'audience ne lui fut accordée que le soir à 18 h 30. Auparavant, le 30 au soir, von Ribbentrop reçut l'ambassadeur anglais et lui lut rapidement un document en 16 articles, qui disait-il était la liste des propositions qui auraient été remises au plénipotentiaire polonais, s'il était venu. Il refusa de lui remettre le texte, sous prétexte que tout cela était dépassé par les événements Tout se passait donc bien comme s'il s'était agi d'un ultimatum et que les dirigeants allemands eussent considéré qu'il était trop tard pour négocier.

L'entretien von Ribbentrop-Lipski ne dura que quelques instants. Von Ribbentrop ne fit rien pour laisser entrevoir l'imminence d'une agression.

À 21 heures, la radio allemande annonça que « le Führer et le gouvernement allemand avaient, depuis deux jours, attendu l'arrivée d'un négociateur polonais dûment qualifié » et fit connaître le programme en 16 points : Annexion de Dantzig, plébiscite dans le Corridor au bout d'un an, pendant lequel les troupes polonaises évacueraient la région. Le Corridor serait pendant ce délai, administré par une commission internationale composée de représentants français, italiens et russes. Les Allemands nés ou domiciliés dans ce territoire avant le 1er janvier 1918 prendraient part au vote. Gdynia resterait polonaise et, ainsi que Dantzig, serait démilitarisée. Une commission d'enquête internationale examinerait le sort des minorités en Allemagne et en Pologne depuis 1918, pour réparer les torts subis.

Ces conditions n'avaient pas été connues à temps des Polonais. Mais il est peu probable qu'ils les auraient acceptées. En fait, tout le cours des événements était soumis à la volonté d'Hitler, soit d'amener la Pologne à capituler, soit de faire la guerre.

C'est dans la matinée du 31 que la mobilisation générale polonaise fut proclamée. L'armée allemande, elle, avait été mise sur pied de guerre par des rappels individuels. Le 1er septembre, dès l'aube, elle pénétra en Pologne. En même temps, Dantzig proclama l'Anschluss.

La tentative de paix de Mussolini

Une autre tentative de paix eut lieu. Le 31 août, Mussolini offrit à la France et à la Grande-Bretagne la réunion d'une conférence pour le 5 septembre. Contrairement à certaines légendes, le gouvernement britannique y fut hostile sauf pour le cas — tout à fait improbable — où la Wehrmacht évacuerait la Pologne. C'est le 1er septembre que la Chambre des communes vota les crédits de guerre. Puissance navale, l'Angleterre, une fois décidée à la guerre, devait la déclarer très vite pour saisir en mer les cargos ennemis. C'est le gouvernement français qui fit durer les choses. Bonnet voulait la paix et cherchait à gagner du temps. Daladier, lui, suivait l'avis de Gamelin, qui cherchait à retarder la déclaration de guerre afin de protéger les débuts de la mobilisation. Les Polonais protestaient énergiquement contre ces délais, et la majorité du Parlement britannique s'indignait du retard. Mussolini hésitait à poursuivre son projet. Il le communiqua cependant à Hitler le 2 septembre. Hitler demanda vingt-quatre heures pour réfléchir. Mais, ce même jour, le gouvernement anglais fit savoir qu'il n'accepterait la conférence que si les troupes allemandes évacuaient au préalable le territoire polonais. Mussolini refusa de maintenir sa proposition. Pour lui, l'attitude franco-anglaise à l'égard de la Pologne était une « idiotie ».

La Pologne fit appel à ses alliés. Le gouvernement français, dès le 1er septembre, ordonna la mobilisation générale, et fit voter le 2 un crédit de 75 milliards. Le 2 septembre au soir, Beck adressa un appel plus pressant à la France et à l'Angleterre. On craignait en Pologne que certains hommes politiques, et notamment Bonnet, ne trouvassent un moyen de dernière heure pour éluder les obligations de l'alliance. Les pacifistes espéraient qu'Hitler ferait un geste, que le Suédois Dahlerus, messager officieux, leur communiquerait *in extremis*. Toutes ces démarches expliquent le délai de deux jours entre l'agression allemande et l'intervention de deux alliés de la Pologne. En France, la séance du 2 septembre au Parlement ne fut marquée par aucun incident. Les communistes eux-mêmes votèrent les crédits militaires. Au contraire, à la Chambre des communes, l'atmosphère fut houleuse. Certains députés ne cachèrent pas leur indignation contre les lenteurs de Chamberlain, lesquelles étaient uniquement liées aux incertitudes françaises. On peut dire que c'est ce sursaut de l'opinion et des parlementaires qui décida le Cabinet et le Premier Ministre à agir.

Le 3, à 9 heures, Neville Henderson apporta un ultimatum à von Ribbentrop. Si à 11 heures le gouvernement allemand ne donnait pas l'assurance qu'il retirerait ses troupes de Pologne, ce serait la guerre. À 12 h 30, ce fut le tour de Coulondre qui présenta un ultimatum expirant à 17 heures. Ces ultimatums ayant été rejetés, le Royaume-Uni et la France déclarèrent la guerre à l'Allemagne.

La phase européenne de la guerre (1939-1941)

Nous n'avons pas à raconter ici les événements militaires, mais à montrer comment ceux-ci se répercutent sur les relations internationales. Pendant toute la guerre, la diplomatie proprement dite passe apparemment au second plan. Ce sont les opérations militaires qui tiennent la première place et tout, finalement, se ramène à une question de force. La diplomatie joue néanmoins son rôle. Elle se propose de renforcer les alliances existantes, de gagner les neutres à la sympathie, ou même à l'intervention, et parfois de hâter la conclusion de la paix. Par-dessus tout, elle contribue à la formulation et à la réalisation des « buts de guerre », souvent bien différents, même entre alliés.

La période qui s'étend de 1939 à 1941 voit se développer les succès de l'Allemagne en Europe. Tour à tour, la Pologne, la Norvège, les Pays-Bas, la Belgique, la France, la Grèce, la Yougoslavie sont vaincues. C'est la phase européenne de la guerre, en attendant l'entrée en guerre de l'URSS (22 juin 1941), du Japon et des États-Unis (8 décembre 1941).

I. La défaite polonaise

La victoire allemande et l'intervention russe

Sur le plan militaire, la Pologne ne résista pas longtemps. L'offensive des Allemands fut foudroyante, menée avec des forces très supérieures, et par des méthodes nouvelles donnant la première place à l'aviation et aux chars. Les Polonais firent subir des pertes sérieuses aux Allemands. L'épisode essentiel se place le 17 septembre lorsque les troupes soviétiques pénétrèrent en Pologne. Le 3 septembre, avant même l'entrée en guerre des démocraties occidentales, l'ambassadeur polonais à Moscou Grzybowski fut reçu par Molotov. Celui-ci parut favorable à une aide économique à la Pologne, mais il semble que l'URSS ait commencé à ce moment-là sa mobilisation partielle. Le 8 septembre, alléguant l'entrée en guerre de la France et de la Grande-Bretagne, Molotov déclara à Grzybowski qu'il ne pouvait plus faciliter les fournitures à la Pologne. Le 11 septembre, l'ambassadeur russe quitta la Pologne sous prétexte de prendre contact avec son gouvernement. En fait, dès le 9, Molotov avait informé von Ribbentrop de l'imminence d'une intervention russe. Une violente campagne de presse sur le mauvais traitement infligé aux minorités blanc-russiennes et ukrainiennes fut déclenchée le 12, de façon à justifier l'invasion. Il semble que les Russes aient attendu pour intervenir la signature d'une trêve avec les Japonais, le 16 septembre, à la suite des combats qui se déroulaient depuis mai à la frontière mongolo-mandchoue [1]. Le 17 septembre, alléguant la dislocation interne de l'État polonais, qui rendait caducs tous les accords conclus entre la Pologne et l'URSS, le gouvernement soviétique fit savoir qu'il avait ordonné à ses troupes de franchir la frontière pour protéger les populations ukrainiennes et blanc-russiennes. Von Ribbentrop téléphona à Ciano que l'intervention russe était conforme à un plan préétabli. Le 18 septembre, une déclaration germano-soviétique attestait la communauté de vue des deux États et leur volonté de restaurer en Pologne l'ordre troublé par la désintégration de l'État polonais et d'assister la population polonaise. En fait, il ne semble pas que les Allemands aient considéré avec faveur l'opération soviétique, d'autant plus que les Russes, ne rencontrant à peu près aucune résistance, avançaient beaucoup plus vite qu'eux et eurent des pertes insignifiantes.

1. Voir ci-après, chap. 6, § III, p. 338.

Le partage de la Pologne

Le 22 septembre, après quelques jours de négociations, la ligne de démarcation entre les deux zones d'occupation fut fixée par les rivières Pissa, Narew, Bug, Vistule et San. Varsovie, qui résista jusqu'au 29 septembre, était dans la zone allemande, mais le faubourg de Praga sur la rive droite de la Vistule, dans la zone russe. Staline avait donc abandonné l'idée de maintenir un État polonais réduit. Von Ribbentrop se rendit à Moscou le 27, et un nouveau traité germano-soviétique fut signé le 28, avec un protocole secret. Par rapport à la ligne du 22, la nouvelle frontière avantageait les Allemands. Elle ne suivait plus la Vistule, mais le Bug, sur une grande partie de sa longueur. En échange, la Lituanie, contrairement à ce qui avait été décidé le 23 août, passait dans la zone d'influence soviétique. C'était le quatrième partage de la Pologne, plus avantageux pour la Russie que celui de 1795, puisqu'elle occupait toute la Galicie, plus avantageux aussi que la ligne Curzon de 1920. Les négociateurs insistèrent sur l'idée que l'indépendance polonaise avait été une illusion. Des négociations économiques étendues furent immédiatement entreprises. Retardées par les protestations soviétiques à propos de l'envoi d'armes en Finlande (9 décembre) et par leurs exigences en matière de fournitures d'armes et d'acier, elles finirent par aboutir à l'accord économique du 11 février 1940, conclu pour une période d'un an et demi.

L'établissement de bases soviétiques dans les pays baltes

L'URSS ne tarda pas à tirer parti des protocoles secrets du 23 août et du 28 septembre. Dès le 18, l'agence Tass accusa l'Estonie d'avoir manqué à la neutralité. Successivement, les leaders des trois pays baltes durent aller à Moscou et y signer des pactes de non-agression avec l'URSS : le 28 septembre pour l'Estonie, le 5 octobre pour la Lettonie, le 10 octobre pour la Lituanie. C'étaient des traités d'assistance mutuelle. L'Estonie et la Lettonie cédaient à l'URSS des bases navales et aériennes. Les trois pays accordaient aux Soviets le droit de maintenir des forces armées sur leurs territoires. Vilna et sa région étaient restitués à la Lituanie (le 27 octobre).

Ces annexions déguisées posaient un problème : nombreux étaient, dans les pays baltes, les habitants de langue et de culture allemandes. Un protocole secret germano-soviétique du 28 septembre prévoyait que les Allemands de la zone d'influence soviétique pourraient émigrer vers l'Allemagne ou vers le Pologne occupée par les Allemands. Réciproquement, les Ukrainiens et Russes blancs de la zone allemande pourraient rejoindre l'URSS. Le nombre total des Allemands rapatriés, y compris ceux de la Bessarabie, s'éleva à 437 000.

L'attitude italienne

Les démocraties occidentales et l'Italie ne purent qu'assister impuissantes à ces événements. L'Italie fasciste, hostile aux bolcheviks, avait aussi des craintes sur le traitement réservé aux catholiques polonais. De plus, Mussolini et Ciano craignaient de voir la pénétration soviétique s'étendre dans les Balkans, qu'ils considéraient comme une zone d'influence italienne. La France et l'Angleterre essayèrent de profiter de ce mécontentement pour disloquer le Pacte d'acier. Dès le 5 septembre, la France rapporta diverses mesures de précautions prises contre les Italiens à Tunis, Djibouti, etc. À cette époque, Mussolini était hésitant et songeait à faire la guerre aux côtés de l'Allemagne. Ciano, au contraire, demeurait favorable à la neutralité : « La neutralité commence à porter ses fruits : les cours de la bourse montent vertigineusement, les premières commandes nous arrivent de France, les paquebots recommencent à naviguer à tarifs doublés et ils sont pleins à craquer. Le Duce prend quelque goût à cela, mais pas encore assez. Il faut insister sur le fait que nous avons besoin d'une période de grasse neutralité, si nous voulons entrer en guerre plus tard, comme il le désire. » L'Italie s'inquiétait aussi de la demande faite par les Allemands aux Hongrois : être autorisés à utiliser une voie ferrée hongroise pour prendre la Pologne à revers (demande faite le 9 septembre lors d'une entrevue entre von Ribbentrop et le comte Czaki en Autriche). Les Hongrois refusèrent d'ailleurs d'accéder à cette demande. La correspondance entre Halifax et Ciano était amicale. François-Poncet, ambassadeur de France à Rome, fit des avances à Ciano et lui déclara qu'à Paris « on a beaucoup apprécié l'attitude prise par le gouvernement fasciste ». Mais les Allemands ne voulaient pas laisser leur allié italien les abandonner. Les accords de Moscou du 28 septembre avaient été signés sans que l'Italie eût été prévenue. Aussi, à son tour, von Ribbentrop téléphona-t-il à Ciano pour lui proposer une entrevue Hitler-Mussolini à Munich, ou à défaut la venue de Ciano à Berlin. Ciano se rendit à Berlin où le 1er et le 2 octobre Hitler, qu'il trouva « très calme, je dirais même détendu », lui exposa la situation. Les allusions à l'entrée de l'Italie en guerre furent très discrètes. Hitler insista sur le fait que l'Italie devait devenir la maîtresse absolue de la Méditerranée. Il annonça enfin une prochaine offre de paix aux occidentaux.

Le renforcement des liens franco-britanniques

La France et l'Angleterre se contentèrent pendant cette période de renforcer leurs gouvernements respectifs et leurs liens mutuels. Le 5 septembre, le cabinet Chamberlain fut remanié. Churchill y entra comme premier lord de l'Amirauté et Eden comme ministre des Dominions. En France, le 13 septembre, Daladier, déjà président du Conseil et ministre de la Défense nationale, prit également les Affaires étrangères, à la suite du départ de Bonnet. Les organisations communistes furent dissoutes le 26 septembre. Les 30 novembre à la Chambre, et 2 décembre au Sénat, fut voté un projet de loi accordant les pleins pouvoirs au gouvernement pendant la durée des hostilités. Le général Gamelin fut reconnu par les Anglais comme généralissime sur le front occidental. Un conseil suprême de guerre franco-anglais se réunit pour la première fois le 12 septembre. Mais l'armée française ne lança aucune offensive d'envergure. Conçue pour la défensive, elle ne pouvait qu'attendre le jour où l'effort industriel tardivement entrepris et l'aide américaine lui auraient assuré une nette supériorité. L'initiative appartenait donc à Hitler. En octobre, 4 divisions britanniques étaient en ligne le long de la frontière belge. Enfin, un gouvernement polonais en exil, présidé par Raczkiewicz, avec Zaleski aux Affaires étrangères, fut établi à Paris le 30 septembre.

II. La « drôle de guerre »

La tentative de paix d'Hitler

Depuis la défaite de la Pologne jusqu'au 10 mai 1940, la guerre terrestre, sur le front occidental, revêtit une forme très paisible. Seule l'affaire de Norvège viendra la troubler avant l'attaque décisive de l'Allemagne. Dans ces conditions, il n'est pas étonnant qu'Hitler ait tenté de faire la paix, de façon à consacrer ses conquêtes et à les absorber. La fin de l'année 1939 fut donc marquée par des tentatives de paix. Le 6 octobre, Hitler prononça un grand discours devant le Reichstag : « Pourquoi, dit-il, la guerre devrait-elle maintenant avoir lieu à l'Ouest ? Pour la reconstitution de la Pologne ? La Pologne du traité de Versailles ne ressuscitera jamais. Cela, ce sont deux des plus grands États de la terre qui le garantissent. » Il se déclara prêt à exposer ses buts de guerre : à l'exception des revendications coloniales, il ne demandait rien à la France ni à l'Angleterre. La paix eût été la reconnaissance de tous les coups de force accomplis. Ni la France, ni l'Angleterre ne pouvaient l'admettre. Le 10 octobre, Daladier répondit dans un discours radiodiffusé : « Nous avons pris les armes contre l'agression et nous ne les déposerons que lorsque nous aurons la garantie d'une sécurité qui ne soit pas mise en question tous les six mois. » En Angleterre, seuls Lloyd George et Bernard Shaw avaient été favorables aux suggestions du Führer. Comme le dit Ciano : « C'est la preuve par l'absurde que les Anglais jugent les propositions d'Hitler absolument inacceptables. » Chamberlain prit d'ailleurs la parole le 12 octobre et déclara : « Des conditions de paix qui commencent par absoudre l'agresseur ne peuvent être acceptables. Les propositions contenues dans le discours du chancelier Hitler sont vagues et incertaines et ne contiennent aucune suggestion pour réparer les torts faits à la Tchécoslovaquie et à la Pologne. » L'offensive de paix allemande faisait long feu et le gouvernement allemand publia le 13 une déclaration où il constatait : « Alors que le Führer a fait des propositions constructives, pour l'établissement d'une Europe pacifique et protégée, Chamberlain et sa clique ont choisi la guerre. »

La tentative des petits États neutres

Une deuxième tentative d'origine différente eut lieu en novembre. Les États-Unis avaient songé un moment à offrir leur médiation, mais après avoir consulté ses collaborateurs, le 8 octobre, le secrétaire d'État Cordell Hull estima que cela était inutile et le président Roosevelt rendit publique cette décision, le 11 octobre. Mais Hitler, malgré ses généraux, avait l'intention d'engager les opérations à l'ouest dans un délai rapproché, sans doute le 12 novembre ; c'est ce qui résulte de sa directive du 9 octobre 1939. 90 divisions allemandes étaient massées le long des frontières belge et hollandaise. Ces deux pays étaient neutres et ne voulaient pas demander le secours de la France ni de l'Angleterre. *A fortiori*, ils refusèrent les propositions franco-anglaises, faites dès septembre, d'engager des conversations militaires. Les deux alliés firent alors savoir à la Belgique qu'en cas d'attaque, ils ne pourraient porter leurs troupes au-delà de l'Escaut. Le ministre des Affaires étrangères hollandais, Van Kleffens, proposa le 5 novembre à la reine Wilhelmine une médiation belgonéerlandaise. Une telle médiation avait été suggérée le 28 août précédent. Le 6 novembre, le roi Léopold, accompagné par le ministre des Affaires étrangères, Spaak, se rendit à La Haye. Le 7 novembre, les deux souverains envoyèrent un télégramme à George VI, au président Lebrun et à Hitler : « Souverains de deux États neutres, ayant de bonnes relations avec tous nos voisins, nous sommes prêts à leur offrir nos bons offices. » Cette proposition reçut l'adhésion immédiate des rois de Danemark, de Norvège, de Suède, du président de la République finlandaise et l'approbation du roi de Roumanie et du Pape. Hitler répondit, dès le 9 novembre, par un refus. C'est à cette occasion qu'ayant quitté à la hâte la brasserie de Munich où il parlait, celle-ci fut détruite par une bombe. Il est assez vraisemblable que c'était là un « attentat truqué, destiné à montrer avant les heures décisives la protection providentielle dont jouissait le Führer ». À leur tour, les chefs d'État français et anglais rejetèrent la médiation. Le président Lebrun déclara : « La paix fondée sur la justice est seule durable. Toute solution qui consacrerait le triomphe de l'injustice ne serait qu'une paix précaire. C'est à l'Allemagne et non plus à la France qu'il appartient aujourd'hui de se prononcer pour ou contre cette paix. » De même, George VI estima que l'Allemagne devait au préalable faire des propositions précises. Cette double réponse mettait fin aux espoirs allemands d'une guerre limitée. Une nouvelle alerte eut lieu lorsque le 10 janvier 1940 des plans d'attaque furent trouvés sur un appareil allemand qui avait fait un atterrissage forcé en Belgique.

Jusqu'en avril, la guerre terrestre va se trouver réduite à une longue et morne attente sur le front occidental, le seul qui subsiste. Il est hors de doute que les états-majors français et anglais croyaient à une guerre longue, à une défensive prolongée qui leur permettraient de rattraper et de dépasser l'avance allemande en matière d'armements.

La « guerre d'hiver » russo-finlandaise

C'est dans les pays scandinaves que la situation était la plus tendue, et d'abord en Finlande. Ce pays était considéré par les Russes comme faisant partie de la zone d'influence soviétique Le traité de non-agression russo-finlandais de 1932 avait été prolongé le 7 avril 1934 jusqu'à la fin de 1945. Cependant, après avoir obtenu des bases dans les trois pays baltes, la Russie entama le 12 octobre des négociations avec la Finlande en vue d'acquérir des avantages similaires. Quoique l'Allemagne eût décliné la proposition finlandaise de jouer le rôle de médiatrice, le gouvernement finlandais refusa le 13 novembre de se soumettre aux exigences soviétiques : Cession de la base d'Hangoe (Hanko), des îles du golfe de Finlande, et recul de la frontière à 70 km de Leningrad. Le 28 novembre, l'URSS dénonça le pacte de non-agression de 1932. Le 29, elle rompit les relations diplomatiques et, malgré une proposition de bons offices du président Roosevelt, le 30 novembre, l'Armée rouge envahit le territoire finlandais. Le lendemain 1er décembre, à Terijoki, fut constitué, avec l'appui soviétique, un gouvernement finlandais communiste, présidé par Otto Kuusinen, sous le nom de République populaire finlandaise. Le 3 décembre, le nouveau gouvernement finlandais, présidé par Ryti, avec Tanner aux Affaires étrangères, fit appel à la Société des Nations qui, le 14, décida d'exclure l'URSS de la liste de ses membres. Le fait est important, car il explique l'insistance soviétique, en 1944-1945, pour créer à la place du premier organisme international une institution toute nouvelle. La déclaration de neutralité, faite le 25 février 1940 par les États scandinaves, empêcha pratiquement toute aide alliée de parvenir à la Finlande. Seul exista un transit d'armes provenant d'Italie. Mais au même moment, Hitler acceptait de ravitailler les sous-marins russes dans le golfe de Botnie. D'ailleurs, après une protestation soviétique, le transit du matériel fut interrompu le 9 décembre 1939. Sous l'influence de Goering, l'Allemagne avait fourni des armes à la Finlande, mais cela cessa dès le début de la guerre finlando-soviétique. L'Allemagne fut strictement fidèle au pacte Ribbentrop-Molotov. Cependant, avec persistance, le bruit courut d'un rapprochement des belligérants contre l'URSS. De son côté, écrivant à Hitler, le 3 janvier 1940, Mussolini encourageait un tel rapprochement. « Je suis profondément convaincu que la Grande-Bretagne et la France n'arriveront jamais à provoquer une capitulation de votre Allemagne, aidée par l'Italie. Mais il n'est pas du tout certain qu'il sera possible de réduire les Anglais et les Français à merci, ni même de les diviser. Le croire serait se faire des illusions. » Il lui suggéra de rétablir l'indépendance d'une Pologne au territoire limité ; Hitler refusa aussitôt. Lors des conseils suprêmes interalliés, on ne se mit pas d'accord sur la stratégie à suivre. Du côté français, on faisait des plans d'expéditions à travers la Norvège, ou à Salonique, ou même contre le centre pétrolier soviétique de Bakou ce qui aurait provoqué une guerre directe avec l'URSS. Les Anglais auraient préféré des bombardements de la Ruhr. Les Français s'y opposaient par crainte de représailles.

En fait, la victoire péniblement acquise de l'Armée rouge en Finlande écarta toute nouvelle occasion de paix. Par le traité de Moscou du 12 mars 1940, la Finlande cédait définitivement à l'URSS l'isthme de Carélie, avec Viborg (Viipuri) et à bail pour trente ans, la presqu'île de Hangoe, moyennant une redevance de 8 millions de marks finlandais. Ces conditions étaient bien plus dures que les concessions réclamées en novembre 1939.

La guerre de Norvège

De la guerre russo-finlandaise découle en quelque sorte la guerre de Norvège. L'Allemagne achetait de grandes quantités de minerai de fer suédois qui transitait par le port norvégien de Narvik. En prenant ce port, on couperait donc la « route du fer ». Déjà, le 16 février 1940, le destroyer britannique *Cossack* avait pris à l'abordage dans les eaux territoriales norvégiennes le navire allemand *Altmark*, pour libérer des marins anglais prisonniers. Cet incident avait suscité des protestations auprès du gouvernement d'Oslo, émanant aussi bien des Allemands que des Anglais. En France, le 22 mars, le gouvernement Daladier, affaibli, donna sa démission. Le nouveau cabinet, dirigé par Paul Reynaud, n'obtint qu'une voix de majorité (268 contre 156 et 111 abstentions). Reynaud signa à Londres, le 28 mars, avec la Grande-Bretagne une déclaration par laquelle les deux États s'engageaient à ne conclure ni armistice, ni paix séparée. On pouvait espérer que le nouveau gouvernement agirait avec plus d'énergie. Le 26 mars, il avait demandé le rappel de Souritz ambassadeur d'URSS à Paris, pour un télégramme jugé incorrect.

Dès le 8 avril, les deux gouvernements occidentaux remirent une note à la Norvège, annonçant la pose de mines dans ses eaux territoriales pour empêcher le passage des cargos allemands. Le 9 avril, saisissant ce prétexte, l'Allemagne, qui avait minutieusement préparé son coup, envahit le Danemark — occupé sans résistance et placé sous « protection armée » — et la Norvège, où fut installé immédiatement un gouvernement proallemand dirigé par l'ancien officier et leader fasciste Quisling. C'était un simple prétexte. On sait que cette campagne avait été ordonnée par Hitler dès le 1er mars 1940. Elle devait se terminer par une victoire rapide des Allemands et par le départ pour Londres, le 10 juin, du roi de

Norvège Haakon VII. D'autre part, le 10 avril, l'Islande, jusqu'alors dépendante du Danemark, prit en main la conduite de ses Affaires étrangères. Des troupes britanniques occupèrent la grande île, dès le 10 mai, avec l'accord de Washington. Mais les États-Unis s'opposèrent à une occupation du Groenland par des forces canadiennes.

Ce même jour, les troupes allemandes attaquèrent la Belgique et la Hollande sous prétexte de « sauvegarder leur neutralité » en fait pour porter aux alliés un coup décisif. Le même jour encore Winston Churchill succéda à Chamberlain auquel on reprochait les défaites en Norvège et constitua un cabinet d'union nationale.

III. La défaite de la France et l'armistice

La défaite militaire

C'est le 10 mai 1940 qu'Hitler lança sa grande offensive occidentale sur la Hollande, la Belgique et la France. En un mois, la défaite franco-anglaise sur le continent était devenue certaine. Rappelons-en les phases.

La première, du 10 au 19 mai, pourrait être appelée la phase de Gamelin. Les Allemands remportèrent deux succès décisifs : les Néerlandais déposèrent les armes le 15 ; dans les Ardennes, du 14 au 16 mai, les blindés allemands, commandés par le général Guderian, percèrent le front français. Alors que les Alliés s'attendaient à une nouvelle application du plan *Schlieffen* de 1914 et avaient envoyé leurs meilleures troupes en Belgique (l'Allemagne portant tout son effort sur son aile droite), l'attaque au centre, par les Ardennes, jugées à tort inaccessibles aux tanks, fut une surprise totale. Elle avait été préconisée par le général von Manstein et, malgré l'état-major, adoptée par Hitler lui-même. Le 16, le général Gamelin déclara que Paris pouvait être pris dans la soirée. On brûla en partie les archives du Quai d'Orsay. En fait, les Allemands préférèrent marcher vers l'Ouest et ils atteignirent Abbeville le 19 mai. La rapidité foudroyante avec laquelle cette percée fut opérée s'explique moins par la supériorité allemande en armements (elle n'était évidente que pour l'aviation) que par la supériorité de la doctrine stratégique allemande : utilisation massive et autonome des chars avec un appui aérien constant. Ce sont les avions allemands qui anéantirent l'essentiel des « divisions cuirassées » françaises au moment de leur débarquement. Malgré les efforts de Charles de Gaulle et de Paul Reynaud depuis 1934, le haut état-major français s'en était tenu à une conception défensive et classique.

Paul Reynaud, qui avait toujours été hostile au général Gamelin, et qui, le 9 mai, avait, contre Daladier, proposé son remplacement, nomma généralissime Weygand et procéda à un remaniement de son cabinet : Daladier passa de la Défense nationale aux Affaires étrangères et laissa son ancien poste au président du Conseil lui-même. Le maréchal Pétain fut nommé ministre d'État et vice-président du Conseil.

La deuxième phase dura du 19 mai au début de juin. Weygand essaya de rétablir la liaison entre les armées du nord et celles du centre. L'opération échoua du fait de flottements dans l'exécution par les Anglais de la manœuvre prévue, de la mort accidentelle du général Billotte qui devait la commander, de la reddition sans condition de l'armée belge le 28 mai. On décida alors d'évacuer par Dunkerque les armées du nord en sacrifiant leur matériel. L'opération fut achevée le 3 juin.

La troisième phase fut la tentative désespérée de Weygand d'organiser une ligne de défense sur la Somme et l'Aisne. 50 divisions mal armées devaient affronter 150 divisions allemandes, il n'y avait pas de réserve générale. Le seul espoir était un arrêt momentané de l'offensive allemande. Mais la bataille s'engagea dès le 5 juin. Le front de la Somme fut rompu le 6, celui de l'Aisne le 7. Le gouvernement quitta Paris le 10, jour même de l'entrée en guerre de l'Italie.

Parallèlement à cette évolution militaire, les diplomates agissaient. Jusqu'au 10 juin, l'attention se porta sur deux points : le renforcement des effectifs et de l'aviation anglaise, l'attitude de l'Italie.

Les demandes de secours à l'Angleterre

Au conseil suprême du 16 mai, tenu à Paris, Churchill, après en avoir référé au cabinet britannique, promit un secours supplémentaire de dix escadrilles. Mais comme il l'a révélé dans ses *Mémoires* il apprit le même jour par le général Gamelin que la France n'avait aucune réserve générale. Dès le lendemain, il ordonna par prudence d'étudier les mesures propres à rapatrier le corps expéditionnaire britannique. Le 31 mai, en pleine opération de Dunkerque, Churchill revint à Paris avec Attlee, les généraux Dill et Spears. Le premier britannique donna alors à Paul Reynaud l'assurance que si l'un des deux pays tombait dans la lutte, l'autre ne l'abandonnerait pas. Il vit aussi le maréchal Pétain qui, « grave et réservé, me donna à penser par son attitude qu'il envisagerait la possibilité d'une paix séparée ». La résolution anglaise de poursuivre le combat à tout prix s'affirma. Le 4 juin, Churchill prononça au Parlement un discours devenu célèbre dans lequel il déclarait : « Nous ne nous rendrons jamais. » Le 6 juin encore, il annonça la venue de deux divisions britanniques nouvelles en France. Mais dès lors, les demandes françaises de secours ne seront plus satisfaites, la sécurité de l'Angleterre exigeant le maintien de toutes les forces disponibles sur le sol national. Notons encore que le 5 juin, un nouveau remaniement ministériel français eut lieu dont l'aspect principal, en ce qui nous occupe, fut le départ de Daladier, Reynaud se chargeant lui-même des Affaires étrangères, assisté de Paul Baudouin. Le général de brigade Charles de Gaulle devint sous-secrétaire d'État à la défense nationale et fut chargé de la liaison avec le cabinet britannique.

Les dernières négociations avec l'Italie

L'entrée en guerre de l'Italie aux côtés de l'Allemagne ardemment réclamée par Hitler dans une longue lettre au Duce du 8 mars 1940 fut pratiquement décidée lors de l'entrevue du Führer et du Duce au Brenner le 18 mars 1940. Comme d'habitude lors des réunions entre les deux dictateurs, Hitler parla presque constamment. Mussolini se contenta d'affirmer que l'entrée en guerre de l'Italie était inévitable, mais qu'il fallait choisir le moment opportun. Rien de tout cela n'était bien précis, et Ciano, de plus en plus neutraliste, crut même pouvoir affirmer le 19 mars au sous-secrétaire d'État américain Sumner Welles, qui accomplissait une mission d'information en Europe, que l'Italie n'entrerait jamais en guerre tant qu'il serait ministre des Affaires étrangères.

Le 14 mai au soir, l'ambassadeur des États-Unis à Paris mit le cabinet français au courant d'une conversation que son collègue de Rome avait eue la veille au soir avec le comte Ciano. Il en résultait que l'Italie allait probablement entrer en guerre. D'ailleurs, Ciano relatait dans son journal à la date du 13 mai que Mussolini lui avait dit : « Avant la fin du mois, je déclare la guerre. » Et Ciano ajoutait : « Aujourd'hui pour la première fois je n'ai pas répondu. Désormais, je ne puis plus rien entreprendre pour retenir le Duce. Il a décidé d'agir et il agira. Il croit au succès des Allemands et à la rapidité de leur succès. Seul un nouveau développement des événements militaires peut l'amener à revenir sur sa décision ; mais, pour le moment, les choses vont si mal pour les Alliés qu'il n'y a pas d'espoir ».

Le cabinet de guerre français décida de ne pas répondre aux gestes provocateurs de l'Italie, et de renforcer discrètement la flotte de Méditerranée. Mais, comme la situation empirait, on fut obligé de pousser plus loin les concessions. Le 26 mai, Reynaud se rendit à Londres à L'improviste. Une note fut préparée, selon laquelle les Alliés conviendraient avec l'Italie des satisfactions qu'ils lui accorderaient après la guerre. Le président Roosevelt qui avait déjà envoyé des avertissements les 29 avril et 14 mai, adressa le 26 mai un message à Mussolini lui proposant de servir d'intermédiaire pour transmettre à Londres et à Paris les revendications italiennes. Une fois la solution trouvée, Roosevelt garantissait au nom des États-Unis que cette solution serait appliquée après la guerre, à condition bien entendu que l'Italie n'entrât pas dans la lutte. Il espérait ainsi effacer le souvenir de Wilson, s'opposant en 1919 à la réalisation des promesses faites aux Italiens par les Français, les Anglais et les Russes (traité de Londres d'avril 1915). Mais Ciano, qui reçut l'ambassadeur américain, lui répondit par un refus. Dans une lettre de Mussolini à Hitler, en date du 25 mai, le Duce annonçait l'entrée en guerre de l'Italie après le 5 juin. Plusieurs ministres, et notamment Daladier dressèrent le 27 mai au soir, un projet de concessions massives aux Italiens pour les retenir au bord de l'abîme. On leur céderait d'immenses territoires aux dépens de l'AEF, du sud de la Libye au golfe de Guinée. Le statut politique de la Tunisie serait modifié. À ce projet, on ajouta le 28, la cession de la côte française des Somalis et du chemin de fer d'Addis-Abeba.

Le nouveau secrétaire général du ministère des Affaires étrangères, Charles-Roux, qui avait succédé le 21 mai à Alexis Léger, obtint que le projet fût soumis au préalable au gouvernement britannique. Celui-ci le critiqua vigoureusement : Mussolini, estimait-il, ne se déclarerait pas satisfait et réclamerait toujours davantage. Il ne voudrait pas lâcher son allié allemand au moment de la victoire. Surtout, l'effet moral en France et en Angleterre serait désastreux.

L'entrée en guerre de l'Italie

Devant cette réaction, on abandonna le projet sans l'avoir soumis à l'Italie. Mais, au sein du gouvernement français, Anatole de Monzie, partisan des concessions, en liaison constante avec l'ambassadeur italien Guariglia, exerçait une grande influence sur Daladier, ministre des Affaires étrangères. En fait, on se rallia, le 31 mai, à une offre de négociations avec l'Italie, conçue en termes beaucoup plus vagues et comportant une consultation avec Londres : on ouvrirait immédiatement avec l'Italie une vaste discussion sur l'ensemble des questions méditerranéennes. Le même jour, le président Roosevelt fit une nouvelle démarche, plus énergique. Il déclara que l'intervention italienne dans la guerre provoquerait une augmentation de la production d'armes américaines. Ces deux tentatives n'aboutirent pas. La veille même, Mussolini avait envoyé une lettre à Hitler lui annonçant l'entrée en guerre de l'Italie pour le 5 juin. Le 1er juin, Hitler lui répondit en lui demandant de retarder de quelques jours. On s'arrêta alors au 11. La déclaration de guerre fut notifiée le 10 juin. Comme le dit François-Poncet à Ciano : « C'est un coup de poignard à un homme déjà à terre », et il ajouta : « Les Allemands sont de durs maîtres, vous vous en apercevrez vous aussi. » Quoique le traité franco-anglo-turc impliquât une entrée en guerre de ce dernier pays si la guerre s'étendait en Méditerranée, la Turquie n'osa pas intervenir. Von Papen, nommé ambassadeur à Ankara dès avril 1939, réussit jusqu'en août 1944 à faire maintenir la neutralité turque. Il signa un traité de non-agression (18 juin 1941), un important traité de commerce (9 octobre 1941) disputant à l'Angleterre la production turque de chrome. Il ne pourra par contre amener la Turquie dans la guerre contre l'URSS au nom du Pantouranisme.

Le 10 juin, le général Franco annonça que son gouvernement avait décidé d'occuper temporairement la zone internationale de Tanger.

Les négociations franco-anglaises sur l'armistice

À partir du 10 juin, l'armée française était vaincue, désorganisée, et malgré d'innombrables épisodes de résistance isolée, elle se désagrégeait. Le problème capital était de savoir quelle serait dans ces conditions l'attitude des gouvernements français et britannique.

Les délibérations principales du gouvernement français eurent lieu entre le 1er et le 16 juin. Le 11 juin, le gouvernement était installé dans la région de Tours, le président de la République à Cangey, le ministre des Affaires étrangères à Langeais. Ce même jour, le 11 juin, eut lieu au GQG du général Weygand, à Briare, un conseil suprême interallié. Churchill, venu avec Eden et le général Dill, rencontra Reynaud, Weygand, Pétain, de Gaulle. Weygand réclama une dernière fois de nouvelles escadrilles anglaises. Churchill refusa : il était absolument nécessaire de garder tous les avions pour la défense de la Grande-Bretagne. Weygand qui, dès le 7 juin, estimait l'armistice indispensable, fut alors définitivement gagné à cette solution. Le problème qui se posait était de savoir si l'on procéderait à une demande d'armistice, qui engagerait le gouvernement lui-même et qui immobiliserait la flotte française et les troupes disponibles dans l'Empire, ou bien si le gouvernement se retirerait en Afrique du Nord pour continuer la lutte, les débris de l'armée française dans la métropole étant amenés à capituler. Le maréchal Pétain et Weygand, comme soldats, n'admettaient pas cette deuxième solution, interdite au surplus par le code français de justice militaire. Ils étaient soutenus par quelques ministres et notamment par Baudouin et Bouthillier. Pour eux, le gouvernement devait rester en France pour partager les souffrances des Français et pour entreprendre une vaste œuvre de redressement moral. Au contraire, Reynaud et Mandel, soutenus par les présidents des deux Chambres, Herriot et Jeanneney, préconisaient une capitulation de l'armée et le départ du gouvernement pour l'Afrique du Nord. Cette solution était seule conforme au traité franco-anglais du 28 mars 1940, prévoyant qu'il n'y aurait ni armistice, ni paix séparés. Elle serait avantageuse pour l'Angleterre puisque la flotte française continuerait la lutte ainsi que les divisions d'outre-mer. Mais cela présentait un grave danger : les 4 divisions équipées qui stationnaient en Afrique du Nord avaient été transportées en France. Il ne restait que quelques divisions médiocres, une journée de munitions, et pas une seule usine d'armements. Évidemment, les Alliés gardaient la maîtrise de la mer, mais leur aviation en Méditerranée serait à peu près inexistante. Or, le général Franco, au moins en apparence, était favorable à l'Axe. Sans doute ne pourrait-il empêcher les troupes allemandes de traverser l'Espagne. À supposer que celles-ci ne pussent débarquer en Afrique française, le Maroc espagnol leur serait ouvert. On pourrait prévenir ce danger en occupant préventivement le Maroc espagnol. C'était alors l'idée du général Noguès, résident général de France au Maroc. Mais cela entraînerait aussitôt l'Espagne dans la guerre. On comprendra quelles pouvaient être les hésitations des hommes d'État responsables.

Les derniers conseils suprêmes interalliés

Au conseil suprême de Briare, Churchill déclara (d'après le général Ismay) : « Si la France juge préférable dans son calvaire actuel que son armée capitule, n'ayez aucune hésitation par égard pour nous ; car, quoique vous puissiez faire, nous continuerons à nous battre encore et toujours. » Churchill ajoute dans ses Mémoires : « On ne doit pas oublier que tout au long de cette pénible discussion j'étais obsédé et miné de chagrin par la pensée que la Grande-Bretagne avec ses 48 millions d'habitants n'avait pas été capable d'apporter une contribution plus grande aux combats terrestres contre l'Allemagne, et que, par là même, les neuf-dixièmes du carnage et 99 % des souffrances étaient échus à la France et à la France seule. » Churchill repartit le 12 juin au matin. À son départ, l'amiral Darlan s'engagea solennellement à ne jamais laisser la flotte française tomber aux mains des Allemands. Un nouveau conseil suprême se réunit le 13 juin à la Préfecture de Tours. Churchill était venu en compagnie de quelques ministres et généraux anglais. Reynaud demanda à Churchill quelle serait l'attitude de la Grande-Bretagne « au cas où le pire se produirait ». Churchill lui répondit que l'Angleterre était prête à lutter jusqu'au bout et à écraser l'hitlérisme, qu'il souhaitait que la France restât en guerre ; « qu'en aucun cas la Grande-Bretagne ne gaspillerait du temps et de l'énergie en reproches et en récriminations, ce qui ne signifiait pas qu'elle souscrirait à des initiatives contraires aux dispositions du récent accord ». La première chose que Reynaud avait à faire, c'était d'envoyer un message au président Roosevelt, pour lui exposer sans détour la situation actuelle et lui demander l'intervention militaire des États-Unis. Reynaud avait déjà expédié au président Roosevelt un message lui demandant toute l'aide possible de caractère non militaire. Roosevelt lui avait répondu le 13 pour l'encourager à continuer la lutte : « Le gouvernement des États-Unis fait actuellement tout ce qui est en son pouvoir pour mettre à la disposition des gouvernements alliés le matériel dont ils ont un si urgent besoin et nous redoublons d'efforts pour faire encore mieux. » Avant de décider quoi que ce soit d'autre, il fallait attendre la réponse américaine au deuxième message. Si l'Angleterre gagnait la guerre, la France serait rétablie dans sa dignité et dans sa grandeur. Paul Reynaud ayant demandé si ces paroles engageaient le gouvernement britannique, le Premier ministre se retira pendant une demi-heure avec lord Halifax, lord Beaverbrook et les autres membres de la délégation anglaise pour en délibérer. Tous approuvèrent cette déclaration. Churchill quitta alors Tours, tandis que se réunissait à Cangey un Conseil des ministres français qui décida le repli du gouvernement sur

Bordeaux et où fut âprement discuté le problème de l'armistice. Dès la soirée du 13, Paul Reynaud adressa au président Roosevelt le message prévu dans lequel il demandait aux États-Unis une intervention, les mettant en face de leurs responsabilités pour la défense de la civilisation occidentale. « Je sais qu'une déclaration de guerre ne dépend pas de vous seul. Mais je dois vous dire, en cette heure si grave de notre histoire autant que de la vôtre, que si au cours des heures qui vont suivre, vous ne pouvez donner à la France l'assurance que les États-Unis entreront en guerre dans un temps très court, le sort du monde en sera changé. » Churchill appuya la démarche de Paul Reynaud auprès de Roosevelt.

Le 14 juin, eut lieu le voyage de Tours à Bordeaux. Le 15 juin, les positions se durcirent au sein du gouvernement français, et Pétain menaça de donner sa démission si on ne demandait pas immédiatement l'armistice. D'autre part, Chautemps suggéra une solution de compromis : on demanderait aux Allemands leurs conditions d'armistice, à titre d'information. Mais Paul Reynaud obtint qu'avant toute décision on attendît la réponse de Roosevelt.

La journée du 16 juin

Le 16 juin fut la journée décisive. Sur le plan diplomatique, on peut la résumer comme suit : un premier Conseil des ministres se tint à 11 heures. Paul Reynaud y lut la réponse du président Roosevelt. Elle était pleine de sympathie mais négative : « Conformément à sa politique, qui consiste à ne pas reconnaître les résultats des conquêtes territoriales effectuées au moyen d'une agression militaire, le gouvernement des États-Unis n'admettra la validité d'aucune tentative pour porter atteinte par la force à l'indépendance et à l'intégrité territoriale de la France. En ces heures si déchirantes pour le peuple français et pour vous-même, je vous envoie l'assurance de mon extrême sympathie ; je puis vous certifier qu'aussi longtemps que le peuple français continuera la défense de sa liberté qui est aussi celle des institutions démocratiques à travers le monde, il peut être assuré que matériel et approvisionnement lui seront envoyés des États-Unis en quantité et variété toujours croissantes. Je sais que vous comprendrez que ces déclarations n'entraînent aucun engagement d'ordre militaire. Seul le Congrès peut prendre de tels engagements. » On notera que le 16 juin le président Roosevelt insista de façon pressante auprès de l'ambassadeur français de Saint-Quentin, pour que la France continuât la lutte en Afrique du Nord.

Les deux notes anglaises

On assista alors à deux démarches successives de l'Angleterre. L'ambassadeur Ronald Campbell remit d'abord à Paul Reynaud deux messages. L'un, daté de 12 h 35 rappelait que l'accord du 28 mars n'engageait pas seulement Paul Reynaud qui l'avait signé, mais tout gouvernement français présent et à venir : « Il met donc en cause l'honneur de la France. » L'Angleterre n'admettait une enquête sur les conditions allemandes d'armistice que si la flotte française était au préalable envoyée dans les ports britanniques. L'autre, daté de 15 h 10, réclamait que le gouvernement anglais fût consulté dès que les conditions d'armistice auraient été reçues. L'Angleterre demandait l'envoi de l'aviation en Afrique du Nord ou en Angleterre et le dégagement des troupes belges, tchécoslovaques et polonaises reconstituées en France.

Le projet d'Union franco-britannique

Mais une deuxième démarche vint annuler celle-ci, si bien que Paul Reynaud ne parla pas de ces deux notes au Conseil des ministres qui devait se réunir à 17 heures. Ronald Campbell retira les deux notes et les remplaça par un projet d'Union franco-britannique. Ce projet, déjà discuté à Paris et à Londres par des organismes privés, fut lancé le 14 juin à Londres sur la suggestion de Jean Monnet qui dirigeait la Commission franco-britannique de coordination des achats avec son adjoint René Pleven du côté français, lord Halifax, Vansittart du côté anglais. Le cabinet britannique en délibéra les 15 et 16 juin. Le général de Gaulle, venu à Londres le 16 juin, l'approuva. C'est lui qui, à 16 h 30, en téléphonera le texte à Paul Reynaud. « Ma réaction fut d'abord défavorable », dit Churchill, mais : « je fus un peu surpris de voir des hommes de tous les partis, des politiques sérieux, solides, expérimentés, s'engager aussi passionnément dans une immense entreprise dont les complications et les conséquences n'avaient été pesées en aucune façon. Je ne m'entêtai pas, et au contraire, je cédai à cette vague généreuse qui portait notre volonté d'action à un si haut degré de désintéressement et de courage ».

Le texte était de rédaction anglaise : « À cette heure si grave dans l'histoire du monde moderne, les gouvernements du Royaume-Uni et de la République française se déclarent indissolublement unis et inébranlablement résolus à défendre en commun la justice et la liberté contre l'asservissement à un système qui réduit l'humanité à la condition des robots et des esclaves. »

Il n'y aura plus deux nations mais une Union franco-britannique. Des organismes communs seront créés pour la défense, la politique extérieure, les finances et les affaires économiques. Les citoyens français auront immédiatement la citoyenneté en Grande-Bretagne et réciproquement. Les deux pays supporteront en commun la réparation des dommages de guerre. Pendant toute la durée de la guerre il n'y aura qu'un cabinet de guerre dont dépendront toutes les forces militaires. Les deux Parlements fusionneront. « L'Union consacrera toutes ses énergies contre la puissance de l'ennemi où que se livre la bataille. Et ainsi nous vaincrons. »

Ce projet était-il absolument sérieux ? N'avait-il pas plutôt pour but, comme le laisse entendre Churchill, de stimuler l'énergie des adversaires de l'armistice au sein du gouvernement français ? L'essentiel est que l'on n'en discuta guère à Bordeaux au cours du long Conseil des ministres qui dura de 17 à 20 heures. Paul Reynaud, très las, finit par donner sa démission. Il est difficile de croire qu'il ait pu ignorer que son successeur serait le maréchal Pétain et que cela signifiait une demande immédiate d'armistice.

La demande d'armistice

Le maréchal Pétain constitua son ministère à 22 heures avec une liste de partisans de l'armistice. Il hésita, pour la direction des Affaires étrangères, entre Laval et Baudouin. Sur les conseils de Weygand et de Charles-Roux, il choisit finalement Baudouin. Laval, dépité, refusa de faire partie du nouveau gouvernement, jusqu'au 23 juin. Ce choix était d'importance. Laval représentait la tendance de la rupture avec l'Angleterre. Baudouin était partisan de maintenir les liens franco-britanniques. « L'armistice ne doit pas détruire. Je ne puis accepter ce poste qu'à condition de pouvoir donner tous mes efforts au maintien de l'alliance anglaise et de l'amitié américaine. Le maréchal me répond qu'il est entièrement d'accord avec moi. » Il est vrai que Pétain était fort influençable.

À 23 h 30, un bref Conseil des ministres décida de demander l'armistice. À minuit 30, Baudouin convoqua l'ambassadeur d'Espagne de Lequerica. Il demanda au gouvernement espagnol de transmettre le mes-

sage français au gouvernement allemand, ce qui fut fait à 3 heures du matin. Il est à noter que ce message parlait moins d'armistice que des « conditions de paix ». Les ambassadeurs d'Angleterre, puis des États-Unis, furent alors reçus successivement. Baudouin déclara qu'en tout état de cause, la flotte française ne serait pas livrée aux Allemands ni aux Italiens. Dès le 17 juin, le maréchal prononça un discours radiodiffusé dans lequel bien prématurément, selon l'opinion de Baudouin lui-même, il prononça la phrase : « L'heure est venue de cesser le combat. » [1]

Dès lors, deux séries de négociations se poursuivirent parallèlement : entre la France, l'Allemagne et l'Italie, pour la conclusion de l'armistice ; entre la France et l'Angleterre, ce dernier pays s'efforçant d'éviter le pire.

Les discussions franco-anglaises

Dès le 17 juin, Churchill adressa un message personnel à Pétain et à Weygand : « Je tiens à vous redire ma profonde conviction que l'illustre maréchal Pétain et le fameux général Weygand, nos camarades de deux grandes guerres contre les Allemands, ne voudront pas frapper leur alliée en livrant à l'ennemi la belle flotte française. Un tel acte marquerait leurs noms au fer rouge pendant mille ans d'histoire. Et cependant, c'est ce qui arrivera fatalement si l'on continue à gaspiller ces quelques heures précieuses durant lesquelles la flotte pourrait être mise en sûreté dans les ports anglais ou américains, emportant avec elle l'honneur de la France et ses espoirs. » Ronald Campbell communiqua le 17 juin au maréchal Pétain les deux notes du 16 juin, momentanément retirées par le gouvernement britannique. Un certain nombre d'hommes d'État et d'officiers anglais se trouvaient à Bordeaux. L'un d'entre eux, le général Spears, le 17 juin, emmena avec lui par surprise à Londres le général de Gaulle, ex-sous-secrétaire d'État. Celui-ci devait, le lendemain soir, sur la BBC, lancer son célèbre appel à la poursuite de la lutte. Le gouvernement britannique envoya par ailleurs le premier lord de l'Amirauté Alexander, le secrétaire d'État aux Colonies, lord Lloyd et le premier lord de la Mer, à Bordeaux. Pendant la journée du 19 juin, ils eurent de nombreux contacts

1. Rapportée ultérieurement sous la forme « L'heure est venue de tenter de cesser le combat. »

avec divers ministres français. On leur répéta de toutes parts que la flotte ne tomberait pas aux mains de l'Allemagne. Mais on refusa de déplacer les navires. Toutes les tentatives britanniques furent vaines et le 22 juin au soir, apprenant que l'armistice était signé, le gouvernement britannique rappela de Bordeaux l'ambassadeur Ronald Campbell avec tout le personnel de l'ambassade ainsi que les représentants du Canada et de l'Afrique du Sud.

Les Anglais s'efforcèrent alors d'encourager les mouvements de résistance à l'armistice, celui du général de Gaulle en particulier. Le 25 juin, le cabinet de guerre britannique décida d'envoyer à Rabat le ministre de l'Information Duff Cooper, et le général lord Gort, pour prendre contact avec un certain nombre de parlementaires (25) qui avaient quitte Bordeaux sur le *Massilia* le 21 juin, et parmi eux Mandel, Campinchi et Daladier. Mandel avait préparé une déclaration instituant un gouvernement de Résistance. Le général Noguès communiqua ce message à Pétain et Darlan, puis fit arrêter Mandel qui, ensuite, fut réembarqué sur le *Massilia*. Duff Cooper et Gort ne purent entrer en contact avec lui.

Les négociations d'armistice

Pendant ce temps se déroulaient les négociations d'armistice. Le gouvernement allemand avait reçu la demande française le 17, à 3 heures du matin. Il fallut attendre le 19, à 16 h 30, pour que l'ambassadeur Lequerica communiquât au gouvernement de Bordeaux que l'Allemagne était prête à faire connaître ses conditions.

Dans l'intervalle, Hitler avait voulu conférer avec Mussolini. La rencontre eut lieu les 18 et 19 juin à Munich. Mussolini, dont les troupes n'avaient pas obtenu de succès militaires, était mécontent. Il voulait des conditions draconiennes : l'occupation de tout le territoire français et la reddition de la flotte. Il réclamait pour l'Italie, Nice, la Corse, la côte française des Somalis, la Tunisie, agrandie aux dépens de l'Algérie. Il envisageait de remplacer les Anglais en Égypte et au Soudan, les Français au Maroc.

Mais avant tout, il était nécessaire de contraindre l'Angleterre à la paix et pour cela, d'empêcher la flotte française de joindre la flotte anglaise. Ainsi Hitler — qui, étant le seul véritable vainqueur, avait toute liberté de décision — était-il beaucoup plus modéré. Mussolini aurait voulu un seul armistice entre la France et les deux pays de l'Axe. Hitler insista pour deux armistices séparés.

Le gouvernement désigna une délégation, présidée par le général Huntziger, chef de la 2e armée avec l'ambassadeur Léon Noël comme adjoint civil. Il était bien entendu dans ses instructions qu'aucune unité navale ne serait livrée à l'Italie ou à l'Allemagne, ni aucune partie de l'Empire occupée. C'était la condition *sine qua non*.

Le 20 juin à 11 h 15, le gouvernement allemand fit connaître par radio qu'on attendait la délégation française à partir de 17 heures au pont de Tours. Le même jour, par l'intermédiaire de l'Espagne, on demanda la neutralisation d'une zone autour de Bordeaux. Les Allemands n'occuperaient pas cette ville jusqu'au départ du gouvernement français.

La délégation française pénétra dans les lignes allemandes le 20 au soir : le 21, eut lieu à Rethondes une cérémonie grandiose dans le « wagon de l'armistice » de 1918. Hitler accueillit lui-même, debout, les négociateurs français et, tout en rejetant sur la France la responsabilité de la guerre, affecta de présenter l'armistice comme un accord entre soldats qui ont loyalement combattu. Puis, il se retira, et ses généraux, Keitel et Jodl, exposèrent les conditions allemandes. Celles-ci furent connues à Bordeaux le 21 au soir par un coup de téléphone de Huntziger à Weygand. Une réunion eut lieu immédiatement chez le général : Pétain, Baudouin, Bouthillier, Darlan, Alibert, Charles-Roux, y assistaient. Les conditions paraissaient dures mais non déshonorantes. À 1 heure du matin, le 22, se tint un Conseil des ministres pour en discuter. Ronald Campbell essaya sans succès de faire passer une note au conseil. « Il ne doute pas que le conseil se rende compte du caractère insidieux de la condition concernant la flotte », étant donné qu'on ne peut avoir aucune confiance dans la parole des Allemands. Le conseil se contenta de rédiger plusieurs observations qu'il communiqua à Huntziger : pas d'occupation de Paris ; la flotte de guerre serait basée en Afrique. Un accord serait conclu sur les militaires étrangers se trouvant en France. La clause prévoyant la livraison des ressortissants allemands réfugiés en France serait amendée. À 14 heures, le Conseil des ministres apprit que les Allemands avaient rejeté toutes ces demandes. Il était seulement prévu que la commission d'armistice examinerait la situation de la flotte. C'était un vrai Diktat. Le Conseil des ministres accepta. La signature de l'armistice eut lieu à 18 h 50, heure allemande.

L'armistice avec l'Italie

Pour que l'armistice franco-allemand entrât en vigueur, il fallait que fût signé l'armistice franco-italien. Certains espéraient que celui-ci serait inacceptable et que la France serait ainsi obligée de continuer la guerre.

Les négociateurs arrivèrent à Rome le 23 juin à bord d'avions allemands. Ils furent reçus à 19 h 30, à la Villa Incisa, en présence de Ciano. Badoglio présidait la délégation italienne. Les délibérations proprement dites eurent lieu à partir du 24, à 10 heures du matin. L'armistice fut signé à 19 h 15. Les deux armistices devaient entrer en vigueur six heures après que le gouvernement allemand eût été informé de l'armistice avec l'Italie, c'est-à-dire le 25 juin, à 0 h 35.

Les clauses des armistices

Quelles étaient les clauses de ces deux armistices ? L'armistice franco-allemand est évidemment de beaucoup le plus important. Nous laisserons de côté les stipulations proprement militaires : démobilisation, remise des armes en territoire occupé, entrepôt des armes sous contrôle des Allemands et des Italiens en zone non occupée, livraison des fortifications, dragage des mines, interdiction aux navires de sortir des ports, aux avions de décoller, aux postes de radio d'émettre. Plus intéressantes pour notre étude sont les clauses politiques et celles qui concernent la flotte.

Une zone occupée était créée, longeant toute la côte Atlantique et allant jusqu'au Jura. Le gouvernement pourrait siéger en zone non occupée ou à Paris. En zone occupée, les Allemands auraient le droit de la puissance occupante. Les frais des troupes d'occupation seraient à la charge du gouvernement français. Aucune arme, aucun soldat — sous peine d'être considéré comme franc-tireur — aucun avion, aucun équipement, aucun navire ne devraient être transférés en Angleterre ou à l'étranger. Les prisonniers français resteraient prisonniers jusqu'à la paix. Les prisonniers allemands seraient immédiatement restitués. Le gouvernement français était tenu de livrer à la demande de l'Allemagne tous les ressortissants allemands se trouvant en France ou dans les possessions françaises.

Les articles de la convention concernant la flotte étaient peu rassurants pour l'Angleterre. Une partie resterait à la disposition du gouvernement français pour la sauvegarde de l'Empire. L'autre partie serait rassemblée dans des ports à déterminer et devrait être « démobilisée et désarmée sous le contrôle de l'Allemagne et de l'Italie... » « La désignation de ces ports sera faite d'après les attaches de ces navires en temps de paix. Le gouvernement allemand déclare solennellement au gouvernement français qu'il n'a pas l'intention d'utiliser pendant la guerre, à ses propres fins, la flotte de guerre française stationnée dans les ports sous contrôle allemand, sauf les unités nécessaires à la surveillance des côtes et au dragage des mines ». Tous les navires, sauf ceux qui défendraient l'Empire, seraient rappelés en France. Ainsi, certains navires devraient revenir à Brest, Cherbourg, etc., en zone occupée, avec pour seule protection la parole solennelle donnée par Hitler. Bien plus, la clause sur la surveillance des côtes permettrait aux Allemands de s'emparer avec un simulacre juridique, de tous les navires. Une autre clause, anticipant sur les traités de paix, annonçait que l'Allemagne laisserait alors à la France sa flotte de guerre.

Il était prévu que le gouvernement allemand pourrait dénoncer à tout moment la convention d'armistice.

Quant à l'armistice avec l'Italie, il n'ajoutait pas grand-chose à ces clauses : démilitarisation d'une zone de 50 km de large à la frontière franco-italienne, de Toulon, Bizerte, Ajaccio, Mers-el-Kébir... et de diverses zones en Algérie et Tunisie. Occupation des territoires effectivement conquis, droit pour l'Italie d'utiliser librement le port de Djibouti et le chemin de fer d'Addis-Abeba.

Des commissions d'armistice allemande et italienne étaient créées pour assurer l'exécution des deux accords.

IV. L'Angleterre seule contre l'Axe

Après la signature de l'armistice, l'Angleterre demeurait seule contre l'Axe. Tout au plus bénéficiait-elle de l'appui modeste des gouvernements belge, néerlandais, polonais, norvégien, réfugiés à Londres, de la petite force qui se groupait autour du général de Gaulle, et de l'amitié de plus en plus agissante des États-Unis. Les premières conséquences de la défaite française ne tardèrent pas à se faire sentir [1].

1. Voir chap. 6, § IV, p. 342, 343, les conséquences de la défaite française en ce qui concerne l'Indochine.

L'URSS annexe les États baltes

La plus immédiate fut l'action entreprise par l'URSS contre les États baltes et la Roumanie. Pendant la bataille de France, l'URSS était restée silencieuse. Elle s'était contentée de se rapprocher de la Yougoslavie, particulièrement menacée par l'Italie. Dès le 11 mai, après un voyage du ministre des Finances yougoslave, Djordjevitch, à Moscou, furent signés une série d'accords économiques. Au début de juin, Molotov déclara qu'il espérait que les problèmes balkaniques seraient résolus par une collaboration entre l'URSS, l'Allemagne et l'Italie. Le 6 juin, la radio de Moscou fit savoir que la Russie ne resterait pas passive en cas d'une attaque italienne dans les Balkans. Le 25 juin, Molotov proposa à l'ambassadeur italien Rosso, un accord reconnaissant l'hégémonie soviétique dans la mer Noire et celle de l'Italie en Méditerranée. Les tentatives britanniques faites les 19 avril, 8 et 23 mai pour resserrer les liens du Royaume-Uni avec l'URSS eurent peu de résultats, sinon que le 5 juin Stafford Cripps fut nommé ambassadeur à Moscou. Il semble que le gouvernement russe ait été peu satisfait de la rapidité des victoires allemandes. Mais la presse soviétique continuait à insister sur l'importance du traité germano-russe.

Trois ultimatums furent adressés le 14 juin à la Lituanie, le 19 à la Lettonie et à l'Estonie. On sait que ces pays étaient déjà occupés par des troupes russes, s'élevant peut-être à 90 000 hommes. Les ultimatums prenaient prétexte d'une menace des populations baltes contre l'Armée rouge, et exigeaient l'arrestation de certains ministres. De nouveaux gouvernements furent établis sous le contrôle de Dekanozov en Lituanie, de Vichinsky en Lettonie et de Jdanov en Estonie. Ces gouvernements n'étaient pas proprement communistes. Mais dès le 14 juillet, de nouvelles élections de type soviétique eurent lieu auxquelles se présentèrent, sur des listes uniques, des communistes et des sympathisants. Les nouveaux parlements réclamèrent l'incorporation immédiate des États baltes dans l'Union soviétique. Une session spéciale du Soviet suprême admit, entre le 1er et le 8 août, les trois pays baltes comme trois nouvelles républiques socialistes soviétiques. C'était une véritable annexion.

L'URSS annexe la Bessarabie

D'autre part, Molotov fit savoir, le 13 juin, à l'ambassadeur allemand Schulenburg l'intention des Soviets d'annexer non seulement la Bessarabie mais aussi la Bukovine, qui n'avait pas été incluse dans sa zone d'influence. Les Allemands protestèrent, le 25 juin, sous prétexte que cette province n'avait jamais appartenu à la Russie. Molotov déclara le 26 juin, qu'il se contenterait de la Bukovine du Nord avec Czernovitz. Il adressa un ultimatum au gouvernement roumain exigeant :

— le retour à la Russie de la Bessarabie dont elle n'avait jamais admis la perte ;

— la cession du nord de la Bukovine dont la population était historiquement et sur le plan linguistique liée à l'Ukraine soviétique, et dont l'annexion compenserait dans une faible mesure les torts faits à l'URSS par vingt-deux ans de domination roumaine sur la Bessarabie.

Dans ces conditions, le gouvernement roumain fit appel à l'Allemagne et à l'Italie qui refusèrent d'agir et dut céder. Le 2 août, fut constituée une République socialiste soviétique de Moldavie. Les Allemands ripostèrent aussitôt en envoyant en Roumanie une mission de caractère militaire, prélude à une occupation militaire plus poussée. En moins d'un an, la population de l'URSS s'était accrue de 23 millions d'habitants : 13 dans l'ancienne Pologne, 10 en Roumanie et dans les États baltes.

Les acquisitions bulgares et hongroises

Aussitôt après ces événements, la Bulgarie et la Hongrie revendiquèrent des territoires roumains. Les négociations commencèrent au milieu d'août. Elles aboutirent, le 22 août, à un accord roumano-bulgare pour la cession de la Dobroudja méridionale aux Bulgares. Les négociations avec la Hongrie furent plus difficiles. Les Roumains espéraient avoir l'appui de l'URSS. Mais d'un autre côté le gouvernement roumain était peu désireux d'une occupation par les troupes russes. Aussi, le 29 août, Ciano et von Ribbentrop convoquèrent-ils à Venise les ministres des Affaires étrangères roumain, Manoïlescu et hongrois, Csaky. Le 30 août fut signé sous la pression germano-italienne le « deuxième arbitrage de Vienne ». La Transylvanie était partagée en deux. La Hongrie annexait dans les quinze-jours un territoire de 44 000 km^2, peuplé de 2 millions d'habitants. Quelques jours après, le 6 septembre, le roi Carol de Roumanie abdiqua en faveur de son fils Michel. Le 12 septembre, un accord signé à Vienne abolit la commission internationale du Danube créée le 23 juillet 1921 et la remplaça par un « conseil du Danube fluvial » comprenant l'Allemagne, l'Italie, la Bulgarie, la Roumanie, la Hongrie la Yougoslavie et la Slovaquie. La France et l'Angleterre en étaient ainsi exclues. Enfin, le 11 octobre, Hitler, sous prétexte de protéger les puits de pétroles roumains contre les sabotages anglais, ordonna à la Wehrmacht d'occuper la Roumanie, ce qui ne laissa pas de mécontenter les Italiens.

Le pacte tripartite

Ce profond remaniement de la carte européenne fut consacré du côté allemand par la signature, le 27 septembre, du pacte tripartite. Les rapports entre l'URSS et l'Allemagne empirèrent avec le deuxième arbitrage de Vienne. Le 10 septembre, Molotov fut averti que désormais l'Allemagne et l'Italie garantissaient les frontières roumaines. Il protesta le 21 et réclama l'appui allemand pour la cession de la Bukovine du Sud. On notera que c'est à la fin de juillet 1940 qu'Hitler songea sérieusement à préparer l'attaque contre l'URSS et que le plan *Barbarossa* commença d'être élaboré. Toutefois des précautions spéciales devaient être prises pour cacher aux Russes la préparation d'une offensive vers l'est. Le 27 septembre, à Berlin, l'Allemagne, l'Italie, et le Japon signèrent le pacte tripartite. C'était un traité d'alliance politique, militaire et économique, pour le cas où l'un des trois contractants serait attaqué par une puissance non engagée jusqu'à présent dans la guerre européenne ou dans la guerre sino-japonaise. L'article V prévoyait que le pacte n'affecterait pas les rapports existants entre les trois signataires et l'URSS. Il avait une portée incomparablement plus grande que le pacte antikomintern. Désormais, la politique allemande allait chercher à obtenir le plus possible d'adhésions au pacte tripartite.

Les négociations avec l'Espagne

Une tentative fut faite pour y introduire l'Espagne. Hitler et Mussolini désiraient vivement entraîner l'Espagne franquiste dans la guerre. Au moment de l'armistice franco-allemand, le général Franco, en termes vagues, s'était déclaré prêt. Mais, désireux d'éviter à son pays épuisé par la guerre civile de nouvelles destructions, il entendait poser des conditions préalables. Il réclamait l'assurance que l'Espagne annexerait Gibraltar, le Maroc français, le département d'Oran où les Espagnols sont nombreux, de vastes territoires en bordure du Rio de Oro et en Guinée. N'ayant que pour huit mois de blé, il réclamait une aide économique. Il proposa le 8 août de n'entrer en guerre qu'après le débarquement allemand en Grande-Bretagne. Mussolini lui répondit, le 25 août, pour l'engager à hâter son action. En septembre, voyant que l'Allemagne ne remporterait pas de succès décisif dans la bataille aérienne au-dessus de l'Angleterre, Franco devint plus prudent. Son ministre des Affaires étrangères, Serrano Suñer, se rendit le 17 septembre à Berlin où il constata qu'Hitler était peu disposé à accepter intégralement les revendications espagnoles sur le Maroc. Serrano Suñer se rendit ensuite à Rome le 1er octobre. Les résultats étaient peu satisfaisants. Mais Hitler n'avait pas perdu l'espoir de gagner l'Espagne et il en fit part à Mussolini lors d'une nouvelle entrevue que les deux dictateurs eurent au Brenner le 4 octobre. À cette occasion tous deux exposèrent quelques-unes de leurs revendications. Hitler voulait une partie du Maroc avec Casablanca et Agadir et entendait constituer un vaste Empire allemand en Afrique occidentale. Mussolini réclamait Nice, la Corse, la Tunisie et Djibouti. Il annonça son projet d'attaquer la Grèce et refusa prudemment l'appui allemand que lui offrait Hitler. Tous deux se mirent d'accord pour ne pas faire de promesses précises à l'Espagne.

L'espoir d'une entrée en guerre de ce pays disparut lorsque, le 23 octobre, Hitler eut rencontré Franco à Hendaye [1]. À cette date, l'armée italienne avait échoué à Sidi-el-Barrani dans son offensive contre l'Égypte ; l'on signa un protocole très vague par lequel Franco se contentait de promettre l'entrée en guerre de l'Espagne et son adhésion au pacte tripartite, sans fixer de date précise. Le 28 octobre, Hitler, déçu, rencontra à nouveau Mussolini à Florence. « Franco lui est apparu un cœur courageux mais un homme qui n'est devenu chef que par hasard... Les Espagnols ne se rendent pas compte de leur position et se fixent des objectifs absolument disproportionnés à leurs forces. Tandis qu'ils se réservent le choix du moment de leur entrée en guerre, ils commencent par présenter une quantité de requêtes d'ordre matériel, trop lourdes pour l'Axe... et ont un programme de revendications coloniales d'une telle ampleur que son acceptation de notre part déterminerait immédiatement l'Empire français à se ranger dans le camp gaulliste. »

Les seules adhésions au pacte tripartite en 1940 furent celles de la Hongrie le 20 novembre, de la Roumanie le 23 et de la Slovaquie. Ces

1. Cette entrevue eut lieu entre les deux rencontres de Montoire, Hitler-Laval et Hitler-Pétain, dont nous parlerons plus loin, p. 289.

trois pays devenaient donc ou restaient les satellites de l'Axe. La Hongrie dut, d'autre part, accepter que les 60 000 Allemands qui résidaient sur son territoire fussent réunis en une organisation nationale-socialiste autonome placée sous le contrôle direct du Reich.

L'attitude du gouvernement Pétain

Pendant cette période, la situation de l'Angleterre était singulièrement difficile. Le premier problème grave qu'elle eut à résoudre fut celui de ses rapports avec la France dont le gouvernement s'était installé à Vichy. Les articles de l'armistice permettaient de supposer que la flotte française pourrait tomber aux mains des Allemands. Les seules garanties contre une telle éventualité étaient deux promesses : celle des Allemands dans le texte de l'armistice, que Churchill considérait comme sans valeur ; celles des membres du gouvernement français et de l'amiral Darlan. Mais si ceux-ci exécutaient intégralement les clauses de l'armistice, ils ne seraient plus en mesure de la tenir. Dans son discours du 22 juin, Churchill avait violemment condamné l'armistice, qui, disait-il, « met toutes les ressources de l'Empire français et de la marine française entre les mains de l'adversaire pour lui permettre d'atteindre ses buts ». D'autre part, si Baudouin était favorable au maintien du « front moral et politique qu'ont jusqu'ici constitué les gouvernements français et britannique », Laval, entré au Conseil des ministres le 23 juin, poussait à la rupture immédiate avec l'Angleterre. Il déclara même au mois d'août qu'il souhaitait l'entrée en guerre de la France contre son ancienne alliée. Le maréchal Pétain, très influençable, suivit en général, au cours de l'été 1940, les conseils de Baudouin.

Les opérations anglaises contre la flotte française

Devant cette situation tragique, Churchill et le cabinet britannique prirent la décision de mettre la flotte française hors d'état de nuire. Le 3 juillet, commencèrent toute une série d'opérations. À Mers-el-Kébir, l'amiral anglais Sommerville adressa un ultimatum à l'amiral français Gensoul. Celui-ci devait, avant 15 heures, accepter de se joindre à la flotte britannique ou d'appareiller avec des équipages réduits, vers les Antilles françaises ou les États-Unis. Approuvé par Darlan, Gensoul rejeta l'ultimatum. La flotte anglaise attaqua. Plusieurs bâtiments furent coulés, d'autres endommagés ; il y eut 1 200 tués. Le même jour, les navires de guerre français stationnés à Plymouth furent saisis. Le 8 juillet, le porte-avions *Hermès* endommagea le *Richelieu* à Dakar. Quant à la flotte stationnée à Alexandrie, un accord fut signé entre les amiraux Cunningham et Godefroy prévoyant son désarmement.

Quelle allait être la réaction française ? Le 4 juillet, au matin, Laval et Darlan obtinrent du Maréchal que l'escadre d'Alger, renforcée du *Strasbourg* qui s'était échappé de Mers-el-Kébir, fit une attaque de représailles. Après une discussion ardente, Baudoin convainquit Pétain d'annuler cet ordre. On se borna à décider la rupture des relations diplomatiques avec Londres. On y laisserait seulement le Consulat général et la mission commerciale dont le chef, Paul Morand, resterait l'agent officieux du gouvernement français à Londres. Mais celui-ci, de sa propre initiative, quitta l'Angleterre, ce qui rompit le dernier lien.

Les relations franco-anglaises avant l'affaire de Dakar

Les rapports entre Vichy et l'Angleterre présentèrent un aspect différent, selon que l'on se place avant ou après l'affaire de Dakar (22-25 septembre 1940). Avant Dakar, l'Angleterre soutint énergiquement le général de Gaulle. « À cette époque, dit Churchill, le gouvernement de Sa Majesté estimait qu'il importait beaucoup d'aider le général de Gaulle et les Français libres à obtenir le ralliement des possessions et des colonies africaines de la France. » En effet, le général avait créé, le 30 juillet, un Conseil de défense de la France d'outre-mer, dont Churchill avait approuvé la Constitution. Diverses colonies se rallièrent à son autorité [1]. On pouvait espérer qu'il en serait de même de l'AOF, d'où l'expédition décidée le 3 août par Churchill, approuvée ensuite par de Gaulle [2]. Une force française, appuyée par la flotte et l'armée britannique, tenterait de s'emparer de Dakar. L'opération échoua, peut-être parce qu'une escadre obéissant au gouvernement de Vichy, était arrivée à Dakar, à la suite d'indiscrétions commises à Londres. Les Français libres ne purent, le 23 septembre, établir le contact avec le gouverneur général Boisson. Les Anglais s'obstinèrent en vain le 24 et le 25 et finirent par se replier.

1. Nouvelles-Hébrides, le 29 juillet ; Tchad, Cameroun du 26 au 28 août ; Tahiti, le 31 août ; les villes de l'Inde, le 9 septembre ; la Nouvelle-Calédonie le 24 septembre ; le Gabon et le reste de l'AEF entre septembre et le 5 nov.
2. Ce même jour, fut signé un accord militaire Churchill-de Gaulle sur la force française.

Après cette date, Churchill changea nettement d'attitude et, sans abandonner les gaullistes, chercha un *modus vivendi* avec Vichy. Cela donna lieu, entre septembre et décembre, à une série de négociations officieuses dont il est très difficile, dans l'état actuel de la documentation, d'apprécier exactement la portée.

Les négociations Hoare-de la Baume

Entre Samuel Hoare, ambassadeur britannique à Madrid, et son collègue français de la Baume, il y avait eu des entretiens dès le mois d'août. Le 27 septembre, deux jours après Dakar, ceux-ci reprirent. Hoare remit à de la Baume un mémorandum dans lequel le gouvernement britannique demandait à Vichy l'engagement de ne pas attaquer les navires ou ports britanniques, de ne pas discuter l'appui de l'Angleterre au général de Gaulle, de ne pas laisser passer sous influence allemande ou italienne les colonies restées dans l'obédience du maréchal, ni la flotte. Le 12 octobre, le gouvernement de Vichy annonça son désir de poursuivre les négociations en vue d'aboutir à un *modus vivendi*. Il ne reconnaissait « ni la cause, ni l'autorité de De Gaulle ». Il riposterait à toute nouvelle attaque anglaise. On aboutit aux bases d'un arrangement : le gouvernement français renoncerait à entreprendre la conquête des territoires ralliés à la France libre. Le gouvernement anglais n'entreprendrait aucune action contre les autres territoires. Les relations maritimes reprendraient entre la France métropolitaine et les colonies.

Montoire

L'entrevue de Montoire entre Pétain et Hitler, le 24 octobre, mit brusquement fin à ces négociations. D'ailleurs, de la Baume fut remplacé en octobre par François Piétri, beaucoup plus hostile à la Grande-Bretagne.

Au cours de l'été 1940, la politique française à l'égard de l'Allemagne, déchirée entre la tendance Baudouin et la tendance Laval, restait incertaine. Les négociations se faisaient par l'intermédiaire de la commission d'armistice de Wiesbaden où le général Huntziger représentait la France et von Stulpnagel l'Allemagne. Les Allemands avaient nommé « ambassadeur d'Allemagne à Paris » un journaliste — assez peu influent, semble-t-il — Otto Abetz. Il y avait un délégué général du gouvernement français à Paris, Léon Noël, ancien ambassadeur en Pologne, auquel devait succéder le général de la Laurencie. Mais le fait essentiel fut la tentative de Laval d'entrer directement en contact avec les Allemands et de gagner leur confiance. Dès le mois d'août, Laval eut plusieurs entretiens avec Abetz. Il profita d'une maladie de Baudouin, atteint d'une pneumonie du 4 au 16 octobre, pour circonvenir le maréchal Pétain et pour accroître son influence. Le 21 octobre, Laval partit pour Paris afin de voir von Ribbentrop. Le 22 octobre, il rencontra Hitler à Montoire, en Touraine. Il promit de décider Pétain, déjà convaincu, à une entrevue avec le Führer. Celui-ci se rendait à Hendaye où, nous l'avons vu, il espérait amener Franco à entrer en guerre. Au retour, le 24 octobre, eut lieu, également à Montoire, la rencontre Pétain-Hitler, à laquelle assistait Laval, et non Baudouin. On admit le principe d'une « collaboration » entre les deux pays. Un protocole fut établi sur l'Empire français.

En Angleterre, on crut d'abord que Pétain s'était engagé à signer une paix séparée avec l'Allemagne, et cela suscita une grande inquiétude. Le roi George VI adressa au maréchal une lettre dans laquelle il disait notamment : « Le désastre qui a submergé la France nous a privés de son aide. Mais ce serait vraiment un sombre événement, dans l'histoire, si la France venait maintenant à se déclarer contre nous et à prêter une aide directe à notre ennemi. » Rendant compte à Mussolini de ces entrevues, le 28 octobre, à Florence, Hitler déclara que Laval était « un politicien démocratique malpropre, un homme qui ne croit pas à ce qu'il dit, qui s'oriente vers nous uniquement pour se sauver ». Par contre, le maréchal Pétain « a fait une excellente impression sur le Führer ». Laval se déclara d'accord pour une guerre contre l'Angleterre, mais quand les conditions psychologiques seraient meilleures. Pour rassurer Mussolini, inquiet d'un éventuel rapprochement franco-allemand, Hitler lui déclara qu'il ne signerait aucun traité de paix avec la France si d'abord les revendications italiennes n'étaient pas satisfaites.

La mission Rougier

Les négociations officieuses entre Vichy et l'Angleterre furent reprises par un professeur, Louis Rougier, qui avait offert, le 20 septembre, au maréchal Pétain, de lui servir d'intermédiaire auprès des Anglais. Pétain l'encouragea et lui aurait dit : « Laval est l'homme que je méprise le plus au monde ; mais j'en ai encore besoin ; après je m'en débarrasserai. » De Genève, Rougier partit pour Londres. Il y fut reçu d'abord par Alexander Cadogan, sous-secrétaire d'État permanent au *Foreign Office,* qui exigea de lui l'engagement préalable de ne rencontrer aucun gaulliste. Le 23, il alla voir lord Halifax, le 24, Churchill lui-même qui l'accueillit en disant, avec une très vive émotion : « Vous êtes le premier Français qui rétablit la liaison entre nous et le gouvernement de Vichy. N'évoquons pas les griefs passés. Envisageons seulement la situation présente et les moyens d'y faire face. » Rougier proposa un accord sur des bases analogues à celles des entretiens Hoare-de la Baume dont il ignorait d'ailleurs l'existence. De plus, l'Angleterre, tout en refusant d'assimiler le trafic d'Afrique du Nord au cabotage (lequel était exclu du blocus), fermerait les yeux. La BBC n'attaquerait plus personnellement le maréchal Pétain. La nouvelle de Montoire, le 25 octobre, faillit tout faire échouer. Mais Churchill finit par annoter de sa propre main le « protocole » rédigé par Rougier [1]. Il indiquait que si le général Weygand passait à la dissidence en Afrique du Nord, il pourrait compter sur un appui total des Britanniques. Si, par contre, le gouvernement de Vichy cédait des bases à l'Axe, l'Angleterre ferait tout en son pouvoir « pour abattre un gouvernement coupable d'une aussi basse trahison ». Rougier repartit par Lisbonne et l'Afrique du Nord. Weygand n'accepta pas de « brandir l'étendard de la rébellion » — selon les termes employés par Churchill Arrivé à Vichy, le 8 novembre, Rougier rédigea une note à l'insu de Laval, qui avait supplanté Baudouin aux Affaires étrangères à la fin d'octobre, et, le 11 novembre, il fut reçu longuement par le maréchal. Celui-ci lui aurait fait savoir qu'il avait ordonné de ratifier la négociation, et le gouvernement britannique aurait pris une décision analogue. Mais était-ce bien là, à proprement parler la ratification d'un accord ? Il semble que Rougier se soit fait des illusions à ce sujet. Churchill, en tout cas, n'a pas retenu cet événement dans ses *Mémoires*.

Les accords Halifax-Chevalier

Une troisième négociation se déroula en décembre. Le secrétaire général du ministère de l'Instruction publique, Jacques Chevalier, était depuis 1903 l'ami de lord Halifax. Le 3 décembre, l'amiral Auphan, sous-chef d'état-major de la marine, lui demanda d'utiliser ces liens d'amitié pour

1. Il est possible que l'écriture ne soit pas celle de Churchill. En fait, Churchill s'intéressait beaucoup plus à l'Afrique du Nord qu'aux relations avec Vichy.

essayer d'obtenir des Anglais la liberté d'introduire en France des produits pétroliers et de l'huile de graissage. Une coïncidence favorable amena à Vichy, le 4 décembre, le chargé d'affaires canadien, Pierre Dupuy, porteur d'un message de lord Halifax pour Chevalier. Il parlait de la nécessité de maintenir entre la France et la Grande-Bretagne un état de « tension artificielle ». Selon Dupuy, les Anglais étaient fort bien disposés à l'égard de la France et « très mécontents des gaffes qu'on leur a fait commettre à Mers-el-Kébir et à Dakar ». Un mémorandum fut élaboré par le maréchal, Chevalier, l'amiral Auphan et Pierre Dupuy, qui l'emporta le 7 décembre à Londres. On maintiendrait une atmosphère de « froideur artificielle » — le maréchal Pétain avait préféré le mot « froideur » au mot « tension » suggéré par Halifax. Pour les colonies françaises, le *statu quo* serait maintenu. Ni la flotte ni les colonies ne seraient livrées à l'Axe. Le blocus serait desserré pour certains produits comme les pétroles, les huiles. Pendant son voyage de retour, Pierre Dupuy envoya un télégramme : « Tout va bien », qui fut considéré à Vichy comme une « ratification » britannique de l'accord. De son côté, Pétain renvoya Laval le 13 décembre, et il profita du changement ministériel pour nommer Jacques Chevalier ministre de l'Instruction publique, afin de donner à Halifax une preuve tangible de ses intentions.

En fait, cet accord officieux fut appliqué un certain temps, et le blocus fut quelque peu adouci. En tout cas, ces négociations se firent à l'insu des Français libres, dont Churchill s'éloignait, nous l'avons vu, à la suite de l'échec de Dakar.

Les Anglo-Saxons et Vichy au début de 1941

Le maréchal Pétain, le 13 décembre 1940, renvoya Laval, et le remplaça aux Affaires étrangères par Flandin qui n'inspira pas confiance aux Allemands. Très vite, le principal personnage du régime fut l'amiral Darlan. Celui-ci, déjà ministre de la Marine, devint entre le 9 et le 25 février 1941, vice-président du Conseil, successeur désigné du maréchal, ministre des Affaires étrangères, de l'Information, de l'Intérieur.

Tandis que la rupture des relations diplomatiques franco-anglaises se poursuivait, Roosevelt, avec l'accord de Churchill, décida d'envoyer un ambassadeur à Vichy et désigna à cet effet son ami personnel, l'amiral Leahy, qui arriva le 9 janvier 1941. L'opinion publique américaine envisageait avec défaveur ces relations. Le but de Roosevelt était de faire pression sur Pétain pour l'empêcher de céder des bases de l'Empire français aux Allemands et aux Italiens. Il voulait aussi favoriser le retour au combat des territoires français d'outre-mer. Le meilleur moyen de pression à la disposition des Américains fut la signature des accords Weygand-Murphy. Le nouveau consul général américain à Alger, Robert Murphy, reçut du général Weygand, commandant des troupes françaises d'Afrique du Nord, et du gouverneur général Chatel, divers mémorandums relatifs aux besoins de l'Afrique du Nord, à peu près coupée de la métropole. Des négociations se déroulèrent à Alger du 18 au 26 février. Elles aboutirent à un accord qui fut approuvé en mars à Washington et Vichy, et entra en vigueur le 26 avril. Les clauses consistaient à promettre l'envoi de cargaisons indispensables des États-Unis en Afrique du Nord, avec la tolérance des Britanniques. Des vice-consuls américains surveilleraient l'utilisation de ces produits qui ne devaient pas être envoyés dans la métropole. Weygand avait d'autre part promis à Leahy de « s'opposer par tous les moyens dont il dispose à une attaque contre l'Afrique du Nord, venant d'où que ce fût ».

Les protocoles de Paris (mai 1941)

L'amiral Darlan, qui détestait les Britanniques, « n'était pas germanophile, mais... il était convaincu que les Allemands gagneraient la guerre et établiraient un nouvel ordre en Europe ». Les terribles revers britanniques du printemps 1941, le confirmaient dans cette idée. Il désirait d'autre part obtenir des Allemands l'autorisation de réarmer les navires de guerre français. Il avait mis en avril des camions français à la disposition du nouveau commandement allemand en Libye, Rommel. Le 3 mai, il accepta une invitation à Paris de l'ambassadeur Abetz ; en échange du réarmement de 7 torpilleurs et 6 contre-torpilleurs, il permit que des avions allemands à destination de l'Irak fissent escale en Syrie pour y être ravitaillés, et que des armes fussent fournies aux rebelles irakiens.

Les 11 et 12 mai, il rencontra Hitler à Berchtesgaden. Les deux hommes discutèrent surtout de l'après-guerre. Hitler envisageait de donner à la France — si elle collaborait avec l'Allemagne — la Wallonie et la Suisse romande en échange de l'Alsace-Lorraine. La France garderait son Empire colonial, sauf le Maroc et la Tunisie. Elle pourrait obtenir des compensations aux dépens de l'Empire britannique. Tout cela restait vague. Mais les Américains, qui n'avaient pu percer le secret, étaient très inquiets.

Le 28 mai, Darlan signa à Paris trois « protocoles ». Le premier — qui fut appliqué — confirmait ce que nous avons dit ci-dessus, à propos de la Syrie. Le deuxième mettait à la disposition des Allemands, Bizerte et le chemin de fer Bizerte-Gabès, tandis que des navires de guerre français escorteraient les convois de ravitaillement pour l'Afrikakorps du général Rommel, récemment envoyé en Libye aux côtés des Italiens. Le troisième autorisait les sous-marins allemands à se ravitailler à Dakar. Restait à ratifier les protocoles. Pétain convoqua à cet effet Weygand, Boisson et diverses autres personnalités. Weygand critiqua violemment le projet de Darlan et refusa de livrer des bases. Pétain le suivit et Darlan, le 6 juin, finit par céder. Le déclenchement de la guerre contre l'URSS détourna l'attention allemande de ces problèmes.

Les Américains furent très déçus lorsque Weygand, en mauvais termes avec Darlan, fut rappelé à Vichy le 12 novembre 1941, après une forte pression allemande. Ils suspendirent momentanément les accords Murphy-Weygand (20 novembre-12 décembre). En fait, la pression allemande était moins forte qu'on ne le croyait à Washington, et l'entrevue de Saint-Florentin-Vergigny (1er décembre) entre Goering, Pétain et Darlan, montra que le maréchal essayait parfois de résister. Il faut attendre le retour de Laval (avril 1942) pour que Vichy cesse pratiquement de mener une politique indépendante. C'est à cette occasion que l'amiral Leahy fut rappelé à Washington.

V. Les affaires de Grèce et de Yougoslavie

Les ambitions italiennes

Mussolini, sans doute parce qu'il était désireux d'exploiter au maximum l'entrée en guerre de l'Italie, peut-être aussi parce qu'il était jaloux des succès allemands, projetait, au cours de l'été 1940, d'attaquer soit la Grèce, soit la Yougoslavie. Le 6 août, il parla à Ciano d'une attaque contre la Yougoslavie entre le 10 et le 20 septembre. Le 11 août, il lui dit qu'il comptait attaquer la Grèce vers la fin de septembre. Le premier projet dut être abandonné sous la pression allemande. « C'est un halte-là catégorique sur toute la ligne », écrit Ciano à la date du 17 août 1940. À Rome, le 19 septembre, von Ribbentrop déclara à Mussolini que « tout mouvement ultérieur qui tendrait à augmenter l'influence russe en Bulgarie et en Yougoslavie, ou à rapprocher les Russes du Bosphore, serait absolument contraire aux vues allemandes ». Mais en ce qui concernait la Grèce et la mer Égée « il s'agit d'intérêts absolument italiens, dont à l'Italie seule il appartient de choisir la solution ». Était-ce un mouvement de recul dû à l'état nouveau de tension germano-russe, et au désir allemand de hâter l'adhésion italienne au futur pacte tripartite du 27 septembre ? Quoi qu'il en soit, le Duce pensa avoir les mains libres au moins en Grèce. Le lendemain de l'occupation de la Roumanie par les troupes allemandes, Mussolini, « outré », dit à Ciano : « Hitler me met toujours devant le fait accompli. Cette fois-ci je vais lui rendre la monnaie de sa pièce. C'est par les journaux qu'il apprendra que j'ai occupé la Grèce. Ainsi l'équilibre sera rétabli. » La date fut fixée au 26 octobre, puis au 28. Nous avons vu qu'entre le 20 et le 24 octobre, Hitler avait eu de nombreux entretiens avec les dirigeants français et espagnols et que le 28, il alla rendre visite à Mussolini à Florence.

L'attaque italienne contre la Grèce

Les troupes italo-albanaises attaquèrent la Grèce le 28 octobre par un ordre exprès du Duce, malgré l'avis défavorable du chef d'état-major général Badoglio. Un ultimatum avait été adressé au gouvernement hellénique, exigeant l'occupation de quelques points stratégiques, et rejeté par celui-ci. Au bout de huit jours, l'initiative appartenait aux Grecs. C'était le début d'une longue série de défaites italiennes en novembre, décembre et janvier ; ce qui rendait la situation plus humiliante encore pour Mussolini, c'était le succès de l'offensive menée par les Britanniques en Libye, à partir du 9 décembre et, entre janvier et septembre 1941, la conquête par les Anglais de l'Afrique orientale italienne. Loin de pouvoir « faire équilibre » aux Allemands, il était réduit à demander leur secours et à jouer de plus en plus le rôle de « brillant second ».

Les négociations avec la Russie

Hitler, dès octobre 1940, avait songé à élargir le pacte tripartite en y faisant adhérer la Russie. Cela supposait dans son esprit que les Balkans resteraient une zone réservée à l'expansion italienne et allemande. Tout au plus faudrait-il abolir les conventions de Montreux sur les Détroits et admettre le libre trafic à travers les Dardanelles, en échange de quoi les quatre puissances garantiraient le *statu quo* territorial de la Turquie. Le Führer voulait empêcher toute nouvelle avancée de la Russie en Europe, que ce soit dans les Balkans ou en Finlande. Dans ce dernier pays, des troupes allemandes stationnaient depuis le 22 septembre 1940, sous prétexte d'assurer les communications les plus indispensables avec le nord de la Norvège. Le gouvernement finlandais avait accepté de conclure, sur ce point, un accord, dont la Russie n'avait été prévenue que le 21 septembre au soir.

Le but d'Hitler était donc de détourner la Russie de l'Europe. Le pacte quadripartite serait fondé sur le système des zones d'influence. L'Allemagne et l'Italie se partageaient l'Europe et l'Afrique (Afrique du Nord et de l'Est pour l'Italie ; Afrique centrale pour l'Allemagne). Le Japon aurait dans sa sphère d'influence l'Asie extrême-orientale. On laisserait à la Russie la région du golfe Persique, l'Iran et peut-être l'Inde. On réussirait de la sorte à isoler l'Angleterre et à décourager les États-Unis.

Le voyage de Molotov à Berlin

Le 13 octobre 1940, von Ribbentrop adressa à Staline une lettre très importante qui, par suite des lenteurs de la traduction en russe, ne lui fut remise que le 17 octobre. Il proposait un vaste accord sur la base des intérêts réciproques. Il invitait Molotov à venir à Berlin et suggérait de retourner lui-même à Moscou par la suite. Le 21 octobre, Staline adressa sa réponse à von Ribbentrop : « Je suis d'accord avec vous pour penser qu'une nouvelle amélioration des rapports entre nos États est tout à fait possible, en la fondant sur des bases durables d'une délimitation à long terme des intérêts réciproques. » Il proposait que Molotov vînt à Berlin vers le 12 novembre.

Molotov arriva effectivement ce jour-là à midi. Il rencontra von Ribbentrop, puis Hitler le 12 et le 13. Dans ses conversations, Molotov se montra extrêmement réaliste et concret : « un professeur de mathématiques », aurait dit Hitler. Il approuvait les principes généraux : « L'intérêt de l'Allemagne et de l'Union soviétique exige que ces deux pays collaborent et ne luttent pas l'un contre l'autre. » Il admettait que le partage des sphères d'influence fait en août 1939 eût besoin d'être complété. Mais sur la sphère d'influence russe, il ne partageait pas les idées d'Hitler, et sans refuser une expansion vers le golfe Persique et l'Iran, il réclamait aussi des avantages en Europe. Le 13 novembre, lors de leur dernière réunion dans un abri antiaérien de la Wilhelmstrasse, Ribbentrop proposa à Molotov la signature d'un traité — adhésion au pacte tripartite — et deux protocoles secrets. Le premier fixait le partage en zones d'influence sur les bases que nous avons déjà mentionnées. Le second reconnaissait à l'URSS le libre passage à travers les Détroits, tandis que les puissances non riveraines de la mer Noire ne pourraient au contraire y pénétrer. Molotov ne se contenta pas de ces propositions et quitta Berlin le 14. Le 25 novembre, il remit à l'ambassadeur allemand von der Schulenburg la réponse soviétique aux suggestions allemandes. L'URSS acceptait d'adhérer au pacte tripartite à des conditions précises. Elle admettait le premier protocole proposé par von Ribbentrop concernant « l'espace au sud de Batoum et de Bakou en direction générale du golfe Persique ». Le second protocole serait modifié : l'URSS pourrait créer une base terrestre et navale dans les Détroits. La Turquie serait invitée à se joindre au pacte quadripartite. Son intégrité territoriale ne serait garantie que si elle acceptait. Les Soviétiques proposaient trois autres clauses :

— l'Allemagne retirerait immédiatement ses troupes de Finlande ;

— le Japon renoncerait à ses concessions de charbon et de pétrole dans le nord de Sakhaline ;

— la Bulgarie se trouve dans la zone de sécurité des frontières soviétiques ; en conséquence, un pacte d'assistance mutuelle entre l'URSS et la Bulgarie est politiquement nécessaire ; ce pacte n'affecterait aucunement le régime intérieur, la souveraineté et l'indépendance de la Bulgarie. Ainsi l'URSS entendait fermement rester une puissance européenne, tant du côté de la Baltique que dans les Balkans. À ces propositions, l'Allemagne ne fera pas de réponse malgré l'insistance soviétique.

Hitler s'efforce d'isoler l'URSS

Tout cela explique assez bien qu'Hitler, après avoir hésité entre une attaque immédiate de l'Angleterre — laquelle s'avérait fort difficile après l'échec relatif de la bataille aérienne qui avait duré tout l'été — et une opération contre la Russie, indispensable pour réaliser ses plans grandioses d'« espace vital », ait finalement opté pour cette dernière solution. Dès novembre et décembre 1940, les premières mesures furent prises pour la mise en œuvre du plan *Barbarossa* contre l'URSS. Contentons-nous d'examiner ici les aspects diplomatiques du problème.

Pour mener à bien son plan contre la Russie, Hitler avait besoin de dominer les Balkans et l'Europe centrale. Nous avons vu que les 20 et 23 novembre, la Hongrie et la Roumanie avaient adhéré au pacte tripartite. Restaient la Bulgarie et la Yougoslavie. Hitler voulait amener également ces deux pays à donner leur adhésion. Il le déclara formellement à Ciano le 18 novembre lors d'une entrevue à Salzbourg, en ce qui concernait du moins la Yougoslavie. Il promit d'attaquer la Grèce à partir de la mi-mars et, pour gagner la Yougoslavie, il songeait à lui offrir Salonique. Pour satisfaire l'Italie, il suggérait seulement que la Yougoslavie démilitarisât la côte dalmate. Quant à la Bulgarie, on lui céderait un accès sur la mer Égée. L'attaque italienne contre l'Égypte contribuerait à accroître l'ampleur de la défaite britannique.

Hitler espérait encore décider Franco à entrer dans la guerre. Le 7 décembre, l'amiral allemand Canaris vint à Madrid pour demander l'autorisation du passage des troupes allemandes à travers l'Espagne en vue de l'attaque contre Gibraltar. Franco refusa. Hitler demanda alors à Mussolini d'insister. Franco et son ministre des Affaires étrangères, Serrano Suner, acceptèrent une entrevue à Bordighera, pour le 12 février 1941, avec les Italiens. À nouveau, Franco opposa un refus. Il n'accepterait qu'à certaines conditions : fourniture massive de blé, d'engrais et de mulets ou de tracteurs, et d'autre part, cession du Maroc français. « La France est l'ennemie séculaire de l'Espagne, comme de l'Allemagne. » D'autre part, « l'entreprise de Gibraltar est une entreprise espagnole et non une entreprise allemande, et les Espagnols ne pourraient jamais permettre que d'autres troupes se substituassent aux leurs ».

En ce qui concerne la Bulgarie, un véritable duel diplomatique se livra entre l'Allemagne et l'URSS. Dès le 18 novembre 1940, Molotov proposa au ministre bulgare à Moscou sa garantie et, le 25 novembre, l'URSS offrit à Sofia un pacte d'assistance mutuelle. Le 30 novembre, la Bulgarie refusa, prétextant qu'elle ne voulait pas inquiéter l'Allemagne. En février 1941, von Ribbentrop réussit à obtenir l'acte d'adhésion de la Bulgarie au pacte tripartite. Celui-ci fut signé le 1er mars. Le même jour, les troupes allemandes entrèrent en Bulgarie, malgré les protestations soviétiques.

L'attaque contre la Yougoslavie

Hitler était sur le point d'obtenir un accord analogue du gouvernement semi-dictatorial de Yougoslavie, dirigé par Tsvetkovitch, sous l'autorité du régent, le prince Paul. Le 25 mars, la Yougoslavie donna son adhésion au pacte. Mais le 27, un coup de théâtre se produisit. Le jeune roi Pierre II, encore mineur, fut amené à prendre personnellement le pouvoir, à renvoyer le prince Paul et à constituer un gouvernement d'union nationale dirigé par Simovitch. C'était un coup d'État militaire proanglais, soutenu par des éléments de l'opposition démocratique serbe. Hitler, irrité, décida alors d'attaquer la Yougoslavie même si cela devait retarder l'entrée en guerre contre l'URSS prévue pour le 15 mai. Le 6 avril, les troupes allemandes pénétrèrent en Yougoslavie et en Grèce. Le même jour, Staline signa avec le ministre yougoslave à Moscou, Gavrilovitch, un pacte de non-agression et d'amitié, qu'il fit dater du 5 avril. Le 18 avril, les hostilités prirent fin en Yougoslavie par la victoire totale de l'Allemagne. Le 27 avril, les Allemands entrèrent à Athènes, où leur attitude mécontenta d'emblée Mussolini, irrité de voir l'Allemagne aisément victorieuse d'un pays qui avait tenu ses troupes en échec. Le roi Pierre de Yougoslavie se réfugia à Jérusalem. Le roi Georges II de Grèce se rendit au Caire. Le 30 avril, les Allemands constituèrent un gouvernement satellite à Athènes sous le commandement du général Tsola Koglou.

Le partage de la Yougoslavie

Quel allait être le sort de la Yougoslavie vaincue ? Dès le 10 avril, la Croatie fut proclamée indépendante. Ante Pavelitch, chef des « Oustachis » croates, fut nommé chef du nouvel État. Celui-ci devait comprendre la Croatie avec Zagreb, la Bosnie et l'Herzégovine. Von Ribbentrop, dans ses entretiens avec Ciano à Vienne, les 21 et 22 avril 1941, affecta de considérer que la Croatie faisait entièrement partie de la sphère d'influence italienne et il fut décidé qu'un prince de la Maison de Savoie — ce devait être le duc de Spolète — deviendrait roi de Croatie. Mais quelles seraient les frontières du nouvel État ? Au nord, l'Allemagne annexait la Slovénie du Nord (Carniole supérieure et Styrie méridionale), et l'Italie la Slovénie du Sud (province de Ljubliana). À l'ouest, les Italiens revendiquèrent d'abord toute la Dalmatie, de Fiume à Cattaro. Puis désireux de ne pas mécontenter le nouvel État croate en le privant de débouché vers la mer, ils lui laissèrent une bande de territoire côtier près de

Fiume et, au sud, la région de Dubrovnik (Raguse). Ils recevaient à bail pour vingt-cinq ans la région de Zara, Sibénik et Split, les îles dalmates, la baie de Cattaro. On reconstitua le Monténégro, à peu près dans ses frontières de 1914 ; il devait être « indépendant », mais soumis à la couronne italienne.

La Hongrie, qui était entrée en guerre le 10 avril contre la Yougoslavie, annexait sur la rive gauche du Danube la Batchka et quelques régions voisines. Le Banat, revendiqué par la Roumanie, promis à la Hongrie, resta en fait sous administration allemande. Il subsistait une Serbie « indépendante », mais réduite à peu près à la veille Serbie, avec Belgrade et Nich. Une rectification de frontière était faite à l'est, au profit de la Bulgarie (région de Pirot). Surtout, celle-ci annexait au sud presque toute la Macédoine, et presque toute la Thrace, sauf Salonique qui restait à la Grèce. Le 18 mai, le duc de Spolète fut proclamé roi de Croatie, le couronnement étant ajourné jusqu'à la fin des hostilités. L'Albanie recevait une portion de la Macédoine occidentale et la région de Kosovo. Un traité de garantie et de collaboration était signé entre l'Italie et la Croatie : l'Italie garantissait l'intégrité territoriale de la Croatie ; celle-ci autorisait les troupes italiennes à transiter par son territoire. Elle s'engageait à ne pas entretenir de marine de guerre. La Croatie adhéra le 15 juin au pacte tripartite.

VI. L'attaque allemande contre la Russie

La décision d'Hitler

Les 12 et 13 novembre 1940, eut lieu, nous l'avons vu, une entrevue entre Molotov et von Ribbentrop à Berlin. Dès le 12 une directive militaire, signée par Jodl, abandonnait l'idée d'un débarquement immédiat en Angleterre et prévoyait une accentuation de la poussée germano-italienne en Méditerranée. L'échec des entretiens Ribbentrop-Molotov, confirmé par la lettre de Molotov du 25 novembre, amena Hitler à envisager d'une façon de plus en plus précise une guerre contre la Russie. Sa haine du communisme n'expliquait pas seule ce revirement. Sans doute y avait-il chez lui le désir d'abattre un rival à la fois mystérieux et gênant. Surtout, la guerre contre la Grande-Bretagne promettait d'être longue. Il devenait essentiel de s'assurer, par la conquête, les matières premières et les vivres nécessaires à sa poursuite. Le projet de guerre contre l'URSS s'inscrit donc dans le plan général d'Hitler de façon très logique. Il n'émane pas d'un coup de tête. Hitler s'engageait à fond dans la politique d'annexion du *Lebensraum.* Le 5 décembre, il ordonna de préparer l'offensive pour le 15 mai 1941 (plan *Barbarossa*). Désormais les dirigeants allemands s'efforceront de masquer autant que possible le déplacement massif de la Wehrmacht vers l'est. Le coup d'État yougoslave dont nous avons déjà parlé retarda d'environ cinq semaines le déclenchement de l'opération *Barbarossa.* Le 30 avril, elle fut fixée au 22 juin. Hitler était donc résolu à en finir avec Staline, et il confia à Alfred Rosenberg le soin de préparer l'organisation politique des territoires qui seraient conquis sur l'URSS. Le 30 avril, Rosenberg fut nommé « commissaire au contrôle central pour les affaires de l'Est européen ». Il importe dès maintenant de remarquer qu'Hitler, conseillé par Rosenberg, n'a pas alors songé à utiliser contre le gouvernement soviétique les éventuelles tendances autonomistes des populations non russes de l'Union. Au contraire, il exigea que les territoires conquis fournissent tout le ravitaillement des armées allemandes, quoique cette mesure pût « avoir... comme résultat la mort par la faim de plusieurs millions de personnes ». Cette attitude ne devait pas peu contribuer à dresser contre les Allemands la totalité des populations soviétiques.

Au cours des mois de mai et de juin, tous les renseignements qui parvinrent en Angleterre et aux États-Unis indiquaient qu'une attaque allemande contre les Soviets était imminente. De son côté, Staline obtint la neutralité du Japon [1]. Il multiplia les tentatives pour écarter la guerre. Par exemple, le jour où le ministre japonais des Affaires étrangères, Matsuoka, quitta Moscou le 13 avril 1941, Staline, qui était venu avec Molotov le conduire à la gare, posa sa main sur l'épaule de l'ambassadeur allemand von der Schulenburg en lui disant : « Nous devons rester amis et vous devez faire, pour cela, tout ce qui est en votre pouvoir. » Ainsi, les Russes acceptèrent-ils les prétentions allemandes sur le tracé de la frontière russo-allemande en Pologne (25 avril), et reconnurent le gouvernement de Rachid Ali en Irak (3 mai) [2]. Staline prit officiellement le 6 mai la tête du gouvernement pour bien montrer qu'il entendait continuer la politique proallemande de 1939. Les ministres yougoslave, belge, norvé-

1. Voir ci-après, chap. 6, § IV, p. 347.
2. Voir ci-après, chap. 6, § I, p. 316-317.

gien, grec furent expulsés d'URSS. Bogomolov, fut nommé ambassadeur auprès du maréchal Pétain. La « collaboration économique » se poursuivit jusqu'au bout, et la Russie avança même la date des livraisons pour de nombreux produits. Jusqu'au dernier jour, le caoutchouc d'Extrême-Orient, dont l'Allemagne avait un besoin particulièrement urgent, fut acheminé par trains express.

L'attaque allemande (22 juin 1941)

Bien entendu ces mesures ne modifièrent nullement la décision d'Hitler. L'ambassadeur von der Schulenburg rentra le 30 avril de Berlin où il avait séjourné quinze jours ; hostile, pour sa part, à la guerre, il était extrêmement découragé. Le 2 juin Hitler rencontra Mussolini au Brenner. Le 2 juin, l'ordre fut donné aux navires allemands qui se trouvaient dans les ports russes de les quitter immédiatement. Les garnisons allemandes furent renforcées en Finlande et en Roumanie. Les Anglais et les Américains multiplièrent les avertissements aux Soviets, mais ceux-ci prirent peu de mesures militaires concrètes, de caractère défensif. Le soir du 21 juin, une dernière démarche d'apaisement fut tentée par les Russes auprès des Allemands, mais il était trop tard. Le 22 juin au matin les troupes allemandes attaquèrent l'URSS. Hitler, dans la lettre qu'il écrivit à cette occasion à Mussolini (le 21 juin), déclara : « C'est la décision la plus importante de ma vie. » Les principaux prétextes donnés à l'agression allemande étaient : la menace que les troupes soviétiques faisaient peser sur l'Allemagne, la propagande du Komintern, la signature du traité d'amitié soviéto-yougoslave du 5 avril. Tel fut le sens de la déclaration que von der Schulenburg fit à Molotov le 22 juin au matin. Molotov aurait répondu : « Croyez-vous que nous ayons mérité cela ? » Désormais la guerre terrestre, qui jusqu'ici n'avait comporté que des campagnes foudroyantes et discontinues, va changer de caractère. Hitler croit qu'il s'agit encore d'une *Blitzkrieg* et qu'il sera vainqueur en quelques mois. En fait, il a engagé ses forces dans l'une des plus terribles guerres d'usure de l'histoire.

VII. Le renforcement des liens anglo-américains

Nous verrons dans le chapitre suivant comment les Anglais et les Américains, devant la menace croissante du Japon, à partir de juillet 1940, s'efforcèrent de coordonner le plus et le mieux possible leurs politiques et leurs efforts militaires. Étudions ici comment ce rapprochement se manifesta en ce qui concerne l'Europe. On peut distinguer, dans cette évolution, quatre points essentiels : l'accord sur les destroyers, la loi prêt-bail, l'aide à la Russie et la rencontre de l'Atlantique.

L'accord sur les destroyers américains

Il est indubitable que le président Roosevelt et l'opinion américaine furent extrêmement impressionnés par la défaite de la France et par les deux messages désespérés de Paul Reynaud. Churchill sentit cela et décida de jouer à fond la carte américaine. Dès le 15 mai, dans son premier télégramme adressé, comme Premier Ministre, au président Roosevelt, Churchill demanda « le prêt de 40 ou 50 de vos vieux destroyers pour faire la soudure entre ceux que nous possédons actuellement et les importantes constructions que nous avons mises en chantier au début de la guerre ». Il renouvela cette demande le 11 juillet, intelligemment soutenu par l'ambassadeur britannique aux États-Unis, Philip Kerr, devenu lord Lothian. Les dispositions du président Roosevelt étaient très favorables ; il comprenait qu'une défaite rapide de l'Angleterre mettrait les États-Unis dans une situation fort dangereuse, et, malgré certaines difficultés légales, il n'hésita pas à vider les arsenaux américains pour fournir, avec toute la rapidité possible, des armes à l'Angleterre menacée. « Roosevelt, dit Sherwood, prit donc la première de ses grandes décisions du temps de guerre : il allait soutenir la cause — en apparence désespérée — de la Grande-Bretagne en mettant à sa disposition toute l'aide matérielle et morale possible. Cette décision, il l'avait prise seul. À aucun moment... il ne rencontra autant d'opposition de la part de ses ministres, et jamais sa situation dans le pays ne fut plus précaire. » Il osait prendre cette position en pleine campagne électorale présidentielle.

À la fin de juillet, il fut entendu que l'Angleterre accepterait de louer à bail des bases dans les possessions britanniques d'Amérique en échange du prêt immédiat de 50 à 60 destroyers. C'était pour l'Angleterre une nécessité vitale. Pour les États-Unis, cela représentait la fin de l'isolationnisme, et comme le dit Churchill, « le passage de la neutralité à la non-belligérance ». Les négociations se poursuivirent au mois d'août. Il fallait apaiser à la fois l'opinion américaine, inquiète de ses responsabilités nouvelles, et l'opinion britannique, émue d'avoir à céder des territoires anglais. Churchill essaya d'éviter que la transaction eût l'air d'un marchandage. Par un échange de notes qui eut lieu entre le 27 août et le 2 septembre, les Britanniques offrirent aux Américains des bases louées pour quatre-vingt-dix-neuf ans à Terre-Neuve, dans les Bermudes, les Bahamas, la Jamaïque, Antigua, Sainte-Lucie, Trinidad et la Guyane anglaise. Ils s'engageaient à ne livrer et à ne saborder en aucun cas leur flotte de guerre. Le gouvernement des États-Unis, de son côté, céda 50 destroyers à la Grande-Bretagne. Ce n'était pas un traité, mais une *Executive Agreement*, ce qui permettait d'éviter un vote d'approbation par le Sénat. Roosevelt avait obtenu au préalable l'accord de son concurrent républicain Wendell Willkie.

Le 16 septembre, fut proclamée la loi instituant le service militaire aux États-Unis. Le président Roosevelt, malgré la violence des isolationnistes, et en particulier du comité *America First*, qui groupait environ 800 000 adhérents, fut néanmoins réélu, le 5 novembre 1940, avec 27 242 000 voix contre 22 327 000 au républicain Wendell Willkie [1] aux élections populaires, et 449 suffrages d'électeurs contre 82. Autrement dit, l'opinion publique américaine soutenait la politique d'appui résolu à l'Angleterre. Cela allait permettre au président de franchir un nouveau pas, par la proposition du *Lend-Lease* ou « prêt-bail ».

Le prêt-bail

Tandis que le gouvernement américain accroissait systématiquement les livraisons d'armes à la Grande-Bretagne, un nouveau problème se posait avec gravité. La loi de novembre 1939 [2] obligeait les Britanniques à payer comptant toutes ces armes. En novembre 1940, l'Angleterre avait déjà déboursé plus de 4,5 millions de dollars en espèces ou en or, et il ne lui restait plus que 2 milliards de dollars, principalement sous forme d'investissements difficilement réalisables. Le 8 décembre, Churchill écrivit au président une longue lettre où il lui faisait un tableau très complet des

1. Notons que celui-ci n'était pas isolationniste. Il déclara, le 2 nov. 1940 : « Tous sans exception, républicains, démocrates et indépendants, nous sommes partisans d'apporter notre aide à l'héroïque peuple britannique. Nous devons mettre notre production industrielle à sa disposition. » Notons aussi que Roosevelt avait annoncé en octobre que jamais les jeunes Américains ne seraient appelés à combattre dans une guerre étrangère.
2. Voir ci-après, chap. 6, § II, p. 327.

opérations militaires en cours, et surtout des perspectives industrielles et monétaires qui s'offraient, étant donnée la certitude désormais acquise que la guerre serait longue. À la fin de cette lettre, il abordait la question des paiements, et essayait de démontrer que l'intérêt même des États-Unis était de ne pas laisser l'Angleterre se ruiner complètement. Il ne suggérait d'ailleurs aucune solution.

Le président Roosevelt reçut ce message le 9 décembre, alors qu'il faisait une croisière dans la mer des Caraïbes, sur le *Tuscaloosa*, en compagnie de son ami et confident Harry Hopkins. Il en fut très impressionné et il réfléchit tout en continuant sa croisière aux solutions qu'il pourrait donner à ce problème. Il comprenait fort bien que l'effort de réarmement américain combiné avec une aide accrue aux Britanniques allait impliquer un changement profond de la vie économique américaine. Au lieu du travail normal, du *business as usual*, il fallait se lancer dans un vaste effort de guerre, avec tous les sacrifices que cela comporterait pour la population civile. Le 17 décembre, à son retour à Washington, il profita d'une conférence de presse pour exposer la solution qu'il avait trouvée. Il déclara qu'il fallait « se débarrasser de cette vieille superstition du dollar, aussi sotte que ridicule ». Puis, influencé sans doute par certains juristes du ministère des Finances (Oscar Cox), et par Stettinius, il proposa un système qui consistait à prêter à bail tout le matériel dont l'Angleterre ou tout autre pays ami pourrait avoir besoin. Il rendit aussitôt cette idée populaire en faisant une pittoresque comparaison. Si la maison de votre voisin prend feu, vous ne négocierez pas avec lui la vente de votre tuyau d'arrosage dont il a un besoin urgent. Vous le lui prêterez, en lui demandant de vous le rendre une fois l'incendie éteint. Le 29 décembre, il développa cette idée dans une causerie à la radio, et déclara : « Nous devons être le grand arsenal des démocraties. » Un projet de loi fut immédiatement soumis au Congrès, et, malgré la résistance des isolationnistes, la loi prêt-bail fut finalement promulguée le 11 mars 1941. Elle permettait au président de faire fabriquer, d'acheter et de livrer à tout pays dont il estimait la défense vitale pour l'intérêt des États-Unis, des armes, munitions, navires, machines et produits de toute sorte, et même des renseignements et des brevets. Les gouvernements étrangers s'engageraient à ne pas céder ce matériel ou ces renseignements à un autre pays sans autorisation. L'article 3 déclare que l'aide à un gouvernement étranger lui sera accordée moyennant les clauses et les conditions que le président jugera satisfaisantes, et la contrepartie pour les États-Unis consistera en un paiement ou remboursement en nature ou en biens « ou en tout autre avantage direct ou indirect que le président jugera satisfaisant ». Ainsi, les deux caractères de cette loi étaient :

— qu'elle ouvrait à l'Angleterre un crédit pratiquement illimité ;

— qu'elle donnait au président des États-Unis l'immense pouvoir d'utiliser à son gré la production de guerre américaine. La loi avait effet jusqu'au 30 juin 1943 ; elle sera renouvelée jusqu'en août 1945. À la date du 31 décembre 1944, les fournitures aux Alliés au titre du prêt-bail s'élevaient à 36 milliards de dollars.

Eden au Foreign Office

Au cours même de la croisière du président, le 12 décembre, l'ambassadeur britannique à Washington, lord Lothian, mourut. Après avoir songé à le remplacer par le vieux Lloyd George, Churchill arrêta finalement son choix sur le chef du *Foreign Office,* lord Halifax. C'était un moyen de montrer l'extrême importance qu'il attachait à cette fonction. Lord Halifax devait rester ambassadeur à Washington pendant six ans. Il fut remplacé au *Foreign Office* par Eden, qui avait déjà dirigé ce ministère, et auquel le Premier Ministre se sentait uni par des liens d'amitié. Roosevelt imagina aussi d'envoyer en mission auprès de Churchill un représentant personnel, jouissant de sa confiance la plus absolue. Son choix se porta sur Harry Hopkins. Hopkins arriva à Londres le 9 janvier, et quoique malade, il rencontra Churchill peu après. Les deux hommes sympathisèrent immédiatement et, grâce à Hopkins, Roosevelt put être minutieusement informé des besoins britanniques.

L'aide à la Russie

Dès que l'Allemagne eut attaqué la Russie le problème se posa de lui envoyer tout le matériel possible pour résister à l'agression. Churchill avait déclaré dès le 23 juin que l'Angleterre soutiendrait à fond la Russie contre l'Allemagne. Roosevelt, avant de prendre position, désirait connaître les besoins de l'Armée rouge. Il décida d'envoyer Hopkins, alors à Washington, d'abord à Londres puis à Moscou. Hopkins rencontra donc Churchill puis, en hydravion, il se rendit en Russie. Il eut avec Staline, Molotov et de nombreuses personnalités soviétiques, plusieurs entretiens d'une extrême importance. Staline lui fit immédiatement confiance et lui exposa très franchement les besoins soviétiques en matière d'artillerie antiaérienne, d'avions et de fusils. Sur le plan politique, Hopkins discuta avec Moscou du problème japonais. Molotov déclara qu'il n'avait pas d'inquiétude immédiate au sujet d'une éventuelle agression japonaise contre la Russie. D'une façon générale, Hopkins fut frappé par la confiance de Staline dans l'issue favorable de la guerre sur le front russe. Dès le 16 août suivant, les ambassadeurs britannique et américain à Moscou offraient officiellement à l'URSS l'aide de leurs pays respectifs. Un échange de lettres Roosevelt-Staline des 30 octobre et 6 novembre suivants fixera les modalités de cette aide.

La rencontre de l'Atlantique

Dès son premier voyage en Angleterre, Hopkins avait compris l'utilité qu'aurait une rencontre entre Churchill et Roosevelt. On avait songé à l'organiser au printemps 1941, mais la situation était alors trop grave pour que Churchill pût quitter l'Angleterre. Finalement, la rencontre fut fixée au mois d'août, et l'on en prépara soigneusement tous les détails. Churchill et Hopkins s'embarquèrent sur le cuirassé *Prince of Wales* qui se trouva le 9 août au rendez-vous fixé à Terre-Neuve. Roosevelt, pour sa part, arriva sur le croiseur américain *Augusta.* La conférence dura jusqu'au 12 août. Deux points principaux furent débattus par les deux hommes d'État : la menace d'agression japonaise et le projet d'une Charte de l'Atlantique. Hopkins rendit compte des entretiens qu'il venait d'avoir avec Staline. Nous traiterons dans le prochain chapitre de ce qui concerne le Japon. Quant à la Charte de l'Atlantique, d'abord proposée par Churchill elle s'explique sans doute par la crainte qu'avait Roosevelt de voir la Grande-Bretagne s'engager, comme lors de la Première Guerre mondiale, dans une politique d'accords secrets prévoyant des partages territoriaux. Roosevelt ne voulut pas y inclure le projet d'une nouvelle organisation internationale pour l'après-guerre. La Charte était inspirée par un discours prononcé par Roosevelt au début de l'année, où il proclamait les « quatre libertés » — liberté individuelle, liberté de pensée et de religion, *freedom from want,* c'est-à-dire liberté par rapport au besoin, de caractère socio-économique, et *freedom from fear,* liberté à l'égard de la peur, c'est-à-dire la protection contre la guerre. Elle se contentait d'énumérer en 8 points les principes démocratiques en matière de relations internationales. Les deux signataires ne rechercheraient aucun agrandissement territorial ; aucune modification territoriale ne serait faite sans l'accord librement exprimé des peuples intéressés ; chaque peuple aurait le droit de choisir librement la forme de son gouvernement ; tous les États devraient avoir accès aux matières premières ; tous les États devraient collaborer pour développer le progrès économique et social ; après la destruction de la tyrannie nazie, on élaborerait une paix garantissant la sécurité internationale ; la liberté des mers serait garantie ; enfin, on procéderait à une réduction générale des armements. Plus importante encore fut la décision de principe qu'en cas d'entrée en guerre des États-Unis, ils donneraient la priorité à la lutte contre l'Allemagne, principale partenaire de l'Axe.

Pour compléter ce tableau du renforcement des relations anglo-américaines, mentionnons l'ouverture, dès janvier 1941, de conférences secrètes d'état-major entre les deux pays et les Dominions à Washington. D'autre part, le 10 avril fut signé à Washington un accord entre le secrétaire d'État Cordell Hull et les ministres danois, donnant aux États-Unis le droit de prendre en mains la défense du Groenland et d'y installer des bases navales et aériennes, le pays restant sous la souveraineté du Danemark. Le 8 juillet, les troupes américaines débarquèrent également en Islande. Enfin, le 11 septembre, le président Roosevelt, agissant en tant que chef suprême des forces armées des États-Unis, ordonna aux navires de guerre américains d'attaquer les navires de guerre de l'Axe qui pénétreraient dans la zone de défense américaine. « L'heure de la défense active a sonné... contre la tentative nationale-socialiste de contrôler l'Océan... Les États-Unis assureront la liberté de leurs communications avec les nations en guerre contre l'Allemagne. » Quelques jours après, Frank Knox, ministre de la Marine, annonça que la flotte américaine protégeait les convois transportant du matériel de guerre au titre du prêt-bail entre les États-Unis et la zone de l'Océan voisine de l'Islande.

Ainsi, dès avant Pearl Harbor, les États-Unis avaient-ils franchement abandonné leur attitude de neutralité ; leur aide à l'Angleterre se développait dans tous les domaines. Le président Roosevelt avait admis l'idée que la démocratie américaine ne devait pas reculer devant le risque d'une guerre.

CHAPITRE 6

Les problèmes extra-européens de 1933 à 1941

I. Le Moyen-Orient

La reprise des négociations anglo-égyptiennes

Nous avons déjà vu l'échec des négociations anglo-égyptiennes menées en 1932 par Sidky Pacha et John Simon. Rien n'aurait pu les faire sortir de l'impasse si, en octobre 1935, l'agression italienne contre l'Éthiopie n'était survenue. Coincés entre l'Éthiopie et la Libye, l'Égypte et le Soudan anglo-égyptien se trouvaient désormais menacés par les ambitions de Mussolini. Il était donc naturel que les dirigeants égyptiens sentissent le prix d'une alliance avec les Britanniques.

Dès décembre 1935 se constitua, sous le nom de Front unique ou Front national, un rassemblement des principaux partis égyptiens, comprenant le grand mouvement populaire du Wafd. Le Front unique obtint du roi Fouad que fût mis fin au régime dictatorial, et que l'on revînt à la Constitution de 1923. Il adressa ensuite une pétition au représentant britannique Miles Lampson, demandant la reprise des négociations avec le Royaume-Uni. Cette pétition était signée par Nahas Pacha, leader du Wafd, et par les chefs des petits partis, Mohammed Mahmud Pacha, Sidky Pacha, Chamsi Pacha. L'Égypte, qui avait répondu à l'appel de la Société des Nations et appliqué les sanctions à l'Italie, réclamait une alliance avec la Grande-Bretagne. La mort du roi Fouad (28 avril 1936), auquel succéda son fils Farouk, âgé de seize ans, ne modifia pas l'attitude égyptienne. Les élections générales du 2 mai 1936 donnèrent au Wafd une majorité massive, et Nahas Pachas devint Premier ministre.

Le traité anglo-égyptien de 1936

Eden, nouveau chef du *Foreign Office,* accepta ces propositions après quelques hésitations, et les négociations s'engagèrent au Caire entre Nahas Pacha et Miles Lampson. L'on aboutit le 26 août à un accord. Les plénipotentiaires égyptiens furent invités à Londres et y signèrent un traité d'alliance. Ce traité, qui comportait des clauses politiques, militaires, et des articles concernant le Soudan, établissait les relations entre les deux pays sur des bases nouvelles.

Dans ses clauses politiques, il confirmait l'indépendance de l'Égypte, et annonçait la fin de l'occupation britannique. L'Égypte serait représentée à Londres par un ambassadeur ; l'Angleterre n'aurait plus en Égypte de haut-commissaire, mais également un ambassadeur, qui aurait la préséance sur ceux des nations étrangères. Les deux pays étaient alliés ; ils ne concluraient avec une tierce puissance aucun traité politique incompatible avec l'alliance. En cas de menace de guerre contre l'une ou l'autre des deux parties, elles se consulteraient sur les mesures à prendre. En cas de guerre contre l'une d'entre elles, l'autre lui porterait immédiatement secours. Pour l'Égypte, ce secours ne consisterait pas dans l'envoi de troupes ; elle prêterait à son alliée son territoire, ses ports, ses aérodromes et ses voies de communication. L'Angleterre appuierait la demande d'admission que l'Égypte adresserait à la Société des Nations. Elle l'aiderait à obtenir des puissances intéressées l'abolition des capitulations. Une négociation de révision du traité pourrait être engagée dans un délai de dix ans.

Sur le plan militaire l'Égypte autorisait l'Angleterre à faire stationner des troupes jusqu'à concurrence de 10 000 hommes en temps de paix, dans le voisinage du canal de Suez, pour assurer les communications de l'Empire britannique. Cela ne constituerait pas juridiquement une « occupation militaire » et ne porterait aucune atteinte aux droits souverains de l'Égypte. Au bout de dix ans, les deux pays se concerteraient et examineraient l'aptitude des troupes égyptiennes à protéger le canal. Pendant huit ans, quelques unités britanniques pourraient stationner à Alexandrie et aux environs. L'armée égyptienne ne serait plus commandée par un Sirdar anglais et ne comprendrait plus d'officiers anglais ; mais le gouvernement du Caire ferait appel à une mission militaire britannique et adopterait l'armement et l'équipement anglais.

Pour le Soudan, l'accord de 1899, suspendu en 1924, après l'assassinat de Lee Stack, était remis en vigueur. Autrement dit, le régime du Condominium était rétabli. Le Soudan serait défendu, non par les seules troupes britanniques, mais aussi par les soldats égyptiens. Le Gouverneur général nommerait les fonctionnaires qui seraient anglais et égyptiens. Aucune limitation ne serait apportée à l'immigration des Égyptiens au Soudan.

Ainsi, l'on était arrivé à un compromis acceptable pour les deux pays. Restait à tirer de la situation juridique nouvelle toutes les conséquences qu'elle comportait pour l'indépendance véritable de l'Égypte. Dès janvier et février 1937, le gouvernement égyptien adressa des notes aux puissances qui bénéficiaient du privilège des capitulations (France, Grande-Bretagne, Belgique, Italie, Suisse, Grèce, Norvège, Danemark, États-Unis, Irlande, Afrique du Sud). Il réclamait l'abandon des capitulations et l'accès de l'Égypte à la pleine souveraineté en matière de juridiction. Il garantissait sa fidélité aux principes du droit moderne et promettait de s'abstenir de toute discrimination fiscale au détriment des étrangers. Il ne demandait pas l'extension immédiate de la compétence des tribunaux nationaux aux étrangers, mais un régime transitoire de tribunaux mixtes.

Soutenue par l'Angleterre et par la France, l'Égypte ne tarda pas à obtenir satisfaction. Une conférence internationale se tint à Montreux, en avril 1937, et l'accord se fit sans difficulté. Le traité final fut signé le 8 mai 1937. On octroyait au gouvernement égyptien une pleine liberté législative et fiscale. Les capitulations furent abolies. Le régime transitoire des tribunaux mixtes devait durer jusqu'en 1949. Au cours du même mois de mai 1937, l'Égypte était admise à la Société des Nations.

Le nouveau statut des Détroits

La convention sur les Détroits, annexée au traité de Lausanne du 24 juillet 1923, avait établi la liberté de passage des Détroits pour tous navires. Absolue si la Turquie était neutre dans une guerre éventuelle, cette liberté serait limitée dans le cas où elle serait belligérante. La Turquie pourrait alors prendre toutes dispositions pour interdire les Détroits aux navires ennemis. Le passage des navires de guerre en temps de paix était limité, en ce qui concerne les puissances riveraines, à un tonnage maximum, qui serait fixé par une Commission des Détroits. D'autre part, ceux-ci étaient « démilitarisés ». Ce régime de Lausanne favorisait les puissances maritimes. La Russie et surtout la Turquie y étaient défavorables.

Les événements méditerranéens de 1935-1936 et la réoccupation de la Rhénanie fournirent aux Turcs l'occasion de demander la révision de ce statut ; tel fut l'objet d'une note envoyée le 11 avril 1936 aux signataires de la convention de Lausanne. Celles-ci acceptèrent la réunion d'une conférence qui s'ouvrit à Montreux le 22 juin et groupa l'Australie, le Royaume-Uni, la Bulgarie, la France, le Japon, la Roumanie, la Turquie, l'URSS et la Yougoslavie. L'Italie avait décliné l'invitation. Mais elle donna après coup son adhésion à la convention de Montreux qui fut signée le 20 juillet 1936. La convention maintenait le principe de la liberté de passage et de navigation par mer (celle-ci étant refusée aux aéronefs). Cette liberté était totale pour les navires de commerce en temps de paix ou en temps de guerre si la Turquie était neutre. Elle n'existait, si la Turquie était belligérante, que pour les pays ne faisant pas la guerre à la Turquie, « à condition de n'assister en aucune façon l'ennemi ». Pour les navires de guerre, les pays non riverains avaient un droit de passage limité en temps de paix à 15 000 tonnes. Cette limite était un peu élargie pour les pays riverains. En temps de guerre, le passage était pratiquement interdit aux navires de guerre des belligérants.

L'essentiel de la Convention consistait en la suppression des deux principales entraves à la souveraineté turque : la Commission des Détroits créée à Lausanne était abolie et ses attributions étaient transférées au gouvernement turc. D'autre part, la Turquie recevait l'autorisation de remilitariser les Détroits. La Convention était conclue pour une durée de vingt ans.

La question palestinienne

En Palestine, la situation s'aggravait. Le nouveau commissaire britannique, le général Arthur Wauchope, était arrivé en Palestine à la fin de 1931. Le pays était calme en apparence, mais les Juifs et les Arabes vivaient les uns à l'égard des autres dans un état de méfiance profonde. Arthur

Wauchope ne réussit pas à calmer cette animosité, accrue par les souffrances dues à la crise économique. Celle-ci augmentait le nombre des immigrants juifs. En novembre 1931, la population juive de Palestine atteignit 174 606 habitants. En 1935, avec le développement de la politique antisémite en Allemagne nazie, on compta officiellement 61 854 immigrants juifs, sans compter l'immigration clandestine.

En octobre 1933, un soulèvement arabe, nettement hostile aux Britanniques, se produisit. Le gouvernement anglais était accusé de favoriser l'accroissement de l'immigration juive et l'achat des terres par les Juifs. Les troubles, organisés par le Comité exécutif arabe, se produisirent d'abord à Jérusalem et à Jaffa. 25 Arabes et un policier furent tués. De leur côté, les extrémistes juifs ordonnèrent l'assassinat des leaders juifs trop modérés et trop favorables à un rapprochement avec les Arabes.

Mais c'est seulement en 1936 que la tension empira au point d'amener le gouvernement anglais à reconsidérer sa politique en Palestine. En novembre 1935, les partis arabes avaient présenté à Arthur Wauchope des revendications en faveur de la création d'un gouvernement démocratique. Ils réclamaient aussi l'arrêt immédiat de l'immigration juive et l'interdiction de la vente des terres arabes aux Juifs. Le haut-commissaire accepta d'interdire la vente des terres si le propriétaire n'en gardait pas suffisamment pour lui et pour sa famille. Il proposa la création d'un conseil législatif composé de 5 membres officiels, de 11 membres désignés par lui, et de 12 élus. Parmi ces 23 membres non officiels, 11 devaient être musulmans, 7 juifs, 3 chrétiens, 2 représenteraient les commerçants. Les chefs arabes acceptèrent ce projet, non les Juifs. En février et mars 1936, le Parlement britannique le rejeta et l'opinion juive exalta cette « grande victoire ».

Cela explique le déclenchement, en avril 1936, d'un soulèvement arabe de grande envergure. Il commença par des meurtres isolés à Jaffa, puis par une grève générale, et se mua en une véritable guérilla. Le mouvement avait d'abord été contrôlé par le Haut Comité arabe présidé par le Grand Mufti de Jérusalem Hadj Amin ; puis celui-ci avait été débordé. Le gouvernement anglais envoya des renforts importants et la grève se termina à la fin de 1936. Il nomma aussi une Commission royale, présidée par lord Peel, chargée d'enquêter en Palestine. Elle y arriva en novembre 1936. Les gouvernements arabes de Transjordanie, de l'Irak et de l'Arabie Saoudite avaient de leur côté incité le Haut Comité arabe à adopter une attitude plus modérée.

La Commission royale entendit les représentants des deux camps et revint en Angleterre où elle publia son rapport en juillet 1937. Elle en était arrivée à l'idée que la puissance mandataire avait échoué dans sa tâche, et que celle-ci était contradictoire, puisque les Arabes s'opposaient à l'établissement d'un « Home national juif » et réclamaient un gouvernement autonome. Les Arabes étaient de plus en plus méfiants à l'égard des Anglais, tandis que se développait un ardent nationalisme juif.

La seule solution était donc de partager la Palestine en deux. Un État juif comprenant le nord de la Palestine jusqu'à Megidda, avec la plaine maritime à l'exception d'un corridor reliant les Lieux Saints de Jérusalem et Bethléem au port de Jaffa. Ceux-ci, « dépôt sacré de civilisation », resteraient sous mandat, ainsi que Nazareth et la mer de Galilée. Le reste de la Palestine fusionnerait avec la Transjordanie. Des traités seraient conclus entre la Grande-Bretagne, la Transjordanie, les Arabes de Palestine et l'Organisation sioniste. L'Angleterre appuierait les demandes d'admission à la Société des Nations de la Transjordanie et du nouvel État juif.

Ce projet se heurta à une vive opposition. L'Irak déposa une protestation au Conseil de la Société des Nations. Au congrès sioniste de Zürich, en août 1937, l'opinion était très divisée. Seul Abdallah de Transjordanie lui était favorable. La Commission des mandats de la Société des Nations, tout en admettant le principe du partage, conseillait de prolonger le mandat sous sa forme actuelle.

Aussi l'agitation arabe reprit-elle en 1937. Le Haut Comité arabe fut dissous par les autorités britanniques, certains de ses membres arrêtés et envoyés aux îles Seychelles. Les autres, en fuite, étaient exilés de Palestine. Le Mufti de Jérusalem perdit ses pouvoirs politiques et s'enfuit à Beyrouth.

Le 8 septembre 1937, 400 délégués venus de tous les points du monde arabe, se réunirent en conférence à Bloudan, près de Damas, pour étudier la question palestinienne. Tous les États arabes, sauf le Yémen, y étaient représentés. La conférence prit à l'unanimité une résolution, déclarant que la Palestine était partie intégrante du patrimoine arabe, rejetant tout projet de partage, réclamant l'annulation de la déclaration Balfour, l'abrogation du mandat et la conclusion d'un traité anglopalestinien établissant une Palestine indépendante avec des garanties pour les minorités. Ainsi, les Arabes, contrairement aux Juifs, excluaient absolument le principe du partage.

Arthur Wauchope donna sa démission en octobre 1937 et fut remplacé par Harold Mac Michael. Celui-ci eut à affronter une situation sans cesse troublée, où les meurtres, le sabotage et le terrorisme s'intensifiaient. Les rebelles arabes s'organisaient. À la fin de 1938, cependant, les conditions redevinrent presque normales. Le gouvernement britannique avait envoyé sur place une commission technique pour étudier le problème du partage. Celle-ci aboutit à la conclusion que le partage était impossible sur les plans économique et stratégique. Si on le décidait néanmoins, il faudrait réduire considérablement le territoire attribué aux Juifs. À Londres, le nouveau secrétaire aux Colonies, Malcolm MacDonald, était beaucoup moins favorable au partage que son prédécesseur, Ormsby-Gore. Aussi le gouvernement britannique l'abandonna-t-il et essaya-t-il d'aboutir à un accord entre Arabes et Juifs. Il invita des représentants de l'Agence juive, des Arabes de Palestine et des États arabes, à rencontrer séparément d'abord, puis en commun ensuite, une délégation britannique. Mais cette conférence ne put se réunir. Les gouvernements arabes l'avaient acceptée, non les Arabes de Palestine qui refusaient énergiquement de reconnaître l'Agence juive. Celle-ci restait déterminée à ne céder sur aucun point de ses revendications.

Alors, le gouvernement britannique publia un *Livre blanc* dans lequel il annonçait qu'un État souverain et indépendant de Palestine serait créé à la fin d'une période de dix ans. On s'efforcerait d'amener les Juifs et les Arabes à collaborer pour l'administration de cet État. Pendant les cinq premières années, on n'admettrait en Palestine que 75 000 immigrants juifs, ce qui amènerait la population juive au tiers de la population palestinienne totale. À la fin de ces cinq ans, une sorte d'Assemblée constituante, où les Britanniques seraient représentés, élaborerait une Constitution. Le pays serait divisé en trois zones, l'un où l'achat des terres par les Juifs serait interdit, une seconde où il serait limité, une troisième où il serait libre.

Ce projet favorisait les Arabes, et les Juifs s'y opposèrent fortement. La guerre européenne empêcha de le soumettre au Conseil de la Société des Nations. La commission des mandats le désapprouva toutefois par 4 voix contre 3. Le 17 avril 1939, la *Histadruth* ou organisation sioniste des travailleurs publia un manifeste invitant tous les Juifs à une campagne de résistance contre toute limitation au Foyer national juif. Le problème avait d'ailleurs une résonance morale, puisqu'à la même époque, les persécutions nazies contre les Juifs redoublaient d'intensité. Lorsque le deuxième conflit mondial éclata, le problème palestinien était loin d'être résolu.

Les autres pays du Moyen-Orient avant 1939

L'activité diplomatique était moins importante avant 1939 dans les autres régions du Moyen-Orient. Les Anglais avaient quelques difficultés avec le Yémen dont certaines tribus faisaient des incursions dans la colonie britannique d'Aden. Le 11 février 1934, fut signé pour quarante ans un « traité d'amitié et de coopération mutuelle » entre l'Angleterre et le Yémen, reconnaissant l'indépendance de celui-ci et fixant la frontière. L'Arabie Saoudite et l'Iman du Yémen étaient souvent en conflit. Les adversaires d'Ibn Séoud se réfugiaient parfois au Yémen. Le 22 mars 1934, la guerre éclata entre l'Arabie Saoudite et le Yémen. L'armistice intervint dès le 13 mai et, le 20, fut signé le traité de paix de Taif. Ibn Séoud reconnaissait l'indépendance du Yémen et n'annexait aucun de ses territoires. Les deux pays pratiqueraient une politique de fraternité arabe et d'amitié islamique. Le 29 avril 1937, l'Iman Yahia adhéra au traité irako-saoudite de fraternité et d'alliance du 2 avril 1936. Le Yémen était quelque peu inquiet de la pénétration italienne sur son territoire. Dans le *gentlemen's agreement* anglo-italien du 16 avril 1938, un passage concernait le Moyen-Orient. Les deux pays s'engageaient à respecter la souveraineté de l'Arabie Saoudite et du Yémen et à ne pas fortifier les îles de la mer Rouge. Mentionnons encore le pacte de Saadabad, conclu le 8 juillet 1937 par l'Iran, la Turquie, l'Irak et l'Afghanistan. C'était un traité de non-intervention dans les affaires intérieures des quatre pays, de consultation et de non-agression. « Chacune des Hautes Parties contractantes est d'accord pour prendre, dans sa propre sphère, des mesures contre la formation ou l'activité des bandes armées, associations ou organisations pour la subversion des institutions établies... » (art. 7). Ce traité était généralement interprété comme une mesure de défense contre l'URSS et l'agitation communiste.

L'affaire d'Irak (1941)

Le début de la guerre entraîna diverses complications diplomatiques et militaires en Moyen-Orient. En application du traité de 1936, les garnisons britanniques en Égypte furent renforcées. Sans déclarer la guerre à l'Allemagne, l'Égypte rompit les relations diplomatiques avec ce pays. L'état d'urgence fut proclamé et divers contrôles militaires et économiques établis. Le 15 juin 1940, le gouvernement égyptien adressa une note à l'Italie : l'Égypte ne participerait à la guerre que si les troupes italiennes pénétraient profondément en territoire égyptien, bombardaient des villes égyptiennes ou des objectifs militaires purement égyptiens. Le 14 avril 1941, au moment de l'offensive de Rommel vers l'Égypte, la Chambre égyptienne réaffirma cette politique de non-belligérance. En 1941, fut créé au Caire un organisme chargé de limiter rigoureusement les importations, le *Middle-East Supply Center* [1]. Mais la politique des contrôles économiques suscita en Égypte un sourd mécontentement contre l'Angleterre. Nous verrons comment, en 1942, les Anglais surent éviter que ce mécontentement ne dégénérât en révolte ouverte au profit de l'Axe.

Il n'en fut pas de même en Irak. Depuis le traité de 1930, la vie politique irakienne avait été passablement troublée. Le roi Fayçal était mort en 1933. Son fils Ghazi, qui lui succéda, fut tué le 4 avril 1939 dans un accident d'auto. Le nouveau roi, son fils Fayçal II, âgé de neuf ans, était soumis à la régence de son oncle, l'émir Abdul Illah. Dans ce pays agité, la propagande allemande s'exerça avec beaucoup de force. Les Allemands gagnèrent à leur parti Rachid Ali el Gailoni, plusieurs fois ministre de 1921 à 1935, Premier ministre à cette date, puis d'avril 1940 à janvier 1941. En avril 1941, influencé par la commission d'armistice germano-italienne résidant en Syrie, et par les autorités allemandes de Grèce, Rachid Ali, avec l'appui de quatre colonels, renversa le ministère, créa un « gouvernement de défense nationale », soutenu par l'armée, et déposa le régent. Il se déclara d'abord favorable à l'application du traité anglo-irakien, et le 17 avril, des troupes britanniques débarquèrent à Bassorah. Mais le 1er mai il s'opposa à tout nouveau débarquement et les Irakiens attaquèrent l'aérodrome de Habbanieyeh, près de Bagdad. Le gouverne-

1. Voir ci-après, chap. 7, § VI, p. 393.

ment anglais protesta et engagea une campagne militaire, tandis que le régent Abdul Illah et le cabinet renversé par Rachid Ali s'étaient réfugiés en Syrie et en Transjordanie. L'action britannique fut assez énergique pour que les Allemands n'eussent le temps d'envoyer aux révoltés irakiens qu'un petit nombre de techniciens. Le 30 mai, Rachid Ali, vaincu, dut s'enfuir. Le 14 juin, le gouvernement britannique proclama à nouveau son respect de l'indépendance de l'Irak. Grâce à l'influence du nouvel ambassadeur britannique. Kinaham Cornwallis, qui avait déjà résidé dans ce pays de 1921 à 1935, l'Irak rompit le 9 juin les relations diplomatiques avec l'Italie. Il ne déclara la guerre à l'Allemagne, à l'Italie et au Japon qu'en janvier 1943.

L'affaire de Syrie et du Liban

La Syrie et le Liban avaient conclu, en septembre et novembre 1936, des traités d'amitié et d'alliance avec la France, alors gouvernée par le Front populaire ; ces traités, conclus pour vingt-cinq ans, prévoyaient qu'au bout de trois ans les deux pays deviendraient indépendants et poseraient leur candidature à la Société des Nations. La France garderait pendant cinq ans des troupes en Syrie, ainsi que certaines bases. Au Liban, aucune limite n'était fixée à la durée de stationnement des troupes françaises. Mais ni l'un ni l'autre de ces traités ne fut ratifié par la France, ce qui suscita un assez vif mécontentement dans les deux mandats [1]. Après l'armistice de juin 1940, tous deux se trouvèrent dans une situation économique difficile et une commission d'armistice italienne s'y installa. En mai 1941, Darlan admit le passage d'avions allemands en Syrie, pour porter secours aux rebelles irakiens, et la fourniture d'armes à Rachid Ali. Le général Catroux essaya en vain d'obtenir le ralliement pacifique à la France libre. Aussi, le 8 juin 1941, des troupes britanniques, accompagnées d'un contingent de Forces françaises libres commandé par le général Catroux, franchirent la frontière. Le général Catroux annonça que la France renoncerait au mandat et ferait de la Syrie et du Liban des États souverains et indépendants. Des traités, qui seraient négociés aussitôt que possible, garantiraient cette indépendance. De son côté, l'ambassadeur britannique au Caire, Miles Lampson, s'associa à cette proclama-

1. Voir ci-avant, chap. 4, § I, p. 237, le problème du sandjak d'Alexandrette.

tion. Churchill déclara, le 10 juin, que l'Angleterre n'avait aucune ambition territoriale en Syrie, ni sur aucun territoire français. Les hostilités contre les forces de Vichy, commandées par le général Dentz, durèrent jusqu'au 14 juillet, date à laquelle fut signé un armistice (la Convention de Saint-Jean d'Acre). Cet armistice ne fut pas accepté par le général de Gaulle, et un accord interprétatif fut nécessaire.

Le 27 juillet, le général de Gaulle et Oliver Lyttelton, ministre d'État, par un échange de lettres, garantirent l'indépendance des deux pays qui fut proclamée le 27 septembre pour la Syrie, et le 21 novembre pour le Liban et précisèrent les droits de la France libre. En février 1942, le général Edward Spears fut nommé envoyé extraordinaire et ministre plénipotentiaire du Royaume-Uni à Beyrouth et Damas. Nous verrons qu'en 1943, une nouvelle crise se produisit dans les rapports de la France avec ses deux anciens mandats du Levant [1].

II. La politique américaine : neutralisme et « bon voisinage »

Roosevelt et Cordell Hull

Le 4 mars 1933, le nouveau président démocrate, Franklin Delano Roosevelt, prêta serment et prit le pouvoir. Il choisit comme secrétaire d'État un politicien connu, longtemps membre du Congrès, né en 1871, dans le Tennessee, Cordell Hull, et le garda comme collaborateur jusqu'en novembre 1944. Hull fut assisté par un sous-secrétaire d'État. Roosevelt nomma à ce poste en 1937 Sumner Welles, qui y resta jusqu'en septembre 1943. Roosevelt se sentait plus proche de lui que de Hull. Mais il comptait beaucoup sur l'influence considérable de ce dernier auprès des sénateurs. En apparence, rien n'était changé à la politique extérieure des républicains. Dans son discours inaugural, Roosevelt ne parla presque pas des problèmes de politique extérieure, ce qui paraissait indiquer un isolationnisme prononcé. La seule allusion importante aux relations internationales était la volonté qu'il exprimait de pratiquer à l'égard des républiques d'Amérique latine une politique de non-intervention et de « bon voisinage ». En cela encore, il ne faisait que suivre la tendance de son

1. Voir ci-après, ch. 7, § VI, p. 398, 399.

prédécesseur Hoover. Il est vraisemblable qu'en 1933, Roosevelt, jadis chaud partisan des idées de Wilson et de la Société des Nations, était déçu par les échecs et l'inefficacité de celle-ci. L'effroyable crise économique où se débattaient les États-Unis, avec 12 millions de chômeurs, l'incitait à se tourner surtout vers les problèmes intérieurs et à mettre en œuvre un plan de restauration économique, le *New Deal*. Il ne croyait pas à l'efficacité d'accords économiques internationaux. Une conférence économique se réunit à Londres au printemps de 1933. Hoover avait accepté que les États-Unis y fussent représentés. Roosevelt donna l'instruction aux délégués américains de refuser tout engagement. Il résulte de la lecture des *Mémoires* de Cordell Hull que Roosevelt laissa à celui-ci, au moins au début, une grande liberté de manœuvre.

En fait, Cordell Hull, partisan déclaré d'une diplomatie loyale, publique, de la sécurité collective, de l'abaissement des barrières douanières, était beaucoup moins isolationniste et neutraliste qu'il ne paraît au premier abord. Mais il devait tenir compte, dans tous ses actes, du mouvement d'opinion qui faisait de l'isolationnisme le principe même de la politique extérieure américaine. Le Sénat surtout en était le bastion. Il en résulta, jusqu'en 1939, une politique extérieure timide, principalement tournée vers l'Amérique latine. Les États-Unis favorisaient la Société des Nations mais sans oser ni y entrer, ni même la soutenir à fond, et leur politique était inefficace face aux nationalismes déchaînés et aux méthodes brutales de l'Allemagne, de l'Italie et du Japon.

Ainsi, Cordell Hull désirait que les États-Unis, malgré leur principe de la liberté des mers, missent l'embargo sur toute fourniture d'armes à un pays agresseur. Le comité des Affaires étrangères du Sénat, dès mai 1933, refusa énergiquement cette acceptation détournée du système de la sécurité collective, et affirma qu'en cas de conflit l'embargo devrait s'appliquer à tous les belligérants, agresseurs et victimes. Le gouvernement américain, très hostile à la persécution des Juifs en Allemagne, inquiet du réarmement allemand, mécontent de voir le gouvernement hitlérien réduire le remboursement des sommes investies par des capitalistes américains en Allemagne, se contenta pourtant dans tous ces cas de timides protestations.

L'établissement des relations diplomatiques avec l'URSS

L'un des premiers actes de la nouvelle administration fut l'établissement des relations diplomatiques avec l'URSS. Cordell Hull, estimant qu'un rapprochement avec ce pays était très utile pour la cause des démocraties, réussit à convaincre le président Roosevelt de l'utilité d'un tel acte. La Russie avait besoin de crédits américains pour l'achèvement de son premier plan quinquennal. Les États-Unis, de leur côté, souhaitaient voir régler la question des dettes russes aux prêteurs américains (qui, avant 1917, avaient investi des capitaux dans des entreprises russes). Ils désiraient un engagement soviétique de ne pas intervenir dans les affaires intérieures américaines, par l'intermédiaire du parti communiste. Ils voulaient obtenir une véritable liberté religieuse pour les Américains — des techniciens surtout — qui résidaient en URSS.

Cordell Hull fut influencé surtout par l'un de ses assistants, William Bullitt, grand ami personnel de Roosevelt, en relations avec les représentants commerciaux et avec les journalistes russes résidant aux États-Unis (notamment Boris Skvirsky, qui devait devenir le premier chargé d'affaires soviétique à Washington).

Le 10 octobre, Roosevelt adressa une lettre à Kalinine pour demander qu'après la solution des difficultés pendantes, des relations diplomatiques normales fussent établies entre les deux pays. Kalinine lui répondit cordialement, mais en laissant entendre qu'il conviendrait d'établir en premier lieu les relations diplomatiques puis de tenter ensuite de résoudre les difficultés. Il annonçait l'arrivée prochaine aux États-Unis du commissaire du peuple aux Affaires étrangères Litvinov. En l'attendant, le *State Department* étudia minutieusement les textes des 26 traités de reconnaissance déjà conclus entre l'URSS et divers autres pays, et prépara un projet d'échange de lettres qui utilisait uniquement des formules déjà employées. Litvinov arriva le 7 novembre 1933. Il discuta avec Cordell Hull jusqu'au 10 novembre, puis, celui-ci étant parti pour la conférence panaméricaine de Montevideo, avec son assistant, Wallon Moore, on aboutit à un accord le 17 novembre. William Bullitt fut aussitôt envoyé comme ambassadeur à Moscou.

Les difficultés commencèrent immédiatement dans l'interprétation du traité. Il avait été convenu entre Litvinov et Roosevelt que la Russie rembourserait 100 millions de dollars aux capitalistes américains. Mais le gouvernement soviétique refusa de payer les intérêts de ces dettes. De son côté, le gouvernement américain refusa de consentir des prêts avant que la question des dettes n'eût été résolue, et en avril 1934, le *Johnson Act* fut voté, qui interdisait les prêts aux gouvernements étrangers en défaut de paiement. Enfin la propagande communiste continua, et de nombreux communistes américains assistèrent au congrès mondial de l'Internationale communiste à Moscou en 1935. Les Américains protestèrent, mais l'URSS répondit que le gouvernement soviétique n'était pas en mesure d'imposer sa volonté à l'Internationale communiste et rejeta la protestation. Aussi, quoique les rapports fussent rétablis, les relations restèrent médiocres.

Le « bon voisinage »

Plus heureuse fut la politique de Washington en Amérique latine. Hoover avait déjà fait des concessions, mais la méfiance demeurait très vive à l'égard du puissant voisin septentrional. Nous avons vu qu'en janvier 1933 les troupes américaines avaient été retirées du Nicaragua. Elles restaient encore à Haïti. L'amendement Platt qui autorisait les États-Unis à débarquer des troupes à Cuba était toujours en vigueur, et précisément des troubles violents se produisaient dans cette île, aboutissant à la chute du dictateur Machado et au désordre le plus complet. La guerre faisait rage dans le Chaco, entre le Paraguay et la Bolivie. Un conflit de frontière se produisait à Leticia entre la Colombie et le Pérou [1]. La conférence panaméricaine prévue pour décembre 1932 à Montevideo avait dû être retardée d'un an et l'on ne savait pas si les circonstances n'obligeraient pas à la remettre encore.

Cordell Hull et Roosevelt décidèrent de faire tout leur possible pour améliorer la situation. L'essentiel était de proclamer le principe de « non-intervention » et de l'appliquer rigoureusement pour diminuer la méfiance des Latino-Américains.

À Cuba, Sumner Welles fut nommé ambassadeur et essaya de jouer le rôle de médiateur entre les factions qui se disputaient le pouvoir. Quelques navires de guerre furent envoyés dans les eaux cubaines, mais les marins reçurent l'ordre de ne débarquer qu'en cas d'extrême urgence.

1. Voir ci-avant, partie I, chap. 4, § IV, p. 130.

Le 7 septembre, Sumner Welles télégraphia pour réclamer un débarquement. Roosevelt refusa.

La conférence de Montevideo

Cordell Hull insista pour que la conférence de Montevideo eût lieu à la date fixée, et, fait sans précédent, il décida de prendre lui-même la tête de la délégation des États-Unis, ce qui incita plusieurs autres pays américains à envoyer leurs propres ministres des Affaires étrangères. Son but était triple :

1. Il voulait faire proclamer la nécessité — dès que les circonstances le permettraient — d'abaisser les droits de douane, afin d'encourager le commerce.

2. Il voulait demander à tous les vingt et un États américains la ratification des cinq accords en faveur de la paix, signés jusqu'alors par certains d'entre eux : le « traité pour éviter ou prévenir les conflits entre les États américains », signé à Santiago du Chili en 1923 ; le pacte Briand-Kellogg de 1928 ; la convention interaméricaine de conciliation signée à Washington en 1929 ; la convention interaméricaine d'arbitrage, signée à la même date ; le pacte contre la guerre, proposé par le ministre argentin des Affaires étrangères, Saavedra Lamas, et signé, à Rio de Janeiro, par 6 pays latino-américains, le 10 octobre 1933, auquel jusqu'alors les États-Unis avaient refusé de s'associer.

3. Il désirait que la conférence imposât une trêve dans la guerre du Chaco.

Arrivé à Montevideo, il eut l'habileté de rendre visite le premier aux chefs des vingt autres délégations, et il obtint de Saavedra Lamas, adversaire jusqu'alors des États-Unis, qu'il proposât lui-même la ratification des divers traités en faveur de la paix. Il suggéra l'abaissement des droits de douane sinon dans l'immédiat — le *New Deal* aux États-Unis l'interdisait —, au moins dans le futur. D'autre part, comme en 1928, à La Havane, la proposition fut faite d'un accord par lequel tous les pays américains s'engageraient à renoncer à toute forme d'intervention dans les affaires intérieures des autres États. Contrairement à la position prise en 1928, Cordell Hull, à la surprise générale, accepta cet engagement. Enfin, grâce à son intervention, des télégrammes furent envoyés aux présidents du Paraguay et de la Bolivie pour appuyer les efforts de la commission nommée par la Société des Nations. Les deux pays acceptèrent de signer un armistice, qui ne devait durer, à vrai dire, que dix-huit jours, jusqu'au 6 janvier 1934. Dans l'ensemble, le succès personnel de Cordell Hull fut considérable.

Cuba, Haïti et Panama

Au retour de Montevideo, Cordell Hull apprit que le gouvernement cubain avait été à nouveau renversé par un coup d'État et que le nouveau président, le colonel Carlos Mendieta, présentait quelques garanties. Il suivit les conseils de Jefferson Caffery, qui avait succédé à Sumner Welles, revenu au Département, comme ambassadeur à La Havane, et reconnut le nouveau gouvernement. Il négocia avec lui l'annulation de l'amendement Platt, et le 29 mai 1934, un nouveau traité fut signé entre les États-Unis et Cuba, supprimant le droit d'intervention pour les États-Unis, leur laissant seulement le droit de garder leur base navale à Guantanamo. De même, le traité avec le Panama fut révisé en 1935. Enfin, le 7 août 1933, un accord signé avec Haïti annonça le retrait des troupes américaines pour octobre 1934. En fait, le 15 août 1934, le dernier soldat américain quitta l'île. La politique du « bon voisinage » était ainsi appliquée sans réserve.

La fin de la guerre de Chaco

Plus difficile fut la réalisation de la paix entre le Paraguay et la Bolivie. La Société des Nations ayant décidé l'embargo sur les armes à destination des deux pays (mai 1934), Cordell Hull obtint du Congrès des États-Unis l'autorisation de se joindre à l'action de l'organisme international. Les États-Unis envoyèrent un délégué à une commission d'inspection nommée par la Société des Nations pour veiller au maintien de la neutralité dans une zone séparant les troupes boliviennes et péruviennes. Le Paraguay refusa le plan de la Société des Nations. Celle-ci décida alors de lever l'embargo sur les armes fournies à la Bolivie. Mais les États-Unis et plusieurs pays latino-américains refusèrent d'appliquer cette instruction et continuèrent l'embargo contre les deux adversaires. En fait, la Société des Nations avait échoué dans ses efforts. Le conflit fut finalement résolu par la médiation de l'Argentine et du Chili, auxquels se joignirent le Brésil, le Pérou, l'Uruguay et les États-Unis. Les médiateurs se réunirent en mai 1935 à Buenos Aires ; en juin, les deux adversaires acceptèrent enfin de signer un accord et de démobiliser leurs forces, mettant ainsi fin à la guerre la plus sanglante qu'eût connue l'Amérique dans la première moitié du XXe siècle.

La commission Nye

Au même moment l'Italie se préparait à attaquer l'Éthiopie. Cette situation, jointe à la vague d'isolationnisme, explique le vote par le Congrès des lois de neutralité. Pour bien les comprendre, il est indispensable de savoir qu'en février 1934, un sénateur républicain du Dakota du Nord, Gerald P. Nye, avait proposé la création d'une commission d'enquête sur la vente d'armes et de munitions par des fabricants américains à des pays étrangers. Le Département d'État avait approuvé ce projet et le Sénat l'avait suivi. Nye fut nommé président de la commission. Celle-ci travailla avec ardeur et entreprit de démontrer que les États-Unis étaient entrés en guerre en 1917 simplement à cause de la pression des banquiers et des fabricants d'armes, lesquels, ayant commercé presque exclusivement avec les Alliés, voulaient à tout prix leur victoire pour être plus sûrement remboursés. Sans souci des répercussions diplomatiques que cela pouvait avoir, la commission Nye publia des documents confidentiels émanant de gouvernements étrangers. Les journaux s'emparèrent de ces renseignements et l'opinion publique en tira la conviction que l'on pourrait tenir l'Amérique hors de la guerre simplement en interdisant de fournir des armes aux pays belligérants. Roosevelt et Cordell Hull n'étaient pas opposés à l'idée de mettre l'embargo sur les armes, mais ils souhaitaient que le pouvoir exécutif restât maître de décider quand s'appliquerait l'embargo, à quelle puissance et à quelles marchandises ; dans certains cas, il était nécessaire de l'appliquer à l'agresseur et non à la victime. Le Congrès américain préférait, au contraire, une législation impérative, obligeant le pouvoir exécutif à mettre l'embargo sur les armes destinées à tous les belligérants, l'agresseur comme la victime.

La première loi de neutralité

En juillet 1935, tandis que la menace de guerre entre l'Italie et l'Éthiopie se faisait plus sérieuse, le Département d'État proposa un projet de loi sur la neutralité et l'embargo des armes. Ce projet fut rejeté le 7 août par un sous-comité sénatorial ; mais, le 31 août, Roosevelt signa une loi de neutralité proposée par le sénateur Pittman et adoptée par les deux Chambres. Cette loi, valable pour six mois, obligeait le président à mettre l'embargo sur tout envoi d'armes aux belligérants, quels qu'ils fussent, dès que l'état de guerre existerait. Roosevelt avait accepté cette entrave à sa liberté d'action parce qu'il espérait qu'au bout de six mois la loi pourrait être modifiée. Un « bureau national de contrôle des munitions » fut créé sous la présidence de Cordell Hull. Dès le 5 octobre, deux jours après le déclenchement de la guerre italo-éthiopienne, l'embargo sur les armes à destination de ces deux pays fut proclamé. Cordell Hull refusa de suivre la Société des Nations et de pratiquer des sanctions à l'égard de l'Italie. Par contre, il adopta la méthode de l'« embargo moral », pour employer ses propres termes. La loi de neutralité n'interdisait que les exportations d'armes, mais aucune loi ne s'opposait à l'envoi de produits utiles à la guerre : textiles, coton, pétrole, acier, etc. Le 10 octobre, Cordell Hull conseilla très vivement aux citoyens américains de ne pas exporter ces produits aux belligérants. Le résultat de cette politique paraît avoir été décevant malgré l'optimisme du secrétaire d'État : « quoique les exportations vers l'Italie de matériaux qui pourraient être utilisés pour fabriquer des armes, des munitions, eût beaucoup augmenté, l'accroissement eût sans doute été beaucoup plus grand encore sans la pression morale exercée par l'Administration et l'opinion publique ».

La deuxième loi de neutralité

Quoi qu'il en soit, lorsque la première loi de neutralité arriva à expiration, il fut nécessaire d'en voter une autre. Une nouvelle fois Roosevelt et Hull ne purent faire admettre la liberté de manœuvre du pouvoir exécutif. La loi, votée par le Congrès en février et signée par le président le 20 février 1936, maintenant l'obligation de décréter l'embargo sur les armes à destination de tous les belligérants. Le seul progrès est qu'elle laissait au président le droit de déterminer si l'état de guerre existe ou n'existe pas. Roosevelt allait profiter de cette clause pour continuer à fournir les armes à la Chine, après que celle-ci eût été attaquée par le Japon sans déclaration de guerre. La deuxième loi de neutralité était valable jusqu'au 1er mai 1937.

Lorsque l'Éthiopie fut vaincue, le gouvernement américain se contenta de refuser de reconnaître son incorporation à l'Italie ; quoique Roosevelt eût approuvé publiquement, à la demande de Chamberlain, l'accord anglo-italien d'avril 1938, il ne revint jamais sur sa décision.

La troisième loi de neutralité

La guerre d'Espagne posa également le problème de l'embargo des armes. C'était une guerre civile, mais diverses puissances étrangères y étaient impliquées. De très forts courants existaient aux États-Unis en faveur de la fourniture d'armes aux républicains et de l'embargo sur les armes destinées à l'Italie et à l'Allemagne. D'autre part, malgré la législation américaine, 1 700 citoyens américains s'engagèrent dans les troupes républicaines. Le 11 août 1936, le Département d'État annonça que l'embargo sur les armes ne pouvait être proclamé puisqu'il s'agissait d'une guerre civile, mais que les États-Unis, fidèles à la déclaration de non-intervention signée à Montevideo en 1933, n'interviendraient d'aucune façon dans la guerre civile espagnole. Une nouvelle fois, Cordell Hull pratiquait « l'embargo moral » ; il ne le proclamait plus seulement sur les produits nécessaires à la fabrication d'armes, mais sur les armes elles-mêmes. Il refusa toute participation au comité de « non-intervention » créé sur l'initiative de Léon Blum. Cependant Roosevelt, réélu triomphalement en novembre 1936, décida d'inviter le Congrès à voter une nouvelle loi mettant l'embargo sur les armes à destination de l'Espagne. Cette troisième loi de neutralité fut votée à la presque unanimité et entra en vigueur le 8 janvier 1937.

La quatrième loi de neutralité

La loi du 29 février 1936 expirant le 1er mai 1937, le Congrès discuta activement de janvier à avril 1937 les termes d'une nouvelle loi. Un projet émanant du président de la Commission des Affaires étrangères, le sénateur Pittman, fut adopté par le Sénat le 3 mars. Un projet du représentant Mc Reynolds fut voté le même jour par la deuxième Chambre. Ces deux projets se ressemblaient et l'on n'eut pas de peine à les faire coïncider. La nouvelle loi de neutralité fut signée le 1er mai par le président. À la différence des précédentes elle avait un caractère permanent. Comme celle de 1936, elle laissait au président le soin de décider s'il y avait ou non état de guerre. Elle obligeait dans le cas de guerre, le président à mettre l'embargo sur les armes destinées aux belligérants. Elle introduisait temporairement pour tous les autres produits une nouvelle clause, dite *Cash and Carry.* Aucune marchandise américaine destinée à des pays belligérants ne pourrait être transportée sur des navires américains. D'autre part, les pays belligérants devaient les payer comptant ou avec des crédits à court terme ne dépassant pas quatre-vingt-dix jours. Toutefois, le président serait libre dans une certaine mesure, de modifier l'application de la clause du payement comptant.

Telle était la législation qui privait le pouvoir exécutif américain de presque toutes les possibilités d'aider une nation victime d'une agression fasciste. On conçoit les inquiétudes britanniques et françaises à cet égard et les démarches répétées de ces deux gouvernements pour obtenir la modification des lois de neutralité. Malgré leurs efforts, il fallut attendre le 4 novembre 1939 pour qu'une nouvelle loi de neutralité fût votée, éliminant l'embargo sur les armes et appliquant aux fournitures d'armes la clause *Cash and Carry*.

L'état de l'opinion publique américaine ressort clairement d'une résolution introduite à la Chambre des représentants, en février 1937, par un représentant démocrate de l'Indiana, Louis Ludlow. Celui-ci proposait un amendement constitutionnel par lequel l'autorité du Congrès, pour déclarer la guerre, ne deviendrait effective (sauf dans le cas d'une invasion du territoire américain), qu'après avoir été confirmée par un référendum populaire. Après le bombardement de la canonnière américaine *Panay* sur le Yang-Tsé, le 12 décembre de la même année, il n'eut pas de peine à réunir un grand nombre de signatures de représentants. Une vigoureuse campagne des isolationnistes soutint cette proposition que Roosevelt et Cordell Hull combattirent avec énergie, car elle réduisait à néant les possibilités d'action du gouvernement. Le 10 janvier, la Chambre des représentants l'approuva par 209 voix contre 188. Mais en fait, ce vote était un rejet, la majorité des deux tiers n'étant pas atteinte. D'autre part, les isolationnistes critiquèrent violemment un discours prononcé par Roosevelt à Chicago le 5 octobre 1937, déclarant qu'il fallait « mettre en quarantaine » les 10 % de la population mondiale qui entraînaient à la guerre les 90 % pacifiques.

La conférence de Buenos Aires (1936)

La volonté américaine de neutralité se manifesta aussi dans les conférences interaméricaines. La conférence de Montevideo avait décidé que la prochaine conférence panaméricaine aurait lieu à Lima, la capitale du Pérou, vers la fin de 1938. Mais le danger croissant de guerre incita le Département d'État à proposer la réunion d'une conférence interaméricaine spéciale en 1936. Il fallut attendre que la paix définitive fût signée entre la Bolivie et le Paraguay, ce qui fut fait le 21 janvier 1936. Dès le 30 janvier, Roosevelt écrivit aux présidents des vingt autres républiques américaines pour leur proposer de se réunir à Buenos Aires, avec l'accord du ministre argentin des Affaires étrangères Saavedra Lamas. Lamas, qui venait d'obtenir le prix Nobel de la paix était favorable à une politique de soutien à la Société des Nations et il craignait que le renforcement du panaméricanisme ne nuisît à l'organisme de Genève. Au contraire, Cordell Hull, déçu par les échecs de la Société des Nations, voulait consolider le panaméricanisme. Il était également troublé par l'activité des nazis parmi les 1 500 000 émigrés allemands résidant en Amérique du Sud, par leur propagande dirigée contre les États-Unis, par leurs méthodes d'accords bilatéraux destinées à évincer le commerce des États-Unis dans les républiques latino-américaines, par le rôle prépondérant des compagnies aériennes allemandes en Amérique latine. Le président Roosevelt lui-même vint à Buenos Aires sur le croiseur *Indianapolis.* Il fut accueilli triomphalement par le président Justo et par une foule de 500 000 personnes, et il ouvrit la conférence le 1er décembre 1936.

Celle-ci avait pour but d'assurer le maintien de la paix en Amérique. Cordell Hull proposait qu'en cas de menace de guerre dans l'hémisphère occidental, les ministres des Affaires étrangères des pays américains se consultassent automatiquement. Dans ce but, un « comité consultatif interaméricain » permanent serait créé. Saavedra Lamas s'opposa fortement à cette proposition qui, disait-il, gênerait l'action de la Société des Nations. Il refusa également l'idée d'une politique commune de neutralité impliquant l'embargo des armes destinées aux belligérants, puisque la Société des Nations autorisait l'envoi des armes aux nations victimes d'agression. La proposition de Cordell Hull échoua. Simplement, on aboutit à une déclaration de solidarité établissant que tout acte contraire à la paix, menaçant un État américain, affecterait tous les autres ; on prévoyait dans ce cas une consultation. Mais à la différence du projet de Cordell Hull, cette consultation n'était pas automatique, et aucun organisme permanent n'était créé. On répétait l'engagement pris à Montevidéo de ne pas intervenir dans les affaires intérieures ou extérieures d'un autre État. Bref, les résultats étaient maigres.

La conférence de Lima (1938)

Un certain progrès fut accompli deux ans plus tard à la 3e conférence panaméricaine normale tenue, comme prévu, à Lima, entre le 9 et le 27 décembre 1938. Là encore, le ministre des Affaires étrangères argentin, qui n'était plus Lamas, mais José Maria Cantilo, essaya de faire échouer les propositions de Cordell Hull et évita de diriger lui-même la délégation argentine. Mais tandis que Lamas avait été soutenu par le président argentin Justo, le successeur de celui-ci, Ortiz, se rallia à la plupart des vues de Cordell Hull. Finalement, un grand nombre de déclarations furent votées à l'unanimité. La plus importante de toutes, connue sous le nom de « déclaration de Lima » affirmait la solidarité des républiques américaines, leur décision de défendre leur souveraineté contre toute intervention étrangère, et décidait qu'en cas de menace contre la paix, la sécurité ou l'intégrité territoriale d'une république américaine, les pays américains se consulteraient. Il suffirait que l'un des ministres des Affaires étrangères déclarât cette consultation nécessaire pour qu'une réunion des ministres des Affaires étrangères des vingt et une républiques américaines eût lieu. Cordell Hull n'avait pu réussir à faire décider une rencontre automatique des ministres tous les deux ans. Les ministres, en fait, furent amenés à se réunir trois fois pendant la guerre : à Panama (23 septembre-3 octobre 1939) à l'occasion du déclenchement de la guerre en Europe — à La Havane (21-30 juillet 1940) après la défaite de la France — à Rio de Janeiro (15-28 janvier 1942) après Pearl Harbor.

On notera encore, parmi les déclarations votées à Lima, celle qui condamnait le racisme et celle qui dénonçait l'activité politique des groupes étrangers — allemands surtout — dans l'hémisphère occidental.

Ainsi, tandis que se renforçait la solidarité américaine, on assistait à un très lent mouvement qui, d'une neutralité rigoureuse, amènerait les pays américains et surtout les États-Unis à prendre parti pour les démocraties occidentales contre l'Axe. En 1939, on était encore bien loin d'un appui déclaré. La neutralité et l'isolationnisme l'emportaient sans conteste.

III. L'expansion japonaise et les débuts de la guerre contre la Chine (1934-1939)

Le Japon, sans avoir à proprement parler un gouvernement fasciste, n'en était pas moins dominé, de plus en plus, par les tendances expansionnistes et impérialistes. Cette attitude se manifesta surtout sur deux plans : la course aux armements navals et la guerre contre la Chine.

Les armements navals

Sur le plan naval, le Japon était signataire des accords de Washington (1922) et de Londres (1930). Le premier fixait à trois-cinquièmes la proportion des cuirassés et porte-avions japonais par rapport aux navires du même type anglais ou américains. Le second, qui concernait les croiseurs et les destroyers, fixait la proportion à 3,5/5 pour les petits navires et à trois-cinquièmes pour les croiseurs lourds. Tandis que l'Angleterre avait à peu près atteint les limites fixées, avec un certain nombre de navires anciens, et que le Japon avait poussé ses constructions navales de manière à atteindre 95 % de ce qui lui était accordé, les États-Unis n'avaient en 1933, que 65 % du tonnage qui leur était alloué. Roosevelt, qui avait été assistant-secrétaire à la marine sous Wilson, et le secrétaire américain à la marine, Swanson, soutenus par Cordell Hull, annoncèrent leur volonté de poursuivre les constructions navales jusqu'aux limites permises. Cette attitude encouragea le Japon à se débarrasser de l'entrave des traités et le budget naval de ce pays doubla entre 1931 et 1934. D'autre part, une conférence devait se réunir à Londres en 1935, pour discuter des armements navals. Les dirigeants japonais décidèrent de revendiquer la parité avec les États-Unis et la Grande-Bretagne, et à défaut de leur acceptation, de dénoncer les accords de Washington et de Londres, ce qui signifierait la reprise de la course aux armements navals. Quoique Roosevelt eût décidé de faire un geste d'apaisement, en transférant la flotte américaine du Pacifique vers l'Atlantique, en avril 1934 [1], le ministre japonais des Affaires étrangères, Hirota, annonça officieusement, le 18 septembre, que le Japon décidait de dénoncer le traité de Washington. En octobre commencèrent à Londres des entretiens préliminaires au cours desquels le

---

1. Elle y fut ramenée en nov. 1934.

Japon réclama la parité navale, là fixation d'un tonnage limite, la possibilité de construire, dans ces limites, des navires de toutes catégories. C'était, disaient les négociateurs nippons, une question de prestige. Les États-Unis et l'Angleterre, obligés de répartir leur flotte entre plusieurs océans, refusèrent énergiquement d'accepter la parité. Dans ces conditions, le 29 décembre 1934, dix jours après la fin des entretiens préliminaires, le Japon déclara qu'à dater du 31 décembre 1936, il renoncerait aux limites fixées par le traité de Washington.

La conférence navale de Londres

La conférence navale de Londres eut pourtant lieu, du 9 décembre 1935 à la fin de mars 1936. Elle réunissait les États-Unis, le Royaume-Uni, la France, le Japon et l'Italie. Les circonstances n'étaient guère favorables d'autant plus que la guerre italo-éthiopienne était en train de se dérouler, et que l'Angleterre, sans consulter les autres puissances, avait signé, le 18 juin 1935, un traité naval avec l'Allemagne. À nouveau, les Japonais, dès le début de la conférence, réclamèrent la parité. À nouveau ils se heurtèrent aux objections américaines et anglaises. Le 15 janvier, les puissances autres que le Japon refusèrent d'accéder aux demandes japonaises. Le Japon se retira alors, maintenant seulement un observateur. Le retrait du Japon amenuisa singulièrement les résultats de la conférence. Elle se sépara en mars 1936, après avoir limité le calibre des canons des cuirassés à 14 pouces, réduit de 27 000 à 23 000 le tonnage limite des porte-avions et à 2 000 le tonnage, maximum des sous-marins. Mais il était évident que tôt ou tard, la course aux armements navals reprendrait, suivant en cela la course aux armements terrestres [1].

La reprise de l'expansion en Chine

Pendant près de deux ans, la trêve de Tang Kou (31 mai 1933), entre le Japon et la Chine, fut à peu près maintenue. Mais le Japon qui en profitait pour organiser solidement l'occupation du Mandchoukouo, était de plus en plus inquiet de voir le gouvernement national chinois, dirigé par

1. Selon un article du *Giornale d'Italia* du 7 nov. 1937, le Japon construisait alors 3 cuirassés de 46 000 tonnes. Il avait 200 navires de guerre déplaçant 756 800 tonnes en 1936 et comptait en avoir 289, déplaçant 1 109 130 tonnes en 1941, dont 12 cuirassés et 11 ou 12 porte-avions. Cela lui assurerait la supériorité dans le Pacifique.

Tchang Kaï-shek, s'efforcer de moderniser la Chine pour assurer son indépendance. S'il y parvenait, ce serait la fin des rêves japonais en Extrême-Orient, et, tôt ou tard, une grave menace pèserait sur le Japon et sur les conquêtes déjà opérées. Aussi, à partir du printemps de 1935, le Japon reprit-il sa politique d'expansion. En mai 1935, sous prétexte que le gouverneur de la province chinoise du Hopei avait soutenu une révolte de paysans de Jéhol, dirigée contre les forces d'occupation japonaises, celles-ci envahirent la zone démilitarisée ; le 29 mai, un accord fut signé entre le général chinois Ho et le général japonais Omezu. Les troupes chinoises évacuèrent le Hopeï où fut installée une administration favorable au Japon. En juin 1935, un incident analogue permit aux Japonais d'occuper le Tchahar, en Mongolie intérieure, au nord du Jehol. Là encore, un accord fut signé avec les autorités chinoises locales, et les troupes chinoises évacuèrent la province. En août, le ministre des Affaires étrangères japonaises, Hirota, proposa à la Chine la signature d'un accord par lequel elle reconnaîtrait l'existence du Manchoukouo et s'entendrait avec le Japon pour lutter contre les communistes. Tchang Kaï-shek refusa. Les Japonais entreprirent alors de constituer une sorte d'État autonome, composé du Tchahar et du Suiyuan, en Mongolie intérieure, sous la souveraineté apparente d'un prince tartare. Ils répandirent aussi l'idée que ce gouvernement autonome pourrait être étendu aux trois provinces chinoises du Hopeï, du Chan Si et du Chantoung. De la sorte, un nouvel État, analogue au Mandchoukouo, serait créé. Mais ces bruits étaient prématurés : le gouvernement japonais, inquiet de voir Tchang Kaï-shek envoyer 150 000 hommes à la frontière sud de ces provinces, et craignant sans doute aussi une guerre contre la Russie, releva de ses fonctions le général Doihara, qui en était responsable.

Les négociations avec l'URSS

L'URSS suivait avec beaucoup d'inquiétude les progrès de la pénétration japonaise. Elle avait essayé d'être conciliante, et reconnu en fait le nouvel État du Mandchoukouo. Des négociations entreprises en 1933 avaient abouti à la signature d'un accord, le 23 mars 1935, sur le chemin de fer de l'Est chinois. L'URSS cédait ses droits sur cette voie ferrée construite par les Russes quarante ans auparavant, moyennant une indemnité de 140 millions de yens, payables pour les deux tiers en marchandises, et une compensation pécuniaire pour les employés russes congédiés. Pourtant, dès octobre 1935, de graves incidents eurent lieu à la frontière du Mandchoukouo et de la Sibérie, entre des troupes soviétiques et des patrouilles mandchoues commandées par des officiers japonais. Plus à l'ouest, en mars 1936, des troupes japonaises venant de Mongolie intérieure, avaient pénétré en Mongolie extérieure et combattu contre des troupes mongoles. Il en était résulté, le 12 mars 1936, la signature d'un traité d'assistance entre l'URSS et la République populaire mongole [1].

Le 27 novembre 1935, l'expansion japonaise reprit. Des troupes japonaises pénétrèrent dans la région de Pékin et de Tientsin. Les garnisons chinoises restèrent sur place, Tchang Kaï-shek, faute d'avoir achevé ses préparatifs, préféra accepter l'état de fait. On se rend compte que cette situation était extrêmement dangereuse, la paix étant à la merci du moindre incident entre les soldats hostiles qui vivaient dans des zones voisines. Tchang Kaï-shek était pourtant de plus en plus résolu à résister.

Le pacte antikomintern

Le 25 novembre 1936, fut signé le pacte antikomintern entre l'Allemagne et le Japon. Ce traité avait théoriquement pour but d'organiser la défense contre la propagande communiste. En fait, il signifiait que l'Allemagne, malgré les progrès de son commerce avec la Chine, y admettait l'expansion japonaise. Malgré les dénégations des signataires, il y avait, nous le savons aujourd'hui par les sources japonaises, un accord secret joint au pacte. L'article 1er déclarait que si l'un des deux pays était menacé ou attaqué par l'URSS, sans provocations, l'autre n'aiderait pas l'URSS et que des consultations seraient organisées. L'article 2 affirmait que ni l'un ni l'autre des signataires ne conclurait un accord politique avec l'Union soviétique sans le consentement de l'autre.

En manière de protestation, l'URSS décida de se rapprocher de la Chine et demanda au Parti communiste chinois d'interrompre la guerre civile qu'il menait à partir de la région de Yénan et d'offrir une « collaboration amicale » au gouvernement du Kouomintang, pour la lutte contre le Japon. D'autre part, la Grande-Bretagne, à la suite de longues négociations, menées par Frédéric Leith Ross, à Shanghai, et après une réforme

---

1. Constituée en mai 1924, à la mort du Kutukhtu. Voir ci-avant, partie I, chap. 4, § II, p. 107.

monétaire chinoise, accepta au printemps de 1937 d'ouvrir des crédits à la Chine pour la construction de voies ferrées.

Le début de la guerre sino-japonaise

En 1937, l'expansion japonaise en Chine subit une transformation profonde. Au lieu de poursuivre sa politique de conquêtes progressives, le Japon entreprit une guerre qui, quoique non déclarée, présenta immédiatement tous les caractères d'une lutte sans merci. Pourquoi ce revirement ? Pour protéger les sujets japonais résidant en Chine, pour protéger nos débouchés et faire accepter par la Chine une coopération économique, dirent, dès 1937, les dirigeants japonais. En réalité, le Japon désirait établir un véritable protectorat sur la Chine, empêcher celle-ci de s'industrialiser, de se créer une forte armée, de réveiller le sentiment national de ses habitants. Il est à noter qu'à plusieurs reprises, après le déclenchement de la guerre, les représentants japonais à l'étranger déclarèrent que leur pays ne cherchait à annexer aucune partie du territoire chinois. C'est qu'en fait le système utilisé dans le Mandchoukouo se révélait très pratique. L'idéal eût été de remplacer Tchang Kaï-shek par un pseudo-gouvernement chinois dévoué aux Japonais.

La guerre de Chine se déclencha à la suite d'un incident survenu près de Pékin. 7 000 soldats japonais résidaient dans le voisinage de la ville. Au cours de la nuit du 7 juillet 1937, une compagnie japonaise, manœuvrant près de Ouanping, au sud-ouest de Pékin essuya des coups de feu tirés par des soldats chinois de la ville. Celle-ci fut aussitôt occupée. Tchang Kaï-shek envoya des renforts ; les Japonais également. Mais, pour leur laisser le temps d'arriver, ils se prêtèrent à une négociation. Le 17 juillet, le Japon adressa une note s'opposant à l'arrivée des renforts chinois, exigeant le retrait des troupes chinoises du Hopeï et refusant pour l'avenir toute intervention du gouvernement chinois dans l'administration de la province. Le 19 juillet, Tchang Kaï-shek refusa et n'accepta de négocier que si les troupes nippones évacuaient au préalable leurs positions conquises depuis le 7 juillet. Aussitôt, le commandant en chef japonais, décidé à une action de grande envergure, rompit les pourparlers. Le 25 juillet, il adressa un ultimatum au commandement chinois, exigeant l'évacuation de Pékin. Le 26, il engagea les hostilités, sans avoir déclaré la guerre. De son côté, le gouvernement chinois refusa aussi de déclarer la guerre, parce que, selon l'ambassadeur chinois aux États-Unis, Wang,

« les Japonais étaient des pirates, et une déclaration de guerre, d'après le droit international, donnerait à leurs activités la sanction de la légalité ».

La guerre

Nous ne raconterons pas les opérations militaires. Il suffit de savoir que, de Pékin, conquis en deux jours, les forces japonaises se dirigèrent vers le Sud, et qu'en août, d'autres troupes débarquèrent près de Shanghai, où la ville chinoise fut conquise le 27 octobre. De là les Nippons marchèrent vers l'ouest en remontant le Yang-Tsé-Kiang, prirent Nankin le 14 décembre et Hankéou en octobre 1938. Deux autres débarquements principaux eurent lieu, l'un dans le Chantoung le 10 janvier 1938, l'autre à Canton, prise le 21 octobre 1938. Tchang Kaï-shek transféra son gouvernement à Tchoung King, dans le Sse Tchouen, sur le haut Yang-Tsé-Kiang, et là, dans un pays riche et peuplé, séparé du reste de la Chine par des montagnes, il dirigea une résistance à outrance, tandis qu'un peu partout s'organisaient des guérillas. En mars 1938, les Chinois remportèrent une grande victoire terrestre à Taier Chouang, dans le Chantoung, et le 29 avril, une bataille aérienne au-dessus de Hankéou. Ces victoires furent sans lendemain, mais elles exaltèrent le moral chinois, et, d'autre part, convainquirent les Japonais qu'ils ne pourraient vaincre leurs adversaires que si ceux-ci ne recevaient plus d'armes ni de munitions de l'étranger. Il est à noter, qu'à partir de 1939 et jusqu'à 1944, la campagne de Chine se ralentit. Les Japonais ne développèrent pas de nouvelles offensives et se contentèrent d'élargir les zones conquises.

Plutôt qu'une victoire militaire, le gouvernement japonais, dirigé de juin 1937 à janvier 1939 par le prince Konoye [1], chercha à vaincre son adversaire par l'asphyxie, en coupant l'une après l'autre ses voies de ravitaillement en armes et en munitions. Celles-ci parvenaient à la Chine :

— par les ports restés libres — mais la marine japonaise exerçait un blocus de plus en plus efficace ;

— par la voie ferrée du Tonkin à Yunnan Fou. Le Tonkin était sous la souveraineté française ; il faudra attendre la défaite de la France pour

---

1. Celui-ci, relativement modéré en politique extérieure, était sur le plan intérieur un partisan résolu du système du « parti unique ».

que le Japon entreprenne de fermer cette route. Au préalable, il avait occupé l'île d'Haïnan et les îles Spratly (février et mars 1939), aux portes du Tonkin ;

— par la route de Birmanie, ouverte en 1940 après des travaux considérables ;

— surtout, en provenance de l'URSS par la Mongolie extérieure et par le Sin Kiang.

Les tentatives de paix

Tout en poursuivant la lutte, le gouvernement du prince Konoye, à deux reprises, fit connaître à la Chine ses conditions de paix :

1. En décembre 1937, avant l'attaque de Nankin. Le Japon exigeait des avantages économiques considérables (exploitation d'une partie des richesses chinoises, abaissement des tarifs douaniers en faveur du seul Japon). Il réclamait l'établissement d'une zone démilitarisée en Chine du Nord — en fait, sous contrôle japonais —, l'autonomie de la Mongolie intérieure. Il exigeait l'adhésion de la Chine au pacte antikomintern. Tchang Kaï-shek rejeta les propositions de 1937.

2. Le 22 décembre 1938, les Japonais proposèrent à peu près les mêmes conditions. Ils exigèrent qu'avant toute négociation le gouvernement de Tchang Kaï-shek fût renversé. Ils ne parlaient plus d'autonomie pour la Mongolie intérieure, mais ils avaient une nouvelle exigence : le maintien temporaire de garnisons nippones en certaines régions de la Chine. Ces propositions n'eurent aucun succès.

Restait la méthode consistant à établir un gouvernement satellite. Les Japonais avaient créé dans les territoires qu'ils occupaient un Parti de la rénovation du peuple (*Hsiu Min Huï*), copié sur le Kouomintang. Mais ce parti avait peu d'influence. En 1938, des négociations furent entreprises avec un homme politique important, Wang Tsin-wei. Celui-ci s'enfuit de Tchoung King pour Hong-Kong le 28 décembre 1938 et fut alors expulsé du Kouomintang. Après de longs pourparlers, il accepta de fonder à Nankin, le 30 janvier 1940, un gouvernement central de la République chinoise, dévoué aux Japonais, qui entra en fonctions en mars ; en échange de quoi, le 30 novembre de la même année, le Japon s'engagea à respecter la souveraineté de la Chine. L'armée japonaise pourrait entretenir des garnisons en Chine du Nord, en Mongolie intérieure et dans les grands ports, pendant deux ans après la défaite de

Tchang Kaï-shek. Après quoi, elle évacuerait le pays. L'essentiel, pour le Japon, était de transformer la Chine en un État vassal. La résistance de Tchang Kaï-shek déjouait ce plan. Très vite, on s'aperçut que l'influence de Wang Tsin-Weï était extrêmement faible et que sans l'appui des forces nippones, il ne tarderait guère à s'effondrer.

L'attitude des États-Unis

Quelle fut l'attitude des puissances face à ces événements ? La guerre de Chine était incontestablement due à une agression japonaise ; le Japon pratiquait une politique contraire à la fois au « traité des neuf puissances », signé à Washington en 1922 [1] et au pacte Briand-Kellogg. Cette agression ne pouvait être arrêtée que par une action commune des puissances intéressées, spécialement de l'Angleterre et des États-Unis L'URSS était, en 1937, en proie à des difficultés intérieures sérieuses. Or, le 1er juin 1937, peu avant le déclenchement de la guerre, Cordell Hull avait fait savoir au nouveau Premier ministre anglais, Chamberlain, que les États-Unis étaient hostiles à toute action commune concertée. Dès le 16 juillet 1937, avec l'accord de Roosevelt, Hull communiqua à tous les gouvernements du monde une déclaration abstraite énumérant les principes qui devaient à ses yeux diriger la politique extérieure des nations. Soixante États y adhérèrent, parmi lesquels l'Allemagne, l'Italie et le Japon. Seul, le Portugal fit l'objection qu'il était regrettable « de confier la solution des graves problèmes internationaux à des formules vagues ». Mais le gouvernement américain entendait se tenir à ces formules. Le 20 juillet, il refusa une proposition britannique de médiation conjointe par les États-Unis, la Grande-Bretagne et la France. Il se contenta, le 10 août, d'une démarche commune avec les Britanniques, les Allemands, les Français et les Italiens, pour empêcher les hostilités dans la région de Shanghai. Cette démarche n'eut aucun effet. Une grande partie de l'opinion publique américaine réclamait d'ailleurs le retrait des 2 500 soldats, américains stationnés en Chine, et l'évacuation des civils. Lorsque le 12 décembre 1937, la canonnière américaine *Panay* et la canonnière britannique *Laybird* furent bombardées, et trois pétroliers américains coulés par l'aviation japonaise, ce mouvement ne fit que s'accentuer. D'autre

1. Voir ci-avant, partie I, chap. 4, § I, p. 104, 105.

part, le président Roosevelt, profitant du fait que la guerre n'avait pas été déclarée, s'abstint de mettre en vigueur la loi de neutralité, laquelle aurait empêché les États-Unis de fournir des armes à la Chine et, en vertu de la clause *Cash an Carry*, aurait favorisé le Japon qui seul possédait une flotte, pour l'achat de matériel et de produits non militaires. Ainsi, les États-Unis se contentaient de condamner moralement l'agression japonaise, et de continuer l'envoi d'armes à destination de Tchang Kaï-shek.

La Société des Nations et la conférence de Bruxelles

La Société des Nations eut une attitude hésitante. La Chine lui avait adressé un appel le 12 septembre 1937. Le 23 septembre, la SDN chargea la Commission consultative d'Extrême-Orient, créée en 1933, d'étudier le problème. Puis, le 6 octobre, elle adopta une résolution dénonçant l'attitude japonaise comme contraire au traité des neuf puissances et au pacte Briand-Kellogg, mais se gardant bien de déclarer le Japon agresseur, ou de voter des sanctions. Elle suggérait que les signataires du traité des neuf puissances se réunissent en une conférence pour étudier les moyens de mettre fin au conflit.

Cette conférence eut lieu à Bruxelles, du 3 au 24 novembre 1937. Seul des neuf signataires le Japon avait refusé d'y prendre part. L'Italie — qui, au cours même de la conférence, le 6 novembre, avait adhéré au pacte antikomintern — refusa de voter la résolution finale. Celle-ci se contentait de « réaffirmer fortement les principes du traité des neuf puissances ». La France, soucieuse d'obtenir du Japon une garantie concernant l'Indochine, et l'Angleterre de Chamberlain, pas plus que les États-Unis, ne désiraient intervenir.

L'attitude de l'URSS

Quant à l'URSS, elle se contentait de défendre ses frontières et celles de la Mongolie extérieure. Elle signa avec la Chine un pacte de non-agression le 21 août 1937. Elle lui fournissait du matériel de guerre par la Mongolie extérieure, puis lorsque les Japonais eurent occupé Kalgan, par la longue route du Sin Kiang.

Dès le début de 1938, les Japonais protestèrent contre ces fournitures d'armes, et divers incidents se produisirent, notamment à propos des pêcheries japonaises à Sakhaline. Aucun ne fut plus grave que ce que l'on appelle « la guerre de Changkoufeng » ou « du lac Hasan ». Le 11 juillet

1938, les Soviets, se fondant sur un traité de 1886, occupèrent une région de collines située dans la région frontière entre la Province maritime, le Mandchoukouo et la Corée. Immédiatement, le gouvernement japonais protesta, et, quand Litvinov eut rejeté sa protestation, ordonna aux troupes nippones d'attaquer les Soviétiques (31 juillet). Comme le fit remarquer Litvinov, il ne s'agissait pas d'un simple incident de frontière, les gardes-frontières, n'ayant pas habituellement d'artillerie lourde à leur disposition. Le 10 août, il proposa un armistice, les deux camps restant sur leurs positions, la frontière étant ultérieurement fixée par une commission composée de deux Japonais, deux Soviétiques, et un médiateur neutre choisi d'un commun accord. Les Japonais acceptèrent la trêve, non une nouvelle démarcation des frontières, et les opérations cessèrent. Du côté russe, il y avait eu 263 tués.

La trêve n'améliora pas les relations entre les deux pays et dans le discours qu'il prononça au congrès du parti communiste en mars 1939, Staline dénonça la politique agressive du Japon et se déclara opposé au système de la « non-intervention », telle qu'elle était pratiquée par les Occidentaux. Un nouvel incident se produisit à partir de mai 1939, sur la frontière entre la Mongolie et la Mandchourie, à l'est du lac Buir. Là, les forces japonaises et mandchoues disputèrent un territoire aux forces soviéto-mongoles. La lutte, au cours de laquelle furent engagés de nombreux tanks et avions, se poursuivit jusqu'au déclenchement de la guerre en Europe. Le 16 septembre 1939, une trêve fut conclue. Les opérations avaient été plus favorables pour les Soviétiques que pour le Japon. Il est intéressant de noter que ni la guerre de Changkoufeng, ni celle du lac Buir n'avaient été considérées comme de nature à provoquer un conflit général entre le Japon et l'URSS. Sans doute, cela tenait au désir des deux pays de ne pas sacrifier leurs intérêts essentiels qui pour l'URSS se trouvaient alors en Europe, et pour le Japon en Chine et dans l'océan Indien.

L'année 1939 vit se produire une évolution sensible dans la politique américaine aussi bien que dans la politique japonaise.

IV. Le conflit entre le Japon et les États-Unis et la rupture (1939-1941)

Du côté américain, l'isolationnisme perdait du terrain. Une forte tendance de l'opinion publique, menée par l'ancien secrétaire d'État, Henry

L. Stimson, et par divers journaux comme le *Washington Post* et le *New York Times* soutenait l'idée qu'il fallait distinguer entre l'agresseur et la victime, et cesser de pratiquer une neutralité aveugle. Beaucoup d'Américains étaient irrités de voir le Japon bombarder les populations civiles. Cordell Hull ayant, en juin 1938, proposé un « embargo moral » sur les avions ou pièces d'avions et de bombes destinées aux pays qui bombardaient les villes, cet appel avait été largement suivi. Au printemps de 1939, Key Pittman, président du comité des Affaires étrangères du Sénat, introduisit une résolution qui permettait au président, s'il le jugeait nécessaire, d'interrompre tout commerce avec le Japon. Roosevelt et Cordell Hull, afin d'éviter un débat qui risquerait d'aggraver la tension internationale, préférèrent agir de leur propre autorité, et, le 26 juillet 1939, rappelèrent que le traité de commerce entre les États-Unis et le Japon viendrait à expiration au bout de six mois [1]. Cela leur permettrait de contrôler, après cette date, le commerce avec le Japon et même, le cas échéant, de le suspendre.

L'évolution de la politique japonaise

Du côté japonais, le cabinet, dirigé par le prince Konoye, considéré comme relativement favorable aux États-Unis, démissionna en janvier 1939, et fut remplacé par un gouvernement Hiranuma, avec Arita aux Affaires étrangères. Cela signifiait un rapprochement avec l'Italie et l'Allemagne. Ces deux pays, on le sait, signèrent le Pacte d'acier en mai 1939. Le Japon adhérerait-il à cette alliance ou se contenterait-il des termes plus vagues du pacte antikomintern qu'il avait signé en novembre 1936 ? Hiranuma hésitait. En mai, il avait, en vain, proposé aux États-Unis de se joindre au Japon dans une tentative pour maintenir la paix en Europe. Il fut très inquiet de voir les Américains dénoncer le traité de commerce. En fait le Japon était très satisfait du pacte antikomintern. La menace qu'Hitler faisait peser sur l'Occident avait empêché les démocraties d'aider la Chine dans sa lutte contre le Japon. Au contraire, Hitler était assez mécontent, et il aurait voulu mettre fin à la guerre sino-

1. C'était en partie une protestation contre l'occupation par les Japonais, le 10 février 1939, de l'île d'Haïnan qui, depuis 1897, était placée dans la sphère d'influence française, et le 31 mars 1939, des îles Spratly, à mi-chemin entre l'Indochine et Bornéo, annexées mais non occupées militairement par la France en 1933.

japonaise ou, au moins, avoir la promesse d'un traitement privilégié pour le commerce allemand en Chine. Le gouvernement Konoye, en août 1938, avait accepté l'idée d'adhérer à une alliance défensive avec l'Allemagne et l'Italie, proposée par le général Oshima, attaché militaire japonais à Berlin (ambassadeur à partir d'octobre 1938), mais à condition que ce traité ne fût dirigé que contre l'URSS, ce qui ne convenait pas à Hitler. L'armée japonaise désirait une alliance beaucoup plus générale. Arita s'y opposait, ainsi que les milieux financiers et la cour. Les négociations se poursuivirent pendant l'été 1939, Oshima essayant d'aboutir à l'alliance, Arita d'en limiter la portée. Mais le 21 août, von Ribbentrop téléphona à Oshima pour lui apprendre qu'il était sur le point de partir pour Moscou afin de signer un pacte avec la Russie soviétique. Le gouvernement japonais considéra ce pacte comme une « trahison ». L'armée elle-même fut mécontente. Le 18 septembre, au moment où le triomphe d'Hitler en Pologne était assuré, Oshima présenta à Berlin avec quelque retard une protestation — à vrai dire timide — du gouvernement Hiranuma. Mais à cette date, Hiranuma avait dû donner sa démission et un nouveau cabinet avait été constitué, dirigé par le général Abe, avec l'amiral Nomura aux Affaires étrangères (30 août).

Le déclenchement de la guerre en Europe amenait les États-Unis à préparer plus activement leur défense et à accroître leurs fabrications d'armements. Cela nécessitait une limitation d'exportations de matières premières vers le Japon. Le 26 septembre, Roosevelt demanda aux intérêts privés de cesser l'exportation de onze matières premières. Le 3 novembre, le Congrès révisa la loi de neutralité en supprimant l'embargo sur les armes et munitions. L'idée se développait que les États-Unis, comme Théodore Roosevelt l'avait jadis déclaré, devaient « parler doucement mais avoir en main un gros bâton ». De plus, la France et l'Angleterre, occupées en Europe, ne pouvaient plus agir en Extrême-Orient, ce qui accroissait les responsabilités américaines. Au début de 1940, les États-Unis refusèrent de renouveler le traité de commerce avec le Japon malgré l'opinion de l'ambassadeur Grew, préférant, comme le proposait Hull, laisser ce pays dans l'« incertitude ». Cette politique aboutit à la chute du cabinet Abe, que l'armée ne trouvait pas assez énergique. L'amiral Yonaï lui succéda, Arita revenant aux Affaires étrangères (janvier 1940).

Les projets d'expansion vers le sud

En 1940, le gouvernement japonais s'orienta délibérément vers une politique d'expansion dans les mers du sud. Avant même l'invasion de la Hollande et de la France, le 12 janvier le Japon déclara qu'il renonçait au traité d'arbitrage et de conciliation qu'il avait signé avec les Pays-Bas, et, le 22 février, il demanda que lui fussent accordés des avantages commerciaux dans les Indes néerlandaises et des facilités pour l'établissement d'entreprises et de travailleurs japonais dans ce pays. Cordell Hull déclara, le 17 avril, que les États-Unis étaient hostiles à tout changement politique en Indonésie, et, le 10 mai, il avait proposé à l'Angleterre une démarche commune à ce sujet auprès du gouvernement japonais, mais sans aucun engagement d'intervenir si les Indes néerlandaises étaient occupées [1]. En fait, les sources japonaises prouvent qu'à cette époque le Japon n'envisageait pas d'occuper la colonie hollandaise. Il craignait seulement qu'après la reddition de l'armée néerlandaise en Europe, des troupes étrangères ne débarquassent dans les îles. En juin, le gouvernement des Indes néerlandaises accepta de s'engager à ne pas restreindre les exportations vers le Japon.

En fait, c'est vers l'Indochine que se tourna d'abord le Japon. Le 18 juin 1940, le gouvernement Yonaï demanda au maréchal Pétain de permettre à une mission militaire japonaise d'opérer en Indochine. Le but était d'interrompre le trafic entre le Tonkin et la Chine de Tchang Kaï-shek. Le gouverneur général, le général Catroux, avait accepté de suspendre le mouvement du matériel de guerre. Mais cela ne suffisait pas aux Japonais. Dès le 20 juin, la France accepta l'arrivée d'une mission japonaise d'observation. D'autre part, le Japon demanda à l'Angleterre de retirer ses troupes de Shanghai, de fermer la frontière d'Hong-Kong et la route de Birmanie. Churchill sollicita en vain l'appui effectif des États-Unis. Sur leur refus, le 17 juillet, un accord anglo-japonais fut signé, suspendant pour trois mois le transport du matériel de guerre vers la Chine, en provenance de la Birmanie et d'Hong-Kong. Le 29 juin, Arita, ministre des Affaires étrangères japonais, prononça un grand discours

1. L'armée régulière américaine, en juin 1940, comptait en tout 230 000 hommes et 13 500 officiers. De plus on était en pleine campagne électorale. La « loi sur le renforcement de la défense nationale » fut votée en juin.

dans lequel il déclara qu'il y avait un lien naturel entre l'Asie extrême-orientale et les pays des mers du sud. Il fallait, selon lui, qu'une « force de stabilisation » existât dans ces régions pour assurer leur « coprospérité ». Bref, un nouvel ordre était nécessaire en Extrême-Orient. Ce programme, ajoutait-il, serait réalisé « par des moyens pacifiques ». Cette dernière phrase mécontenta l'armée. Celle-ci trouvait le cabinet Yonaï trop pacifique, et elle l'obligea à démissionner le 16 juillet. Le prince Konoye accepta de constituer le nouveau gouvernement, beaucoup plus favorable aux bellicistes, avec Matsuoka aux Affaires étrangères, et le général Tojo à la Guerre. Seul, le ministre de la Marine, Yoshida, était opposé à l'éventualité d'une guerre entre le Japon et les puissances anglo-saxonnes. Mais la constitution de ce nouveau cabinet était un pas de plus vers la rupture. Un programme secret élaboré par le nouveau gouvernement envisageait :

— de hâter la fin de la guerre en Chine ;

— de résoudre le problème du « nouvel ordre » des pays asiatiques, et dans ce dessein de se rapprocher de l'Allemagne et de l'Italie, d'adopter une attitude plus sévère à l'égard de la Chine, de Hong-Kong, des concessions étrangères en Chine.

L'occupation du Tonkin et la riposte américaine

Les premières mesures furent prises immédiatement. Le 1er août, le Japon adressa un ultimatum au gouvernement de Vichy, exigeant le droit d'envoyer des troupes dans le Tonkin et d'y contrôler les aérodromes. Sous la pression allemande, le gouvernement français céda. Le 29 août, un accord fut signé à Tokyo, garantissant au Japon ce qu'il avait demandé, reconnaissant « les intérêts prépondérants du Japon en Extrême-Orient, dans les domaines économiques aussi bien que politique ». En échange, le Japon promettait de respecter la souveraineté française sur l'Indochine. Le 15 septembre, le général japonais Nishihara, qui trouvait l'accord insuffisant et réclamait au surplus des bases navales, adressa un ultimatum à l'amiral Decoux qui avait succédé le 20 juillet au général Catroux comme haut-commissaire français en Indochine et annonça que ses troupes franchiraient la frontière tonkinoise le 23 septembre. L'amiral Decoux dut céder. Un arrangement militaire fut signé à Hanoï dès le 23. Mais quelques engagements eurent lieu près de la frontière chinoise. Aux Indes néerlandaises, une mission japonaise fut envoyée, qui demanda l'octroi de privilèges économiques, spécialement en ce qui concernait l'envoi de pétrole au Japon. Soutenu par les États-Unis et l'Angleterre, le négociateur néerlandais, Van Mook, résista pied à pied.

Dans ces circonstances, le gouvernement américain prit une série de mesures énergiques. En juin 1940, fut votée la loi « sur le renforcement de la défense nationale ». La section VI de cette loi autorisait le président à interdire ou limiter l'envoi de tout produit nécessaire à la défense nationale. La direction de cette politique d'embargo fut confiée au colonel Russel L. Maxwell, directement sous les ordres du président, après avis consultatif du Département d'État. Dès le 2 juillet, le président Roosevelt plaça sous licence l'exportation de trois groupes de produits, incluant l'aluminium et les pièces d'avions. Le secrétaire au Trésor, Morgenthau, souhaitait un embargo général de tous les produits pétroliers et de tous les métaux. Le secrétaire d'État Hull était beaucoup plus prudent. Finalement, Roosevelt, le 26 juillet, signa une proclamation soumettant à une licence l'exportation des ferrailles et des huiles et essences d'aviation. Le 19 septembre, Roosevelt décida d'arrêter complètement l'exportation des ferrailles, et cette décision fut annoncée le 26 septembre. C'était le premier coup sévère porté à la production de guerre japonaise : plus de 50 % de l'acier produit au Japon était attribué à la marine et à l'armée. L'industrie métallurgique japonaise allait être obligée de travailler au-dessous de sa capacité. Mais les dirigeants japonais n'en continuèrent pas moins leur politique d'expansion territoriale.

Le pacte tripartite

Le Japon riposta, en signant à Berlin, le 27 septembre 1940, le pacte tripartite avec l'Allemagne et l'Italie. Depuis sa formation, le ministère Konoye était disposé à conclure une alliance avec l'Axe, et désirait faire reconnaître par l'Allemagne la prédominance japonaise dans la « sphère extrême-orientale ». Von Ribbentrop voulait en échange des avantages tangibles. Il envoya à Tokyo, à la fin d'août, un haut fonctionnaire, Stahmer. Le 4 septembre, les quatre principaux ministres japonais, Konoye, Matsuoka, Tojo et Yoshida élaborèrent les propositions japonaises [1] : reconnaissance réciproque du « nouvel ordre » en Europe et en Asie, et des « sphères d'existence » japonaise en Extrême-Orient, alle-

1. Il semble que l'empereur et Konoye aient été plus réticents que Matsuoka et Tojo.

mande et italienne en Europe et en Afrique. La sphère japonaise s'étendrait jusqu'aux Indes. Le Japon était résolu à utiliser la force pour atteindre ses buts mais s'efforcerait de rester en paix avec les États-Unis. Les négociations entre Matsuoka et Stahmer commencèrent le 9 septembre dans le plus grand secret. Le délégué allemand se montra très conciliant. L'alliance fut conclue avant le 19 septembre et la signature fixée au 27. Le 25, von Ribbentrop fit savoir à Molotov que cette alliance n'était pas dirigée contre l'URSS, mais contre les « fauteurs de guerre américains ». Le traité était bref. Le Japon reconnaissait le droit de l'Allemagne et de l'Italie à diriger l'établissement d'un « nouvel ordre » en Europe (art. 1). L'Allemagne et l'Italie reconnaissaient de même que le Japon dirigerait l'établissement d'un « nouvel ordre » en Asie orientale (art. 2). Les trois pays coopéreraient, pour y aboutir, par tous les moyens politiques, économiques, et même militaires si l'un des trois était attaqué par une puissance non impliquée à présent dans la guerre européenne, ou dans le conflit sino-japonais (art. 3). Les trois pays déclaraient que ce traité n'affecterait pas le statut politique existant entre chacun d'eux et l'URSS (art. 5). L'on avait convenu de se consulter pour savoir quand l'article 3 serait applicable. La définition du « nouvel ordre » restait très vague.

Contrairement au pacte antikomintern, le pacte tripartite n'était donc plus dirigé contre l'URSS, mais contre les États-Unis, arbitres de la situation dans le Pacifique comme en Europe.

Le développement de la collaboration anglo-américaine dans le Pacifique

À partir du 27 septembre 1940, le gouvernement américain eut clairement conscience qu'une guerre avec le Japon était possible. Le problème était de savoir s'il fallait s'y préparer en établissant l'embargo sur les produits pétroliers, ou s'il suffisait, comme le pensait Hull, de préparer des plans de résistance coordonnée avec les Britanniques. Ceux-ci décidèrent, en octobre, avec l'approbation américaine, de rouvrir la route de Birmanie. La réélection de Roosevelt, le 5 novembre 1940, confirma la tendance nouvelle en faveur d'une politique de fermeté. Aucune promesse ne fut faite de défendre les Indes néerlandaises en cas d'attaque, malgré la pression du gouvernement australien, mais l'aide à la Chine fut accrue, en dollars et en avions. Au début de 1941, presque toutes les semaines, de nouveaux produits étaient ajoutés à la liste de ceux qui étaient soumis à une licence. Des avertissements officieux étaient donnés à des hommes politiques japonais, que les États-Unis étaient décidés à soutenir l'Angleterre, même au risque d'une guerre. L'opinion publique, consultée par des sondages, admettait de plus en plus cette éventualité. Bref, comme le dit Herbert Feis, « la politique américaine durant l'hiver... était un composé de gestes d'avertissement, de mesures de coercition lentement accrue, et d'invitations à discuter ».

Le 29 janvier 1941, s'ouvrirent des conférences secrètes d'état-major entre l'Angleterre, les États-Unis et les Dominions à Washington. Une autre conférence, à Singapour, du 21 au 27 avril, avec l'Australie et les Pays-Bas, élabora un plan de défense qui devait être mis en application après Pearl Harbor. Les décisions prises à Washington furent de première importance. En cas d'entrée des États-Unis dans la guerre, il était précisé que le principal effort militaire américain devrait s'exercer sur l'Atlantique et en Europe, l'Allemagne étant le principal membre de l'Axe. Les États-Unis développeraient leurs forces dans l'Atlantique et la Méditerranée, de façon à libérer des forces britanniques pour la défense des territoires britanniques d'Extrême-Orient. La flotte américaine du Pacifique ne serait pas chargée de la défense de Singapour, comme les Anglais le souhaitaient, mais de la protection des îles Hawaï, des Philippines, de Guam, de Wake, avec la possibilité de faire une diversion dans les îles Marshall et les Carolines. Ce plan fut approuvé en mai et juin par les deux gouvernements. Hull refusa la proposition britannique de faire une déclaration commune pour avertir le Japon que les deux pays réagiraient en cas d'agression en Asie et dans l'océan Indien. Cela n'empêcherait pas le secrétaire d'État d'essayer, en de nombreux entretiens (plus de 40) avec l'ambassadeur Nomura, d'aboutir à un accord. Il semble que dans ces entretiens Nomura ait été sincère, mais son gouvernement ne le soutenait qu'à moitié et Cordell Hull le savait, car les Anglais et les Américains connaissaient les codes japonais. La base des discussions était un projet d'après lequel les États-Unis rétabliraient toutes leurs relations commerciales avec le Japon et interviendraient en médiateurs auprès de Tchang Kaï-shek, si le Japon s'engageait à n'user que de moyens pacifiques dans les mers du sud et à n'aider l'Allemagne que si celle-ci était victime d'une agression.

Les hésitations japonaises (printemps 1941)

En fait, c'est pendant le printemps 1941 que le Japon se prépara à prendre les décisions redoutables qui devaient le conduire à la guerre. D'abord, le cabinet japonais approuva le principe d'une visite de Matsuoka à Berlin et à Moscou, pour obtenir de l'Allemagne la définition précise de la zone d'influence japonaise et pour signer un accord avec l'URSS qui mettrait la politique de ce pays en harmonie avec celle des puissances du pacte tripartite. Le gouvernement japonais ignorait entièrement l'intention d'Hitler d'attaquer la Russie. Hitler acceptait volontiers cette perspective et incitait le Japon à entrer immédiatement dans la guerre. Matsuoka, à l'aller, passa par Moscou ; le 23 mars, il offrit à Staline et Molotov, un pacte de non-agression. Puis, du 27 mars au 4 avril, il eut de longs entretiens avec Hitler et von Ribbentrop. Ceux-ci essayèrent de le persuader que la défaite anglaise étant imminente, le Japon avait intérêt à prendre immédiatement Singapour. Matsuoka, qui n'avait pas le pouvoir de prendre une telle décision, se contenta de déclarer qu'il croyait certaine la guerre entre les États-Unis et le Japon, mais ne pouvait pas en fixer la date. D'autre part, Hitler essaya de le dissuader de conclure un pacte de non-agression avec l'URSS, qui pouvait, disait-il, devenir un ennemi. Mais, malgré l'amiral Raeder et von Weizsäcker, il ne révéla pas ses intentions agressives. Au retour, Matsuoka passa à nouveau par Moscou. Là, Staline, conscient sans doute du danger allemand, abandonna toutes les conditions qu'il avait d'abord posées à la signature d'un accord, et en particulier la demande d'achat de la partie sud de Sakhaline ; le 13 avril, un pacte de neutralité valable pour cinq ans fut signé à Moscou par Matsuoka, et immédiatement approuvé par le gouvernement japonais. Les deux pays s'engageaient à rester neutres si l'un ou l'autre devenait « l'objet d'hostilités de la part d'une ou de plusieurs autres puissances ». Rien n'était dit des zones d'influence, ni de l'attitude soviétique à l'égard de la Chine. Hitler fut très mécontent de la signature de ce traité.

Le 21 avril, les principaux dirigeants politiques et militaires japonais, convoqués par Konoye, décidèrent de continuer les négociations avec les États-Unis, mais en posant des conditions qui, en fait, rendaient un accord impossible. Deux tendances se manifestaient : celle de l'armée, favorable à une guerre immédiate ; celle du prince Konoye et de la marine, hostiles à une guerre contre les États-Unis et comptant sur Roosevelt pour arriver au règlement du conflit sino-japonais. Quant à Matsuoka, revenu le 22 avril, il désirait qu'au cas d'une guerre germano-russe, le Japon combattît aux côtés de l'Allemagne, et il le dit à l'ambassadeur allemand Ott. Il demandait aussi qu'on proposât aux États-Unis un pacte de neutralité. Matsuoka paraît avoir été un esprit confus et plein de contradictions. Le 28 mai, il adressa à von Ribbentrop un message pour lui demander d'éviter à tout prix une guerre contre la Russie. Quand l'Allemagne attaqua la Russie, le 22 juin, Matsuoka réclama à l'empereur l'entrée en guerre du Japon. Le prince Konoye s'y opposa.

Les décisions japonaises (juin-juillet 1941)

La politique japonaise fut définie par les conférences des 25 juin et surtout du 2 juillet, dans lesquelles l'armée fit prévaloir ses vues. Celle du 25 juin décida une extension de l'influence japonaise en Indochine et en Thaïlande. Celle du 2 juillet, rejetant l'idée d'une intervention aux côtés de l'Allemagne, décida d'amener Tchang Kaï-shek à la capitulation par une manœuvre du côté sud. Les préparatifs pour une guerre éventuelle contre les États-Unis et l'Angleterre seraient achevés. D'autre part, pour se débarrasser de Matsuoka, le cabinet Konoye démissionna le 16 juillet. Il fut reconstitué sur des bases analogues, le général Tojo restant ministre de la Guerre, l'amiral Toyoda prenant la direction des Affaires étrangères.

Le premier résultat des décisions des 25 juin et 2 juillet fut l'occupation totale de l'Indochine. Le 22 septembre 1940, le Japon avait obtenu des avantages en Indochine du Nord. Il avait ensuite pris parti dans la lutte que la Thaïlande avait entreprise contre la France, le 23 novembre 1940. On sait que le 23 mars 1907, le Siam avait rétrocédé à la France les provinces de Battembang et d'Angkor au Cambodge. La Thaïlande désirait récupérer ces territoires, et, depuis 1936, n'avait pas caché son désir de créer des forces militaires puissantes. Tel était l'objet du nouveau conflit. Les troupes françaises et la marine remportèrent quelques succès, mais la pression japonaise ne tarda pas à s'exercer. En décembre, furent signés un traité d'amitié, puis un traité d'alliance entre le Japon et la Thaïlande. Le 26 janvier 1941, ce dernier pays accepta la médiation japonaise dans le conflit. Menacé d'une intervention nippone, le 10 mars 1941, le gouvernement de Vichy se résigna à céder certains territoires cambodgiens et laotiens (provinces d'Angkor, Battembang, Siem-Réap et Sisophon). Un traité de paix franco-thaïlandais fut signé le 9 mai 1941.

Mais dès la fin de juin 1941, avec l'appui de la diplomatie allemande, le gouvernement nippon émit de nouvelles exigences à propos de l'Indochine. Le 14 juillet, l'ambassadeur japonais à Vichy, Kato, demanda au maréchal Pétain lui-même le droit d'occuper 8 nouveaux aérodromes, d'utiliser les ports de Saigon et la baie de Camranh comme bases navales et la libre circulation des troupes japonaises en Indochine du Sud. En cas de refus, la 20e armée japonaise s'en emparerait de force.

Devant cette pression, combinée probablement avec celle de Berlin, Vichy céda et l'accord du 21 juillet entérina les revendications nippones. Le Japon pourrait envoyer les effectifs qu'il jugerait nécessaires en Indochine du Sud pour « collaborer à la défense de celle-ci », en fait pour menacer Singapour. L'occupation se fit immédiatement, à partir de la Chine du Sud, où les troupes japonaises étaient fort nombreuses.

Face à cette situation lourde de menaces, la Grande-Bretagne et les États-Unis décidèrent de réagir énergiquement. Déjà, le 20 juin, l'exportation des produits pétroliers en provenance de tous les ports américains de l'Atlantique et du golfe du Mexique avait été interdite, sauf pour les pays américains et les armées britanniques. Des conversations anglo-américaines eurent lieu en juillet pour étudier les représailles à adopter au cas où le Japon envahirait effectivement l'Indochine. Le 24 juillet, on apprit que des navires de guerre et des transports de troupes japonais étaient en route vers le sud de l'Indochine. Dès le 25, le président Roosevelt donna l'ordre de geler tous les fonds japonais aux États-Unis, ce qui gêna considérablement les achats japonais, et permit au gouvernement d'interrompre éventuellement l'exportation de produits pétroliers vers le Japon. Cette décision avait été approuvée par le général Marshall, chef d'état-major général. Roosevelt ainsi que Churchill estimaient que cette mesure n'inciterait pas le Japon à déclencher la guerre dans l'immédiat. Le gouvernement britannique, les Dominions, l'Inde, la Birmanie imitèrent immédiatement la politique américaine, et placèrent les fonds japonais sous contrôle. Le gouvernement des Indes néerlandaises aurait voulu obtenir l'assurance que les États-Unis interviendraient si le pays était attaqué, mais le gouvernement américain refusait de prendre une pareille responsabilité.

En fait, le Japon put continuer à importer des États-Unis des produits pétroliers impropres à l'aviation, en quantités égales à celles qu'il achetait en 1935-1936.

Lors de la rencontre de l'Atlantique entre Roosevelt et Churchill en août 1941, la menace japonaise constitua l'un des principaux sujets d'entretiens des deux hommes d'État, Churchill, plus pessimiste qu'il ne l'était quelques semaines auparavant au sujet d'une éventuelle agression japonaise, souhaitait qu'un avertissement explicite fût donné au Japon : en poursuivant son expansion vers le sud, il risquait une guerre générale. Roosevelt admit cette suggestion, à condition qu'elle fût modérée dans ses termes et accompagnée d'une offre de pourparlers avec le Japon. Mais Cordell Hull estimait que, même ainsi, cette démarche pousserait le Japon à bout. Aussi, se contenta-t-on de deux avertissements séparés, l'un de Roosevelt annonçant que si un nouveau pas était fait par le Japon vers une politique de domination par la force : « Le gouvernement des États-Unis serait obligé de prendre immédiatement toutes les mesures qu'il estimerait nécessaires pour sauvegarder les droits et les intérêts légitimes des États-Unis. » L'autre, de Churchill, quelques jours après, déclarant que si les patients efforts des États-Unis échouaient, la Grande-Bretagne se rangerait « sans hésiter, aux côtés des États-Unis ».

Les dernières négociations et leur échec

Le gouvernement japonais, qui songeait à proposer des entretiens personnels entre Konoye et Roosevelt, essaya d'adoucir l'effet produit dans le monde par ces déclarations. Mais Cordell Hull et Roosevelt s'opposèrent à une entrevue avec Konoye qui n'aboutirait qu'à une sorte de Munich asiatique. L'échec de ce projet, rendu définitif par une note de Cordell Hull [1], en date du 2 octobre 1941, hâta la chute du gouvernement Konoye. L'idée que les méthodes diplomatiques étaient désormais périmées gagnait du terrain au Japon. Les 5 et 6 septembre, une conférence présidée par l'Empereur avait longuement débattu le programme de la politique japonaise. L'essentiel, adopté malgré le prince Konoye et l'empereur, était ainsi formulé : « Si, au début d'octobre, il n'y a pas d'espoir raisonnable que nos demandes soient acceptées au cours des négociations diplomatiques... Nous envisagerons immédiatement de nous tenir prêts à faire la guerre contre l'Amérique, l'Angleterre et la

1. Au contraire, Grew, ambassadeur américain au Japon, était favorable à de tels pourparlers qui, disait-il, représentaient la dernière chance de paix.

Hollande. » Le chef d'état-major de l'armée, le général Sugiyama, déclara que la campagne dans les mers du sud serait terminée en trois mois. L'empereur émit les doutes les plus sérieux à cet égard. En fait, l'armée estimait que les réductions considérables dans la fourniture des produits pétroliers par les États-Unis, et de bien d'autres matières premières, rendaient nécessaire une conquête rapide de Java, Sumatra, Bornéo et de la Malaisie. Cela impliquait la nécessité de chasser les Anglais de Singapour et les Américains des Philippines, de Guam et de Wake. La date la plus favorable pour une telle opération serait octobre ou novembre, au plus tard décembre. Or, le début d'octobre était arrivé. Il fallait prendre une décision. Après quelques jours d'âpres discussions entre Konoye et Tojo (12-14 octobre), Konoye, trop faible pour résister, donna sa démission, le 15 octobre au soir ; le 17 octobre, Tojo fut désigné pour lui succéder. L'amiral Toyoda fut remplacé aux Affaires étrangères par un haut fonctionnaire de la diplomatie, Togo. Tojo gardait le poste de ministre de la guerre et devenait aussi ministre de l'Intérieur. Plusieurs généraux faisaient partie du gouvernement. Le parti de la guerre l'emportait. Les 2 et 5 novembre, une conférence stipula que des propositions finales seraient faites aux États-Unis, et que si, le 25 novembre, aucun accord n'était atteint, l'empereur déciderait la guerre ; les propositions japonaises précisaient :

— que l'on accepterait le principe de l'égalité économique en Chine et dans le Pacifique, si cette égalité était également admise dans le reste du monde ;

— que des unités japonaises resteraient stationnées en Chine du Nord, en Mongolie et à Haïnan pendant vingt-cinq ans environ. Les autres troupes japonaises seraient retirées de Chine dans les deux ans, suivant le rétablissement de la paix et de l'ordre en Chine ;

— que les forces japonaises en Indochine seraient retirées quand une paix juste aurait été conclue en Extrême-Orient.

Si ces propositions, dites « propositions A », étaient rejetées, on ferait des propositions nouvelles, dites B, pour un *modus vivendi*. Elles différaient des premières en ceci, que les Japonais se déclaraient prêts à évacuer le sud de l'Indochine immédiatement si un accord était signé avec les États-Unis. Ceux-ci aideraient le Japon à obtenir des Indes néerlandaises les produits dont il avait besoin, et rétabliraient leur commerce sur des bases nouvelles, notamment pour les produits pétroliers. Le Japon entendait recevoir 4 millions de tonnes par an des États-Unis et 1 million des Indes néerlandaises. Les États-Unis n'aideraient pas la Chine dans sa lutte contre le Japon. Ainsi, les propositions B ne préjugeaient pas du statut futur de la Chine, mais mettaient le Japon en bonne position pour la vaincre.

Les « propositions A » furent soumises à Cordell Hull, le 7 novembre 1941 au soir. Dès le 10, Roosevelt les rejeta pratiquement en déclarant qu'avant toute décision, le Japon devait retirer ses troupes de Chine et d'Indochine. Les « propositions B » furent alors soumises par l'ambassadeur Nomura et par un envoyé spécial, Kurusu, le 20 novembre. Hull les déclara immédiatement inacceptables, parce qu'elles impliquaient notamment l'abandon de la Chine. Le 26, après avoir consulté les gouvernements amis, et notamment Churchill lui-même, le gouvernement américain rejeta officiellement les « propositions B » et offrit à Nomura des contre-propositions fondées sur les principes du droit international : le Japon et les États-Unis faciliteraient la signature de pactes de non-agression entre tous les pays intéressés aux problèmes d'Extrême-Orient. Le Japon retirerait toutes ses troupes de Chine et d'Indochine. Il est évident que ces propositions étaient absolument contraires aux ambitions des militaires japonais. Mais on n'imaginait pas, ni dans le public américain, ni dans les cercles gouvernementaux, ni même dans les milieux militaires, que la guerre contre le Japon était imminente. On prévoyait seulement une expansion japonaise dans l'Asie du Sud-Est. Les préparatifs militaires américains étaient insuffisants. Le 6 décembre, le président Roosevelt adressa encore un message à l'empereur Hirohito. On notera que les services américains avaient réussi à déchiffrer presque tous les messages chiffrés japonais et connaissaient donc le sens général des propositions nippones.

Pearl Harbor

Or, dès le 26 novembre, conformément aux plans établis par l'amiral Yamamoto, une puissante flotte japonaise avait quitté les îles Kouriles et voguait vers Pearl Harbor, dans les îles Hawaï à travers les solitudes du Pacifique Nord-Ouest.

L'Allemagne avait fait savoir à plusieurs reprises que si le Japon entrait en guerre contre la Grande-Bretagne et les États-Unis elle se rangerait immédiatement à ses côtés et déclarerait la guerre aux États-

Unis. Le 1er décembre, une conférence impériale décida définitivement de l'entrée en guerre du Japon. Il ne s'agissait plus que de favoriser l'effet de surprise en affectant de continuer les négociations. Le 7 décembre, les Japonais attaquaient Pearl Harbor, détruisant ou endommageant de nombreux cuirassés et autres navires américains, et débarquaient des troupes en Malaisie. Le gouvernement américain, qui prévoyait une attaque au Siam ou en Malaisie, paraît, malgré les avertissements de l'ambassadeur Grew, avoir été complètement pris par surprise à Pearl Harbor. Aucune précaution n'avait été prise. En fait, Pearl Harbor donna à l'opinion américaine une impulsion sans laquelle la guerre eût été impossible. Les États-Unis étaient brutalement introduits dans le conflit qui devenait la guerre mondiale. L'Allemagne et l'Italie, le 11 décembre, déclarèrent la guerre aux États-Unis.

Les relations internationales pendant la phase mondiale de la guerre (1941-1945)

I. Le « nouvel ordre » en Europe

La volonté d'Hitler était certainement de dominer l'Europe. Mais sa politique présentait des différences considérables selon les pays européens soumis à son influence. L'Allemagne annexa directement des zones étendues : Autriche, pays des Sudètes, partie occidentale de la Pologne, Dantzig, Memel, Alsace-Lorraine, nord de la Slovénie, et après la défaite italienne au moins *de facto* Trieste et le Tyrol italien. Certains pays étaient soumis à son protectorat direct : la Bohême et la Moravie, et la partie ouest de la Pologne non annexée (gouvernement général de Pologne). Les autres pays étaient simplement occupés ; mais ils étaient traités de façon très variable. Les pays occidentaux, France, Belgique, Pays-Bas, Danemark et, dans une moindre mesure la Norvège, jouissaient d'un traitement relativement favorable. Au contraire, la Serbie, la Grèce, la Pologne et les territoires soviétiques étaient soumis à une occupation extrêmement dure, où le droit international était systématiquement ignoré. D'autres pays, l'Espagne, l'Italie, la Hongrie, la Bulgarie, la Roumanie, la Slovaquie, la Croatie et la Finlande étaient les amis ou les alliés de l'Allemagne. Seuls, trois pays d'Europe continentale échappèrent complètement à son autorité : le Portugal, la Suisse et la Suède. L'Eire, d'autre part, resta neutre.

La volonté d'Hitler de dominer l'Europe se traduisit par diverses méthodes allant de la signature d'un traité à l'occupation militaire et à l'emprise policière de la Gestapo. Le caractère le plus commun de la domination nazie fut la terrible persécution entreprise contre les Juifs dont plusieurs millions furent massacrés et par l'envoi des opposants de toutes sortes dans les camps de concentration aux conditions de vie atroces.

Le pacte tripartite

Nous avons déjà parlé de ce pacte signé le 27 septembre 1940 à Berlin par l'Allemagne, l'Italie et le Japon. Sur le plan européen, il prévoyait la construction d'un « nouvel ordre européen » dirigé par l'Allemagne et l'Italie, et le droit pour ces deux puissances d'avoir en Europe l'« espace vital » qui leur conviendrait.

D'une façon générale, les pays occupés, s'ils nécessitaient le maintien de forces militaires, de plus en plus harcelées par les guérillas, présentaient surtout des avantages pour la machine de guerre allemande. Hitler y trouvait des matières premières, des vivres, et surtout de la main-d'œuvre. Parfois de lourdes indemnités d'occupation lui permettaient de régler à son gré l'économie du territoire et de décharger les finances allemandes. L'adhésion au pacte tripartite fut pour Hitler l'un des critères de la fidélité à l'« ordre nouveau ».

Lorsque l'Allemagne attaqua l'URSS, un certain nombre de pays satellites déclarèrent la guerre à celle-ci dès la fin de juin 1941 : Italie, Slovaquie, Hongrie et Roumanie. La Finlande se joignit à la lutte sans contracter d'alliance avec l'Allemagne. D'autre part, dès juillet, l'Espagne constitua une « légion bleue » de volontaires qui devait rester sur le front jusqu'en janvier 1944. La propagande pour la « croisade antibolchevique » devint alors l'un des thèmes essentiels. La création de légions de volontaires de différents pays symbolisait cette idéologie. En général seule une minorité d'anticommunistes exaltés se laissait prendre à cette propagande.

La Hongrie

L'orientation de la Hongrie était nettement proallemande depuis 1938. Les Hongrois avaient tiré bénéfice de cette attitude et annexé le sud de la Slovaquie (2 novembre 1938), la Ruthénie subcarpathique (17 mars 1939), les deux tiers de la Transylvanie (30 août 1940) et des territoires yougoslaves (19 avril 1941). Toutefois, le régent Horthy, chef de l'État, évitait de s'engager pleinement dans la guerre, et de pratiquer une politique antisémite marquée. Lorsque le comte Téléki, Premier ministre, se fut suicidé, le 3 avril 1941, son successeur, Bardossy, adopta une politique de plus grande soumission à l'Allemagne et c'est sous la pression de l'état-major qu'il déclara la guerre à la Russie le 27 juin. Cela valut à la Hongrie une déclaration de guerre de la Grande-Bretagne (6 décembre 1941) et la rupture des relations diplomatiques avec les États-Unis (12 décembre). Un peu plus tard, pressés par Hitler, les gouvernements hongrois, bulgare et roumain déclarèrent la guerre aux États-Unis. Bardossy essaya de résister aux exigences de von Ribbentrop et de réduire à un minimum la participation hongroise à la guerre. Le 9 mars 1942, Bardossy donna sa démission et fut remplacé par Nicholas de Kallay. Cela signifiait un changement complet dans la politique extérieure hongroise. Kallay, qui dirigeait lui-même les Affaires étrangères, désirait accomplir la tâche ardue de faire sortir son pays de la guerre et de conclure un armistice avec les Alliés. Il fut encouragé dans cette attitude par le désastre que subit l'armée hongroise à Voronej, en janvier 1943. Kallay s'inquiétait de voir les Allemands constituer une sorte de bloc roumano-croato-slovaque dirigé contre la Hongrie, et assez comparable à l'ancienne Petite Entente. Comme à l'époque de la Petite Entente, Kallay essaya d'obtenir contre cette coalition l'appui italien, et il se rendit dans ce dessein à Rome, en avril 1943. Mais Mussolini était trop affaibli pour résister sérieusement à l'Allemagne. Après la capitulation italienne du 3 septembre 1943 [1], Kallay se contenta de reconnaître *de facto* le gouvernement néofasciste de Mussolini. D'autre part, il essaya d'établir des contacts officieux avec les diplomates anglo-saxons à Istanbul, acceptant l'idée d'une capitulation sans condition. Ces propositions furent transmises à la Russie, et le 9 septembre 1943, l'ambassadeur britannique à Istanbul, Hugh

1. Voir ci-après, § V, p. 390 et s.

Knatchbull-Hugessen, communiqua la réponse des Alliés : la capitulation hongroise devait être tenue secrète ; la Hongrie devait réduire progressivement sa coopération militaire et économique avec l'Allemagne, promettre de résister à une éventuelle occupation militaire par les Allemands, laisser passer les avions alliés au-dessus du territcire hongrois, établir une liaison régulière par radio avec les Alliés et s'engager le moment venu à attaquer les Allemands. Le 16 mars 1944, une mission militaire américaine fut parachutée en Hongrie. Cet effort pour sortir de la guerre échoua. Dès avril 1943, Hitler avait invité Horthy à son quartier général et protesté énergiquement contre la politique de Kallay. Le 28 février 1944, l'Allemagne réclama le droit de passage à travers la Hongrie pour 100 000 soldats allemands destinés au front russe. Le gouvernement hésita, craignant que ces troupes ne fussent en fait destinées à occuper la Hongrie. Le 17 mars, Horthy accepta d'aller voir Hitler à Berchtesgaden. Celui-ci fit une scène violente et exigea une entière coopération militaire et économique et de sévères mesures contre les Juifs. Horthy refusa ; mais dans la nuit du 18 au 19 mars, les troupes allemandes entrèrent en Hongrie sans qu'une résistance organisée fût possible. Quand Horthy revint à Budapest le 19 mars, la Hongrie était occupée par les Allemands. Un ministère proallemand fut alors constitué sous la direction du général Sztojay. Horthy réussit à le renverser en août et à le remplacer par le général Lakatos. En septembre, il envoya des négociateurs en Italie et à Moscou pour un armistice. Le 11 octobre 1944, un accord d'armistice fut signé à Moscou et le 15, une proclamation fut lue à la radio de Budapest. Immédiatement les nazis s'emparèrent du poste de radio ; le gouvernement Lakatos fut déposé et un gouvernement du parti de la Croix fléchée, dirigé par Szalasi, fut installé par les Allemands. Le 16 octobre, Horthy donna sa démission et fut déporté en Allemagne. Le nouveau régime, qui ne dura que quelques mois, fit régner la terreur en Hongrie.

La Roumanie

La Roumanie et la Bulgarie furent les deux principaux alliés de l'Allemagne dans l'Europe balkanique. Le 6 septembre 1940, le roi Carol de Roumanie, qui avait en vain essayé d'apaiser la méfiance d'Hitler, fut obligé d'abdiquer, sous la pression du général Ion Antonescu et du mouvement fasciste de la Garde de fer. Antonescu devint le dictateur de la

Roumanie, se débarrassa des principaux leaders de la Garde de fer après leur rébellion de janvier 1941 et développa une campagne antisémite — moins atroce qu'en Allemagne. Il ouvrit son pays aux Allemands, leur livra les champs de pétrole roumains et déclara la guerre à la Russie le 22 juin 1941. Son but paraît avoir été de convaincre Hitler que le deuxième arbitrage de Vienne (août 1940) devrait être annulé et la Transylvanie entièrement rattachée à la Roumanie. Il occupa la Trans-Nistrie entre le Dniestr (en roumain *Nistru*) et le Dniepr, avec le port d'Odessa. Les victoires russes de l'hiver 1943-1944 mirent la Roumanie dans une situation difficile. Les adversaires d'Antonescu cherchèrent à négocier avec les Alliés, et le prince Barbu Shtirbey fut envoyé secrètement au Caire où, en avril 1944, des négociations d'armistice eurent lieu. Molotov fit savoir publiquement que l'URSS n'avait aucune revendication territoriale sur la Roumanie à l'exception de la Bessarabie et de la Bukovine du Nord. Tandis que l'Armée rouge pénétrait en territoire roumain, un coup d'État eut lieu le 23 août 1944 à Bucarest et hâta l'avance des Soviétiques (Ploesti et Bucarest furent occupés les 30 et 31 août). La Roumanie accepta les conditions d'armistice alliées. Le même jour, le jeune roi Michel fit arrêter Antonescu et constitua un nouveau cabinet dirigé par le général Sanatescu avec les nationaux-paysans (Maniu), des libéraux (Bratianu), des socialistes et des communistes. L'armistice roumain fut signé le 12 septembre à Moscou.

La Bulgarie

Le roi Boris de Bulgarie choisit le camp allemand dès 1940. La Bulgarie, où les sympathies prorusses étaient considérables, ne déclara pas la guerre à la Russie malgré la pression des nazis. Les Bulgares, qui avaient signé le 17 février 1941 un traité de non-agression avec la Turquie, se contentèrent d'occuper la Macédoine yougoslave et la Thrace. Le 28 août 1943, le roi Boris mourut et fut remplacé par son fils Siméon II, âgé de six ans. Le principal des régents fut le professeur Filov, qui était très favorable aux nazis. Le 1er juin 1944, étant donnée la tournure que prenaient les événements, un nouveau cabinet dirigé par Bagrianov fut constitué. Du 26 août au 28 octobre 1944, la situation fut confuse. Dès le 26 août, Bagrianov exigea le départ des troupes allemandes et envoya un émissaire au Caire. Craignant d'être exclu des négociations, il déclara la guerre à l'Allemagne le 5 septembre. Néanmoins, l'Armée rouge envahit la Bulgarie le 9. Un pré-armistice fut signé le 11 octobre, l'armistice définitif le 26 seulement à Moscou, avec les trois grands alliés. Les Bulgares avaient essayé en vain (1943-1944), de créer une Macédoine indépendante et de garder la Thrace grecque.

La Yougoslavie et l'Albanie

Lorsque la Yougoslavie fut vaincue, le roi Pierre II se rendit à Londres avec son gouvernement. D'autre part, sur le territoire yougoslave furent constitués deux principaux mouvements de résistance. D'une part, le général serbe Mihaïlovitch créa le mouvement *tchetnik*. Mihaïlovitch, peu favorable aux opérations de guérillas, décida de garder ses forces intactes pour appuyer un éventuel débarquement allié. Soutenu par le gouvernement exilé de Londres, qui l'avait nommé ministre de la Guerre, il abandonna pratiquement toute opération militaire. Un autre mouvement de résistance se développa sous la direction d'un Croate d'origine paysanne, Josip Brosz, secrétaire général du parti communiste, qui avait pris dès avant la guerre le nom de Tito. Celui-ci constitua le Mouvement des partisans et créa une armée de guérilleros qui atteignit peut-être 200 000 hommes avant 1943 et dépassa largement ce chiffre par la suite. Ces partisans réussirent en effet à mettre la main sur la plus grande partie des armes abandonnées par les troupes italiennes d'occupation après la capitulation de l'Italie en septembre 1943.

Tito fut modérément soutenu par les Russes. Très vite, il s'opposa à Mihaïlovitch, accusé de trahison par les communistes dès décembre 1941. Le 20 décembre 1943, le Comité national de Tito envoya une délégation au Caire pour négocier avec le gouvernement de Pierre II, dirigé par Pouritch. Le roi Pierre II, très hostile à Tito, refusa de recevoir la délégation. Aussitôt, le 23 décembre, le Comité national yougoslave prononça la déchéance du gouvernement Pouritch et accusa le général Mihaïlovitch d'être en contact avec les autorités allemandes. À partir de cette date, la tension fut extrême entre Pierre II, le gouvernement en exil et le général Mihaïlovitch d'une part, et le maréchal Tito d'autre part. Le 18 mai 1944, le roi Pierre II exigea la démission du gouvernement Pouritch et confia à Soubatchitch le soin de former le nouveau cabinet. Soubatchitch s'efforça d'aboutir à un accord avec Tito. En juin, il se rendit en Yougoslavie pour le rencontrer. Simultanément, le gouvernement britannique faisait savoir, le 20 juin, qu'il retirait son appui à Mihaïlovitch à cause de sa collaboration avec les Allemands. Un accord Tito-Soubatchitch fut signé le 31 août pour la collaboration du gouvernement en exil et du maréchal Tito en vue de la libération de la Yougoslavie. À la conférence anglo-russe de Moscou — 9-21 octobre 1944 — les Russes et les Anglais se mirent d'accord « pour apporter une solution aux difficultés intérieures de ce pays par une union réalisée entre le gouvernement royal yougoslave et le Mouvement de la libération nationale ». Le maréchal Tito se trouvait à Moscou pendant la conférence. C'est également pendant la conférence que les Russes et les Partisans libérèrent Belgrade (20 octobre). Nous verrons plus loin l'échec final de ces tentatives de rapprochement. Il est à noter qu'à l'exception de cette passagère contribution de l'Armée rouge, la Yougoslavie est le seul pays qui libéra son territoire par ses seules forces.

Le gouvernement croate proaxiste, dirigé par Ante Pavelitch, avait obtenu d'Hitler l'annexion de la Dalmatie à la Croatie après la capitulation italienne. Il tenta sans succès de résister à l'avance des partisans à Zagreb. Il s'enfuit ensuite avec les Allemands.

Après la défaite italienne, les nazis prirent en main l'administration de l'Albanie. En juin 1944, ils s'efforcèrent en vain d'éliminer les guérillas communistes dirigées par Enver Hodja. En décembre 1944, celui-ci entra dans la capitale libérée de l'Albanie, Tirana, et y constitua un gouvernement communiste.

L'Europe occidentale

En Europe occidentale, l'« ordre nouveau » tenta de s'établir avec plus de formes. À partir de 1942, l'occupation se fit plus dure. Hitler avait cru vaincre en quelques mois par la guerre éclair, la *Blitzkrieg*, qui lui avait si bien réussi jusqu'alors. La résistance des Soviétiques l'obligea à se lancer, dès 1942 et surtout 1943, dans la « guerre totale ». Il fallait, pour l'Allemagne, utiliser beaucoup plus systématiquement les ressources des pays occupés ; les ouvriers, puis tous les jeunes gens appartenant à certaines classes de mobilisation furent réquisitionnés pour aller travailler en Allemagne. Les attentats antiallemands se multiplièrent, et suscitèrent de violentes représailles. La Belgique et le nord de la France étaient soumis au commandement du général von Falkenhausen, puis à partir du 13 juillet 1944 du gauleiter Grohe et du général Grase. Le commissaire du Reich aux Pays-Bas fut, depuis le 25 mai 1940, Seyss-Inquart. Le Luxem-

bourg fut annexé le 30 août 1942 par l'Allemagne. À Copenhague, le commandement fut exercé dès le 5 octobre 1942, par le général von Hanneken. Le gouvernement danois, dirigé par Stauning, puis par Buhl, s'efforçait de limiter autant que possible la collaboration avec les autorités allemandes et de pratiquer la « non-belligérance ». En Norvège, un gouvernement satellite fut créé sous la direction de Quisling (septembre 1940), mais ce gouvernement eut contre lui l'immense majorité de la population. Le roi Haakon VII s'était réfugié à Londres avec son gouvernement ; une large partie de l'importante flotte de commerce norvégienne s'était mise à la disposition des Alliés. La situation des Pays-Bas était comparable puisque la reine Wilhelmine et le gouvernement du professeur Gerbrandy étaient également à Londres. Pour la Belgique, seul le gouvernement Pierlot avait pu joindre l'Angleterre après plusieurs mois d'hésitation. Le roi Léopold III était resté en Belgique, se considérant comme prisonnier des Allemands, avec lesquels il refusait de collaborer.

La situation en France était très différente, du fait de l'existence du gouvernement de Vichy. Depuis le retour de Pierre Laval, en avril 1942, le gouvernement de Vichy avait accentué sa politique de collaboration. Le 22 juin, Laval déclara : « Pour construire l'Europe, l'Allemagne est en train de livrer des combats gigantesques... Je souhaite la victoire de l'Allemagne parce que, sans elle, le bolchevisme, demain, s'installerait partout. » En fait, lors de ses entrevues avec Hitler (9-11 novembre 1942, 29 avril 1943), Laval paraît avoir cherché surtout à éviter une collaboration militaire. L'occupation de la zone libre par l'Allemagne (11 novembre 1942) et la reprise de la lutte dans l'empire français réduisirent à presque rien l'autorité du gouvernement de Vichy. Ses relations diplomatiques avec l'étranger étaient progressivement rompues (novembre 1942 avec le Canada, les États-Unis et la plupart des républiques de l'Amérique du Sud), si bien qu'à partir de 1943, on peut dire que la France occupée n'a plus de politique étrangère propre. Le gouvernement de Vichy devait disparaître avec la libération de la France et l'enlèvement du maréchal Pétain, emmené à Siegmaringen en Allemagne contre son gré au mois d'août 1944.

II. Le « nouvel ordre » japonais en Extrême-Orient

Dans les semaines et les mois qui suivirent le déclenchement des hostilités, les Japonais remportèrent des succès militaires considérables. L'attaque de Pearl Harbor (7 décembre 1941) rendit inutilisable la flotte américaine du Pacifique. La destruction des cuirassés britanniques *Prince of Wales* et *Repulse* le 10 décembre, au large de Kuantan, en Malaisie, annihilait la flotte britannique de l'océan Indien. Les Japonais, partis de Haïnan, débarquèrent le 8 décembre au Siam et attaquèrent la Malaisie britannique. Le 15 février 1942, Singapour dut se rendre. Le 10 décembre 1941, ils débarquaient dans les Philippines. L'essentiel de l'armée américaine se réfugia dans la presqu'île de Bataan et l'île de Corregidor. Bataan se rendit le 8 avril et Corregidor un mois après. Le général américain MacArthur, sur ordre, quitta les Philippines pour éviter d'être fait prisonnier et jura d'y revenir. Les Japonais s'installèrent en janvier 1942 à Bornéo, à Rabaul en Nouvelle-Bretagne. Une grave défaite navale des alliés permit aux Nippons de conquérir Java, où le gouverneur hollandais capitula sans condition le 9 mars. D'autre part, ils s'emparèrent de Hong-Kong dès le 25 décembre 1941, des îles américaines de Guam le 10 décembre, et de Wake le 22. En avril 1942, ils menaçaient l'Australie à partir de la Nouvelle-Guinée et de la Nouvelle-Bretagne.

Les Américains réagirent en installant une base importante dans la Nouvelle-Calédonie française (l'amiral Thierry d'Argenlieu était depuis juillet 1941 haut-commissaire de la France libre dans le Pacifique), et des bases aux Nouvelles-Hébrides. Le 3 avril 1942, le général MacArthur fut nommé commandant pour le Pacifique sud-ouest. L'amiral Nimitz avait reçu le commandement des forces américaines du Pacifique central. Ces mesures et la concentration de nouvelles forces navales permirent aux Américains de livrer une importante bataille aéro-navale dans la mer de Corail, qui empêcha momentanément les Japonais de débarquer aux îles Salomon (4-8 mai 1942). Du 3 au 5 juin, la flotte américaine remporta à Midway un grand succès. L'équilibre des forces navales dans le Pacifique était en voie de se rétablir. À partir de juillet 1942, la lutte se stabilisa, en particulier dans les îles Salomon, à Guadalcanal. Les Américains réussirent à libérer cette île le 7 février 1943.

Enfin les Japonais maîtres de l'Indochine, du Siam et de la Malaisie, s'emparèrent de la Birmanie (janvier-avril 1942). Au nord du Pacifique, ils débarquèrent dans deux des îles Aléoutiennes, Attu et Kisha. Le Japon avait conquis un empire colonial de 8 millions de km^2, avec 93 % de la production mondiale de caoutchouc naturel, 76 % de celle de l'étain et d'importantes quantités de pétrole.

L'occupation japonaise aux Philippines

Le 24 mars 1934, le président Roosevelt ratifia la loi Tydings-McDuffie, d'après laquelle, après une période transitoire de dix ans, les Philippines recevraient une complète indépendance. En 1935, une Constitution fut votée par une convention philippine, sur le modèle de la Constitution américaine, et Manuel Quezon, qui avait négocié avec les Américains, fut élu président ; il fut réélu triomphalement en 1941 par 90 % des voix. Sur ces entrefaites, le Japon conquit l'ensemble de l'archipel, au moment même où une crise économique de grande envergure agitait le pays. Dès l'arrivée des Japonais, en janvier 1942, Quezon s'enfuit vers les États-Unis. Le commandement en chef japonais établit alors une commission exécutive et un conseil d'État consultatif, sous les ordres de leaders philippins. À la fin de l'année, les Japonais instituèrent un parti unique, le Kalibapi, de type totalitaire. Tous les organismes politiques et économiques étaient placés sous la souveraineté japonaise. Pour constituer une « sphère de coprospérité de la grande Asie orientale » et pour réaliser le slogan « l'Asie aux Asiatiques », le gouvernement japonais décida d'aller plus loin. En mai 1943, le général Tojo, Premier ministre, visita l'archipel ; une assemblée constituante fut élue et approuva une nouvelle Constitution ; le 25 septembre, José P. Laurel fut élu président, avec Roxas pour vice-président, et le 14 octobre, l'administration militaire japonaise déclara qu'elle cédait la place à la nouvelle République indépendante des Philippines. À Tokyo, Laurel, Vargas et Aquino signèrent un pacte d'alliance avec le Japon. C'est seulement en septembre 1944, après le début des bombardements alliés aux Philippines, que le gouvernement projaponais déclara la guerre à la Grande-Bretagne et aux États-Unis. Simultanément, une forte propagande était faite en faveur du Japon. Celui-ci dominait entièrement la presse et la radio, ainsi que le président de la République et toute la machine administrative. Les Japonais firent un gros effort pour « désaméricaniser » l'archipel ; ils envoyèrent de nombreux techniciens ; mais ils exportèrent vers le Japon une grande partie des richesses du pays. Le mécontentement dû à l'invasion et à la crise économique suscita la formation d'importants groupes de guérilleros dont le principal fut celui des Hukbalahaps, armée populaire antijaponaise. De son exil, le président Quezon, aidé du vice-président Osmena, s'efforçait de coordonner ces mouvements de résistance. Le 29 juin 1944, une résolution fut votée par le Congrès américain en faveur d'une restauration de la démocratie dans les îles Philippines, et de l'établissement de l'indépendance à la date du 4 juillet 1946. Les 19 et 20 octobre 1944, les troupes américaines sous le commandement de MacArthur débarquèrent à Leyte et entreprirent la libération des Philippines, qui devait être réalisée en février 1945.

Les Indes néerlandaises

Dans la vaste colonie néerlandaise d'Indonésie, les Japonais utilisèrent une méthode analogue. Ils se proclamèrent les champions de l'indépendance vis-à-vis des Pays-Bas. Dès avant l'occupation, les leaders nationalistes indonésiens réclamaient leur autonomie, la substitution du nom « Indonésie » à celui d'« Indes néerlandaises », et avaient obtenu du gouvernement de la reine Wilhelmine, réfugiée à Londres, la promesse qu'une conférence impériale serait réunie après la guerre et qu'une confédération hollando-indonésienne serait créée.

Lorsque les Japonais s'emparèrent du vaste archipel, ils entreprirent une forte propagande en faveur de l'« Asie aux Asiatiques », sous la direction du Japon. Le mouvement dit « des trois A » fut lancé qui préconisait les trois principes suivants : « Le Japon, leader de l'Asie ; le Japon, protecteur de l'Asie ; le Japon, lumière de l'Asie ». Il était présidé par un Indonésien. Les leaders nationalistes, comme aux Philippines, se divisèrent volontairement en deux groupes. L'un dirigé par Soekarno et Hatta, décida de collaborer avec les Japonais. L'autre, avec surtout Sjahrir et Sjarifoeddin, organisa la résistance contre les Japonais. En juin 1943, le général Tojo — qui devait visiter Java au mois de juillet — promit aux Indonésiens une participation au gouvernement du pays. En septembre fut établi un Conseil consultatif central, présidé par Soekarno ; celui-ci, accompagné par Hatta, fit un voyage à Tokyo en novembre 1943 ; mais, à la différence des Philippines et de la Birmanie, il n'était pas encore question d'indépendance. C'est seulement en septembre 1944, que le gouvernement japonais du général Koïso promit à l'Indonésie l'indépendance pour une date prochaine. En mars 1945, fut constitué à Java un « comité d'investigation pour la préparation à l'indépendance ». Ce comité, dominé par Soekarno, proposa que le peuple indonésien combattît contre les Alliés aux côtés du Japon. Le 8 août 1945, Soekarno, Hatta et Wediodinigrat furent invités à Saigon par le maréchal Terauchi, commandant en chef japonais dans l'Asie du Sud-Est. Celui-ci leur annonça la décision japonaise d'accorder à l'Indonésie une indépendance totale et immédiate ; peut-être son intention était-elle de susciter des troubles dans le pays après l'imminente capitulation japonaise. En tout cas, les leaders indonésiens revinrent à Batavia le 14 août et publièrent le 15 une déclaration d'indépendance. Nous verrons plus loin les importantes conséquences de cet acte.

La Birmanie

Lorsqu'ils eurent conquis la Birmanie, les Japonais y trouvèrent un régime d'autonomie établi par les Anglais en 1935 ; toutefois, le gouverneur britannique gardait le droit de veto sur les actes du Parlement, nommait la moitié des membres de la Chambre Haute et continuait à exercer une autorité absolue sur les « territoires réservés », zone montagneuse qui comprenait 43 % de la superficie et 14 % de la population birmane. En 1941, U-Saw, le leader du parti Myochit ou patriote, se rendit à Londres pour obtenir de Churchill la promesse que la Birmanie recevrait après la guerre le statut de Dominion. Churchill refusa, et U-Saw fut arrêté en Palestine pendant son voyage de retour, sous l'inculpation d'être entrée en communication avec les Japonais lors de son passage au Portugal. Un autre leader birman Ba-Maw, chef du parti Sinyetha ou parti des pauvres, s'échappa de prison au printemps 1942, pendant la conquête japonaise, et offrit ses services aux Japonais. Le 1er août 1943, le Japon accorda à la Birmanie l'indépendance, et un gouvernement satellite fut créé sous la présidence de Ba-Maw. Celui-ci déclara la guerre à l'Angleterre et aux États-Unis. Toutefois la rudesse de l'occupation japonaise, la grave crise économique due à l'arrêt des exportations de riz, favorisèrent le développement d'un petit mouvement de résistance, partiellement soumis à l'influence communiste, la Ligue antifasciste pour la liberté du peuple. Le chef en était le général Aung-San, aidé par son beau-frère le communiste Than-Tun. Le gouvernement légal de la Birmanie était exilé dans l'Inde, à Simia. La reconquête de la Birmanie par les Alliés (fin 1944-mai 1945) mit fin au gouvernement impopulaire de Ba-Maw ; mais le sentiment nationaliste birman avait été exacerbé, et l'agitation communiste se développait.

La Malaisie britannique

Les mouvements nationalistes étaient au début moins vigoureux en Malaisie qu'en Birmanie ; la présence de fortes populations chinoises (44,9 %) et indienne (10,4 %) réduisant les Malais à 43,3 % (chiffre de 1947) seulement de la population, rendait utile l'arbitrage britannique. Le gouvernement de Tchang Kaï-shek s'efforçait de détourner les Chinois de Malaisie d'un sentiment de patriotisme malais. La conquête japonaise s'explique par l'insuffisance de préparatifs militaires britanniques et non par la complicité de la population avec les Japonais. Inversement, la résistance aux Japonais y fut beaucoup plus forte qu'en Birmanie. Ceux-ci, au lieu de proclamer une indépendance illusoire, préférèrent stimuler les sentiments de méfiance des Malais à l'égard des Chinois. Lorsque le Japon se rendra, les troupes britanniques qui débarqueront en Malaisie seront accueillies avec enthousiasme.

Le Siam ou Thaïlande et l'Indochine française

Le 24 juin 1939, le Siam, dirigé par Phibun Songgram, chef du Parti populaire, changea son nom de Siam en celui de Thaïlande. Cela signifiait le rejet d'une dénomination d'origine étrangère, et le développement d'un mouvement xénophobe. Le Parti populaire élimina les partis rivaux et installa un régime de parti unique. La Thaïlande était en bonnes relations avec les Japonais qui accroissaient sans cesse leur part dans le commerce du pays. Nous avons vu ci-avant que le Japon avait imposé sa médiation dans la courte guerre qui opposa la Thaïlande à la France, et obligé celle-ci à céder aux Thaïlandais quelques provinces du Laos et du Cambodge. Lorsque les Japonais, le 8 décembre 1941, débarquèrent au Siam, la résistance fut insignifiante, et le Premier ministre Phibun Songgram déclara la guerre aux Anglais et aux Américains, le 25 janvier 1942. À la différence des pays que nous avons déjà étudiés, le Japon n'eut pas à créer de toutes pièces un gouvernement satellite, mais put utiliser le gouvernement existant. Le rival politique de Phibun, Pridi, donna sa démission de ministre des Finances à l'arrivée des Japonais et tenta de créer un gouvernement indépendant au nord du pays ; il prit la tête du mouvement de résistance antijaponais, en liaison avec le mouvement *Free Thaï* organisé aux États-Unis et en Grande-Bretagne. Le roi Ananda, qui n'était pas dans le pays, le nomma régent. En juillet 1944, Phibun, dont la politique de grands travaux était jugée trop onéreuse, fut renvoyé du gouvernement.

Un ami de Pridi, Khuang Aphaiwong, devint alors Premier ministre et s'efforça de pratiquer une politique beaucoup plus favorable aux Anglo-Saxons.

Nous avons vu ci-avant comment les autorités françaises d'Indochine avaient été obligées, en deux étapes, de laisser les Japonais occuper l'Indochine du Nord (22 septembre 1940), puis toute l'Indochine (25 juillet 1941). Il semble que les leaders de la colonie et spécialement l'amiral Decoux aient pratiqué pendant la guerre une politique « attentiste ». Il craignait en effet que les Chinois nationalistes, très hostiles à la colonisation française, ne s'emparent du pays. Pour empêcher que les garnisons françaises n'aidassent un éventuel débarquement allié en Indochine, les Japonais décidèrent de modifier la situation. Le 9 mars 1945, un ultimatum fut adressé à l'amiral Decoux, réclamant une coopération plus étroite pour la défense commune de l'Indochine. L'amiral Decoux ayant refusé, le 10 mars les troupes japonaises annihilèrent les garnisons françaises dont une partie seulement put gagner la Chine, arrêtèrent les fonctionnaires et déclarèrent que le statut colonial de l'Indochine avait pris fin. L'empereur d'Annam, Bao Dai, soumis jusqu'alors au protectorat français, publia une déclaration d'indépendance et constitua un nouveau gouvernement. Les rois du Cambodge et de Louang Prabang, dans le Laos, agirent de même. Au gouvernement de Bao Dai s'opposait le Viêt-minh ou Ligue pour l'indépendance du Viêtnam, dirigé par un militant communiste qui avait longtemps séjourné en URSS, Hô Chi Minh. Le Viêt-minh reçut des armes et un appui technique des Américains et s'installa solidement au nord du Tonkin. Lorsque les Japonais capitulèrent, un gouvernement provisoire du Viêt-minh fut créé sous la présidence d'Hô Chi Minh et proclama l'indépendance du pays. Hô Chi Minh s'installa à Hanoï.

Ainsi la méthode japonaise dans l'Asie du Sud-Est avait consisté en un effort pour créer partout des gouvernements satellites, étroitement soumis à Tokyo. Ce plan fut réalisé dès 1943 aux Philippines et en Birmanie, et seulement en 1945 en Indochine française et en Indonésie. Au Siam, les Japonais purent utiliser le gouvernement existant de Phibun Songgram. En Malaisie seulement, ils se contentèrent du système du gouvernement direct.

L'Inde

La menace japonaise sur l'Inde rendait particulièrement urgente la nécessité de donner satisfaction aux sentiments nationalistes très développés dans le pays. Dans le parti du Congrès, Gandhi faisait une propagande active en faveur de la neutralité et de la non-résistance. Seule, une minorité comprenant Nehru, quoique hostile à la domination anglaise, déclarait qu'aucune entrave ne serait apportée à l'effort de guerre anglais, et que l'Inde résisterait par la force à toute tentative d'invasion par le Japon. Le président Roosevelt, pour des raisons de principe, invoquait l'exemple de la guerre d'indépendance américaine et suggérait à Churchill que le gouvernement britannique octroyât immédiatement l'indépendance à l'Inde ; le Premier Ministre britannique refusait énergiquement cette éventualité. Il estimait qu'une indépendance accordée en plein combat, loin de stimuler l'effort de guerre indien, plongerait l'Inde dans le chaos et faciliterait une invasion japonaise. Contre le parti du Congrès se dressait la Ligue musulmane du Dr Jinnah, représentant 100 millions d'habitants, parmi lesquels la majorité des 2 millions et demi de soldats de l'armée des Indes, et la Ligue musulmane refusait la création d'un État indien unique où les Musulmans seraient submergés.

Le cabinet de guerre britannique, décida en conséquence de refuser l'octroi de l'indépendance en pleine guerre, mais de la promettre pour la période suivant immédiatement les hostilités, à condition que ce fût le vœu d'une assemblée constituante indienne élue. Ce projet fut élaboré entre la chute de Singapour (15 février 1942) et celle de Rangoun (8 mars). À cette date, le cabinet britannique décida d'envoyer dans l'Inde Stafford Cripps travailliste, membre du cabinet de guerre, qui entretenait des rapports amicaux avec Gandhi et Nehru. Stafford Cripps arriva à Delhi le 22 mars. Ses propositions furent rejetées le 11 avril par le parti du Congrès. Celui-ci exigeait l'indépendance immédiate et, tout en acceptant pour la suite de la guerre de laisser toute liberté d'action au commandant en chef britannique, il réclamait la création d'un ministère indien autonome de la défense. À la suite de cet échec, Stafford Cripps quitta Delhi le 12 avril et le statut de l'Inde resta inchangé. Gandhi et Nehru furent internés. Aucun trouble sérieux ne se produisit alors et le pacifisme de Gandhi ne nuisit nullement au moral de l'armée des Indes.

L'« armée nationale indienne »

Les Japonais essayèrent naturellement d'exploiter le nationalisme indien dans l'intérêt de leur cause. Ils créèrent avec une partie des troupes indiennes faites prisonnières à Singapour une « armée nationale indienne », commandée au début par Mohan Singhi, et comptant environ 10 000 hommes. Des difficultés surgirent entre Mohan Singhi et l'administrateur civil Rash Behari Bose, et en 1943, l'« armée nationale indienne » fut réformée et placée sous le commandement du leader nationaliste Subas Chandra Bose, qui venait d'arriver d'Allemagne. Le général Tojo, Premier ministre japonais, vint à Singapour le 18 octobre 1943 et passa en revue la nouvelle armée nationale indienne. Le 21 octobre, fut créé un gouvernement indien projaponais à Argad-Hind, avec Chandra Bose comme chef d'État. Le 24 octobre, ce gouvernement déclara la guerre aux États-Unis et à la Grande-Bretagne. En décembre, il alla s'installer à Rangoun, et l'armée indienne prit part aux opérations. Elle fut pratiquement désintégrée lorsque les Alliés reconquirent la Birmanie. Chandra Bose, réfugié à Saigon, partit pour le Japon le 17 août 1945, mais périt dans un accident d'avion à Formose le 18. Il est à noter que l'armée des Indes qui combattit avec les Alliés comprenait 2 500 000 hommes, tous volontaires, et que l'« armée nationale indienne », y compris les civils, ne dépassa jamais 30 000 hommes.

La Chine

Dans la Chine restée indépendante le problème essentiel était celui des relations entre le gouvernement nationaliste et les communistes. Les bons rapports établis en septembre 1937 n'avaient pas tardé à se détériorer, dès août 1938. Les hostilités ne reprirent pas à une grande échelle. Cependant, en janvier 1941, l'incident dit « de la quatrième armée nouvelle » amena une véritable bataille. Le gouvernement avait donné l'ordre à cette armée communiste d'évacuer la région située au sud du Yang-Tsé-Kiang. Ses chefs refusèrent. Les troupes gouvernementales entreprirent donc de la désarmer, ce qui ne se fit que partiellement et non sans grandes difficultés. Aucun accord ne fut réalisé après cet incident et les engagements entre nationalistes et communistes se poursuivirent. En 1943, pourtant, après une session plénière du comité exécutif central du Kouomintang, des négociations s'ouvrirent et en novembre le général communiste Lin Piao vint à Tchoung King. En mai 1944, à Siang, puis à Tchoung

King, des délégués des deux partis se rencontrèrent. Ils n'aboutirent à aucun accord, mais lancèrent l'idée d'un « gouvernement de coalition ». Les Américains suivaient de près ces événements. Mais leurs représentants locaux étaient divisés. Le général Stilwell préconisait la collaboration entre nationalistes et communistes et de vastes opérations terrestres contre les Japonais. Le général d'aviation Chennault préférait se borner aux opérations de bombardement. Il avait l'appui de Tchang Kaï-shek, qui détestait Stilwell et réussit à le faire rappeler en août 1944. En juin 1944, le président Roosevelt chargea le vice-président Henry Wallace de visiter la Chine pour examiner comment son effort de guerre pourrait être soutenu. Il suggéra à Tchang Kaï-shek une médiation américaine entre le Kouomintang et les communistes. Le généralissime finit par accepter l'envoi d'une mission américaine en territoire communiste (23 juin). Mais il insista sur le fait qu'à son avis, les communistes n'étaient pas de bonne foi. Nous verrons comment s'opéra la médiation américaine.

III. Les relations entre Alliés de 1942 à 1944

Nous venons d'étudier la situation politique dans l'Europe occupée par les nazis et dans la zone d'expansion japonaise en Asie. Face aux puissances de l'Axe, les Alliés s'efforçaient de coordonner leurs efforts et posaient déjà quelques jalons pour la solution des problèmes d'après-guerre. Ce qui frappe en étudiant les relations interalliées c'est de voir le contraste entre les excellents rapports de Roosevelt et de Churchill, et la méfiance permanente qui régnait entre les Anglo-Saxons et l'URSS.

La conférence d'« Arcadie » ou de Washington

L'attaque japonaise contre Pearl Harbor amena Roosevelt à accepter la proposition de Churchill d'une rencontre à Washington. Le Premier Ministre anglais y arriva le 22 décembre 1941. La conférence devait se poursuivre jusqu'au 14 janvier, interrompue seulement par des voyages de Churchill à Ottawa, et en Floride. Puisque les États-Unis étaient entrés en guerre, il importait d'établir solidement les bases de leur collaboration et de déterminer quelle priorité l'on donnerait aux opérations d'Extrême-Orient ou à celles d'Europe. L'ambassadeur d'URSS aux États-Unis, Litvinov, assista à quelques-unes des réunions. La première décision qui fut prise fut celle d'établir une déclaration de principe qui serait soumise à toutes les nations en guerre contre l'Axe. Cette « Déclaration des Nations unies » fut signée le 1er janvier 1942 à la Maison-Blanche par les représentants de vingt-six nations. C'était un rappel des principes de la Charte de l'Atlantique, avec la liberté religieuse, admise par les Soviétiques. D'autre part, les Nations unies s'engageaient à employer toutes leurs ressources militaires et économiques contre l'Axe, et à ne pas signer d'armistice ni de paix séparés. On décida que l'essentiel de l'effort devait être dirigé contre l'Allemagne, dont le potentiel industriel était plus grand que celui du Japon. Ce principe de « l'Allemagne d'abord » ne fut pas seulement défendu par Churchill mais aussi par le général américain Marshall qui, favorable à une stratégie de « concentration », voulait que l'on attaquât l'ennemi le plus fort sur son front le plus solide.

Nous n'entrerons pas dans le détail des décisions de caractère militaire. Notons seulement que le principe fut admis de diviser le monde en zones d'opérations qui, chacune, serait soumise à un commandement unique interallié. Les Américains voulaient organiser le transport d'un million d'hommes vers l'Angleterre (opération *Boléro*), l'établissement d'une tête de pont en Normandie dès 1942 (*Siedgehammer*), et un grand débarquement en Europe en 1943 (*Round up*). Les Anglais parurent admettre ce programme, mais ils tenaient en réserve le projet d'un débarquement en Afrique du Nord. On créa divers bureaux pour la répartition des munitions, du tonnage maritime, des matières premières, etc. Enfin, il fut décidé que l'autorité suprême serait un « état-major combiné » (*Combined Chiefs of Staff*) siégeant à Washington. En fait, la rivalité entre membres britanniques et américains de cet organisme fut très vive. À la stratégie de « concentration » des Américains, les Britanniques opposaient celle de la « diversion périphérique » : harcèlement de l'ennemi sur ses points les plus faibles.

L'alliance anglo-soviétique

Pendant les premiers mois de 1942, les Alliés subirent de nombreuses défaites. Sur le front russe seulement la situation était moins mauvaise grâce aux succès soviétiques de l'hiver 1941-1942. Staline ne cessait de réclamer l'ouverture d'un second front et l'accélération des fournitures d'armement à l'URSS. Il fut décidé que Molotov ferait un voyage en Angleterre et aux États-Unis. À Londres, le ministre soviétique négocia et signa un traité d'alliance avec l'Angleterre (26 mai 1942). Ce traité était dirigé contre l'Allemagne et ses associés. Les deux pays s'engageaient à ne pas entrer en négociations avec le gouvernement hitlérien, ni avec aucun gouvernement allemand qui ne renoncerait pas à l'agression, à agir en commun après la guerre pour éviter une nouvelle agression allemande, à collaborer politiquement et économiquement après la guerre, à ne participer à aucune coalition dirigée contre l'une des deux parties. Le traité était valable pour vingt ans.

À Washington, Molotov arriva le 29 mai. Il eut des entretiens avec Roosevelt, Cordell Hull, Hopkins et l'ambassadeur Litvinov. Le président des États-Unis profita de cette rencontre pour déclarer qu'il était convaincu que la paix pourrait être garantie pendant vingt-cinq ans au moins. La discussion principale porta à nouveau sur le second front que Molotov réclamait pour 1942, n'étant pas certain, disait-il, que l'Armée rouge pourrait tenir jusqu'en 1943. Le président Roosevelt déclara qu'il aimerait rencontrer Staline. Discutant encore des problèmes d'après-guerre, Roosevelt suggéra un système de *trusteeship* ou tutelle internationale sur de nombreuses îles et possessions coloniales qu'il conviendrait de retirer à des nations trop faibles et d'orienter rapidement vers l'indépendance totale. Le président Roosevelt, sur une question précise de Molotov, déclara que le second front « pourrait » être ouvert en 1942, ce qui suscita des objections de la part du général Marshall et de Hopkins et, du côté soviétique, de vains espoirs suivis de violentes récriminations. Au total, ce séjour de Molotov fit une très bonne impression aux États-Unis.

Les conférences de la Maison-Blanche, de Moscou et d'Anfa

Churchill était assez hostile à l'idée d'un débarquement même limité en France en 1942. Il estimait bien préférable de pousser à fond la préparation d'un débarquement en Afrique du Nord. En juin 1942, Churchill revint à Washington, où il se trouvait au moment de la chute de Tobrouk, conquise par Rommel, ce qui l'affecta beaucoup. Malgré la protestation des généraux américains, on décida en juillet de remplacer *Sledgehammer* par un débarquement en Afrique du Nord, de façon à atténuer les effets de la défaite que l'armée britannique venait de subir en Libye. Le

16 juillet, Hopkins, le général Marshall et l'amiral King se rendirent à Londres et, contre leur gré (car ils préféraient un débarquement massif en Europe), mirent au point les plans de la future opération *Torch*.

Restait à faire admettre par Staline le retard à l'établissement du second front. Churchill, accompagné de l'ambassadeur américain Harriman, se rendit donc à Moscou où il arriva le 12 septembre 1942 et resta trois jours. Staline fut extrêmement mécontent du retard décidé et les débuts de la conférence furent très tendus. Il se résigna cependant à admettre ce que lui proposait Churchill, c'est-à-dire une intensification des bombardements aériens et l'opération *Torch* en Afrique du Nord. Il protesta néanmoins et déclara : « Il est facile de concevoir que le refus du gouvernement britannique de créer un second front en Europe en 1942 portera atteinte au moral du peuple soviétique tout entier, qui comptait sur la création d'un second front, rendra plus difficile la situation de l'Armée rouge sur le front et bouleversera les plans du gouvernement soviétique. » Au cours d'une réunion les deux hommes d'État évoquèrent la possibilité d'une rencontre avec le président Roosevelt. Mais cette éventualité était bien loin de pouvoir se réaliser, et le bruit courait, à la fin de 1942, de la possibilité d'une paix séparée entre l'URSS et l'Allemagne par l'intermédiaire du Japon.

Après le débarquement en Afrique du Nord, Staline rompit son long silence et félicita Churchill des succès remportés en Algérie et en Libye. Les deux chefs de gouvernement anglo-saxons décidèrent de se rencontrer en janvier au Maroc. Ils auraient voulu que Staline vînt aussi, mais celui-ci refusa à cause de l'importance des opérations qui se déroulaient sur le front russe (bataille de Stalingrad). On finit par décider que la conférence aurait lieu à Anfa, dans une villa située à 8 km de Casablanca. Le 9 janvier 1943, Roosevelt et Hopkins quittèrent la Maison-Blanche pour Miami, d'où ils se rendirent en plusieurs étapes par « Bœing » à Casablanca. La rencontre avait trois buts principaux :

— organiser les opérations militaires en Méditerranée et la conquête de la Sicile ;

— essayer de réconcilier les Français de Londres et ceux d'Alger [1] ;

1. À ce sujet, voir § IV, p. 387.

— rassurer les Russes sur la volonté des Anglo-Saxons de poursuivre la lutte.

Sur ce dernier point, Churchill, adopta une proposition que Roosevelt venait de lancer sans le consulter : l'élimination totale de la puissance de guerre ennemie, « ce qui, dit Hopkins, permet de ramener les buts de la guerre à une formule très simple : la reddition inconditionnelle de l'Allemagne, de l'Italie et du Japon ».

La tension entre Anglo-Saxons et Russes

La première moitié de l'année 1943 est probablement celle où les Anglo-Saxons et les Russes s'entendirent le plus mal. Les Russes multipliaient les allusions blessantes au retard du second front ou à la lenteur de la campagne de Tunisie. L'ambassadeur américain à Moscou, Stanley, le 8 mars, déclara aux correspondants de presse américains que la Russie recevait d'énormes quantités de matériel des États-Unis, mais que le peuple russe l'ignorait, ses dirigeants s'ingéniant à lui faire croire qu'il luttait seul. C'est dans cette atmosphère qu'eurent lieu trois importants entretiens anglo-américains.

Le premier est marqué par le voyage d'Eden à Washington, du 12 au 29 mars. Les rencontres du chef du *Foreign Office* avec Roosevelt, Cordell Hull, Sumner Welles et Hopkins portèrent presque exclusivement sur la situation du monde après la guerre. On peut retenir de ces débats les points suivants :

— les Anglo-Saxons admettaient à la rigueur l'incorporation des pays baltes à l'URSS, mais souhaitaient un nouveau plébiscite à cet égard ;

— ils étaient d'accord pour estimer que la Pologne pourrait être limitée vers l'Est à la ligne Curzon, ce qui, d'ailleurs, entraînerait d'immenses difficultés avec le gouvernement polonais du général Sikorski. Par contre, l'on pourrait donner la Prusse orientale à la Pologne et en évacuer la population allemande ;

— l'on admit que la Bessarabie serait incorporée à la Russie puisque celle-ci l'avait possédée avant 1917 ;

— à propos de l'Allemagne, Roosevelt et Eden se mirent d'accord pour estimer qu'elle devait être démembrée. Roosevelt insista pour que le démembrement ne fût pas fait de façon autoritaire, mais correspondît aux vœux éventuels de mouvements séparatistes. Ils étaient également d'accord pour que l'Autriche redevînt indépendante ;

— pour l'Extrême-Orient, Eden proposa que les îles du Pacifique sous mandat japonais fussent acquises par les États-Unis. Il était assez peu favorable au système du *trusteeship* (ou du mandat) préconisé par Roosevelt. Il ne croyait pas non plus, à l'encontre du président américain, que la Chine pourrait devenir une grande puissance après la guerre.

— à propos de la future organisation internationale, peu de décisions furent prises. D'autre part, les Anglais et les Américains ne réussirent pas à s'accorder au sujet de la France. Eden souhaitant l'unification, sous une forte autorité, des « Français libres » de Londres et des Français d'Alger, Roosevelt préférant continuer à négocier avec les diverses « autorités locales » [1]. Roosevelt envisageait aussi la création de bases stratégiques internationales à Bizerte, à Dakar, etc.

Au total, la venue d'Eden à Washington avait largement éclairci les problèmes qui se poseraient après la guerre, sans toutefois que les Anglo-Saxons eussent mesuré à leur exacte valeur les revendications futures des Soviets.

Les conférences « Trident » et « Quadrant »

Le voyage d'Eden à Washington fut suivi de deux rencontres successives entre Roosevelt et Churchill. La première (conférence *Trident*) eut lieu à Washington en mai 1943, au moment même ou venait d'être remportée la victoire de Tunisie. C'était une conférence de caractère militaire, à laquelle assistaient la plupart des commandants d'armées, y compris le général Wawell, venu de l'Inde, et le général américain Stilwell, venu de Chine. La décision essentielle qui fut prise fut que le débarquement en Europe occidentale (opération *Overlord*) aurait lieu le 1er mai 1944. On décida également de confier à Churchill le soin de négocier avec le Portugal l'établissement de bases alliées dans les Açores. Cette négociation devait aboutir, le 12 octobre 1943, à un accord avec le gouvernement portugais. Salazar, chef de ce gouvernement, avait au préalable obtenu la livraison de matériel de guerre et la promesse d'un appui allié au cas où le général Franco attaquerait le Portugal. On se refusa à donner la priorité à

1. Voir ci-après, § IV, p. 382 et s.

la guerre dans le Pacifique, comme le réclamait le général Stilwell. Il fut décidé, parallèlement à la conférence, de renoncer aux droits d'exterritorialité en Chine. On souhaitait organiser une rencontre avec Staline, soit que Roosevelt seul y prît part, soit que Churchill s'y joignît. Rien ne permettait d'espérer une prochaine réalisation de cet objectif. Sans doute Staline donna-t-il des gages de sa modération en dissolvant le Komintern (22 mai 1943). Mais en même temps, il échangeait avec Churchill une correspondance extrêmement vive, dans laquelle il déclarait que les Anglo-Saxons, ayant déjà retardé plusieurs fois l'ouverture du second front, ne lui inspiraient plus confiance, lorsqu'ils promettaient de l'ouvrir en mai 1944. Pendant quelque temps, Litvinov fut rappelé de Washington et Maïsky de Londres. L'on put craindre que l'URSS par un revirement comparable à celui de 1939, ne tentât une paix séparée avec l'Allemagne. D'autre part, la Chine, dont la situation était franchement mauvaise (elle était ravitaillée en armes seulement par un « pont aérien » au-dessus de l'Himalaya), pouvait, elle aussi, être amenée à conclure une paix séparée avec le Japon.

La démission de Mussolini et la création du gouvernement Badoglio (25 juillet 1943) [1] incitèrent Roosevelt et Churchill à se rencontrer à nouveau. Cette fois, la conférence fut organisée à la Citadelle de Québec (conférence *Quadrant*). Elle commença le 17 août. Un représentant chinois, T.V. Soong, assistait aux délibérations principales. C'est à la conférence de Québec que fut rédigé un projet de déclaration des quatre grandes puissances (Royaume-Uni, États-Unis, URSS, Chine) pour l'établissement d'une organisation internationale. Malgré les réticences de Churchill, assez peu favorable à l'opération *Overlord* en France, et partisan d'un débarquement dans les Balkans, on confirma la décision de fixer l'opération *Overlord* au 1er mai 1944, et l'on décida de la compléter par un débarquement dans le sud de la France (opération *Anvil*).

On établit un commandement de l'Asie sud-orientale sous la direction de l'amiral anglais lord Louis Mountbatten, avec le général américain Stilwell comme adjoint.

---

1. Voir ci-après, § V, p. 390.

Enfin, fait essentiel, on apprit à la fin de la conférence que Staline acceptait une proposition américaine de réunir prochainement à Moscou les ministres des Affaires étrangères des trois Grands.

La conférence se termina le 24 août. Churchill passa encore trois semaines à Washington et il s'y trouvait lorsque les troupes alliées débarquèrent en Italie continentale, et lorsque l'Italie capitula (3 septembre). Reçu docteur *honoris causa* de l'université Harvard, Churchill fit un discours dans lequel il proposa, pour un avenir encore imprécis, qu'une citoyenneté commune fut créée entre Américains et Britanniques. Mais ce projet eut aussi peu de répercussions que l'idée de l'Union franco-britannique en juin 1940.

Peu après la conférence de Québec, le 25 septembre, eut lieu une importante modification dans la direction de la politique extérieure des États-Unis. Le sous-secrétaire d'État, Sumner Welles, donna sa démission et fut remplacé par Edward Stettinius. Un conflit opposait depuis longtemps Cordell Hull à son adjoint. Sumner Welles était hostile à la politique de transaction de Cordell Hull à l'égard du gouvernement de Vichy et du gouvernement Badoglio. Roosevelt trancha le conflit en faveur de Cordell Hull, car celui-ci jouissait auprès du Sénat d'un prestige considérable, que Roosevelt espérait bien utiliser au moment de la ratification des traités de paix, afin d'éviter l'échec retentissant de son prédécesseur Wilson.

La conférence des trois ministres à Moscou

Acceptée par Staline le 10 août, la conférence des ministres des Affaires étrangères était la première réunion entre représentants des trois Alliés à la fois. Churchill et Roosevelt espéraient bien pouvoir la compléter par une réunion entre les trois chefs de gouvernement. Eden et Cordell Hull se rendirent à Moscou et la conférence s'ouvrit le 19 octobre 1943. Très vite, les Anglo-Saxons constatèrent que la grande préoccupation de leur collègue russe, Molotov, était d'obtenir l'assurance que l'invasion de la France, annoncée pour le printemps 1944 n'était pas retardée. Churchill, qui désirait un débarquement en Méditerranée orientale et la poursuite active des opérations d'Italie, souhaitait qu'aucun engagement ne fût donné. Par contre, il appuyait une autre proposition russe tendant à entraîner la Turquie dans la guerre. Staline donna d'autre part son accord à une réunion des trois chefs de gouvernement à condition qu'elle eût lieu à Téhéran. Les trois ministres discutèrent également des problèmes d'après-guerre et décidèrent la création d'une Commission consultative européenne (*European Advisory Commission*) qui se réunirait à Londres au moment où le régime hitlérien serait près de s'effondrer, de façon à étudier les solutions à apporter au problème allemand. La conférence se termina le 3 novembre. Elle mettait fin à la tension entre Alliés, et elle s'était déroulée dans une atmosphère amicale. Toutefois, elle laissait dans l'obscurité un point essentiel, celui de savoir quel règlement serait donné après la guerre aux problèmes européens. Une déclaration fut votée sur proposition de Cordell Hull, qui annonçait que les grands pays « se consulteraient ». Molotov avait refusé une formule impliquant qu'ils « se mettraient d'accord ».

La première conférence du Caire

En se rendant à Téhéran, Roosevelt et Churchill devaient rencontrer Tchang Kaï-shek au Caire ; au passage, Roosevelt alla voir le général Eisenhower à Oran. Au Caire, la conférence régla essentiellement des problèmes militaires. Sur le plan politique, Churchill insista sur la nécessité, pour la Grande-Bretagne, de récupérer Singapour et Hong-Kong. Surtout, on parla de l'avenir de la Chine.

Le 1er décembre 1943, après leur départ fut publiée une déclaration des trois chefs de gouvernement qui devenait la base des développements ultérieurs en Extrême-Orient. Les buts de guerre des trois puissances seraient de « punir l'agression du Japon ». Celui-ci devrait abandonner les anciens archipels allemands conquis en 1914, et la Corée qui deviendrait « libre et indépendante ». Il restituerait à la Chine les territoires qui lui avaient été arrachés à différentes époques et notamment Formose, les îles Pescadores et la Mandchourie.

On remarquera que le traité de neutralité soviéto-nippon avait presque entièrement interrompu les livraisons de matériel de guerre russe à la Chine [1]. D'autre part, le Sin Kiang, gouverné depuis 1933 jusqu'à la fin de 1944 par Shang Shih-Tsai, avait des liens économiques et politiques très étroits avec l'URSS jusqu'en 1942. À cette date, le Kouomintang réussit à

---

1. Moore, *Soviet Far Eastern Policy*, p. 130, montre que la Russie continua à fournir du « matériel civil » (camions, pétrole) et que quelques conseillers techniques russes restèrent en Chine.

réinstaller son autorité, et les conseillers russes furent renvoyés. À partir de 1943 la presse russe se mit à attaquer le gouvernement de Tchang Kaï-shek, l'accusant de ne pas mobiliser suffisamment les ressources du pays.

La conférence de Téhéran

Roosevelt et Hopkins arrivèrent le 27 novembre 1943 à Téhéran. Dès le 28, Staline rendit visite à Roosevelt. Les deux hommes d'État se contentèrent de passer en revue la situation générale. Après quoi, Churchill les rejoignit et la première conférence générale eut lieu, présidée par Roosevelt. Outre les trois chefs de gouvernement, Hopkins, Eden et Molotov y assistèrent. C'était, comme disait Churchill, « la plus grande concentration de pouvoir que le monde ait jamais vue... Les personnalités présentes tenaient entre leurs mains le bonheur futur de l'humanité. » Les entretiens devaient durer jusqu'au 1er décembre. Nous ne les suivrons pas chronologiquement, mais nous essaierons plutôt de dégager les principaux résultats de la conférence.

Sur le plan militaire, on parla beaucoup du débarquement en Normandie, fixé, nous l'avons vu, au 1er mai 1944. Plus d'un million d'Anglo-Saxons devaient être débarqués en France entre mai et juillet. L'essentiel fut l'opposition de Roosevelt et surtout de Staline à un plan de Churchill qui désirait une opération simultanée dans les Balkans. Selon Staline, il fallait aller droit au cœur de l'Allemagne, et les Balkans n'étaient pas une bonne voie pour y accéder. Sans doute Staline désirait-il aussi que les troupes russes seules occupassent à la fin de la guerre les pays slaves et balkaniques. Pour l'Extrême-Orient, les Anglo-Saxons demandèrent à Staline que les Soviets leur fournissent davantage d'informations militaires. À propos de l'Allemagne, Staline déclara que les Polonais devraient étendre leur frontière jusqu'à l'Oder. Il se montra extrêmement pessimiste sur la possibilité de réformer le peuple allemand. Comme les Anglo-Saxons, il était favorable à un démembrement de l'Allemagne. Il craignait qu'une Allemagne unie pût recouvrer sa puissance dans un délai de quinze à vingt ans. Il préconisa l'installation d'un système de bases en Allemagne et au dehors (notamment à Dakar) permettant de surveiller l'Allemagne. Il suggéra d'ailleurs un système analogue pour le Japon. Roosevelt proposa la création de cinq États autonomes en Allemagne : 1. une Prusse réduite ; 2. le Hanovre et le Nord-Ouest ; 3. la Saxe et la zone de Leipzig ; 4. la Hesse et le sud de la Rhénanie ; 5. la Bavière, le grand-duché de Bade et le Wurtemberg. De plus, le canal de Kiel, Hambourg, la Ruhr et la Sarre seraient placés sous le contrôle international des Nations unies.

Churchill paraissait envisager plutôt trois États : Prusse, Allemagne du centre, Allemagne du Sud. Staline se montra assez sceptique sur ces deux plans, et il fut décidé d'en confier l'étude à la Commission consultative européenne.

On discuta aussi de l'Organisation internationale. Roosevelt proposa que l'Organisation des Nations unies fût composée de trois éléments : une Assemblée réunissant tous les membres pour discuter des problèmes mondiaux ; un Comité exécutif traitant des questions non militaires, composé de l'URSS, des États-Unis, du Royaume-Uni, de la Chine, de deux nations européennes, d'une sud-américaine, d'une du Moyen-Orient, d'une de l'Extrême-Orient et d'un Dominion ; enfin, ce que Roosevelt appelait « les quatre agents de police » (URSS, États-Unis, Royaume-Uni et Chine) chargés de prendre des mesures militaires énergiques et immédiates pour le cas où la paix serait menacée. On ne prévoyait pas l'éventualité d'une menace contre la paix émanant de l'un des « quatre agents de police ».

Au total, la conférence était importante, moins par les résultats concrets obtenus (rares sauf sur le plan militaire), que par l'atmosphère nouvelle qu'elle semblait créer. Pendant plusieurs jours, les trois hommes d'État avaient passé de longues heures côte à côte, avaient discuté franchement, parfois avec une certaine brutalité, avaient dîné ensemble, plaisanté et manifesté, pouvait-on croire, une extrême cordialité. Roosevelt et Churchill avaient multiplié les éloges sur le rôle prépondérant de l'Armée rouge. Staline avait déclaré que la guerre ne pourrait être gagnée sans l'industrie américaine. « Roosevelt avait désormais la certitude que Staline était, selon sa propre expression, “accessible” en dépit de sa tactique brutale et de son attitude cynique à l'égard des questions telles que le droit des petites nations. » À l'issue de la conférence, furent publiés un communiqué officiel et une déclaration sur l'Iran [1].

1. Pour cette dernière, voir § VI, p. 395.

La deuxième conférence du Caire

Sur le chemin du retour, Roosevelt et Churchill s'arrêtèrent de nouveau au Caire où, les 4, 5 et 6 décembre 1943, ils eurent des conférences avec le président de la République turque, Ismet Inonu, et son ministre des Affaires étrangères, Menemendjoglou. Déjà après la conférence d'Anfa, Churchill leur avait rendu visite à Adana. Eden, trois semaines avant Téhéran, avait rencontré son collègue turc au Caire. Le but de tous ces entretiens était d'entraîner la Turquie dans la guerre. Cela aurait facilité le plan de Churchill d'entreprendre une offensive dans les Balkans. Les Turcs refusèrent, en prétextant l'insuffisance de leurs forces. Le président Roosevelt se rendit ensuite à Tunis où il annonça à Eisenhower qu'il le nommait commandant en chef de l'opération *Overlord*. Il avait songé longtemps à confier cette tâche au général Marshall de façon que celui-ci fût en mesure d'acquérir la renommée qui s'attache aux chefs des armées en campagne ; mais il craignit, ce faisant, de disloquer l'état-major combiné allié où Marshall jouait un rôle essentiel.

Au Caire et à Téhéran, en l'absence de Cordell Hull, c'est Harry Hopkins qui joua pratiquement le rôle de secrétaire d'État.

IV. Les débuts du relèvement français

L'année 1941 avait été marquée par des succès éclatants d'Hitler et par la transformation de la guerre européenne en guerre mondiale. La première moitié de 1942 voit le Japon, à son tour remporter victoire sur victoire. Au début de l'automne 1942 les Allemands combattent à Stalingrad et aux frontières de l'Égypte. Les Japonais tiennent une vaste zone qui va des Aléoutiennes à la Birmanie, Singapour et les Îles de la Sonde. Seule la bataille de la mer de Corail (4-8 mai 1942) a empêché l'invasion de l'Australie.

Cependant on semble être arrivé à un tournant dans les opérations militaires, et cette évolution va se marquer dans d'importants changements politiques. On va assister, dans les mois qui suivent, à la réapparition de la France par l'héroïque résistance du général Koenig et de la 1re brigade française libre à Bir Hakeim en Libye (27 mai-11 juin 1942), à l'attaque britannique d'El-Alamein (23 octobre 1942) au débarquement anglo-américain en Afrique du Nord (8 novembre 1942), à l'entrée dans la lutte de l'empire colonial français et à l'effondrement de l'Italie mussolinienne.

Les préparatifs politiques du débarquement allié en Afrique

Le désir de soulever l'Afrique française contre l'Axe était très vif chez les Anglo-Saxons, chez les Français libres et parmi les résistants d'Afrique du Nord. Le 22 décembre 1941, à Washington, Roosevelt et Churchill commencèrent à discuter d'un débarquement en Afrique du Nord, mené principalement par les Américains. Il s'agissait de savoir quelle autorité française pourrait soulever contre l'Allemagne les troupes françaises d'Afrique du Nord, au moment du débarquement allié. Les Américains, représentés par leur consul général à Alger, Robert Murphy, s'étaient déjà, mais en vain, efforcés d'obtenir l'adhésion du général Weygand, commandant des troupes françaises dans les trois pays d'Afrique du Nord. Après que le général eût été rappelé, sous la pression des Allemands, le 12 novembre 1941, le gouvernement américain essaya de nouveau de le décider à prendre la tête d'une insurrection. Le 20 janvier 1942, un diplomate américain, MacArthur, neveu du général, le rencontra à Nice. Weygand refusa absolument de désobéir au maréchal Pétain. Or, celui-ci se contentait d'affirmer que les troupes françaises d'Afrique résisteraient à toute invasion quelle qu'elle fût, de la part des Anglais, des Américains, des Gaullistes ou des Allemands.

L'on aurait pu demander au général de Gaulle de prendre en charge ce soulèvement. Mais les Alliés estimaient que cela était impossible. Ils pensaient que les Français libres étaient impopulaires en Afrique du Nord, et qu'ils étaient associés, dans l'esprit des colons et des Arabes, aux Anglais, dont l'attitude à Mers-el-Kébir n'était pas oubliée. Dans sa large majorité, le corps des officiers français, tout en étant très hostile aux Allemands et désireux de reprendre un jour la lutte contre eux, restait fidèle au maréchal Pétain et hostile à de Gaulle.

L'affaire de Saint-Pierre et Miquelon

Enfin, un incident, minime en soi, mais irritant pour le gouvernement américain, avait accru la tension entre celui-ci et le général de Gaulle. Le 24 décembre 1941, pendant la conférence de Washington, les forces navales françaises libres, commandées par l'amiral Muselier, débarquèrent dans les îles Saint-Pierre-et-Miquelon, au large de Terre-Neuve, qui dépendaient du gouvernement de Vichy et se trouvaient placées sous l'autorité de l'amiral Robert, gouverneur des Antilles. Il y avait à Saint-Pierre un poste émetteur de radio et le gouvernement canadien avait proposé d'organiser une expédition pour le détruire. Le général de Gaulle avait réclamé que les Français libres fussent chargés de l'opération, mais le président Roosevelt s'y était opposé, en raison d'un accord qu'il venait de conclure avec l'amiral Robert et qui prévoyait le maintien du *statu quo* dans les possessions françaises d'Amérique. Malgré cela, le général de Gaulle prit la responsabilité d'une opération plus ample, qui supprimerait la souveraineté de Vichy sur ces îles. Les Français libres furent reçus avec enthousiasme, et un plébiscite approuva l'opération par une écrasante majorité (98 %). L'opinion publique américaine fut satisfaite dans l'ensemble. Mais le gouvernement de Vichy protesta, et accusa le gouvernement américain de duplicité. Cordell Hull publia alors une note condamnant l'action des « soi-disant Français libres », phrase maladroite qui lui valut beaucoup d'attaques dans la presse. Churchill, au contraire, accepta l'occupation de Saint-Pierre et Miquelon avec satisfaction et, le 30 décembre 1941, dans un discours à Ottawa, il fit l'éloge du général de Gaulle. Le 31 décembre, Cordell Hull, irrité, adressa à Roosevelt un mémorandum dans lequel il suggérait de « reprendre nos projets pour l'Afrique du Nord... et (de) nous passer de la coopération du général de Gaulle à cet égard ». Ceci explique que malgré les instances de Churchill, le président Roosevelt, poussé par Cordell Hull, ait refusé jusqu'au bout de faire connaître au général de Gaulle le plan de débarquement en Afrique du Nord (opération *Torch*) et de l'y associer. Ce plan, élaboré sur un ordre de Roosevelt en date du 2 juillet 1942, fut définitivement approuvé le 5 septembre.

Les négociations avec Giraud

Les Américains finirent par choisir comme chef éventuel des Français d'Afrique du Nord le général Giraud qui, le 17 avril 1942, venait de s'évader de Kœnigstein, en Allemagne, et d'atteindre la zone non occupée de la France. Murphy entra en contact avec les résistants d'Afrique du Nord, commandés par le « groupe des cinq » dont la personnalité la plus en vue était Lemaigre-Dubreuil, homme d'affaires, dirigeant l'une des principales entreprises d'huile en France. Grâce à ses affaires, Lemaigre-Dubreuil pouvait sans cesse voyager entre Paris, Vichy et l'Afrique du

Nord. Tout en maintenant des contacts apparemment cordiaux avec les Allemands, il put servir d'agent de liaison entre Murphy et Giraud, qu'il rencontra pour la première fois à Lyon le 19 mai 1942. Le général Giraud était revenu d'Allemagne avec un plan ambitieux : utiliser l'armée de l'armistice pour créer une tête de pont sur la côte française de la Méditerranée de façon à permettre le débarquement d'importantes forces anglo-américaines ; il envisageait un débarquement allié en Afrique du Nord, mais comme une opération secondaire. Il était nécessaire d'amener Giraud à modifier son plan pour l'accorder avec celui des Américains, d'autant plus que le général Giraud exigeait pour lui-même le commandement en chef de l'opération combinée, alors que Roosevelt entendait confier le commandement au général Eisenhower (assisté de Murphy pour les affaires civiles).

Pour résoudre ces problèmes, une rencontre secrète entre chefs militaires français et américains fut organisée à Cherchell, près d'Alger, le 23 octobre 1942. Le général Clark représentait Eisenhower, et le général Mast, Giraud. On décida que Murphy enverrait à Giraud trois lettres. Celles-ci, sanctionnées par Giraud, devinrent ce que l'on appelle « l'accord Murphy-Giraud ». La première concernait l'armement des forces françaises. La troisième excluait par avance les « Français libres » de l'opération. La seconde, de caractère politique, était la plus importante : « Je suis en mesure, disait Murphy, de vous assurer que la restauration de la France dans toute sa grandeur et dans toutes ses possessions territoriales d'avant-guerre, en Europe et outre-mer, est l'un des buts de guerre des Nations unies. »

La France serait l'alliée des États-Unis. Le commandement de l'opération resterait américain tant que la sécurité en Afrique du Nord ne serait pas réalisée.

Lemaigre-Dubreuil apporta ces lettres à Giraud qui, le 5 novembre, quitta la France en sous-marin, puis arriva le 7 à Gibraltar en hydravion. Là, il perdit plusieurs heures à revendiquer, en vain, le commandement en chef. Il n'arrivera à Alger que le 9 novembre.

L'intermède Darlan

Les débarquements américains commencèrent le 8 novembre. L'amiral Darlan, qui venait de faire une tournée en Afrique et avait été retenu à Alger par une grave maladie de son fils, était encore à Alger. Peut-être avait-il été prévenu au dernier moment de l'imminence d'un débarquement. Il sembla d'abord atterré d'en apprendre la nouvelle. Il adressa un message par radio au maréchal Pétain — qui peut-être ne le reçut pas. Le président Roosevelt adressa, de son côté, un message à Pétain qui répondit par des protestations et donna l'ordre de résister aux envahisseurs. La résistance s'organisa sporadiquement en Algérie, et surtout au Maroc, sous l'autorité du général Noguès, résident général. Après de longues négociations avec Murphy, Darlan, qui était avant tout un opportuniste et qui ne croyait plus, comme en 1941, à la victoire allemande, ordonna le cessez-le-feu (8 novembre à 19 heures). Il adressa un nouveau message à Pétain, dont il reçut successivement deux réponses. La première (reçue par Darlan après la seconde) acceptait le principe du cessez-le-feu et ordonnait à la flotte de Toulon de prendre la mer. La deuxième, visiblement inspirée par Laval, condamnait l'attitude de Darlan et nommait Noguès son successeur. Finalement, Darlan se rallia à la thèse d'après laquelle Pétain était prisonnier des Allemands et n'étant plus libre, il devait, lui Darlan, prendre le pouvoir en Afrique du Nord « au nom du Maréchal ». Par cette, fiction, il montrait qu'il entendait maintenir le régime intérieur autoritaire du gouvernement de Vichy. Les Américains se résignèrent à cette solution, Darlan jouissant alors sur l'armée et la flotte française d'Afrique d'une autorité que Giraud n'avait pas. Seul, le général Noguès continua la résistance et ne se soumit à Darlan que le 12 novembre. Les rapports entre les autorités américaines et françaises furent réglés par les accords Darlan-Clark du 22 novembre, beaucoup moins avantageux pour la France, que les accords Giraud-Murphy antérieurs au débarquement.

Ce revirement de Darlan eut de grandes conséquences. Dès le 9 novembre, Hitler convoqua Laval à Munich et le même jour, décida d'envahir la zone non occupée pour mettre la côte française de Méditerranée en état de défense. Il somma Laval de signer une alliance avec l'Axe. Laval refusa, mais promit à Hitler des bases en Tunisie à partir du 14 novembre. Les Allemands l'avaient d'ailleurs envahie avant cette date. Darlan, le 11 novembre envoya à la flotte de Toulon l'ordre d'appareiller vers l'Afrique du Nord. L'amiral de Laborde, commandant de l'escadre, refusa de lui obéir. Un statut spécial fut donné par les Allemands au port de Toulon et à une certaine zone aux environs de la ville, que les troupes allemandes n'occuperaient pas. Mais l'intention réelle d'Hitler était de s'emparer de la flotte française. Une brusque attaque contre celle-ci, le 27 novembre, l'obligea à se saborder. Les Allemands, alors en difficulté sur front russe (bataille de Stalingrad), accentuèrent leur pression sur la France, et réquisitionnèrent, pour le travail en Allemagne, plusieurs classes de jeunes gens [1].

À Alger, Darlan avait pris position en faveur de la reprise de la lutte : « Nous n'avons qu'un seul but, dit-il, le 19 novembre, la libération de la France par son Empire. » Le 15 novembre, il nomma le général Giraud commandant en chef des troupes françaises en Afrique du Nord. L'attitude de Darlan amena les principaux administrateurs de l'Empire français à se rallier à la lutte contre l'Allemagne. Dès le 4 décembre fut constitué un « conseil impérial » comprenant, outre Darlan, les généraux Giraud, Noguès, Barré (commandant des troupes de Tunisie) et Bergeret, les gouverneurs généraux Boisson (AOF) et Chatel (Algérie).

Cette solution, consistant à prolonger le régime de Vichy en Afrique du Nord, suscita évidemment les protestations du général de Gaulle. Le 24 décembre, un jeune homme, à la fois monarchiste et gaulliste, Bonnier de la Chapelle, assassina l'amiral Darlan à Alger. Il fut immédiatement jugé, condamné à mort et exécuté avec une hâte surprenante. Le « conseil impérial » nomma Giraud pour succéder à Darlan avec le titre de haut-commissaire, puis (le 5 février 1943) de commandant en chef civil et militaire. Giraud n'abolit les lois de Vichy, et notamment les mesures d'exception contre les Juifs, que sous la pression des Américains. On se trouvait dans cette curieuse et déconcertante situation que deux groupes de Français étaient maintenant engagés dans la lutte contre l'Allemagne, les « Français libres » de Londres, groupant la plus grande partie de la « résistance intérieure » et de nombreux éléments libéraux et de gauche, sous les ordres du général de Gaulle, et les Français d'Alger sous les ordres du général Giraud, avec l'appui américain, fidèles pour leur part aux conceptions antidémocratiques du maréchal Pétain.

---

1. L'architecte Albert Speer, nommé par Hitler directeur de la production d'armements, préférait faire travailler les ouvriers dans leurs pays. Laval et son ministre de l'Industrie Bichelonne l'y aidèrent. Les usines françaises travaillaient pour les Allemands afin d'éviter les départs pour l'Allemagne. Le gauleiter Sauckel, chargé de recruter la main-d'œuvre pour l'Allemagne, était hostile au système de Speer.

Le rétablissement de l'unité

Il fallut de longues et difficiles négociations pour réaliser enfin l'unité des Français en lutte contre l'Allemagne. Dès le 25 décembre, le général de Gaulle avait écrit à Giraud pour lui proposer une rencontre en Algérie ou au Tchad. Giraud refusa, prétextant que les circonstances n'étaient pas favorables. Sur ces entrefaites, Roosevelt et Churchill se réunirent, comme nous l'avons vu, à Anfa, près de Casablanca (janvier 1943). Désireux de mettre fin à la division des Français, ils convoquèrent Giraud et de Gaulle. Il fallut un véritable ultimatum de Churchill, menaçant de couper les vivres aux « Français combattants » [1], pour que de Gaulle se décidât à accepter. Mais l'accord entre les deux hommes se révéla impossible et de longues négociations furent nécessaires pour qu'on les décidât à se faire photographier la main dans la main. À Anfa, Giraud obtint un résultat intéressant, la fixation avantageuse du taux du franc (50 francs pour 1 dollar et 200 francs pour 1 livre sterling). Sur les conseils de Roosevelt, Giraud accepta la collaboration d'un Français qui résidait en Amérique (où il avait largement contribué à la réalisation du plan de réarmement dit *Victory program*), et entretenait des rapports d'amitié avec Hopkins, Jean Monnet. Celui-ci persuada Giraud de prendre une attitude plus démocratique, qui se manifesta dans sa déclaration du 14 mars. Cette déclaration permit la reprise des négociations avec de Gaulle. Le 17 mars, celles-ci furent annoncées officiellement. Mais le général de Gaulle ne put venir immédiatement à Alger. Les rapports des « Français combattants » avec les Anglais, depuis la conférence d'Anfa, étaient détestables. Craignant que l'arrivée du général en Algérie ne suscitât des troubles, les Anglais lui refusèrent l'autorisation de quitter l'Angleterre. En avril, Eisenhower lui-même se rangea à cette opinion, ne voulant pas que la visite de De Gaulle provoquât « une crise politique prolongée », au moment où les Alliés engagèrent contre l'Axe en Tunisie la campagne décisive. Les négociations ne purent donc se faire que par intermédiaires. Ce rôle fut confié au général Catroux. Après bien des difficultés, on réussit à s'entendre sur la création d'un Comité français de libération nationale qui siégerait à Alger. Le 30 mai, le général de Gaulle arriva enfin dans cette ville. Le Comité se

---

1. Nouveau nom des « Français libres », adopté pour y inclure la résistance métropolitaine dont les membres, évidemment, n'étaient pas « libres ».

constitua définitivement le 3 juin avec deux présidents égaux — les deux généraux — et 5 membres, le général Catroux, le socialiste André Philip, l'ambassadeur Massigli, qui étaient de tendance gaulliste, le général Georges et Jean Monnet, qui étaient, au moins au début, des partisans de Giraud. Toutes les difficultés ne furent pas résolues pour autant. Giraud voulait rester commandant en chef. De Gaulle était hostile à la fusion en une personne du pouvoir politique et militaire. Il fallut une vive pression du général Eisenhower, le 19 juin, pour que le *statu quo* fût maintenu.

Le général Giraud, uniquement préoccupé de la guerre, et fort ignorant en matière politique, fut invité en juillet aux États-Unis et au Canada, où il obtint la promesse d'importantes fournitures d'armes et de munitions. Mais ce voyage affaiblit sa position à Alger. Le 1er octobre, pour rester commandant en chef, il fut obligé de donner sa démission de coprésident du CFLN. Le 8 avril 1944, à la suite d'un différend avec de Gaulle sur les services des renseignements, il dut donner sa démission de commandant en chef, après avoir réussi de façon brillante la conquête de la Corse, premier territoire métropolitain à être libéré.

Le CFLN, qui devait prendre le nom de Gouvernement provisoire de la République française un an après sa fondation, le 3 juin 1944, ne fut pas reconnu comme gouvernement de fait de la France par les puissances alliées. Il faudra attendre la libération de la France et la décision du 23 octobre 1944. Son rôle n'en fut pas moins considérable, puisque malgré les intrigues et les confusions, il put organiser une puissante année française, reconquérir la Corse, obtenir l'adhésion de toutes les parties de l'Empire français, à l'exception de l'Indochine, occupée par les Japonais. La Guyane s'était ralliée le 17 mars 1943, la flotte d'Alexandrie le 31 mai, les Antilles le 13 juillet.

V. L'effondrement de l'Italie

La défaite italienne

Parallèlement aux débuts du relèvement français, l'on assista à la fin de l'Italie mussolinienne. Mussolini avait lancé son pays dans la guerre malgré l'opinion publique. Il eût peut-être pu convaincre celle-ci par des victoires. Mais, au contraire, l'Italie, lorsqu'elle s'était battue sans le secours de l'Allemagne, en Libye, en Grèce ou en Éthiopie, avait subi de graves défaites. Dès l'automne de 1941, « on vit se multiplier les symptômes d'une transformation de l'Italie du rôle de partenaire de l'Axe en celui d'un nouveau pays occupé et réduit en esclavage ». L'Allemagne mesurait chichement la part de matières premières, de pétrole notamment, affectée à l'Italie. Des « cellules » allemandes se formaient dans les principales villes italiennes. Un plan pour l'occupation de l'Italie, prévoyant la « suppression » du roi Victor-Emmanuel, fut établi. Mussolini envoya sur le front russe, malgré ses généraux, de nombreux soldats dont l'Italie aurait eu besoin ailleurs. Les travailleurs italiens en Allemagne étaient mal traités.

À la fin d'avril 1942, Hitler et Mussolini se rencontrèrent à Klessheim, près de Salzbourg pour préparer une attaque concertée de Malte — dont l'idée fut abandonnée en juin — Mussolini, qui souffrait d'un ulcère à l'estomac, était découragé. L'antifascisme se développait chez les intellectuels et les ouvriers des grandes villes italiennes.

Dans cette atmosphère, l'offensive de Montgomery et l'occupation alliée de l'Afrique du Nord produisirent sur le moral italien un effet désastreux. Le 30 janvier 1943, Mussolini remplaça le général Cavallero, chef d'état-major général, germanophile prononcé, par le général Ambrosio. Au début de février, il renvoya du ministère des Affaires étrangères son gendre Ciano qu'il nomma ambassadeur au Vatican et prit lui-même la direction des Affaires étrangères. Au début de mai 1943, en pleine bataille de Tunisie, Hitler et Mussolini se rencontrèrent encore une fois à Klessheim. Cette réunion fut un fiasco. « On peut bien dire que c'est là que l'Axe s'est rompu. » Les Italiens en tirèrent l'idée qu'il fallait absolument faire la paix avec les Russes. Pendant l'entrevue, le 7 mai, Tunis tomba aux mains des Alliés. C'était le début de la défaite italienne. Celle-ci se précipita. Le 12 juin l'île fortifiée de Pantellaria capitula, sans opposer une grande résistance. Le 10 juillet, les Alliés débarquèrent en Sicile, où la résistance des Italiens s'effondra rapidement.

La démission de Mussolini

Le 19 juillet, une nouvelle rencontre eut lieu à Feltre, entre Hitler et Mussolini. Le général Ambrosio demanda vainement au Duce d'expliquer à Hitler que l'Italie avait besoin de faire la paix.

Le silence du Duce amena Ambrosio à l'idée que Mussolini devait être écarté de la direction des affaires italiennes. Le roi lui-même était décidé à renvoyer Mussolini.

Au retour de Feltre, Mussolini accepta de convoquer, pour la première fois depuis décembre 1939, le « grand conseil fasciste ». La réunion eut lieu le 24 juillet à 17 heures, et dura jusqu'au 25, à 2 h 40 du matin. Mussolini essaya sans conviction de défendre la politique d'alliance avec l'Allemagne et la poursuite de la guerre. 19 membres du Conseil sur 28 votèrent une résolution proposée par Grandi, hostile à Mussolini. Le 25, dans l'après-midi, le roi convoqua Mussolini et lui annonça qu'il confiait le pouvoir au maréchal Badoglio. À sa sortie de palais, Mussolini fut arrêté. C'était un véritable coup d'État.

Les négociations d'armistice

Badoglio constitua un cabinet de techniciens et déclara, au grand mécontentement de la population, que l'Italie continuerait la guerre. En fait, Badoglio voulait à la fois sortir l'Italie de la guerre et éviter une brutale réaction allemande qui se traduirait par l'occupation du pays. Il espérait adoucir les clauses de la capitulation en promettant aux Alliés un revirement total de l'Italie et sa participation à la lutte contre l'Allemagne. Du côté allié, on s'interrogeait pour savoir si l'on accepterait de négocier avec un gouvernement dirigé par un maréchal qui avait été longtemps l'un des agents du régime fasciste, et par le roi Victor-Emmanuel. Il y avait une certaine résistance à ce sujet aux États-Unis (Sumner Welles), mais le secrétaire d'État, Cordell Hull, admettait Badoglio comme interlocuteur et fut suivi sur ce point par Roosevelt. D'autre part, Churchill était désireux de voir se maintenir en Italie un gouvernement monarchique.

Les premières ouvertures italiennes furent faites le 8 août à Lisbonne par l'ancien chef de cabinet de Ciano, le marquis d'Ayeta, qui avait des parents américains et connaissait Sumner Welles. Il rencontra l'ambassadeur britannique et lui communiqua les instructions que lui avait données le nouveau ministre des Affaires étrangères italien, Guariglia. Celui-ci entendait expliquer aux Alliés que l'Italie désirait la paix, mais devait feindre de continuer la guerre. Dans ce dessein, Guariglia et le général Ambrosio devaient rencontrer von Ribbentrop et Keitel à la station frontière de Tarvisio. L'entrevue eut lieu le 6 août. Keitel refusa d'admettre le rapatriement des troupes italiennes de France et de Croatie. Malgré les Italiens, les Allemands faisaient passer des troupes nombreuses en Italie du Nord. Guariglia s'en plaignit, mais affirma que l'Italie était résolue à continuer la guerre.

Le 6 août un diplomate italien à Tanger, Berio, sur instructions de Badoglio, ouvrit les négociations d'armistice proprement dites, demandant toutefois que l'on gagnât du temps. Churchill était alors sur le *Queen Mary*, en route vers la conférence de Québec. Les Anglais et les Américains se mirent d'accord pour exiger une capitulation sans conditions, mais pour laisser entendre que, celle-ci une fois signée, leurs conditions seraient d'autant plus douces que l'Italie collaborerait davantage à la lutte contre les Allemands.

Le 15 août, le général Castellano, chef d'état-major du général Ambrosio, vint à Madrid comme plénipotentiaire et s'entretint avec l'ambassadeur britannique Samuel Hoare. Roosevelt et Churchill envoyèrent alors deux négociateurs, le général américain Bedell Smith et le général britannique Sirong. Ils avaient rédigé un texte de « capitulation », bref et inconditionnel, mais ils promettaient d'apporter tout concours aux forces italiennes qui entreraient en lutte contre l'Allemagne. Un autre texte, plus détaillé, la « capitulation longue », était simultanément préparé par les deux gouvernements.

Le 9 août, les deux émissaires alliés rencontrèrent Castellano à l'ambassade britannique de Madrid et discutèrent pendant toute la nuit. Castellano repartit pour Rome avec les clauses militaires de la capitulation, un code et un poste émetteur. Un nouvel émissaire italien, le général Zanussi, vint le 26 à Lisbonne pour réclamer l'envoi d'une division aéroportée alliée près de Rome.

Enfin, le 31 août, Bedell Smith, et Zanussi se rendirent en Sicile et y rencontrèrent Castellano. Les Alliés lui donnèrent jusqu'au 2 septembre à 0 heure pour signer l'armistice et Eisenhower promit l'envoi d'une division aéroportée à Rome. Castellano se rendit dans la capitale pour consulter son gouvernement et revint le 3 septembre signer la capitulation dans un bois d'oliviers près de Syracuse. Le même jour, à l'aube, la 8e armée britannique débarquait en Italie continentale. La capitulation ne devait être annoncée que le 8 septembre, après l'arrivée de la division aéroportée près de Rome. Mais le 8, les Allemands étaient en possession des aérodromes de la région romaine ; Eisenhower décida d'annuler l'opération et refusa de retarder l'annonce de l'armistice qui fut faite le 8 septembre, à 18 heures. Les Allemands investirent alors Rome, dont s'enfuirent le gouvernement Badoglio et la famille royale, qui arrivèrent à Brindisi le 10 septembre. La résistance italienne aux Allemands près de Rome cessa le 11 septembre et les troupes allemandes continuèrent leur avance vers l'Italie du Sud.

La réaction allemande

Dès le 25 juillet, le plus ardent germanophile des membres du « grand conseil fasciste », Farinacci, s'échappa de Rome et se rendit auprès d'Hitler. Celui-ci était personnellement très affecté par la chute de celui qui avait jadis été son modèle et son maître. Il décida aussitôt de rétablir le régime fasciste en Italie et les troupes allemandes affluèrent à travers le Brenner. Le 10 septembre Hitler prononça un discours où il se plaignit de la trahison italienne ; mais il fit un éloge vibrant de Mussolini et, le 12, celui-ci, qui avait été interné dans les Abruzzes, au Grand Sasso, fut enlevé par des SS et emmené en Allemagne. Dès le 15 septembre, Mussolini déclara qu'il reprenait la direction du fascisme italien. Le 18, la République sociale italienne fut officiellement créée, son centre était la petite ville de Salo sur le lac de Garde. En fait, Mussolini était abattu, et Hitler fut profondément déçu. Le pouvoir effectif dans la République fut confié à des fascistes fanatiques dont le principal était Farinacci, assisté du maréchal Graziani, ennemi de Badoglio.

D'autre part, Hitler profita de l'effondrement italien pour annexer *de facto* à l'Allemagne Trieste et l'Istrie (*Gau Küstenland*) et le sud du Tyrol (*Alpenvorland*). Il songeait même, avec Goebbels, à annexer la Vénétie. L'Italie devait également abandonner la Dalmatie à la Croatie et renoncer à toutes ses prétentions sur la France.

Enfin, Hitler exigea une punition exemplaire des 19 votants de la motion Grandi, et notamment de Ciano, qu'il accusait d'avoir corrompu Mussolini. Celui-ci dut faire arrêter son gendre. Les 19 personnalités incriminées furent jugées en janvier 1944 et condamnées pour trahison. 5 des 6 qui étaient présentes furent condamnées à mort et fusillées le 11 janvier.

Cependant les troupes alliées entrèrent à Rome le 4 juin 1944, deux jours avant le débarquement de Normandie. Mussolini, en avril 1945, devait être pris par les partisans avec sa maîtresse Clara Petacci et fusillé près du lac de Côme le 28 avril.

VI. Le Moyen-Orient et la guerre totale

Lorsque l'Allemagne attaqua la Russie, le 22 juin 1941, la Grande-Bretagne améliorait toutes ses positions en Irak, en Syrie et au Liban. Dès avril 1941, elle avait fondé le *Middle East Supply Center* qui, sous l'autorité du ministère britannique des Transports de guerre, était chargé de répartir les importations reçues pour les divers pays du Moyen-Orient en relation avec le tonnage disponible. En mars 1944, les États-Unis participèrent à la direction de cet organisme qui domina pratiquement la vie économique de tout Moyen-Orient. Pendant la guerre, on s'efforça d'éviter toute rivalité entre Alliés dans cette région vitale. L'exemple le plus intéressant de cette collaboration est sans doute l'affaire d'Iran.

L'occupation de l'Iran

Avant la guerre, et au début de celle-ci, l'Iran, gouverné de façon dictatoriale par le Shah Reza Pahlevi, s'ouvrait de plus en plus largement à l'influence allemande : Reza Shah estimait que c'était là le meilleur moyen d'émanciper son pays de l'emprise économique et politique des Russes et surtout des Anglais. La part de l'Allemagne dans le commerce extérieur iranien était passée de 8 % en 1932-1933 à 45 % en 1940-1941. Des firmes allemandes construisaient des voies ferrées et des usines diverses, y compris des usines d'armement. 80 % des machines importées venaient d'Allemagne. Plus de 2 000 Allemands résidaient en Iran, et la « cinquième colonne » germanique y était très active. Une grave menace pesait donc sur les lignes de communication britanniques et sur l'exploitation pétrolière de l'*Anglo-Iranian Company*. On craignait une révolte analogue à celle de Rachid Ali en Irak. Lorsque l'Allemagne eut attaqué l'URSS, le problème de la fourniture de matériel à l'Armée rouge se posa immédiatement. De toute évidence, l'Iran était l'une des voies de passage possibles. Il importait à tout prix d'en assurer la sécurité.

Les gouvernements russe et britannique d'un commun accord commencèrent par réclamer, les 19 juillet et 16 août 1941, l'expulsion des ressortissants allemands. Le gouvernement iranien refusa sous prétexte de neutralité. Agissant de concert, les deux puissances envoyèrent des troupes qui, le 25 août, à l'aube, envahirent l'Iran. La résistance des Iraniens fut à peu près nulle, et, le 31 août, les Anglais et les Russes firent leur jonction. Le 25 août également, les diplomates anglais et soviétiques remirent au Premier ministre Ali Mansour des notes parallèles déclarant que, puisque le gouvernement iranien avait refusé de satisfaire à leur demande, ils étaient obligés de prendre des mesures militaires. Ils affirmaient, d'autre part, n'avoir aucune intention d'attenter à l'intégrité territoriale de l'Iran ni à son indépendance. Ali Mansour donna sa démission et, le 28 août, son successeur, Mohammed Ali Fouroughi, ordonna à l'armée de cesser toute résistance. Le 31 août, de nouvelles notes alliées précisèrent quelles seraient les zones d'occupation, Téhéran et Mashed restant théoriquement neutres. Les Alliés demandaient en outre l'expulsion des citoyens allemands et des facilités pour le transport du matériel de guerre allié. Ils réclamèrent que les Allemands — sauf les diplomates — fussent non pas expulsés, mais livrés aux autorités militaires britannique et russe. Quelques-uns réussirent à se cacher et à organiser un réseau de résistance. Des actes de sabotage furent accomplis et quelques tribus se soulevèrent. La défaite de Stalingrad diminuera leur importance. Le gouvernement iranien répondit le 1er septembre en demandant que les troupes alliées eussent aussi peu de contact que possible avec la population et que des indemnités fussent versées à l'Iran pour les pertes subies du fait des opérations. Les Alliés, le 6 septembre, donnèrent une satisfaction partielle aux revendications iraniennes et demandèrent l'expulsion des légations des pays satellites de l'Allemagne.

Cette situation nouvelle était-elle compatible avec le maintien sur le trône de Reza Shah, connu pour ses sentiments proallemands ? Celui-ci crut pouvoir conserver son pouvoir et dès le 25 août il télégraphia au président Roosevelt pour lui demander ses bons offices dans les négociations entre l'Iran et les puissances occupantes. La réponse amicale du président (6 septembre) lui fit croire que sa position restait solide. Mais une violente propagande anglaise et russe dirigée contre lui l'amena à abdiquer le 16 septembre en faveur de son fils, Mohammed Reza Pahlevi, qui fut proclamé shah. Les troupes britanniques et russes entrèrent le lendemain même à Téhéran. L'ex-souverain fut transporté à l'île Maurice, puis à Johannesburg, où il devait mourir en 1944.

Le nouveau gouvernement fit contre mauvaise fortune bon cœur. Il essaya d'une part de donner au pays un régime relativement démocratique, d'autre part d'aider les puissances occupantes et même de devenir leur allié. Cette politique aboutit au traité d'alliance du 29 janvier 1942, entre l'Iran, l'URSS et le Royaume-Uni. Les deux derniers s'engageaient à défendre l'Iran contre toute agression, à respecter son intégrité territoriale, sa souveraineté et son indépendance politique. Ils promettaient de retirer leurs forces du territoire iranien au plus tard six mois après la fin des hostilités entre les Alliés, l'Allemagne et ses associés. Ils sauvegarderaient la vie économique de l'Iran à travers les difficultés créées par la guerre. En retour, l'Iran coopérerait avec les alliés ; le rôle de ses troupes serait « limité au maintien de la sécurité intérieure sur le territoire iranien ».

L'administration du pays ne serait pas modifiée. En septembre 1943, l'Iran déclara la guerre à l'Allemagne, manifestation toute platonique.

En fait, l'Iran se trouvait placé dans une situation inférieure, et l'opinion publique ressentait avec beaucoup d'amertume cette humiliation. Ainsi, lorsque les trois Grands choisirent Téhéran comme siège de leur première entrevue (novembre 1943), le gouvernement iranien ne fut pas consulté et n'apprit officiellement la venue de Roosevelt, Churchill et Staline qu'après le début de la conférence. Celle-ci, toutefois, s'occupa quelque peu des affaires iraniennes — en l'absence de tout représentant iranien. Les trois Grands signèrent une déclaration sur l'Iran le 1er décembre 1943. Ils reconnaissaient l'assistance donnée par l'Iran contre l'ennemi commun en facilitant le transport de fournitures vers l'URSS. Ils s'engageaient à continuer leur aide économique à ce pays dans la mesure de leurs disponibilités. Ils réaffirmaient leur désir de maintenir l'indépendance, la souveraineté et l'intégrité territoriale de l'Iran, et ils souhaitaient son adhésion aux principes de la Charte de l'Atlantique.

Les débuts de la rivalité des Alliés en Iran

Le fait qui domine la période suivante est l'effort de l'URSS pour installer son influence en Iran septentrional. On se souvient qu'en 1940, Molotov avait admis, dans les projets de partage en zones d'influence, les intérêts de la Russie sur la région du golfe Persique. Il semble que l'occupation du nord de l'Iran par les Russes ait été accompagnée d'un vaste effort de propagande et de multiples interventions politiques. Il existait à Téhéran une censure anglo-russo-iranienne créée en janvier 1942, où chacun des participants avait le droit de mettre son veto à la publication d'informations émanant de sources privées. Comme l'agence Tass était un organisme d'État, elle n'était pas soumise au veto. Par contre, l'agence britannique Reuter, privée, se voyait souvent interdire la publication de toute nouvelle par le veto soviétique. Les correspondants de presse alliés ne pouvaient se rendre dans la zone occupée par les Russes. À partir de 1944, une tension réelle se développa entre les Soviets d'une part, les Anglais et les Américains d'autre part (ceux-ci occupant les ports du sud pour surveiller le débarquement du matériel de guerre). Le parti procommuniste Tudeh était ouvertement soutenu par les autorités soviétiques d'occupation. Le Premier ministre Ghavam-es-Sultaneh (1942-1943) qui avait de grandes propriétés dans le nord du pays, ménageait les Soviets.

La crise devint sérieuse à la fin de 1944, à propos du problème des pétroles. Il y avait alors deux concessions pétrolières dans le pays. La plus importante, au sud-ouest, exploitée par l'*Anglo-Iranian Oil Company*. Une autre, près de Semnan, appartenait à la *Kavir-i-Thurian Company,* possédée conjointement par la Russie et un groupe iranien, mais de peu d'étendue et d'importance négligeable. Le reste du pays était libre. À la fin de 1943, la Compagnie britannique *Shell* essaya d'obtenir des concessions dans le sud. Au printemps de 1944, des représentants de deux compagnies américaines, *Standard Vacuum Oil* et *Sinclair Oil,* entreprirent aussi des négociations avec le gouvernement iranien. La nouvelle en fut donnée par le nouveau Premier ministre Mohammed Saed, en août 1944.

C'est dans ces conditions qu'en septembre 1944, le commissaire du peuple adjoint aux Affaires étrangères, Kavtaradzé, arriva soudain en Iran, à la tête d'une large délégation, et demanda pour la Russie une nouvelle concession s'étendant sur les cinq provinces bordant la frontière irano-soviétique. On peut se demander s'il souhaitait obtenir réellement cette concession ou si son but n'était pas plutôt de faire échec aux demandes britanniques et américaines. En tout cas, le 16 octobre, le gouvernement iranien rejeta toutes les demandes de concessions, aussi bien anglo-saxonnes que russes. Immédiatement, Kavtaradzé protesta et il réunit le 24 à Téhéran, une conférence de presse où il déclara que « l'attitude déloyale et inamicale du Premier ministre Saed à l'égard de l'Union soviétique excluait la possibilité de collaborer ultérieurement avec lui », et il fit appel directement à l'opinion publique iranienne. Le parti Tudeh organisa des manifestations de masses, protégées par la présence de soldats soviétiques. Le 8 novembre, Saed donna sa démission. Mais le chef de la minorité non communiste du Majlis (Parlement), Mossadegh, proposa une loi qui fut adoptée le 2 décembre et qui stipulait qu'aucun ministre ne pourrait entrer en négociations pour une concession pétrolière à des étrangers sans autorisation du Majlis, sous peine de châtiment. Kavtaradzé protesta fortement contre cette loi et quitta le pays le 9 décembre. Ainsi débutait une période d'extrême tension qui se poursuivra après la fin de la guerre et que nous étudierons ultérieurement.

La Palestine

Le reste du Moyen-Orient, soumis entièrement au contrôle britannique, connut pendant les années 1941-1944 un calme relatif. En Palestine, les Juifs, considérant que tout devait être subordonné à la bataille contre les nazis, cessèrent provisoirement de lutter contre la politique anglaise. Leurs deux principaux groupes armés, la *Haganah* (créée dès avant 1919 pour défendre les établissements Juifs contre les Arabes, et presque officielle), et l'*Irgoun Zwaï Leumi* (Organisation militaire nationale, plus violente, créée en 1939 par Daniel Réziel, avec 600 dissidents de la Haganah), décidèrent d'un commun accord, en septembre 1939, d'arrêter les opérations contre les Britanniques tout le temps que durerait la lutte contre Hitler. Seuls quelques irréductibles refusèrent toute transaction, et fondèrent, peu après le début de la guerre, le *Groupe Stern*, sous la direction d'Abraham Stern, instituteur juif d'origine italienne et dont le but était de chasser les Anglais de Palestine. Abraham Stern fut tué en 1941 par la police anglaise, mais son groupe continua de fonctionner et commit plusieurs attentats. En novembre 1944, lord Moyne, ministre d'État britannique, fut assassiné par des membres du groupe *Stern*, au Caire. Le grand mufti de Jérusalem, chef du parti arabe, avait été compromis dans la révolte irakienne de Rachid Ali et s'était enfui avec lui en Iran, puis, lorsque ce pays fut occupé par les Russes et les Anglais, en Allemagne, où il essaya, sans trop de succès, de diriger la propagande allemande dans le monde arabe.

L'Égypte

En Égypte, le seul moment critique se place au début de 1942, lorsque, l'Afrikakorps de Rommel menaçant l'Égypte, les Anglais estimèrent que le Premier ministre égyptien, Ali Maher Pacha, était trop favorable aux puissances de l'Axe. Ali Maher était soutenu par le roi, et gouvernait contre le grand parti nationaliste du Wafd. Au début de février 1942, les Anglais décidèrent de changer le gouvernement et firent pression sur le roi Farouk, en envoyant des tanks jusque dans la cour de son palais. Après deux jours de résistance, Farouk, céda, non sans amertume, et Nahas Pacha, chef du Wafd, beaucoup plus hostile à l'Axe que son prédécesseur, devint Premier ministre le 4 février. Il obtint de l'ambassadeur britannique une déclaration d'après laquelle le gouvernement de Sa Majesté s'engageait à traiter l'Égypte comme une nation indépendante et alliée et à ne pas intervenir dans les affaires intérieures du pays. Nahas Pacha se montra d'ailleurs très indépendant à l'égard des Britanniques et pendant toute la guerre il ne cessa de réclamer l'admission de l'Égypte parmi les signataires des traités de paix et la révision du traité de 1936 de telle sorte que la zone du canal de Suez fût évacuée par les Britanniques et le Soudan anglo-égyptien incorporé à l'Égypte.

La Syrie et le Liban

On se rappelle que, le 8 juin 1941, le général Catroux avait annoncé la fin du régime des mandats en Syrie et au Liban [1]. L'ambassadeur britannique au Caire, Miles Lampson, avait confirmé cette promesse, et, cette décision avait été sanctionnée par un échange de lettres entre le général de Gaulle et Oliver Lyttelton, ministre d'État britannique. À la suite de cela, le 27 septembre 1941, le général Catroux proclama l'indépendance de la Syrie et, le 30 novembre, celle du Liban, qui était subordonnée à un traité définissant les relations franco-libanaises. Le général de Gaulle espérait que ce traité garantirait à la France des avantages comparables à ceux que le Royaume-Uni possédait en Irak et en Égypte, et probablement eût-il pu les obtenir si la France avait été plus puissante et si le ministre plénipotentiaire britannique en Syrie et au Liban, le major général Spears, y avait été plus favorable. D'autre part, la crise des subsistances développait le mécontentement populaire. Les autorités françaises libres ne se pressaient pas de transférer leurs pouvoirs aux deux nouveaux États, sans doute pour ne pas sacrifier les intérêts de la France en l'absence de l'autorisation d'un parlement français élu. En 1943 seulement, des élections eurent lieu dans les deux pays. Les nationalistes triomphèrent largement.

C'est alors que survint une crise, brève, mais grave pour l'avenir de l'influence française au Levant. Le 8 novembre 1943, malgré l'opposition

---

1. Voir ci-avant, chap. 6, § I, p. 317.

du délégué général français, Yves Helleu, le parlement libanais, par 48 voix contre zéro, adopta une réforme de la Constitution qui supprimait les articles maintenant à la France une position privilégiée dans le pays. Helleu réagit brutalement en suspendant la Constitution, en faisant arrêter le président du Conseil libanais et les ministres, en dissolvant la chambre et en imposant la loi martiale et une censure stricte.

Aussitôt des troubles éclatèrent à Beyrouth et dans d'autres villes. Les gouvernements irakien et égyptien protestèrent. Surtout les gouvernements britannique et américain exigèrent du Comité français de libération nationale que ces mesures fussent rapportées. Le général Catroux fut envoyé à Beyrouth. Le 21 novembre, le CFLN annonça que, suivant les recommandations du général Catroux, le président Khouri et les ministres avaient été libérés et le parlement rétabli. Helleu fut rappelé à Alger. Le 23 novembre, le ministre d'État britannique Law déclara à la Chambre des communes que le gouvernement anglais avait voulu faire observer la promesse d'indépendance donnée en 1941 et assurer l'ordre dans une région vitale pour des communications britanniques.

La conclusion fut un accord signé le 22 décembre 1943, par le général Catroux et les gouvernements syrien et libanais annonçant le transfert des pouvoirs exercés par les autorités françaises à dater du 1er janvier 1944.

VII. La défaite allemande (1944-1945)

Les succès militaires et la libération de la France

Pendant l'hiver 1943-1944, l'Armée rouge, qui avait remporté en janvier 1943 la grande victoire de Stalingrad et en juillet celle de Koursk, entreprit une vaste offensive qui lui permet notamment de libérer Odessa et la Crimée et de franchir le Prout. Un peu plus tard, le 31 août 1944, les troupes russes atteignaient la Vistule aux abords de Varsovie. La résistance polonaise non communiste (*Armia Krajowa* ou AK), sans avoir consulté les Soviétiques, lança alors l'insurrection de Varsovie. Malgré les objurgations des Anglo-Saxons, les Soviétiques refusèrent toute opération qui eût pu soulager les révoltés. Ceux-ci furent exterminés par les Allemands après une vive résistance. Nécessités militaires ? Calcul politique pour laisser les mains libres à la résistance communiste (*Armia Ludowa* ou AL) ? Toujours est-il qu'il faut attendre janvier 1945 pour voir l'Armée rouge lancer la gigantesque attaque qui la portera de la Vistule à l'Oder.

Du côté occidental, l'hiver fut marqué par un certain piétinement en Italie. Mais l'offensive reprit au printemps, et le 4 juin 1944, les Alliés entraient à Rome. Deux jours après, se produisait l'événement le plus sensationnel de la guerre, le débarquement sur les côtes de Normandie, complété, le 15 août, par un débarquement en Provence. On en connaît les conséquences militaires : la libération de Paris le 25 août ; de Strasbourg, le 23 novembre ; de la Belgique en quelques jours au début de septembre. L'offensive alliée avait négligé un certain nombre de « poches » allemandes autour de quelques ports français, et elle connut un temps d'arrêt au début de l'hiver. Seule, la partie sud des Pays-Bas avait été libérée. D'autre part, les Allemands réussissaient à tenir une ligne au nord de l'Apennin, la « ligne gothique », et restaient maîtres de la plaine du Pô.

Les armistices en Europe orientale

Les succès militaires des troupes russes se poursuivirent pendant l'été et l'automne 1944 et aboutirent à la signature des quatre armistices avec les derniers satellites de l'Allemagne, le 12 septembre avec la Roumanie, après la prise de Bucarest (1er septembre) ; le 19 septembre avec la Finlande ; d'autre part, le 6 septembre, l'URSS avait déclaré la guerre à la Bulgarie et l'avait immédiatement attaquée. Cinq heures plus tard, celle-ci demandait l'armistice. Nous avons vu qu'il y avait déjà une délégation bulgare au Caire, arrivée le 30 août, pour négocier l'armistice avec les puissances anglo-saxonnes. Les négociations traînèrent et l'armistice bulgare ne fut signé, nous l'avons vu, que le 26 octobre. Enfin, la Hongrie, après une tentative en octobre 1944 [1], signa finalement l'armistice le 20 janvier 1945 à la fin du long siège de Budapest. Ces armistices n'étaient pas purement militaires et comportaient d'importantes clauses politiques, économiques et juridiques.

Sur le plan politique, les armistices, sans attendre la conclusion des traités, rétablissaient, sauf pour la Hongrie, les frontières de juillet 1940 : l'URSS récupérait la Bessarabie, la Bukovine du Nord et les territoires

1. Voir ci-avant, § I, p. 356, 357.

cédés par la Finlande le 12 mars 1940 ; la Roumanie réannexait la Transylvanie, le « deuxième arbitrage de Vienne » du 29 août 1940 ayant été déclaré nul. Les troupes bulgares avaient dû évacuer les territoires grec et yougoslave. La Roumanie et la Finlande devaient payer chacune immédiatement 300 millions de dollars à l'URSS. D'autre part, les lois raciales étaient abrogées, les organisations fascistes dissoutes. Enfin, la Finlande et la Roumanie avaient rompu les relations diplomatiques avec l'Allemagne, et la Bulgarie avait même mobilisé contre son ancienne alliée. C'est le début de l'emprise soviétique sur l'Europe orientale, complétée par la libération de pays alliés, la Pologne, la Yougoslavie, la Tchécoslovaquie.

Le rapprochement russo-tchécoslovaque

Benès avait été profondément affecté par l'ultimatum franco-anglais reçu dans la nuit du 20 au 21 septembre 1938, par la crise de Munich et par celle du 15 mars 1939. Il était reconnaissant à la Russie soviétique de lui avoir — platoniquement — promis son aide le 21 septembre, à condition que la France remplît au préalable ses engagements. Il avait en la bonne foi de Staline une grande confiance et il était contrarié de voir les réticences des Britanniques, en pleine guerre, à déclarer les accords de Munich nuls et non avenus ; en fait, il fallut attendre jusqu'au mois d'août 1942. Dès juillet 1941, l'ambassadeur Maïsky lui avait transmis un message de Moscou proposant la reconstitution d'une Tchécoslovaquie et l'organisation d'une armée tchécoslovaque en Russie. En décembre 1943, peu après la conférence des trois Grands à Téhéran, il se rendit à Moscou et eut des entretiens importants avec Staline et Molotov. Il fut convaincu par ses interlocuteurs que l'URSS n'avait nullement l'intention d'intervenir dans les affaires intérieures tchécoslovaques. Il obtint satisfaction sur le rétablissement des frontières de 1937, sur le transfert des territoires à l'administration tchécoslovaque dès leur libération. Aussi signa-t-il sans difficulté un traité d'alliance. On conçoit sa désillusion lorsqu'au cours de l'automne 1944, il apprit que les émissaires soviétiques arrivés avec l'Armée rouge, suscitaient en Ruthénie subcarpathique un mouvement de pétitions pour le rattachement de la région à l'Ukraine soviétique, malgré les protestations du délégué tchécoslovaque. Il crut d'abord que c'était une manœuvre des communistes ukrainiens pour forcer la main à Staline, mais il dut rapidement se rendre compte que Staline soutenait entièrement cette politique.

La France et les Alliés

La libération rapide de la France, à laquelle avaient participé d'importantes troupes régulières françaises et les forces de la Résistance, posa immédiatement aux Alliés une série de problèmes à la solution desquels ils ne s'étaient guère préparés. À l'exception de l'URSS, favorable à la reconnaissance, mais qui n'avait pas voulu agir dans les Anglo-Saxons, ils avaient toujours refusé de reconnaître le gouvernement provisoire d'Alger, même comme un gouvernement *de facto*. Leur argument était qu'ils n'étaient pas sûrs que le peuple français accepterait ce gouvernement. Il est aussi possible que le président Roosevelt, qui n'aimait guère le général de Gaulle, se soit méfié des tendances, trop autoritaires à son avis, de celui-ci. Il sous-estimait gravement l'influence de De Gaulle sur l'opinion française et désirait confier l'administration de la France libérée à un « gouvernement militaire allié ». Cependant l'enthousiasme extrême avec lequel le général fut accueilli à Paris, la formation, le 8 septembre, d'un gouvernement composé de personnalités venues d'Alger, et de chefs de la Résistance (depuis le 9 septembre, Georges Bidault, président du Conseil national de la Résistance, était ministre des Affaires étrangères), la promesse faite le 12 septembre par le général de Gaulle que le pays serait appelé aussitôt que possible à élire une Assemblée nationale, obligèrent les Alliés à reconnaître que le gouvernement provisoire reposait sur de solides bases populaires. Dès le 13 septembre, Duff Cooper fut nommé ambassadeur britannique à Paris et, le 29, Jefferson Caffery devint « représentant des États-Unis avec le rang personnel d'ambassadeur auprès de l'autorité française *de facto*, établie à Paris ». Quelle serait la part de la France dans les réunions internationales ? Churchill déclara le 28 septembre que la libération de la France avait causé une grande joie à la nation britannique et il ajouta : « Il est important de faire participer des représentants de la France à toutes les conversations concernant les frontières du Rhin et, d'une façon générale, le règlement du problème allemand. » Le 23 octobre, la Grande-Bretagne, les États-Unis et l'URSS, suivis par un grand nombre d'autres nations, reconnurent *de jure* le gouvernement provisoire. Enfin, le 11 novembre, Churchill et Eden étant venus à Paris pour célébrer l'anniversaire de l'armistice, il fut annoncé que la France était admise en tant que quatrième membre permanent à la Commission consultative européenne.

L'alliance franco-soviétique

Une fois le gouvernement français reconnu et la France dans le concert des puissances, le général de Gaulle et Georges Bidault essayèrent de lui donner un rôle d'arbitre entre les Anglo-Saxons et l'URSS dont on commençait à percevoir les dissentiments. Leur plan consistait à conclure une alliance avec l'Angleterre et une alliance avec la Russie, symétriques en quelque sorte, les États-Unis restant en dehors de ce système européen. C'est ainsi que le 21 novembre 1944, Bidault exposa les grandes lignes de ce programme : « Une alliance à l'Occident ? Mais oui ! Comment pourrions-nous faire autrement ? Mais aussi une alliance à l'Orient... Jamais la France n'acceptera d'être limitée à l'Occident du monde. » Il annonça, à cette occasion, le voyage qu'il allait bientôt entreprendre avec le général de Gaulle à Moscou. La délégation française, qui comprenait aussi le général Juin, arriva dans la capitale soviétique le 1er décembre après être passée par Le Caire et Téhéran et avoir perdu plusieurs jours à traverser la Russie méridionale. Les négociations durèrent du 2 au 9 décembre et aboutirent à un traité d'alliance, signé par Bidault et Molotov. Ce traité était, comme le traité anglo-soviétique de 1942, dirigé exclusivement contre l'Allemagne. Mais il ne comportait aucune clause prévoyant qu'il serait rendu caduc par l'établissement d'une organisation internationale. Au contraire, il serait valable vingt ans, puis pour une durée illimitée s'il n'était pas dénoncé au moins un an avant l'expiration de cette période. Les points essentiels étaient l'article 1, par lequel les deux pays promettaient de poursuivre la guerre jusqu'à la victoire finale ; l'article 3 : les deux parties s'engageaient à prendre « toutes mesures nécessaires pour éliminer toute nouvelle menace provenant de l'Allemagne » ; l'article 3 : en cas d'agression commise par l'Allemagne et impliquant l'entrée en guerre d'une des puissances, l'autre lui apporterait « immédiatement toute l'aide et l'assistance en son pouvoir ». Les deux parties s'engageaient de plus à ne participer à aucune coalition dirigée contre l'une d'elles (art. 5) et à se prêter toute l'assistance économique possible.

Ce traité inquiéta probablement les Anglo-Saxons, d'autant plus que le général de Gaulle soumettait la signature d'un pacte franco-britannique correspondant à la solution de tous les différends entre les deux pays, notamment au Moyen-Orient. De plus, le 12 février 1945, le président

Roosevelt, revenant de la conférence des trois Grands à Yalta [1], invita le général de Gaulle à venir le rencontrer à Alger. Celui-ci « répondit... qu'il se félicitait d'apprendre que le président Roosevelt projetait de visiter un port français », mais que « beaucoup d'affaires exigeaient sa présence à Paris... au lendemain d'une conférence entre trois chefs de gouvernement alliés... conférence à laquelle la France n'avait pas pris part et dont elle ignorait encore les multiples objets ». Il semble que ce refus ait été provoqué par le mécontentement du général de Gaulle de voir la France traitée en nation mineure. Toujours est-il que le président Roosevelt fut « très déçu » et que l'opinion publique américaine jugea sévèrement le refus du général. Notons qu'à Yalta, Staline, interrogé par Roosevelt sur ses entretiens avec le général de Gaulle, « répondit qu'il avait trouvé de Gaulle sans nuances et dépourvu de réalisme dans son jugement sur la contribution apportée par la France à la victoire ».

L'idée de jouer un rôle d'arbitre se révéla d'ailleurs décevante lorsque le gouvernement français constata que l'alliée soviétique ne soutenait nullement les revendications françaises dans les rencontres internationales. Selon le général Catroux, nommé en janvier 1945 ambassadeur de France à Moscou, dès août 1945 on était forcé de constater que le bilan de l'alliance était négatif. « Un aspect réaliste des choses s'imposait à l'esprit. Il conduisit le général de Gaulle à penser qu'il serait vain de poursuivre un effort de coopération auquel le gouvernement soviétique ne répondait pas, et qu'il convenait que la France recherchât ses appuis autre part qu'à Moscou. »

Notons que la France remporta un succès diplomatique important en obtenant de l'Italie l'annulation des privilèges accordés aux Italiens de Tunisie en 1896. La France avait dénoncé le traité de 1896 dès juin 1940. Un échange de lettres du 28 février 1945 sanctionna l'annulation de ce traité.

Les difficultés entre Alliés à la fin de 1944

Au mois d'octobre, tandis que l'URSS affermissait ses positions en Europe orientale, la principale préoccupation aux États-Unis était l'imminente élection présidentielle pour laquelle Roosevelt avait sollicité un

---

1. Voir ci-après, p. 406 et s.

quatrième mandat. Il fut finalement réélu le 7 novembre avec une majorité légèrement réduite, contre son concurrent républicain Dewey. Churchill, qui n'avait pas revu le président depuis Le Caire, était venu en septembre le rencontrer à Québec, et l'on pensait à cette époque que l'effondrement allemand n'était plus qu'une question de semaines. Au moment où Roosevelt fut réélu, on ne pouvait plus nourrir cette illusion. L'avance alliée avait été stoppée au sud de la Hollande et dans la région du Rhin ; bien plus, les Allemands lancèrent une contre-offensive dans l'Ardenne le 17 décembre et l'on put craindre pendant quelques jours qu'ils ne perçassent les lignes alliées. Au cours de l'automne 1944, des divergences sérieuses se produisirent entre Anglais et Américains. Lorsque Churchill alla voir Staline à Moscou, du 9 au 18 octobre, Roosevelt refusa de donner au Premier Ministre l'autorisation de parler en son nom. C'est à cette occasion qu'un accord de fait anglo-russe décida que les Britanniques auraient la responsabilité de l'occupation et du contrôle de la Grèce, les Russes le contrôle de la Bulgarie et les deux pays une influence égale — *fifty-fifty* — en Yougoslavie. C'était un partage en zones d'influence, assez peu prisé des Américains. Le 27 novembre, le secrétaire d'État, Cordell Hull, âgé et gravement malade, donna sa démission et fut remplacé par Edward Stettinius. Celui-ci eut immédiatement de graves dissentiments avec le gouvernement britannique. En Belgique, en Italie et en Grèce, pays occupés principalement par des troupes anglaises, Stettinius soutenait énergiquement les partis de gauche, hostiles aux gouvernements monarchiques, tandis que Churchill, royaliste convaincu, soutenait les partis de droite. La querelle la plus sérieuse eut lieu à propos de l'Italie lorsque le comte Sforza, déjà ministre à la période préfasciste, fut appelé au gouvernement. Stettinius soutint ouvertement Sforza, et Churchill déclara à la Chambre des communes : « Nous n'avons pas cherché à opposer notre veto à la nomination du comte Sforza... tout ce que nous pouvons dire là-dessus, c'est que nous n'avons pas confiance en cet homme, que nous ne le croyons pas sincère et digne de foi. »

Pour apaiser ces querelles, ainsi que celles qui se développaient avec la Russie à propos de la Pologne, et aussi pour obtenir des précisions à l'égard de l'attitude soviétique en ce qui concernait le Japon, une conférence des trois Grands devenait indispensable. Comme Staline ne pouvait quitter l'URSS en raison des opérations militaires, Hopkins suggéra que la conférence eût lieu en Crimée, et les Russes proposèrent la ville de Yalta.

La conférence de Yalta

Après avoir rencontré Churchill à Malte, le président Roosevelt arriva à Yalta le 3 février. La conférence de Yalta devait durer du 4 au 11 février 1945. À Yalta, Roosevelt arrivait assez inquiet. Quatre problèmes principaux n'étaient pas résolus :

— le problème de l'Organisation des Nations unies, dont les grandes lignes avaient été élaborées à Dumbarton Oaks en octobre 1944 ;

— le problème de l'occupation de l'Allemagne. La France y aurait-elle part ? Quelles seraient les limites des zones ?

— le problème polonais : comment pourrait-on amener une entente entre le gouvernement polonais exilé à Londres, soutenu par les Anglo-Américains et le gouvernement polonais de Lublin, transféré ensuite à Varsovie, patronné par les Russes ?

— l'URSS interviendrait-elle contre le Japon, après la capitulation allemande et à quelles conditions le ferait-elle ?

L'atmosphère de la conférence fut assez cordiale. En ce qui concerne l'Allemagne, Staline se montra d'abord très hostile à la cession d'une zone d'occupation aux Français. Roosevelt lui-même n'y était pas très favorable. Mais Churchill et Eden insistèrent très vivement, soutenus du côté américain par Hopkins qui estimait « que la stabilité en Europe était inconcevable sans une France forte et influente ». Staline et Roosevelt acceptèrent, dès la deuxième séance, que la France eût une zone d'occupation prélevée sur les zones britannique et américaine, mais refusèrent qu'elle fît partie de la Commission de contrôle interalliée avec droit de veto. Puis Roosevelt, influencé par Hopkins, se déclara favorable à l'admission de la France dans cette commission et Staline céda le 10 février. On ne put se mettre d'accord sur le problème dés réparations dont la solution fut confiée à une Commission interalliée qui devait se réunir à Moscou, ni sur les bases du démembrement allemand, dont le principe seul fut réaffirmé.

À propos de la Pologne, le président Roosevelt se déclara favorable à ce que ses frontières orientales fussent délimitées par la ligne Curzon de 1919. Churchill aurait voulu une frontière plus orientale. Staline s'y opposa avec véhémence, au nom des droits de l'Ukraine et de la Russie blanche. Il déclara que l'on pourrait donner aux Polonais une compensation à l'Ouest, aux dépens de l'Allemagne, même si cela signifiait le transfert de plusieurs millions d'Allemands. Le problème du gouvernement polonais était également grave. L'URSS acceptait tout au plus l'élargissement du gouvernement de Lublin. Churchill manifesta son inquiétude de voir la Pologne dominée par la Russie : « Ayant tiré l'épée pour défendre la Pologne, brutalement attaquée par Hitler, nous n'accepterons jamais une solution qui ne ferait pas de la Pologne un État libre et souverain. » On se mit finalement d'accord pour un élargissement du gouvernement de Lublin sur des bases démocratiques plus larges, avec la participation de Polonais de Londres. Pour constituer ce gouvernement provisoire polonais d'unité nationale, une commission fut nommée comprenant Harriman, Molotov et Archibald Clark Kerr. Les Anglo-Saxons espéraient avoir trouvé là la solution du problème. De plus, la conférence se mit d'accord sur le texte d'une « Déclaration sur la politique à suivre dans les régions libérées » ou « Déclaration sur l'Europe libérée ». Cette déclaration prévoyait l'organisation de gouvernements démocratiques, par la voie d'élections libres, et, en attendant, un certain contrôle allié tripartite. Elle paraissait être une garantie satisfaisante pour le cas particulier de la Pologne.

À propos du Japon, Roosevelt insista très vivement pour que la Russie promît d'intervenir. Les États-Unis ignoraient encore si la bombe atomique, préparée dans le plus grand secret, pourrait être réalisée en temps utile, et une intervention russe permettrait d'économiser des centaines de milliers de vies américaines. Les Russes s'engagèrent, à intervenir trois mois après la capitulation allemande, à condition que la Russie pût récupérer tous les droits qu'elle avait perdus en 1905, c'est-à-dire le contrôle des chemins de fer de Mandchourie, la base de Port-Arthur, le sud de Sakhaline et, au surplus, l'archipel des Kouriles. On notera que Churchill se déclara absolument opposé à la restitution de Hong-Kong à la Chine.

À son retour, Roosevelt rencontra en Égypte le roi Farouk, Ibn Séoud et le négus Haïlé Sélassié. Par contre, nous l'avons vu, le général de Gaulle refusa d'aller le voir à Alger. Au total, le président américain considérait que les résultats de la conférence de Yalta étaient extrêmement encourageants.

La capitulation allemande

Au milieu de mars, les Américains établirent une tête de pont sur le Rhin et, le 23 mars, ils commencèrent la traversée du fleuve en force. Mais Roosevelt ne vit pas la fin de cette guerre à laquelle il avait voué toutes ses forces. Le 12 avril, à Warm Springs en Georgie, où il faisait de fréquentes cures pour soigner sa paralysie, il mourut presque subitement d'une hémorragie cérébrale. Il fut remplacé par le vice-président Harry Truman : « Aucun président n'a probablement vu défiler dès son élection une succession aussi rapide d'événements importants que le président Truman au cours des premières semaines de ses fonctions. » Le plus important de ces événements fut évidemment la capitulation de l'Allemagne. Tandis que les Russes poursuivaient une offensive foudroyante, entraient à Vienne le 13 avril et atteignaient l'Elbe le 24, les Américains marchaient vers l'Est. Le 26 avril, à 16 heures, les Américains et les Russes firent leur jonction près de Torgau. Le 25 avril, les Russes avaient achevé d'encercler Berlin. Le 1er mai, l'on annonça la mort d'Hitler. Le 2, la garnison de Berlin se rendit. La capitulation allemande était évidemment imminente. Il ne pouvait s'agir que d'une capitulation sans condition et les Alliés étaient résolus à ne pas admettre le maintien d'un gouvernement central allemand. Le 7 mai 1945, dans le quartier général d'Eisenhower, à Reims, le général Jodl signa la capitulation sans condition de l'Allemagne. Le 8 mai, une cérémonie analogue eut lieu à Berlin sous la présidence du maréchal russe Joukov. La guerre était terminée en Europe.

VIII. La conférence de Potsdam et la défaite japonaise

L'offensive alliée contre le Japon

Il est nécessaire, pour comprendre les événements diplomatiques, de retracer sommairement les phases de l'offensive alliée contre le Japon. Après les triomphes japonais du début, la période qui s'étend d'avril 1942 à novembre 1943 avait marqué un temps d'arrêt. À cette dernière date, grâce à l'arrivée de plusieurs gros porte-avions neufs, l'offensive américaine commença dans le Pacifique central sous le commandement de l'amiral Chester Nimitz et dans le Sud-Pacifique sous le commandement du général MacArthur. Dans le Pacifique central, la technique consista à ne pas conquérir l'ensemble de chaque archipel, mais, par des « sauts de mouton » successifs, à s'emparer d'une série d'îles de plus en plus proches de l'Archipel japonais. Tour à tour, les îles Gilbert (novembre 1943) et Marshall (février 1944) furent conquises. Puis l'amiral Nimitz s'empara d'un certain nombre d'îles des Mariannes (mai-juillet 1944). La conquête de l'île de Saïpan, dans cet archipel, eut une immense répercussion au Japon et entraîna la chute du gouvernement Tojo, qui avait déclenché l'attaque contre les États-Unis en 1941 (20 juillet 1944). Tojo dut démissionner devant l'opposition de la marine, qui refusait de sacrifier ses navires pour la conservation d'îles éloignées et de peu d'intérêt stratégique. Il fut remplacé par un cabinet, dirigé par le général Koïso avec Shigemitsu aux Affaires étrangères. Une victoire aéro-navale alliée dans la mer des Philippines (19 juin 1944) accrut le désarroi japonais. L'amiral Nimitz ordonna alors la reconquête de l'île américaine de Guam, celle des îles Palaos (septembre-octobre 1944) et celle de certaines des îles Carolines, ce qui isola complètement l'île de Truk, principale base japonaise du Pacifique.

Dans le Sud-Pacifique, le général MacArthur décida, avec l'appui de l'état-major allié, réuni alors à Québec, de diriger un débarquement au cœur des Philippines, dans l'île de Leyte (17 octobre 1944). L'amiral Nimitz aurait préféré un débarquement à Formose, puis en Chine. Mais MacArthur s'était juré de reconquérir les Philippines qu'il avait perdues en 1942. Une rencontre entre Roosevelt, MacArthur et Nimitz, à Pearl Harbor, le 15 juillet 1944, amena Roosevelt à soutenir le projet de MacArthur. Après une grande bataille navale, au cours de laquelle une grande partie de la flotte japonaise fut détruite (23-25 octobre), l'île de Leyte fut conquise, puis celle de Luçon et, le 6 février, au moment de la conférence de Yalta, la capitale, Manille, fut occupée. Enfin, l'amiral Nimitz put lancer une offensive vers le cœur du Japon, par la conquête de l'île d'Iwojima, dans l'archipel des îles Volcano, à 2 200 km au sud-est de Tokyo (17 février.-16 mars 1945), puis par celle d'Okinawa, dans l'archipel des Riou-Kiou, à proximité de l'archipel japonais proprement dit (1er avril-21 juin 1945).

La lutte contre le Japon se poursuivait sur deux autres fronts encore. En Chine, les Japonais, qui n'avaient pas entrepris d'offensive importante entre 1941 et 1943, décidèrent de conquérir la Chine du Sud en 1944. Ils purent, en s'emparant de Tchang Cha, dominer la voie ferrée de Han Kéou à Hong-Kong (18 juin 1944) et étendirent largement leur emprise sur la côte et le long des axes de communication en Chine du Sud. La situation du gouvernement de Tchoung King était devenue extrêmement grave. Le ravitaillement en matériel de guerre n'était plus assuré que par un pont aérien au-dessus de l'Himalaya (le *Hump*) et se révélait notoirement insuffisant. Le gouvernement projaponais de Nankin continuait son activité sous la direction de Tchang Kung-po, après la mort de Wang Tsin-weï, le 10 novembre 1944. Les troupes les meilleures de Tchang Kaï-shek, plus de 300 000 hommes, étaient chargées de surveiller les communistes et ne se battaient pas contre le Japon malgré les objurgations du général Stilwell. L'ambassadeur des États-Unis considérait que le gouvernement nationaliste était « en voie de désintégration » et que seul l'appui américain empêcherait qu'il ne fût vaincu par les communistes. Le président Roosevelt désigna, le 18 août 1944, le général Patrick Hurley comme son représentant personnel en Chine. Le général Stilwell, commandant les troupes américaines en Chine, qui ne s'entendait pas bien avec Tchang Kaï-shek, fut rappelé et remplacé par le général Wedemeyer. Tchang Kaï-shek ne fut sauvé que par une autre campagne militaire conçue d'ailleurs par Stilwell, la campagne de Birmanie, sous les ordres de l'amiral anglais lord Louis Mountbatten.

C'est à la conférence de Québec (août 1943) que Roosevelt et Churchill avaient décidé la reconquête de la Birmanie et s'étaient entendus pour nommer Mountbatten commandant en chef. Le but était de libérer la route de Birmanie qui permettrait de rétablir la liaison terrestre avec Tchoung King. L'offensive commença en mars 1944. La ville de Myitkina, point de départ de la route birmane, fut prise le 4 août 1944. Avant même que ne fût reconquise la ville de Mandalay, une nouvelle route de Birmanie, la « route Stilwell » (du nom du général américain cité ci-dessus) fut construite au prix d'un immense effort. Le 4 février 1945, un premier convoi allié atteignit la Chine. Mountbatten poursuivit alors la conquête de la Birmanie en s'emparant de Mandalay (20 mars), puis de Rangoun (mai 1945). Il ne restait pratiquement plus de Japonais dans le pays. Ceci, par contrecoup, entraîna les Nippons à évacuer une grande partie de leurs récentes conquêtes en Chine du Sud. La Chine, après une période très critique, était sauvée.

L'échec des négociations en Chine

Cependant, la tension entre nationalistes et communistes continuait. Le général Hurley, dès le 7 novembre 1944, était allé voir Mao Zedong à Yenan. Celui-ci accepta une proposition tendant à l'unification de toutes les forces militaires chinoises et à la création d'un gouvernement de coalition fondé sur les principes de Sun Yat-Sen. Le gouvernement nationaliste refusa d'envisager une refonte gouvernementale, et n'accepta que l'admission de quelques représentants communistes dans le conseil militaire national. Grâce aux efforts de Hurley, la négociation ne fut pas rompue et, en janvier 1945, des conférences eurent lieu à Tchoung King entre le communiste Chou En-lai et le ministre des Affaires étrangères du Kouomintang, Soong. Ces conférences n'aboutirent à aucun résultat à cause du refus de Tchang Kaï-shek d'admettre la création d'un gouvernement de coalition et de nouvelles demandes communistes, concernant notamment la libération des prisonniers politiques. Le général Hurley, de son côté, recommanda au gouvernement américain de ne pas fournir d'armes ni d'aide financière aux communistes chinois. Les succès militaires alliés rendirent d'ailleurs Tchang Kaï-shek plus intransigeant.

Le 15 avril 1945, Hurley rencontra Staline et Molotov à Moscou. Ce dernier déclara que l'URSS ne soutenait pas le Parti communiste chinois qui, en fait, n'était pas vraiment communiste, qu'elle ne désirait pas de guerre civile en Chine et qu'elle voulait entretenir de bonnes relations avec la Chine. Staline parla du généralissime Tchang Kaï-shek en termes favorables, le qualifiant d'homme « désintéressé » et « patriote ». Le général Hurley en tira une impression optimiste, que ne partageait pas le chargé d'affaires à Moscou, George Kennan. Celui-ci estimait que les vrais buts de l'URSS en Chine étaient d'établir sa domination sur les provinces chinoises d'Asie centrale et un certain contrôle sur la Chine du Nord.

Les négociations entre nationalistes et communistes reprirent le 1er juillet 1945 à Yenan, capitale des communistes. D'autre part, Mao Zedong accepta de venir à Tchoung King, à partir du 28 août 1945 jusqu'au 11 octobre, sans doute à la nouvelle de la signature du traité du 14 août 1945 entre l'URSS et la Chine nationaliste. Il fit d'importantes concessions par rapport à ses propositions de novembre 1944, acceptant que Tchang Kaï-shek devînt le président d'un futur gouvernement démocratique et que le Kouomintang gardât un rôle dominant dans ce gouvernement pour une période transitoire. Il accepta que dans une armée de temps de paix de 100 divisions, les communistes n'en eussent que 20. Enfin, on décida la réunion d'un conseil politique de 37 membres représentant tous les partis. Le désaccord subsistait sur le problème de la nomination des gouverneurs des provinces libérées des Japonais par les armées communistes.

Mais ces négociations allaient être pratiquement rendues vaines par l'affaire de Mandchourie et par le développement, dès octobre 1945, de la guerre civile entre communistes et nationalistes. Le général Hurley adressa sa démission au président Truman, sous prétexte que certains diplomates du Département d'État avaient encouragé les communistes chinois à adopter une attitude intransigeante dans les négociations (novembre 1945).

La tension croissante entre Russes et Anglo-Saxons

L'optimisme du président Roosevelt sur la possibilité d'un rapprochement durable entre Russes et Anglo-Saxons, après la conférence de Yalta, fut rapidement démenti par les événements. Au fur et à mesure que les Russes avançaient en Allemagne [1], leur attitude se raidissait sur le plan diplomatique. Dès avant la mort du président Roosevelt, de graves incidents se produisirent. Le 27 février 1945, Vichinsky, ministre adjoint des Affaires étrangères de l'URSS, arriva à Bucarest et adressa au roi Michel de Roumanie un ultimatum, exigeant le remplacement du cabinet de coalition du général Radescu par un nouveau gouvernement, présidé par le communiste Groza. Malgré la résistance du roi, ce gouvernement fut constitué le 6 mars. Les États-Unis protestèrent et invoquèrent la « Déclaration sur l'Europe libérée », d'après laquelle les trois gouvernements alliés s'engageaient à « former des gouvernements intérimaires largement représentatifs de tous les éléments démocratiques de la population ». D'autre part, en Pologne, Molotov refusait de remplacer le gouvernement communiste de Lublin par un gouvernement de coalition et acceptait tout au plus

1. Voir ci-avant, § VII, p. 408.

de l'élargir en y adjoignant quelques membres. Il refusait d'admettre la venue à Moscou d'une délégation des Polonais de Londres dont la liste avait été établie par les Anglo-Saxons, en particulier du leader paysan Mikolajczyk. Le 1er avril, Roosevelt et Churchill envoyèrent à Staline des télégrammes de protestation, le conjurant de ne pas briser l'unité des Alliés réalisée à Yalta. Staline répondit, le 7 avril, en maintenant pratiquement la position russe. Enfin, un autre incident divisa les Alliés. Staline reprocha aux Anglo-Américains une tentative de négociation entreprise par le général Alexander, commandant en chef allié en Italie, avec le général allemand Kesselring, pour une capitulation séparée de l'année allemande d'Italie. Staline adressa à Roosevelt un message d'un ton très vif, l'accusant de faciliter l'envoi de plusieurs divisions allemandes sur le front oriental et de chercher à adoucir les conditions de la capitulation allemande.

Ainsi la tension était déjà sérieuse dès avant la mort de Roosevelt. On ne peut donc admettre la thèse d'après laquelle c'est le changement de président aux États-Unis et l'attitude plus intransigeante du président Truman qui auraient créé cette tension.

La dernière mission de Hopkins à Moscou

Pour essayer de régler ces problèmes, le président Truman décida d'envoyer Harry Hopkins à Moscou. Celui-ci jouissait depuis juillet 1941 de la confiance de Staline. Hopkins arriva à Moscou le 25 mai et s'entretint longuement avec Staline du 26 mai au 7 juin. Hopkins déclara que son but était d'améliorer les relations entre les États-Unis et la Russie, considérablement refroidies depuis six semaines. La discussion porta sur trois points principaux : la Pologne, l'Extrême-Orient, la création du conseil de contrôle pour l'Allemagne. De son côté, Staline adressa un certain nombre de reproches aux États-Unis :

— l'invitation de l'Argentine à la conférence de San-Francisco où se constituait alors l'Organisation des Nations unies ;

— le désir des États-Unis d'inviter la France à la commission des réparations : « Il estimait que c'était une insulte à l'Union soviétique en raison du fait que la France avait conclu une paix séparée avec l'Allemagne et ouvert ses frontières aux Allemands... En voulant mettre la France sur le même pied que l'Union soviétique, on semblait chercher à humilier les Russes » ;

— l'arrêt brutal des fournitures du prêt-bail à la Russie après la capitulation allemande ;

— le fait qu'aucun navire allemand n'avait été remis par les Occidentaux à l'URSS.

Hopkins et l'ambassadeur Harriman essayèrent de lui donner des apaisements. Pour l'Argentine en particulier, ils expliquèrent que les pays d'Amérique latine n'avaient accepté l'admission de l'Ukraine et de la Russie blanche aux Nations unies qu'à condition que l'Argentine fût également admise. Staline mit fin à la discussion en déclarant que cette affaire appartenait au passé. À l'égard de la Pologne, Staline dit qu'il craignait de voir l'Angleterre s'efforcer d'en faire, comme entre les deux guerres mondiales, un pays hostile à l'URSS. Il proposa que sur vingt ministres, quatre seulement fussent choisis parmi les Polonais de Londres. Il fut décidé que le problème serait soumis à une nouvelle conférence des trois Grands qui se tiendrait après le 15 juin dans la région de Berlin. En ce qui concerne le Conseil de contrôle allié en Allemagne, il n'y eut pas de difficulté et Staline annonça que le représentant russe serait le maréchal Joukov. Enfin, à propos du Japon, Staline confirma que la Russie était disposée à l'attaquer dès le 8 août à condition que la Chine acceptât les décisions de Yalta sur la Mandchourie. Il déclara qu'il désirait rencontrer à Moscou, le 1er juillet, au plus tard, le ministre chinois des Affaires étrangères Soong. Il accepta l'idée d'un *trusteeship* des États-Unis, de la Chine, de la Grande-Bretagne et de l'Union soviétique sur la Corée. Il demanda que l'URSS pût prendre part à l'occupation du Japon et y disposer d'une zone particulière. Hopkins quitta Moscou, rencontra Eisenhower près de Francfort et revint à Washington le 12 juin. Il abandonna ensuite toute activité publique et mourut le 30 janvier 1946.

Conformément à une proposition qu'il lui avait faite dès le lendemain des funérailles de Roosevelt, le président Truman remplaça au poste de secrétaire d'État Stettinius par James Byrnes, qui prêta serment le 3 juillet 1945.

La conférence de Potsdam

La conférence prévue lors des entretiens de Hopkins et Staline s'ouvrit au palais de Cecilienhof, à Potsdam, le 17 juillet 1945. Cette conférence fut la dernière rencontre entre les trois chefs de gouvernement, la dernière aussi qui permit la conclusion d'accords substantiels. On ne s'y occupa guère des problèmes d'Extrême-Orient, mais surtout de l'Europe, et en particulier des futurs traités de paix : quelle procédure suivrait-on pour les élaborer ? Quelles en seraient les bases politiques ?

Sur le premier point, la délégation américaine suggéra la création d'un Conseil des ministres des Affaires étrangères dont la première réunion aurait lieu à Londres en septembre 1945. Il serait composé de ministres américain, britannique, soviétique, français et chinois. Sa principale tâche serait d'élaborer les traités de paix avec les « satellites » de l'Allemagne (Italie, Roumanie, Bulgarie, Hongrie et Finlande) et de « proposer des règlements aux questions territoriales pendantes ». Le traité de paix avec l'Allemagne serait préparé ultérieurement. Les 5 membres ne participeraient pas tous aux réunions du Conseil. Pour les satellites de l'Allemagne, « le Conseil sera composé de membres représentant les États qui furent signataires des conditions de reddition imposées à l'État ennemi en cause. Pour le règlement de paix avec l'Italie, la France sera considérée comme un signataire des conditions de reddition pour l'Italie. » Cette disposition excluait la France de l'élaboration des traités de paix avec les autres satellites. Il était décidé que la Commission consultative européenne serait dissoute.

Les Anglo-Saxons se plaignirent de la situation en Bulgarie et en Roumanie, dont les gouvernements n'étaient pas démocratiques et où les commissions de contrôle alliées ne fonctionnaient pratiquement pas, l'URSS exerçant seule l'autorité. Staline répondit par une contre-attaque, se plaignant de la situation en Grèce, occupée par les Britanniques. Le problème principal était celui de l'organisation d'élections libres. Churchill déplora le fait que les membres de la mission britannique à Bucarest n'eussent aucune liberté de circulation : « Un rideau de fer semble s'être abaissé autour d'eux. » D'autre part, les Anglo-Américains désiraient rentrer en possession des établissements industriels qui leur appartenaient en Roumanie ou obtenir une compensation. Or, les Soviets avaient confisqué ces établissements sous prétexte qu'ils étaient propriété allemande. Aucun accord ne fut réalisé sur ce point. On se contenta de nommer deux commissions d'experts anglo-russe et américano-russe. À propos de l'Allemagne, la conférence de Potsdam définit « les principes politiques et économiques qui gouverneront le traitement de l'Allemagne pendant la période initiale de contrôle ». Nous en parlerons dans le prochain chapitre. Contentons-nous de les résumer ici. L'accord prévoyait le désarmement complet et la démilitarisation de l'Allemagne, la destruction du parti national-socialiste, l'abolition des lois nazies, le jugement des criminels de guerre, l'épuration des membres du parti nazi, le contrôle de l'instruction allemande ; on s'efforcerait de décentraliser et de démocratiser l'Allemagne et dans l'immédiat on ne créerait pas de gouvernement central allemand. Le niveau de la production économique serait sévèrement contrôlé. Pour les réparations, l'URSS les prélèverait sur sa propre zone et recevrait au surplus des zones occidentales 15 % de l'outillage industriel utilisable en échange d'une valeur équivalente de denrées alimentaires et de matières premières et 10 % de l'outillage industriel non indispensable à la survie allemande, sans contrepartie. Les Soviétiques satisferaient les demandes polonaises sur leur propre part des réparations. En fait, ils démontèrent également des usines polonaises. Un plan était fixé pour la répartition entre les trois alliés de la marine de guerre et de la marine marchande allemande. Au sujet des frontières allemandes les Anglo-Saxons promirent d'appuyer, lors de la conférence de la paix, le transfert à l'URSS de Kœnigsberg et d'une partie de la Prusse orientale. Ils ne prirent aucun engagement de ce genre en ce qui concerne les territoires situés à l'est de la ligne Oder-Neisse et se contentèrent d'admettre qu'ils fussent provisoirement administrés par la Pologne. On traita d'un certain nombre d'autres questions. L'URSS réclama un *trusteeship* sur la Libye italienne. Les Occidentaux refusèrent. Les Soviets désiraient également contrôler les détroits turcs. Il fut simplement décidé que la conférence de Montreux serait révisée.

Il est à noter que le 25 juillet la conférence dut s'ajourner pour que les leaders britanniques revinssent à Londres lors du dépouillement du scrutin en Grande-Bretagne. La majorité écrasante obtenue par les travaillistes permit à leur chef, Attlee, de constituer le nouveau gouvernement, avec Bevin au *Foreign Office*. Churchill et Eden n'assistèrent donc pas à la deuxième partie de la conférence, qui dura jusqu'au 2 août. Mais il ne semble pas que la politique britannique ait alors été changée de façon appréciable.

Comme le dit Byrnes, « nous considérions que cette conférence avait été un succès. Nous étions fermement convaincus que les accords intervenus serviraient de base à un rétablissement prochain de la stabilité européenne... mais la violation de ces accords transforma ce succès en une faillite ».

La bombe atomique et l'intervention soviétique contre le Japon

Pendant que l'on s'occupait en Europe du problème de la paix, la guerre se poursuivait contre le Japon. Tout porte à croire que les gouvernants japonais avaient une claire conscience du caractère désespéré de la situation. Sans doute, ils disposaient de grandes armées intactes, avec d'immenses réserves entraînées et non encore mobilisées ; ces armées possédaient un matériel moderne et de vastes approvisionnements. L'armée de Mandchourie (800 000 hommes), celle de Chine (1 million) et surtout celle du Japon proprement dit (1 150 000 hommes) pourraient résister de longues années, même si le Japon sacrifiait les quelque 800 000 hommes qu'il avait encore dans les îles et lis territoires lointains. Les pertes qu'il pourrait infliger aux Alliés seraient considérables. Mais cette résistance, en tout état de cause, serait sans espoir. La flotte japonaise était à peu près détruite, et la flotte américaine pouvait opérer à proximité des côtes du Japon et les bombarder. L'aviation japonaise manquait de pilotes et avait subi des pertes que l'industrie était de moins en moins en mesure de réparer, à la fois par pénurie croissante de matières premières et parce que les bombardements alliés étaient de plus en plus intenses. Seuls des volontaires acceptant une mort certaine, les « Kamikazes », détruisaient des navires américains en s'écrasant sur leurs ponts avec leurs chargements de bombes. Le général MacArthur, qui venait en avril d'être nommé commandant en chef des forces terrestres américaines pour tout le Pacifique, envisageait un prochain débarquement dans l'île de Kiou-Siou, la plus méridionale de l'archipel japonais proprement dit. Entre une longue guerre désespérée et une capitulation prochaine, il est probable que le gouvernement nippon, à la différence du gouvernement nazi, préférait la seconde solution, qui permettrait de sauver du désastre quelques bribes de la puissance passée. Il fallait seulement une occasion. Celle-ci fut fournie par deux événements dramatiques. Le premier fut l'explosion, le 6 août, d'une bombe atomique sur Hiroshima, suivie, le 9 août, par l'éclatement d'une deuxième bombe atomique sur Nagasaki [1]. Le second fut l'entrée en guerre de l'URSS le 8 août.

---

1. Certains historiens américains « révisionnistes » expliquent l'utilisation des bombes atomiques non comme destinée à contraindre les Japonais, mais comme une forme d'intimidation de l'URSS.

Dès le 5 avril, l'URSS avait dénoncé son traité de neutralité avec le Japon. L'article 3 de ce traité prévoyait qu'il durerait cinq ans à dater de sa ratification à moins que l'une des deux parties ne le dénonçât un an avant son expiration. On arrivait précisément à la fin de la quatrième année. Le premier résultat fut la démission du gouvernement Koïso, remplacé le 8 avril comme Premier ministre, par l'amiral Suzuki avec Togo comme ministre des Affaires étrangères. Le nouveau gouvernement essaya, semble-t-il, d'obtenir une médiation de la Russie, pour mettre fin à la guerre de façon honorable. Le 26 juillet, à Potsdam, les États-Unis, l'Angleterre et la Chine (Tchang Kaï-shek ayant donné son approbation par radio) adressèrent à Tokyo un ultimatum, tendant à la capitulation sans condition du Japon. Cet ultimatum fut rejeté par l'amiral Suzuki le 28 juillet. Le Japon ignorait évidemment l'accord secret de Yalta, et les promesses faites par Staline à Hopkins, lors de son voyage à Moscou. Néanmoins, il savait que le ministre chinois Soong s'était rendu à Moscou et que d'importants mouvements de troupes s'opéraient sur les frontières de Mongolie, de Mandchourie et de Corée. Les Russes avaient massé là une soixantaine de divisions, sous les ordres du maréchal Vassilievski. Le 8 août, l'URSS déclara la guerre au Japon ; prenant prétexte du rejet de l'ultimatum des Anglais, des Américains et des Chinois, en date du 26 juillet, de ses obligations d'allié et de la nécessité d'abréger la guerre, le gouvernement soviétique annonçait qu'il commencerait les opérations le lendemain. Celles-ci furent extrêmement rapides ; les troupes russes convergèrent de quatre côtés vers la Mandchourie, pénétrèrent en Corée et dans la partie sud de Sakhaline.

La capitulation japonaise

Dès le 10 août, la radio de Tokyo annonça que le Japon était prêt à capituler [1]. Le chargé d'affaires de Suisse à Washington transmit le même jour au gouvernement américain une note officielle japonaise. Celle-ci, écrite au nom de l'empereur, déclarait que le Japon acceptait les termes de l'ultimatum du 26 juillet, en notant que celui-ci « ne contenait aucune demande de nature à porter préjudice aux prérogatives de Sa Majesté

---

1. Selon James, *Rise and Fall of the Japanese Empire*, p. 343, Suzuki et Togo étaient favorables à la capitulation sans condition. Les généraux Anami et Umetzu et l'amiral Toyoda refusèrent.

comme souverain ». C'était poser discrètement une condition à la capitulation, le maintien au pouvoir de l'empereur. Cette condition fut, en fait, acceptée par les Alliés, et le 11 août 1945, Byrnes, en leur nom, adressa une réponse en ce sens, précisant que « depuis le moment de la reddition, l'autorité de l'empereur et du gouvernement japonais pour le gouvernement de l'État sera soumise au commandant suprême des puissances alliés ». L'empereur devrait donner l'ordre à toutes les forces militaires japonaises, où qu'elles seraient, de cesser leurs opérations et de rendre leurs armes. Les prisonniers et internés devraient être libérés dès la reddition.

Le 14 août, le Japon accepta ces conditions et le Mikado intima par radio l'ordre de cesser le feu. Le gouvernement Suzuki donna alors sa démission, et le général Anami, ministre de la Guerre, se suicida. Le 16, le prince Higashi Kuni, cousin et gendre du Mikado, forma le gouvernement.

Le 15 août, les Américains demandèrent aux Japonais d'envoyer des émissaires au quartier général américain de Manille. Ils y reçurent les instructions de MacArthur les 19 et 20 août.

Le 2 septembre, à bord du cuirassé *Missouri*, en baie de Tokio, le délégué du gouvernement japonais, Shigemitsu et le général Yoshijiro Umetzu, représentant le grand état-major impérial, rencontrèrent le général MacArthur et d'autres officiers alliés. Les délégués japonais signèrent la capitulation sans conditions du Japon. Les diverses armées japonaises signèrent dans les jours qui suivirent leurs propres capitulations. La lutte ne se poursuivit que sporadiquement avec de petits groupes isolés. La guerre était terminée.

Bibliographie

I. Documents imprimés

Il faut distinguer les publications systématiques d'archives et les recueils de documents publics, dont le seul but est de rassembler des textes, autrement dispersés et d'accès difficile.

Pour se guider à travers ce dédale, et à travers les mémoires d'hommes d'État, on consultera :

DUROSELLE (Jean-Baptiste), *Tout Empire périra. Une vision théorique des relations internationales*, Paris, Publications de la Sorbonne, 1982, nouvelle éd., Armand Colin, 1992.

RENOUVIN (Pierre), DUROSELLE (Jean-Baptiste), *Introduction à l'histoire des relations internationales*, Paris, Armand Colin, 1965, 4e éd., Paris, Pocket, 1997.

SERRA (Enrico), *Manuale di storia dei trattati e di diplomazia,* Milano, ISPI, 1980.

SERRA (Enrico), *Introduzione alla storia dei trattati e alla diplomazia*, Milano, ISPI, 1975, nouvelle éd., 1985.

TOSCANO (Mario), *Pagine di storia contemporanea*, Milano, Giuffrè, 2 vol., 1963.

TOSCANO (Mario), *Lezioni di storia dei trattati e politica internazionale*, Torino, Giappichelli, 1958, 2e éd., 1963.

Parmi les très nombreuses revues utiles, citons :

Politique étrangère, Politique internationale, Relations internationales, Relations internationales et stratégiques (devenue *La Revue internationale et stratégique*), *Foreign Affairs, Foreign Policy*, etc.), la presse française (quotidiens et hebdomadaires) et étrangère (tout particulièrement l'*International Herald Tribune),* les publications de la Documentation française (les études dans le domaine international et dans le domaine de l'économie, *Problèmes politiques et sociaux, Les Cahiers français, Monde arabe Maghreb-Machrek, Le Courrier des pays de l'Est, Problèmes économiques,* etc.), *Ramsès* (publié une fois par an par l'Institut français des relations internationales).

Les documents diplomatiques :

Les *documents diplomatiques allemands* sont les plus importants ; saisis par les Américains en 1945, entreposés à Berlin, puis en Angleterre, ils ont été étudiés par une commission franco-anglo-américaine à laquelle les Allemands ont été ensuite admis. Ils ont été restitués à la RFA et se trouvent à Bonn.

L'édition allemande (*Akten zur deutschen auswärtigen Politik*) est la plus complète et fait foi. Il existe une traduction anglaise incomplète (*Documents on German Foreign Policy*). Quelques volumes ont été traduits en français, mais sont scientifiquement inutilisables.

Série A novembre 1918-novembre 1925
6 vol. publiés. Les 6 derniers sont prêts à l'être.
Série B décembre 1925-janvier 1933
21 vol. publiés. Série terminée (entièrement en allemand).
Série C janvier 1933-novembre 1937
6 vol. Série terminée. Existe aussi en anglais.
Série D septembre 1937-décembre 1941
13 vol. publiés dont une partie sont traduits en anglais.
Série E décembre 1941-mai 1945
8 vol. en allemand. Série terminée. Une nouvelle collection *Akten zur auswärtigen Politik der Bundesrepublik Deutschland* vient d'être lancée par le gouvernement allemand : seulement 1 vol. publié (1949-1951).

Le gouvernement italien publie la collection *Documenti diplomatici italiani* destinée à couvrir toute la période 1861-1945.

La publication des documents français a commencé plus tard. La difficulté vient surtout du fait que le 16 mai 1940, une grande partie des archives ont été détruites au Quai d'Orsay. On a pu les reconstituer partiellement, grâce aux archives des grandes ambassades françaises. Mais cela a demandé beaucoup de temps.

Documents diplomatiques français 1932-1939, éd. par Pierre Renouvin et Maurice Baumont, puis par ce dernier auteur et Jean-Baptiste Duroselle.
1re *Série* (1932-1935) (13 vol. publiés, 19 juillet 1932 au 31 décembre 1935).
2e *Série* (1936-1939) (19 vol. publiés, 1er janvier 1936 au 3 septembre 1939).

Tous les recueils de documents diplomatiques français contemporains concernaient les origines des guerres (1870, 1914, 1939). Une commission, qui fut présidée par Jean-Baptiste Duroselle, publie les documents postérieurs au 20 juillet 1954 (à cette date ont été publiés les documents des années 1954-1963), les documents des années 1914-1932 et ceux des années 1939-1954.

Parmi les autres documents français :

La délégation française auprès de la Commission allemande d'armistice, recueil de documents publiés par le gouvernement français, Paris, Imprimerie nationale : t. I, *29 juin 1940-29 sept. 1940* ; t. II, *30 sept. 1940-23 nov. 1940* ; t. III, *23 nov. 1940-29 janv. 1941* ; t. IV, *janv.-juill.* ; t. V, *21 juill. 1941-21 déc. 1941*.

Les documents secrets de l'état-major général français, Berlin, Auswärtiges Amt, 1941 (publication allemande faite d'après les documents pris à la Charité-sur-Loire).

Procès des grands criminels de guerre devant le tribunal militaire de Nuremberg, 14 nov. 1945-1er oct. 1946, Nuremberg, 41 vol., 1947-1952.

Procès-verbaux de la Commission d'enquête parlementaire française.

Les événements survenus en France de 1933 à 1945, *Rapport fait au nom de la commission chargée d'enquêtes sur les événements survenus en France de 1933 à 1945,* Paris, PUF, 11 vol., sd, in-4°.

Depuis 1966, la Documentation française, service officiel, publie d'excellents volumes (2 par an) : *La Politique étrangère de la France. Textes et documents.*

Signalons aussi :

L'Année politique, revue chronologique des principaux faits politiques, économiques et sociaux de la France. Sous la dir. de A. SIEGFRIED, éd., BONNEFOUS, J.-B. DUROSELLE, Paris, Le Grand Siècle, puis PUF, puis à nouveau Le Grand Siècle, puis éditions du Moniteur, recueil annuel depuis 1944-1945.

Aussi importantes que les archives allemandes, sont les archives britanniques, dont la publication se poursuit à un rythme rapide :

Documents on British Foreign Policy, 1919-1939, edited by E.L. WOODWARD and Rohan BUTLER, London, His Majesty's Stationery Office.

L'ouvrage le plus commode est le remarquable recueil annuel de TOYNBEE qui fait un récit des événements internationaux :

TOYNBEE (Arnold J.), puis autres éd., *Survey of International Affairs*, London, Oxford University Press : t. I, *1920-1923*. Puis, recueil annuel. Notons spécialement : *The World in March* 1939, London, Publication du Royal Institute of International Affairs, 1952.

La publication la plus complète est celle des archives américaines qui atteint suivant les aires géographiques les années 1960 (Malheureusement, leur intérêt est tout relatif pour la période 1920-1939) : *The Foreign Relations of the United States.*

Aux États-Unis, il faut signaler :

Documents on American Foreign Relations, ed., S. SHEPARD JONES et D. MYERS, puis Leland M. GOODRICH, Marie J. CARROLL, Boston, *World Peace Foundation,* recueil annuel, édité depuis 1952 par le Council on Foreign Relations (par Richard STEBBIN).

The United States in World Affairs, New York, Harper, série annuelle depuis 1931.

Pour les pays d'Europe occidentale citons, à titre d'exemple :

Documents diplomatiques belges.
Documents diplomatiques suisses.

Sur la Russie soviétique, on s'est efforcé de publier les textes importants connus. Voir surtout :

Calendar of Soviet Documents on Foreign Policy, 1917-1941, compiled by Jane DEGRAS, New York, Oxford University Press, 1948.

Soviet Documents on Foreign Policy, selected and edited by Jane DEGRAS, London, Oxford University Press : t. I, *1917-1924* ; 1951 ; t. II, *1925-1932* ; 1952 ; t. III, *1933-1941* ; 1953.

DEGRAS (Jane), ed., *The Communist International, 1919-1934, Documents*, New York, Oxford University Press : t. I, *1919-1922*, 1951 ; t. II, *1923-1928*, 1960.

Dokumenty unieschnoj politiki SSSR (Documents sur la politique extérieure de l'URSS), qui atteint 1936 (20 vol. publiés).

Sur les origines de la guerre et la guerre, voir :

Soviet Foreign Policy during the Patriotic War. Documents and Materials (trad. du russe), London, Hutchinson, 2 vol., 1946 : t. I, *June 22, 1941-December 31, 1943* ; t. II, *January 1, 1944-December 31, 1944*.

Sur la Chine, deux recueils très importants, l'un nationaliste chinois et l'autre américain :

China Handbook, 1937-1945. A comprehensive Survey of Major Development in China in Eight Years of War, compiled by the Chinese Ministry of Information, New York, Macmillan, 1943.

United States relations with China, with special reference to the Period 1944-1949, Washington, US Government printing Office, 1949.

II. Ouvrages généraux

AGONCILLO (Teodor A.) et ALFONSO (Oscar M.), *History of the Filipino People*, Quezon City, Malaya Book, 1967.

ALBRECHT-CARRIÉ (René), *France, Europe and the Two World Wars*, Genève, Droz, 1960.

ALBRECHT-CARRIÉ (René), *A diplomatic History of Europe since the Congress of Vienna*, London, Methuen, 1958, nouvelle éd., 1965.

ALLEN (H.C.), *Great Britain and the United States*, New York, St Martin's Press, 1955.

BAILEY (Thomas A.), *A diplomatic History of the American People*, New York, Appleton Century Crolts, 8e éd., 1969.

BEMIS (Samuel Flagg), *The United States as a World Power. A Diplomatic History, 1900-1955*, New York, Holt, 1955.

BENNET (Edward M.) ed., *Diplomats in Crisis : United States — Chinese — Japanese Relations (1919-1951)*, Santa Barbara, American Bibliographical Center, 1974.

BERSTEIN (Serge) et MILZA (Pierre), *L'Italie contemporaine. Des nationalités aux Européens*, Paris, Armand Colin, coll. « U », 1973.

BITSCH (Marie-Thérèse), *Histoire de la Belgique*, Paris, Hatier, 1992.

BONIFACE (Pascal), sous la dir. de, *Dictionnaire des relations internationales*, Paris, Hatier, coll. « Initial », 1996.

BOSWORTH (Jean-Baptiste) et ROMANO (Sergio), éd., *La politica estera italiana, 1860-1985*, Bologne, Il Mulino, 1991.

BOUCHE (Denise), *Histoire de la colonisation française*, t. II, *Flux et reflux (1815-1962)*, Paris, Fayard, 1991.

BRUGIÈRE (Pierre F.), *La Sécurité collective, 1919-1948*, Paris, A. Pedone, 1946.

CADMOS (Cahiers du Centre européen de la culture), *Les Cheminements de l'Europe de Versailles à la conférence de Lausanne 1919-1949*, Genève, été 1989.

CARRÈRE D'ENCAUSSE (Hélène), *L'Union soviétique de Lénine à Staline, 1917-1953*, Paris, éditions Richelieu, 1972, repris en 2 vol. : *Lénine, la révolution et le pouvoir*, Paris, Flammarion, 1979 ; *Staline, l'ordre par la terreur*, *Ibid.*, 1979.

CORTADA (James W.), ed., *Spain and the Twentieth Century World. Essays on Spanish Diplomacy 1898-1978*, London, Greemwood press, 1978.

COURTOIS (Stéphane), *et al.*, *Le Livre noir du communisme. Crimes, terreur et répression*, Paris, Robert Laffont, 1997.

DEVILLERS (Philippe), FISCHER (Georges), FISTIÉ (Pierre), *et al.*, *L'Asie du Sud-Est*, Paris, Sirey, 2 vol., 1971.

DIGARD (Jean-Pierre), HOURCADE (Bernard) et RICHARD (Yann), *L'Iran au XXe siècle*, Paris, Fayard, 1996.

ÉTIENNE (Gilbert), *Chine-Inde. Le Match du siècle*, Paris, Presses de Sciences Po, 1998

FEJTO (François), *Histoire des démocraties populaires ;* t. I, *L'Ère de Staline ;* t. II, *Après Staline*, Paris, Seuil, 2 vol., 1962 et 1969.

FERRELL (Robert H.), *American Diplomacy. A History*, New York, 1959.

FEVER (Guy), avec CHAUVIN (Serge) et POURCELET (François), *Le Moyen-Orient contemporain*, Paris, Presses de la Fondation nationale des sciences politiques, coll. « Guides de recherches », 1975.

FISTIÉ (Pierre), *L'Évolution de la Thaïlande contemporaine*, Paris, Armand Colin/Cahiers de la Fondation nationale des sciences politiques n° 156, 1967.

FONTAINE (André), *Histoire de la guerre froide*, Paris, Fayard, t. I, *1917-1950*, t. II, *1950-1967*, 1965 et 1967.

FREYMOND (Jacques), éd., *La Suisse et la diplomatie multilatérale*, Genève, Institut universitaire des hautes études internationales, 1976.

FURET (François), *Le Passé d'une illusion. Essai sur l'idée communiste au XXe siècle*, Paris, Robert Laffont/Calmann-Lévy, 1995.

GALLO (Max), *Histoire de l'Espagne franquiste*, Paris, Laffont, 1969.

GANIAGE (Jean), DESCHAMPS (Hubert) et GUITARD (Odette), *L'Afrique*, Paris, Sirey, 1967.

GEISS (Immanuel) et WENDT (Bend Jurgen), ed, *Deutschland in der Weltpolitik des XIXe und XXe Jahrhunderts*, Düsseldorf, Bertelmanns Universitatsverlag, 1974.

GOODRICH (Leland M.), *Korea. A Study of US Policy in the United Nations*, New York, Council on Foreign Relations, 1956.

GREENWOOD (Gordon), ed., *Australia, a Social and Political History*, London, Melbourne, Angus and Robertson, 1955, nouvelle éd., 1969.

GRIMAL (Henri), *La Décolonisation de 1919 à nos jours,* Bruxelles, Complexe, 1985.

HEFFER (Jean), *Les États-Unis et le Pacifique. Histoire d'une frontière*, Paris, Albin Michel, 1995.

HERMET (Guy), *L'Espagne au XXe siècle*, Paris, PUF, 1992.

HILDEBRAND (Klaus), *German Foreign Policy from Bismarck to Adenauer*, Londres, Routledge, 1989.

HILLGRUBER (A.), *Deutschlands Grossmacht – und Weltpolitik im XIXe und XXe Jahrhundert*, Düsseldorf, 1969.

HOLLAND (Robert), *The Pursuit of Greatness 1900-1970. Britain and the World Role*, Londres, Routledge, 1992.

HYAMSON (Albert M.), *Palestine under the Mandate, 1920-1948*, London, Methuen and Cie, 1950.

INSTITUT CHARLES DE GAULLE, *De Gaulle en son siècle*, Paris, Plon/Documentation française, 6 vol., 1992. (*Cf.* surtout t. IV, *La Sécurité et l'indépendance de la France* ; t. V, *L'Europe* ; t. VI, *Liberté et dignité des peuples*.)

JACOBSEN (Hans-Adolf), ed., *Misstrauische Nachbarn, Deutsche Ostpolitik 1919-1970. Dokumentation und Analyse*, Düsseldorf, Droste, 1970.

JAMES (David H.), *Rise and Fall of the Japanese Empire*, London, Allen and Unwin, 1951.

JOYAUX (François), *La Politique extérieure du Japon*, Paris, PUF, coll. « Que sais-je ? », 1993.

KESSLER (Marie-Christine), *La Politique étrangère de la France. Acteurs et processus*, Paris, Presses de Sciences Po, 1998.

KREYEN BRUEK (Philip G.) and SPERL (Stefan), ed., *The Kurds*, Londres, Routledge, 1991.

LACOUTURE (Jean), *De Gaulle*, t. 1, *Le Rebelle, 1890-1944*, t. 2, *Le Politique, 1944-1958*, t. 3, *Le Souverain, 1958-1969*, Paris, Seuil, 1984-1986, rééd., 1990.

LAQUEUR (Walter), *Russia and Germany. A Century of Conflict*, London, Weidenfeld and Nicolson, 1965.

LENCZOWSKI (George), *Russia and the West in Iran, 1918-1948*, Ithaca, Cornell University Press, 1949.

LEQUILLER (Jean), *Le Japon*, Paris, Sirey, 1966.

LESOURD (Jean-Alain), *L'Union sud-africaine*, Paris, PUF, coll. « Que sais-je ? », 1951.

LHOMEL (Édith) et SCHREIBER (Thomas), sous la dir. de, *L'Europe centrale et orientale*, Paris, Les études de la Documentation française, 1999.

LONGRIGG (Stephen Hernsley) et STOAKGS (Franck), *Irak*, New York, Praeger, 1958.

MARLOWE (John), *A History of Modern Egypt and Anglo-Egyptian Relations 1800-1953*, New York, Praeger, 1954.

MARTIN (Denis) et YANNOPOULOS (Tatiana), *L'Afrique noire*, Paris, Guides de recherche, 1973.

MARX (Roland), *La Grande-Bretagne et le monde au XXe siècle*, Paris, Masson, 1986.

MIÈGE (Jean-Louis), *L'Impérialisme colonial italien de 1870 à nos jours*, Paris, SEDES, 1968.

MORALEZ LESCANO (Victor), « Les relations de l'Espagne avec ses voisins », *Relations internationales* n° 37, printemps 1984, p. 141-147.

MOREAU DEFARGES (Philippe), *Relations internationales*, Paris, Seuil, coll. « Points », 2 vol., 1997.

NICAULT (Catherine) sous la dir. de, *Jérusalem, 1850-1948*, Paris, Autrement, 2000.

NOUAILHAT (Yves-Henri), *Les États-Unis et le monde au XXe siècle*, Paris, Armand Colin, 1997.

OVED (Georges), *La Gauche française et le nationalisme marocain 1905-1955*, Paris, L'Harmattan, 2 vol., 1984.

POIDEVIN (Raymond), *L'Allemagne et le monde au XXe siècle*, Paris, Masson, 1983.

POIDEVIN (Raymond) et SCHIRMAN (Sylvain), *Histoire de l'Allemagne*, Paris, Hatier, 1995.

POLIAKOV (Léon), *Les Totalitarismes au XXe siècle*, Paris, Fayard, 1987.

PRATT (Julius W.), *A History of US Foreign Policy*, New York, Prentice Hall, 2e éd., 1965.

RAPPAPORT (Armin), *A History of American Diplomacy*, New York, Macmillan, 1975.

REISCHAUER (Edwin O.), *The United States and Japon*, Cambridge Mass., Harvard University Press, 1950.

RENOUVIN (Pierre), *Histoire des relations internationales, les crises du XXe siècle*, Paris, Hachette, 2 vol., 1957-1958, t. VII, *De 1914 à 1929* ; t. VIII, *De 1929 à 1945*.

REUTER (Paul) et COMBACAU (Jean), *Institutions et relations internationales*, Paris, PUF, coll. « Thémis », 1980.

RICHARDSON (Paul T.), *Britain, Europe and the Modern World, 1916-1968*, Cambridge Mass., Harvard University Press, 1970.

ROLLET (Henri), *La Pologne au XXe siècle*, Paris, A. Pedone, 1985.

Roussel (Éric), *Jean Monnet (1888-1979)*, Paris, Fayard, 1996.

ROWLAND (John), *A History of Sino-Indian Relations, Hostile co-existence*, Princeton NJ, D. Van Nostrand, 1967.

SCHOR (Ralph), *Histoire de l'immigration en France, de la fin du XIXe siècle à nos jours*, Paris, Armand Colin, 1996.

SERRA (Enrico), *La diplomazia italiana*, Milano, Franco Angeli, 1984.

SETON-WILLIAMS (W.V.), *Britain and the Arab States : a Survey of Anglo-Arab Relations, 1920-1948*, London, Luzac, 1948.

SNEJDAREK (Anton) et MAZUROWA (Casimira), *La Nouvelle Europe centrale (1939 à nos jours)*, Paris, Imprimerie nationale, coll. « Notre Siècle », 1985.

TEMIME (Émile), BRODER (Albert) et CHASTAGNARET (Gérard), *Histoire de l'Espagne contemporaine*, Paris, Aubier-Montaigne, 1979.

THANASSECOS (Luc), *Chronologie des relations internationales, 1914-1971. Exposés thématiques*, Paris-La Haye, Mouton, 1972.

VIGEZZI (Brunello), *Politica estera e opinione publica in Italia dall'unità ai giomi nostri*, Milan, Jaca, 1991.

VLEKKE (B.H.M.), *Nusantara, a History of the East Indian Archipelago*, La Haye et Bandoeng, W. van Hoeve, 3e éd., 1977.

WAITES (Neville), ed., *Troubled Neighbours, Franco-British Relations in the Twentieth Century*, London, Weidenfeld and Nicolson, 1971.

WITHOL DE WENDEN (Catherine) et DE TINGUY (Anne), *L'Europe et toutes ses migrations*, Bruxelles, Complexe, 1995.

ZORGBIBE (Charles), *Histoire des relations internationales*, Paris, Hachette, coll. « Pluriel », 4 vol., 1994-1995.

III. Période 1919-1933

ARTAUD (Denise), *Les Dettes de guerre de la France, 1917-1923*, Lille, 2 vol., 1975 (thèse).

BAER (G.W.), *The Coming of the Italian-Ethiopian War*, Cambridge, Harvard University Press, 1967.

BAILEY (Thomas A.), *Wilson and the Peace Makers*, t. I, *Woodrow Wilson and the Lost Peace*, t. II, *Woodrow Wilson and the Great Betrayal*. New York, 2 vol., 1947.

BARIÉTY (Jacques), *Les Relations franco-allemandes après la Première Guerre mondiale*, Paris, A. Pedone/Publications de la Sorbonne, 1977.

BARRÉ (Jean-Luc), *Le Seigneur-chat, Philippe Berthelot, 1866-1934*, Paris, Plon, 1988.

BAUMONT (Maurice), *La Faillite de la paix, 1918-1939*, Paris, PUF, 2 vol., 1951, *De Rethondes à Stresa*, 4ᵉ éd. mise à jour 1967, *De l'affaire éthiopienne à la guerre*, 5ᵉ éd. mise à jour, 1968.

BECKER (Jean-Jacques), *et al.*, *Guerre et cultures, 1914-1918*, Paris, Armand Colin, 1994.

BENEDIKT (Heinrich), ed., *Geschichte der Republik Osterreich*, Munich, Oldenburg, 1954.

BENOIST-MÉCHIN, *Histoire de l'armée allemande*, t. II, *De la Reichswehr à l'armée nationale, 1919-1936*, Paris, Albin Michel, 1938.

BITSCH (Marie-Thérèse), *La Belgique entre la France et l'Allemagne, 1905-1914*, Paris, Publications de la Sorbonne, 1994.

BONNET (Jean-Charles), *Les Pouvoirs publics français et l'immigration dans l'entre-deux-guerres*, Lyon, Centre d'histoire économique, 1976.

BRADLEY (John), *Allied Intervention in Russia, 1917-1920*, London, Weidenfeld and Nicolson, 1968.

BRANDT (Conrad), *Stalin's Failure in China, 1924-1927*, Cambridge, Harvard University Press, 1958.

BRÉAL (Auguste), *Philippe Berthelot*, Paris, Gallimard, 1937.

CARR (Edward H.), *History of Soviet Russia*, New York, Macmillan, 5 vol. (allant de 1917 à 1926). Ouvrage fondamental et irremplaçable.

CARR (Edward Hallett), *German-Soviet Relations between the Two World Wars, 1919-1939*, Baltimore, Johns Hopkins Press, 1951.

CARRÈRE D'ENCAUSSE (Hélène), *Le Grand défi. Bolcheviks et Nations*, 1917-1930, Paris, Flammarion, 1987.

DE FELICE (Renzo), *Mussolini*, Torino, Einaudi, 1975, t. I, *Il rivoluzionario 1883-1920* ; t. II, *Il fascista (1921-1941)*, 2 vol. ; t. III, *Il Duce (1929-1940)*, 2 vol. : t. IV, *L'alleato, 1940-1945*.

DEL BOCA (Angelo), *The Ethiopian War*, Chicago University Press, 1969.

DEROU (Jean), *Les Relations franco-portugaises (1910-1926)*, Paris, Publications de la Sorbonne, 1986.

DI NOLFO (Ennio), *Mussolini e la politica estera italiana (1919-1933)*, Padova, Cedam, 1960.

DÖRTEN (J.A.), *La Tragédie rhénane*, Paris, Robert Laffont, 1946.

DUROSELLE (Jean-Baptiste) et SERRA (Enrico), éd., *Italia Froncia : dal 1919 al 1939*, Milano, ISPI, 1981.

DUROSELLE (Jean-Baptiste), *De Wilson à Roosevelt. Politique extérieure des États-Unis, 1913-1945*, Paris, Armand Colin, 1961, trad. anglaise revue et corrigée, Cambridge, Harvard University Press, 1963.

DUROSELLE (Jean-Baptiste), *Clemenceau*, Paris, Fayard, 1988.

EICHSTADT (Ulbrich), *Von Dollfuss zu Hitler*, Wiesbaden, Stener, 1955.

ERDMANN (Karl Dietrich), *Adenauer in der Rheinland Politik nach dem ersten Weltkrieg*, Stuttgart, Klett Verlag, 1966.

EYCK (Erich), *Geschichte der Weimarer Republik*, Zurich et Stuttgart, E. Rentsch, 2 vol., 1954-1956.

FAVEZ (Jean-Claude), *Le Reich devant l'occupation franco-belge de la Ruhr en 1923*, Genève, Droz, 1969.

FEIS (Herbert), *The Diplomacy of the Dollar, First Era 1919-1932*, Johns Hopking Press, 1950.

FERRELL (Robert H.), *American Diplomacy in the Great Depression : Hoover-Stimson Foreign Policy*, 1920-1933, New Haven, Yale University Press, 1957.

FLEURY (Antoine), *La Pénétration allemande au Moyen-Orient, 1919-1939 : le cas de la Turquie, de l'Iran et de l'Afghanistan*, Genève, Leiden, Sijthoff, 1977.

FRANÇOIS-PONCET (André), *De Versailles à Potsdam*, Paris, Flammarion, 1948.

FREUND (Gerald), *Unholy Alliance, Russian-German Relations from the Treaty of Brest-Litovsk to the Treaty of Berlin*, New York, Harcourt, 1957.

FRITSCH-BOURNAZEL (Renata), *Rapallo, naissance d'un mythe*, Paris, FNSP, 1974.

JACOBSON (Jon), *Locarno Diplomacy, Germany and the West, 1925-1929*, Princeton, University Press, 1972.

JESSUP (Philip), *Elihu Root*, New York, Dodd. Mead., 1938, t. II.

JONES (Thomas), *Lloyd George*, Cambridge, Harvard University Press, 1951.

KOHN (Hans), *A History of Nationalism in the East*, London, Routledge, 1929.

LAURENS (Henry), *La Question de Palestine*, t. I, *1799-1922. L'Invention de la Terre Sainte*, Paris, Fayard, 1999.

L'HUILLIER (Fernand), *Dialogues franco-allemands 1925-1933*, Strasbourg, Publications Faculté des Lettres, 1971.

LLOYD GEORGE (Richard), *Lloyd George*, London, F. Mulier, 1960.

MANGIN (L.Z.), *La France et le Rhin, hier et aujourd'hui*, Genève, éditions du milieu du Monde, 1945.

MANIGAT (Leslie), *L'Amérique latine au XXe siècle (1869-1929)*, Paris, éditions Richelieu, 1973.

MAYER (Arno), *Containment and Counterrevolution at Versailles 1918-1919*, New York, Knopf, 1967.

MILZA (Pierre), *Les Fascismes*, Paris, Seuil, 1991.

MILZA (Pierre), *Mussolini*, Paris, Fayard, 2000.

MIQUEL (Pierre), *Poincaré*, Paris, Fayard, 1984.

MOUTON (Marie-Renée), *La Société des Nations et les intérêts de la France (1920-1924)*, Berne-Berlin, Peter Lang, 1995.

NORTHEDGE (F.S.), *The Troubled Giant : Britain among the Great Powers 1916-1939*, London, Bell, 1966.

PAPY (Michel), éd., *Barthou, un homme, une époque*, Pau, J. et D. éditions, 1986.

PETRARCHI (Giorgio), *La Russia rivoluzionaria nella politica italiana 1917-1925*, Bari, Laterza, 1982.

POIDEVIN (Raymond), *L'Allemagne de Guillaume II à Hindenburg, 1900-1933*, Paris, éditions Richelieu, 1972.

POLLARD, *China's Foreign Relations (1917-1931)*, New York, Macmillan, 1933.

PONTY (Janine), *L'Immigration polonaise en France entre les deux guerres*, Paris (reprographié), 1985.

PUSEY (Merle John), *Charles Evans Hughes*, New York, 2 vol., 1951.

RÉAU (Elisabeth du), *Édouard Daladier*, Paris, Fayard, 1993.

RENOUVIN (Pierre), *Le Traité de Versailles*, Paris, Flammarion, 1969.

ROBERTSON (Esmonde M.), *Mussolini as Empire-Builder, Europe and Africa, 1932-1936*, London, Macmillan, 1977.

SALVATORELLI (Luigi) et MIRA (Giovanni), *Storia d'Italia nel periodo fascistà*, 15e éd., Torino, Einaudi, 1964.

SCHOR (Ralph), *L'Opinion française et les étrangers en France, 1919-1939*, Paris, Publications de la Sorbonne, 1985.

SCHROEDER-GUDEHUS (Brigitte), *Les Scientifiques et la paix. La communauté scientifique internationale au cours des années 20*, Montréal, Presses de l'Université, 1978.

SCHUKER (Stephen A.), *The End of French Predominance in Europe. The Financial Crisis of 1924 and the Adoption of the Dawes Plan*, Chapel Hill, University of Carolina Press, 1976.

SCHULZ (Gerhard), *Revolutionen und Friedenschlüsse, 1917-1920*, München, DTV, 1967.

SETON-WATSON (Hugh), *Eastern Europe between the Wars, 1918-1941*, nouvelle éd., Hamden, Archon, 1962.

SOUTOU (Georges-Henri), *L'Or et le sang. Les buts de guerre économiques de la Première Guerre mondiale*, Paris, Fayard, 1989.

SPENZ (Jürgen), *Die diplomatische Vorgeschichte des Beitritts Deutschlands zum Völkerbund 1924-1926. Ein Beitrag zur Aussenpolitik der Weimarer Republik*, Göttingen, Musterschmidt, 1966.

SUAREZ (Georges), *Briand, sa vie, son œuvre*, Paris, Plon, 5 vol., 1938-1941. Voir t. V, *L'Artisan de la paix*, 1, 1918-1923. Un sixième volume, posthume, a été publié en 1952 : t. VI, *L'Artisan de la paix*, 2, 1923-1932. Suarez avait à sa disposition certains papiers de Briand.

TEMPERLEY (Harold W.), *A History of the Peace Conference of Paris*, London, Frowde, for the Royal institute of international Affaire, 6 vol., 1920-1924.

THIMME (Annelise), *Gustav Stresemann. Eine politische Biographie*, Hannover, Norddeutsche, 1967.

THORNE (Christopher), *The Limits of Foreign Policy. The West. The League and the Far Eastern Crisis 1931-1933*, London, Hamilton, 1972.

TINGSTEN (Herbert), *The Debate on the Foreign Policy of Sweden, 1918-1932*, New York, Oxford University Press, 1949.

TOSCANO, MOSCA, *et al, La politica estera italiana dal 1914 al 1943*, Torino, ERI, 1963.

ULLMAN (Richard H.), *Anglo-Soviet Relations, 1917-1921. The Anglo-Soviet Accord*, Princeton, University Press, 1972.

UNTERBERGER (Betty Miller), *America's Siberian expedition, 1918-1920*, Durham, Duke University Press, 1956.

VAN ZUYLEN (Pierre), *Les Mains libres. Politique extérieure de la Belgique, 1914-1940*, Paris, Desclée de Brouwer, 1950.

WANDYCZ (Piotr S.), *France and her Eastern Allies, 1919-1926*, Minneapolis, University of Minnesota Press, 1962.

WATSON (David Robin), *Georges Clemenceau : a Political Biography*, London, Eyre Methuen, 1974.

WEILL-RAYNAL (Étienne), *Les Réparations allemandes et la France*, Paris, Nouvelles éditions latines, 3 vol., 1948. Une copieuse conclusion, à la fin du troisième volume, permet d'avoir une vue d'ensemble que ne facilite pas l'extrême abondance des chiffres et des détails.

WILLEQUET (Jacques), *Albert Ier roi des Belges*, Paris, Jean-Pierre Delarge, 1979.

WOLFERS (Arnold), *Britain and France between Two Wars : Conflicting Strategies of Peace since Versailles*, New York, Harcourt, 1940.

ZOLI (Corrado), *Espanzione coloniale italiana 1922-1937*, Roma, Edizioni l'Arnia, 1949.

ZORGBIBE (Charles), *Wilson. Un croisé à la Maison-Blanche*, Paris, Presses de Sciences Po, 1998.

IV. Période 1933-1945

ADAMTHWAITE (Anthony), *France and the Coming of the Second World War*, London, Franck Cass, 1977.
AMOUROUX (Henri), *La Grande Histoire des Français sous l'Occupation*, Paris, Robert Laffont, 4 vol., 1999.
AVANTAGGIATO PUPPO (Franca), *Gli armistizi froncesi del 1940*, Milano, Giuffrè, 1963.
BEARD (Charles A.), *American Foreign Policy in the Making 1932-1940*, New Haven, Yale University Press, 1946.
BEARD (Charles A.), *President Roosevelt and the Coming of the War, 1941*, New Haven, Yale University Press, 1948.
BÉDARIDA (François), *La Stratégie secrète de la drôle de guerre. Le Conseil suprême interallié, septembre 1939-avril 1940*, Paris, FNSP, 1979.
BÉGUIN (Pierre), *Le Balcon sur l'Europe. Petite histoire de la Suisse pendant la guerre 1939-1945*, Neuchâtel, La Baconnière, 1960.
BELOFF (Max), *The Foreign Policy of Soviet Russia, 1929-1941*, London, Oxford University Press, 2 vol., 1947.
BESSIS (Juliette), *La Méditerranée fasciste*, Paris, Karthala/Publications de la Sorbonne, 1981.
BLOCH (Charles), *Le IIIe Reich et le monde*, Paris, Imprimerie nationale, 1986.
BOURBON (prince Xavier de), *Les Accords secrets franco-anglais de décembre 1940*, Paris, Plon, 1949.
BOURGEOIS (Daniel), *Le IIIe Reich et la Suisse, 1933-1941*, Neuchâtel, La Baconnière, 1974.
BRACHER (K.D.), *Die deutsche Diktatur*, Köln-Berlin, 1969.
BRACHER (Karl-Dietrich), *La Dictature allemande, Naissance, structure et conséquences du national-socialisme* (trad. de l'allemand), préface d'Alfred Grosser, Toulouse, Privat, 1986.
BROGAN (Dennis W.), *The Era of Franklin D. Roosevelt*, New Haven, Yale University Press, 1950.
BROSZAT (Martin), *Der Staat Hitlers*, München, 1969.
BROSZAT (Martin), *L'État hitlérien*, Paris, Fayard, (trad. de l'allemand), 1986.
BULLOCK (Alan), *Hitler ou les mécanismes de la tyrannie*, Verviers, Marabout University, 2 vol., (trad. de l'anglais), 1962.
CASHMAN (Sean Denniks), *America. Roosevelt and World War II*, New York, University Press, 1991.
CASTELLAN (Georges), *Le Réarmement clandestin du Reich* (1930-1935), Paris, Plon, 1955.
CATTELL (David T.), *Soviet Diplomacy and the Spanish Civil War*, Berkeley, University of California Press, 1957.

COLE (Wayne S.), *Senotor Gerold P. Nye and American Foreign Relations*, Minneapolis, University of Minnesota Press, 1962.

COUTEAU-BÉGARIE (Henri) et HUAN (Christian), *Darlan*, Paris, Fayard, 1989.

DEAKIN (F.W.), *The Brutal Friendship, Mussolini, Hitler and the Fall of Italian Fascism*, London, Weidenfeld and Nicolson, 1962.

DENNÉ (Ludwig), *Das Danzig Problem in der deutschen Aussenpolitik, 1934-1939*, Bonn, Ludwig Röhrscheid, 1959.

Dictionnaire de la Seconde Guerre mondiale, Paris, Larousse, 2 vol., 1979-1980.

DEVILLERS (Philippe), *Histoire du Viêtnam de 1940 à 1952*, Paris, Seuil, 3e éd., 1952.

DRAKIDIS (Philippe), *La Charte de l'Atlantique (14 août 1941). Source permanente de droit des Nations unies*, Besançon, CRIPES, 1989.

DUROSELLE (Jean-Baptiste) et SERRA (Enrico), éd., *Italia e Francia 1939-1945*, Milano, ISPI/Franco Angeli, 2 vol., 1984.

DUROSELLE (Jean-Baptiste), *L'Abîme, 1939-1944*, Paris, Imprimerie nationale, 1982, 2e éd., Livre de poche/Seuil, coll. « Points-Histoire », 1990.

DUROSELLE (Jean-Baptiste), *La Décadence 1932-1939*, Paris, Imprimerie nationale, 1979, 3e éd., Livre de poche/Seuil, coll. « Points-Histoire », 1985.

FABRY (Philipp W.), *Der Hitler-Stalin Pakt 1939-1941*, Darmstadt, Fundus, 1962.

FEIS (Herbert), *The China Tangle : the American Effort in China from Pearl Harbor to the Marshall Mission*, Princeton, Princeton University Press, 1953.

FERRELL (Robert H.), *Peace in their Times. The Origins of the Kellogg-Briand Pact*, New Haven, Yale University Press, 1962.

FERRO (Marc), *Pétain*, Paris, Fayard, 1987.

Français et Britanniques dans la drôle de guerre, Paris, CNRS/Comité d'histoire de la Deuxième Guerre mondiale, 1979.

FREYMOND (Jean), *Le IIIe Reich et la réorganisation économique de l'Europe, 1940-1942. Origines et projets*, Genève, Leiden, Sijthoff, 1974.

FRIENDLÄNDER (Saul), *Hitler et les États-Unis (1939-1941)*, Genève, Droz, 1963.

FRIS (Herbert), *The Road to Pearl Harbor*, Princeton, Princeton University Press, 1950.

FURNIA (Arthur H.), *The Diplomacy of Appeasement. Anglo-French relations and the Prelude to World War II. 1931-1938*, Washington, University Press of Washington, 1960.

GADDIS (John Levis), *The United States and Origins of the Cold War, 1941-1947*, Londres, Columbia University Press, 1972.

GANTEN-BEIN (James W.), ed., *The Evolution of our Latin-American policy*, New York, Columbia University Press, 1950.

GEMZELL (Cari-Axel), *Raeder, Hitler und Skandinavien*, Lund, CWK, Gleerup, 1965.

GILBERT (Martin) et GOTT (Richard), *The Appeasers*, Boston, Houghton, 1963, 2e éd., 1967.

GRUCHMAN (Lothar), *Der zweite Weltkrieg*, München, DTV, 1967.

HANKE (Lewis) et BURGIN (MIRON), ed., *Handbook of Latin American studies*, Cambridge Mass., Harvard University Press, annuel depuis 1935.

HENKE (Josef), *England in Hitlers Politischen Kalkul (1935-1939)*, Boppard am Rhein, Harold-Baldt-Verlag, 1973.

HERMET (Guy), *La Guerre d'Espagne*, Paris, Seuil, 1989.

HILBERG (Raul), *La Destruction des Juifs d'Europe*, Paris, Fayard, 1988.

HILDEBRAND (Klaus), *Deutsche Aussenpolitik, 1933-1946, Kalkul oder Dogma*, Stuttgart, Kohlhammer, 1971.

HILDEBRAND (Klaus), *Le IIIe Reich*, München, Institut historique allemand, Saur, 1985.

HILLGRUBER (Andréas), ed, *Staatsmänner und Diplomaten bei Hitler... 1939-1941*, Frankfurt am Mein, Bernard und Graefe, 1967.

HILLGRUBER (Andréas), *Die Zweite Weltkrieg 1939-1945*, Stuttgart, 2e éd., 1989.

HOFER (Walter), *Die Entfesselung des Zweiten Weltkrieges. Eine Studie über die internationale Beziehungen in Sommer 1939. Mit Dokumenten*, Frankfurt, Fischer Bücherei, 1960.

HOFER (Walter), *Le National-socialisme par les textes*, Paris, 1963.

HOWARD (Michael), *The Mediterraneon Strategy in the Second World War*, London, Weidenfeld and Nicolson, 1968.

HYTIER (Adrienne), *Two Years of French Foreign Policy*, Genève, Droz, 1958.

JÄCKEL (Eberhard), *La France dans l'Europe de Hitler*, Paris, Payot, 1968.

JACOBSEN (Hans Adolf), *National-sozialistische Aussenpolitik 1933-1938*, Frankfurt am Mein, Alfred Melzner, 1968.

JACOBSEN (Hans-Adolf), *La Seconde Guerre mondiale. Caractères fondamentaux de la politique et de la stratégie*, Paris, Casterman, 2 vol., 1968.

JAKOBSON (Max), *Finnish Neutrality. A Study of Finnish Foreign Policy since the Second World War*, London, Hugh Evelyn, 1968.

JALANTI (Heikki), *La Finlande dans l'étau germano-soviétique, 1940-1941*, Neuchâtel, La Baconnière, 1966.

JARAUSCH (Konrad Hugo), *The Four Power Pact 1933*, Madison, Wisconsin University Press, 1965.

KAMMERER (Albert), *La Vérité sur l'armistice*, Paris, Médicis, 1944, 2e éd., 1945.

KASLAS (Bronis), *La Lituanie et la Seconde Guerre mondiale*, Paris, Maisonneuve et Larose, 1981.

KASPI (André), *Franklin Roosevelt*, Paris, Fayard, 1988.

KASPI (André), *Les Juifs pendant l'Occupation*, Paris, Seuil, 1997.

KEDROS (André), *La Résistance grecque (1940-1944)*, Paris, Robert Laffont, 1966.

KERSAUDY (François), *Stratèges et Norvège, 1940*, Paris, Hachette, 1977.

KERTESZ (Stephan), *Diplomacy in a Whirlpool, Hungary between Nazi Germany and Soviet Russia*, Notre-Dame, University of Notre-Dame Press, 1953.

KIMBALL (Warren F.), *The most Unsordid Act : Lend-Lease 1939-1941*, Baltimore, Johns Hopkins Press, 1969.

KOLKO (Gabriel), *Allied Diplomacy and the World Crisis of 1943-1945*, London, Weidenfeld and Nicolson, 1968.

KREIS (Georg), *Auf den Spüren von La Charité. Die schweizerische Armeeführung im Spannungsfeld des deutsch-franzözischen Gegensatzes 1936-1941*, Basel, 1976.

KUHN (Axel), *Hitler aussenpolitische Programm*, Stuttgart, Ernst Kleh, 1970.

LANGER (William L.) and GLEASON (S. Everett), t. I, *The Challenge to Isolation, 1937-1940 ;* t. II, *The Undeclared War, 1940-1941*, New York, Harper, 1952.

LANGER (William L.), *Le Jeu américain à Vichy*, Paris, Plon, 1948.

LATREILLE (André), *La Seconde Guerre mondiale*, Paris, Hachette, 1966.

LE GOYET (Colonel), *Le Mystère Gamelin*, Paris, Presses de la Cité, 1975.

LÉVESQUE (Jacques), *Le Conflit soviétique et l'Europe de l'Est, et incidences sur les conflits soviéto-polonais et soviéto-roumain*, Montréal, Presses de l'Université, 1970.

LEVISSE-TOUZE (Christine), *L'Afrique du Nord dans la guerre*, Paris, Albin Michel, 1998.

LEWIS (Cleona), *The United States and Foreign Investment Problems*, Washington, Brookings Institution, 1948.

MARGUERAT (Philippe), *Le IIIe Reich et le pétrole roumain 1938-1940*, Genève, Leiden, Sijthoff, 1977.

MARTENS (Stefan), *Göring, erster Paladin der Führers und zweite Mann im Reich*, Paderbronn, Scköningh, 1985.

MARTIN (Bernd), *Deutschland und Japon im Zweiten Weltkrieg, Vom Angriff auf Pearl Harbor bis zur deutschen Kapitulation*, Göttingen, Musterschmidt, 1969.

MEINECKE (Fredrich), *The German Catastrophe*, Cambridge Mass., Harvard University Press, 1960.

MELLINI PONCE DE LEON (Alberto), *Guerra diplomatica a Salò (ottobre 1943-aprile 1945)*, Bologna, Cappelli, 1950.

MELLINI PONCE DE LEON (Alberto), *L'Italia entra in guerra, gli eventi diplomatici dal 1° Gennaio al 1° Giugnio 1940*, Bologna, Capelli, 1963.

MEYERS (Reinhard), *Britische Sicherheits Politik, 1934-1938*, Bonn, Droste Verlag, 1976.

MICHEL (Henri), *La Seconde Guerre mondiale*, t. I, *Les succès de l'Axe (1939-1943)*, t. II, *La Victoire des alliés (1943-1945)*, Paris, PUF, 1968-1969, rééd., 2000.

MICHEL (Henri), *La Drôle de guerre*, Paris, Hachette, 1971.

MIDDLEMAS (Keith), *Diplomacy of Illusion, the British Government and Germany*, London, Weidenfeld, 1972.

MILWARD (Alan S.), *The New Order and the French Economy*, London, Oxford University Press, 1970.

MORISON (Elting), *Turmoil and Tradition. A Study of the Life and Times of Henry Stimson*, Cambridge Mass., Houhgton Mifflin, 1960.

MYSYROWICZ (Ladislas), *Anatomie d'une défaite. Cinq études sur les origines profondes de l'effondrement militaire français*, Lausanne, L'Âge d'Homme, 1973 (excellente thèse soutenue à Genève en 1972).

NAMIER (Lewis B.), *Diplomatic Prelude 1938-1939*, New York, Macmillan, 1948.

NAMIER (Lewis B.), *Europe in Decay, a study in disintegration, 1936-1940*, London, Macmillan, 1950.

NAMIER (Lewis B.), *In the Nazi Era*, London, Macmillan, 1962.

NEVINS (Allan), *The New Deal and World Affairs. A Chronicle of International Affairs, 1933-1945*, New Haven, Yale University Press, 1950.

NIEDHART (Gottfried), *Grossbritannien und die Sowjet-Union 1934-1939*, Münich, 1972.

NOËL (Léon), *La Tchécoslovaquie d'avant Munich*, Paris, Publication de la Sorbonne/Institut d'études slaves, 1982.

NOËL (Léon), *Les Illusions de Stresa, l'Italie abandonnée à Hitler*, Paris, France-Empire, 1975.

PAXTON (Robert O.), *La France de Vichy, 1940-1944*, Paris, Seuil, 1973, nouvelle éd , 1999.

PERKINS (Dexter), *The United States and Latin America*, Baton Rouge, Lousiana University Press, 1961.

PETERSEN (Jens), *Hitler-Mussolini. Die Enstehung der Achse Berlin-Rom 1933-1936*, Tübingen, Masi-Niemayer Verlag, 1973.

QUEUILLE (Pierre), *Histoire diplomatique de Vichy. Pétain diplomate*, Paris, Albatros, 1976.

RAPHAËL-LEYGUES (Jacques) et FLOHIC (François), *Darlan*, Paris, Plon, 1986.

Les Relations franco-allemandes 1933-1939, Paris, CNRS/Comité d'histoire de la Deuxième Guerre mondiale, 1976.

Les Relations franco-britanniques 1935-1939, Paris, CNRS/Comité d'histoire de la Deuxième Guerre mondiale, 1975.

Les Relations militaires franco-belges de mars 1936 au 10 mai 1940 (travaux d'un colloque d'historiens belges et français), Paris, CNRS, 1968.

RENOUVIN (Pierre), *La Question d'Extrême-Orient, 1840-1940*, Paris, Hachette, 1946.

RITTER (Gerhard), *Europa und die deutsche Frage. Betrachtungen über die geschichtliche Eigenart des deutschen Staatsdenkens*, München, Münchner Verlag, 1948.

ROSSI-LANDI (Guy), *La Drôle de guerre. La Vie politique en France, 2 septembre 1939-10 mai 1940*, Paris, Armand Colin, 1971.

ROTHFELS (Hans), *The German Opposition to Hitler*, Hinsdale, Regnery, 1948.

ROWSE (Alfred Leslie), *Appeasement. A study in Political Decline, 1933-1939*, New York, Norton, 1961.

SCHMITT (Gaston), *Les Accords secrets franco-britanniques de novembre-décembre 1940. Histoire ou mystification*, Paris, PUF, 1957.

SCHRODER (Paul W.), *The Axis Alliance and Japanese-American Relations 1941*, Ithaca, Cornell University Press, 1961.

SCHWARZ (Hans-Peter), *Vom Reich zur Bundesrepublik*, Stuttgart, Klett-Cotta, 1980.

SCOTT (William Evans), *Alliance against Hitler*, Durham, Duke University Press, 1962, trad. française, Paris, Payot, 1965.

SOMMER (Theo), *Deutschland und Japon Zwischen der Mächten, 1935-1940*, Tübingen, Mohr, 1962.

SPEIDEL (Hans), *Invasion 1944*, Tübingen, Wunderlich, 1949.

STADLER (Karl), *Osterreich, 1938-1945, im Spiegel der NS Akten*, Wien, 1966.

STEINERT (Marlis G.), *Die 23 Tage der Regierung Dönitz*, Düsseldorf, Econ Verlag, 1967.

STEINERT (Marlis G.), *Hitlers Krieg und die Deutschen*, Düsseldorf, Econ Verlag, 1970.

STEINERT (Marlis G.), *L'Allemagne nationale-socialiste*, Paris, éditions Richelieu, 1972.

STEINERT (Marlis G.), *Hitler*, Paris, Hachette, 1993.

STENGERS (Jean), *Léopold III et le gouvernement. Les deux politiques belges de 1940*, Paris, Duculot, 1980.

STERN (Joseph Peter), *Hitler, le Führer et le peuple* (trad. de l'anglais), Paris, Flammarion, 1995.

TAYLOR (F. Jay), *The United States and the Spanish Civil War*, New York, Bookman, 1956.

TEICHOVA (Alice), *An Economic Background to Munich. International Business and Czechoslovakia, 1819-1938*, Cambridge, Cambridge University Press, 1971.

TOSCANO (Mario), *Dal 25 luglio all'8 settembre*, Firenze, Le Monnier, 1966.

TOSCANO (Mario), *Le origini diplomatiche del Patto d'Acciaio*, Firenze, Sansoni, 2e éd., 1956.

TOURNOUX (Général Paul-Emile), *Haut commandement : gouvernement et défense des frontières du Nord et de l'Est 1919-1939*, Paris, Nouvelles éditions latines, 1960.

ULAM (Adam B.) *Staline*, Paris, Calmann Lévy/Gallimard, 2 vol., 1977.

UNIATOWSKI (Roman), *Poland, Russia and Great-Britain 1941-1945*, London, 1946.

VAÏSSE (Maurice), *La France et le désarmement (1930-1934)*, Paris, A. Pedone/Publications de la Sorbonne, 1981.

VAÏSSE (Maurice), éd., *Ardennes 1940*, Paris, Henri Veyrier, 1991

VARSUAI (Antoine), *Gli alleati e l'emigrazione democratica antifascista, 1940-1943*, Firenze, Coursoni, 1982.

VIDALENC (Jean), *Le second conflit mondial (mai 1939-mai 1945)*, Paris, SEDES, 1970.

WATT (Donald C.), *How War Came. The Immediate Origins of the Second World War*, Condor, Heinemann, 1989.

WEINBERG (Gehrard), *The Foreign Policy of Hitler's Germany*, Chicago, University Press, 3 vol., 1970-1980.

WEINGARTNER (Thomas), *Stalin und der Aufstieg Hitlers. Die Deutschlond-politik der Sowjetunion und der Kommunistischen Internationale, 1929-1934*, Berlin, De Gruyter, 1970.

WISKEMANN (Elisabeth), *The Rome-Berlin Axis. A History of the Relations between Hitler and Mussolini,* London, Oxford University Press, 1949.

WISKESMANN (Elizabeth), *Germany's Eastern Neighbours. Problems Relating to the Oder-Neisse Line and the Czech Frontier Regions*, London, Oxford University Press, 1956.

WHITAKER (A), ed., *Inter-American Affairs, an Annual Survey*, New York, Columbia University Press, t. I, 1941.

WOODWARD (Sir Llewellyn), *British Foreign Policy in the Second World War*, Londres, HMSO, t. 1, 1962, t. 2, 1971, t. 3, 1971.

WRIGHT (Gordon), *The Ordeal of Total War 1939-1945*, New York, Harper, 1968 (trad. fr. Armand Colin, coll. « U »).

Index

I

J

K

S

W

Y

Z

Table des matières

DEUXIÈME PARTIE

L'ÉPOQUE D'HITLER (1933-1945)

703822 (II) CSB-T-60g-JOU

Composé par JOUVE, 18, rue St-Denis, 75001 PARIS
N° 285970P. Dépôt légal : janvier 2001
Retirage : Janvier 2002